高等学校工程管理和工程造价学科专业指导委员会规划推荐教材

工程建设法规与案例

（第三版）

何佰洲　宿辉　编著

中国建筑工业出版社

图书在版编目（CIP）数据

工程建设法规与案例/何佰洲，宿辉编著．—3 版．—北京：中国建筑工业出版社，2019.4（2021.6 重印）
高等学校工程管理和工程造价学科专业指导委员会规划推荐教材
ISBN 978-7-112-23404-2

Ⅰ.①工…　Ⅱ.①何…②宿…　Ⅲ.①建筑法-中国-高等学校-教材　Ⅳ.①D922.297

中国版本图书馆 CIP 数据核字（2019）第 040666 号

本次已经是第三版修订，我们更新了全部的法律法规和规范性文件，并对重要的法律文件进行了解析。同时，我们更新了全部的教学案例，鉴于我国已经建立了在互联网公布裁判文书的制度，为优化读者的学习体验和学习效果，更新案例全部采用经由最高人民法院裁判的法律文书，保障了案例的真实性和权威性。这些内容丰富和完善了全书的体系结构，使其更具有实践指导意义。

本书可作为高校工程管理专业的教学用书，还可作为工程建设管理人员的培训用书。我们向采用本书作为教材的教师提供教学课件，有需要者可与出版社联系，邮箱：1203027534@qq.com。

责任编辑：封　毅　张　晶　张智芊
责任校对：李美娜

高等学校工程管理和工程造价学科专业指导委员会规划推荐教材
工程建设法规与案例
（第三版）
何佰洲　宿　辉　编著

*

中国建筑工业出版社出版、发行（北京海淀三里河路 9 号）
各地新华书店、建筑书店经销
北京红光制版公司制版
北京君升印刷有限公司印刷

*

开本：787×1092 毫米　1/16　印张：23¾　字数：593 千字
2019 年 7 月第三版　2021 年 6 月第二十七次印刷
定价：**52.00** 元（赠课件）
ISBN 978-7-112-23404-2
（33645）

第 三 版 前 言

　　《工程建设法规与案例》一书是高等学校工程管理和工程造价学科专业指导委员会规划推荐教材。自再版以来，承蒙读者厚爱，成为建筑类院校师生广为选用的教学用书，也成为建设行业从业人员的工具用书。

　　近十余年间，我国基本建设领域法律制度发生了较为重要和深刻的变化。国家行政机关对于建筑业的监管方式、监管手段和监管范围都更加趋于规范。从基本法层面，《民法总则》《物权法》《侵权责任法》颁布施行，统一《民法典》正在编纂过程中；从行业法层面，《建筑法》《城乡规划法》《招标投标法》先后进行修订，配套行政法规日臻完善；从司法层面，《合同法司法解释》《建设工程施工合同司法解释》以及最高人民法院民事审判工作会议等司法文件对于建设领域的交易规则均产生重要影响。

　　同时，新型的项目管理模式对于建设领域法律规制提出了新的需求。政府和社会资本合作（PPP）模式、工程总承包（EPC）模式替代传统项目管理模式，在政府投资项目中得到广泛的应用；装配式建筑、建筑信息模型（BIM）等新技术也在深刻地改变着发承包双方的交易习惯。

　　本次修订，我们更新了全部的法律法规和规范性文件，并对重要的法律文件进行了解析。同时，我们更新了全部的教学案例，鉴于我国已经建立了在互联网公布裁判文书的制度，为优化读者的学习体验和学习效果，更新案例全部采用经由最高人民法院裁判的法律文书，保障了案例的真实性和权威性。

　　本书由何佰洲、宿辉共同编著。写作过程中得到了主管部门和行业协会的大力支持。除前版参与资料收集整理人员外，万俊伟、张帆、范飞翔、王玉、朴一梅、姚甜甜、徐妤倩、宿梦远、白洛妍、李东虓为本书再版付出了辛勤努力。囿于作者能力所限，书中不足偏谬之处，望祈读者不吝指正！

何佰洲　宿　辉

2019 年 7 月 1 日

第 二 版 前 言

《工程建设法规与案例》于 2003 年 5 月编写出版后,以其全面性和实用性获得了读者的充分认可。

在这近一年的时间里,我国工程建设领域的立法工作不断发展,相继颁布了《建设工程安全生产管理条例》《房屋建筑和市政基础设施工程施工分包管理办法》等重要的法规和规章。2003 年,李铁映副委员长在十届全国人大常委会第五次会议上作关于检查《建筑法》实施情况的报告,将修订《建筑法》的工作纳入全国人大的立法计划。这些令人鼓舞形势,表明我国工程建设领域的法治化进程已经取得了突破性进展。

为了适应新形势的变化,及时宣传新颁布的法律法规,此次对《工程建设法规与案例》进行修订。首先,根据《建设工程安全生产管理条例》的内容,对第九章工程安全法律制度进行了全面修订;其次,考虑到建筑业企业经营管理的实际工作需要,增加了企业法律制度、劳动法律制度、工程建设其他法律制度(包括税收法律制度、反不正当竞争法律制度等)三章内容,同时编写了典型案例。修订后的本书体系更加完整,指导作用更加全面和系统。

同时,本书作为普通高等教育土建学科专业"十五"规划教材和高校工程管理专业指导委员会规划推荐教材,内容涵盖了该专业必备的工程法律知识的内容,可以作为高等院校相关专业的教学用书,也可作为工程建设管理人员的培训用书。

在本书的修订过程中,继续得到了建设部工程质量安全监督与行业发展司、政策法规司、人事教育司,中国建筑业协会,建纬律师(北京)事务所,中建一大成建筑有限责任公司的鼎力支持,再次向这些协助单位表示衷心感谢!

另外,杨瑾峰、周显峰、孙非亚、顾永才、孙杰、郑宪强、郑边江、黄金芳、李华一、王群、赵根山、王卉、王宏、王立、刘禹、赵雪凌等同志协助做了大量工作,他们为本书修订付出了辛勤的劳动,在此一并感谢!

由于本人水平所限,在成书过程中虽经反复推敲,不妥之处也在所难免,诚望广大读者提出宝贵意见。

何佰洲

2004 年 4 月于东北财经大学

第 一 版 前 言

随着我国经济的迅速发展，工程建设在国民经济中的地位举足轻重。由于工程建设项目具有投资大、周期长等特点，并且与国民经济运行和人民生命财产安全忧戚相关。因此，加强工程建设立法、普及工程建设法律知识，以法律来规范工程建设活动是一项十分重要的工作。

社会主义市场经济的实质是法制经济。加入 WTO 后，我国的工程建设业不仅要面对业内的相互竞争，更要面对来自国际同行业的竞争，国际惯例在工程建设活动中日益成为通用标准，这就要求我国的工程建设从业人员必须强化法制观念，在国内、国际工程建设竞争中运用法律的手段来维护自己的合法权益。所以，作为参与国内国际市场竞争的工程建设企业，对企业管理人员进行工程建设法律知识的培训，不仅是提高企业素质的一个重要内容，更是减少摩擦、降低风险、提高企业经济效益的有效途径。

为满足这一社会需要，《工程建设法规与案例》一书将工程建设基本法律制度与典型案例有机结合起来，系统全面介绍我国工程建设的法律与法规，以案说法。在本书的编撰过程中，作者广泛征求了工程建设领域的管理人员、技术人员和理论工作者的意见，并借鉴、参考了相关资料，使本书在理论上完善了工程法律知识体系，并且侧重在实际工作中的应用。同时，本书借鉴了大量生动翔实的工程建设案例，其中有些是最高人民法院的典型判例，有些是在业内具有很大影响的经典案例。我国虽然不是判例法国家，但这些典型案例体现了司法界对工程建设法律纠纷的一般处理原则，因此具有极强的借鉴参考价值。同时，我们根据国家最新的法律法规对这些案例进行了深入分析，通过这些案例可以清楚地了解到我国的立法轨迹和现状，因此具有较强的指导性和实用性。

本书在内容上涵盖了高等学校工程管理专业必备的工程法律知识的内容，可作为高等院校工程建设类学生的教学及工程建设管理人员的培训用书。

在本书的编写和出版过程中，得到了建设部建筑市场管理司、政策法规司、人事教育司、中国建筑业协会、中建总公司、中建—大成建筑有限责任公司等单位的大力支持，在此向他们表示衷心感谢！

另外，在本书的撰写过程中，杨瑾峰、周显峰、孙非亚、顾永才、孙杰、郑宪强、郑边江、黄金芳等同志协助做了大量工作，他们为本书出版付出了辛勤的劳动。

由于本人水平所限，在成书过程中虽经反复推敲，不妥之处也在所难免，诚望广大读者提出宝贵意见。

何佰洲

2003 年 3 月于东北财经大学

hebaizhou@dufe.edu.cn

目　　录

第一章　建设工程法律法规及相关知识···1
　　第一节　工程建设法律概述···1
　　第二节　工程建设法律关系···4
　　第三节　工程建设基本民事法律制度···9
第二章　工程建设从业资格制度···17
　　第一节　从业资格制度概述···17
　　第二节　从业单位资质管理···18
　　第三节　专业人员执业资格管理···24
　　第四节　注册建造师执业资格制度···31
第三章　城乡规划法律制度···38
　　第一节　城乡规划管理概述···38
　　第二节　城乡规划的编制与审批···41
　　第三节　城市新区开发和旧区改建···48
　　第四节　城乡规划的实施与管理···50
　　第五节　城市国有土地使用权出让转让规划管理···58
　　第六节　城乡规划法律制度案例···60
第四章　工程招标投标法律制度···63
　　第一节　招标投标法概述···63
　　第二节　工程建设项目招标···65
　　第三节　工程建设项目投标···70
　　第四节　开标、评标、中标···72
　　第五节　工程招标投标法律制度案例···75
第五章　建设工程合同法律制度···79
　　第一节　合同法概述···79
　　第二节　建设工程合同法律规范···91
　　第三节　国际工程承包合同···98
　　第四节　建设工程合同法律制度案例···104
第六章　工程建设勘察设计法律制度···107
　　第一节　工程建设勘察设计概述···107
　　第二节　设计文件的编制···108
　　第三节　施工图设计文件审查···111
　　第四节　工程勘察设计法律制度案例···113

第七章　建筑法律制度·· 119

第一节　建筑法概述·· 119

第二节　建筑工程许可·· 121

第三节　建设工程监理·· 123

第四节　建筑法律制度案例·· 127

第八章　工程质量法律制度·· 132

第一节　工程质量法概述·· 132

第二节　工程质量管理法律规范·· 135

第三节　工程质量管理责任和义务······································ 140

第四节　工程质量监督管理·· 147

第五节　工程质量法律制度案例·· 151

第九章　工程安全法律制度·· 156

第一节　工程安全管理概述·· 156

第二节　工程安全责任·· 159

第三节　工程安全生产的行政监督管理·································· 165

第四节　建设工程重大安全事故的处理·································· 168

第五节　工程安全法律制度案例·· 173

第十章　工程建设标准化法律制度······································ 176

第一节　概述·· 176

第二节　工程建设标准的实施与监督···································· 186

第三节　工程建设强制性标准·· 189

第四节　工程建设标准化法律制度案例·································· 198

第十一章　工程建设风险防范制度······································ 201

第一节　工程建设保险制度·· 201

第二节　工程建设担保制度·· 213

第三节　工程建设风险防范法律制度案例································ 222

第十二章　工程建设环境保护法律制度·································· 224

第一节　工程建设环境保护法概述······································ 224

第二节　我国的环境保护基本法及专项法································ 227

第三节　建设项目环境保护制度·· 234

第四节　工程建设环境保护法律制度案例································ 237

第十三章　企业法律制度·· 240

第一节　全民所有制工业企业法·· 240

第二节　集体所有制企业法·· 243

第三节　合伙企业法·· 245

第四节　个人独资企业法·· 249

第五节　公司法·· 250

第六节　企业法律制度案例·· 260

第十四章 劳动法律制度···264
  第一节 劳动法概述···264
  第二节 劳动合同···266
  第三节 劳动保护···271
  第四节 劳动纪律···273
  第五节 劳动法律制度案例···275

第十五章 工程建设其他法律制度·································277
  第一节 税收法律制度···277
  第二节 反不正当竞争法律制度·······································282
  第三节 消费者权益保护法律制度·····································285
  第四节 城市房地产管理法···290
  第五节 工程建设其他法律制度案例···································291

第十六章 工程建设争议解决制度·································295
  第一节 主张权利的基本制度···295
  第二节 工程建设主张权利适用的基本程序法·······················304
  第三节 工程建设活动中的证据·······································324
  第四节 工程建设争议解决制度案例···································329

第十七章 建设法律责任···333
  第一节 法律责任概述···333
  第二节 工程建设常见法律责任·······································336
  第三节 工程建设法律责任的认定与处理·····························344
  第四节 行政处罚程序···357
  第五节 建设法律责任案例···364

附录··367
  一、法律···367
  二、行政法规···368
  三、部门规章···368
  四、规范性文件···369
  五、管理规范···370
  六、建设工程合同示范文本···370

主要参考文献···372

第一章　建设工程法律法规及相关知识

第一节　工程建设法律概述

一、工程建设法的概念

工程建设法是法律体系的重要组成部分，它直接体现国家组织、管理、协调城市建设、乡村建设、工程建设、建筑业、房地产业、市政公用事业等各项建设活动的方针、政策和基本原则。

工程建设法是调整国家管理机关、企业、事业单位、经济组织、社会团体，以及公民在工程建设活动中所发生的社会关系的法律规范的总称。工程建设法的调整范围主要体现在三个方面：一是工程建设行政管理关系，即国家机关正式授权的有关机构对工程建设的组织、监督、协调等职能活动；二是工程建设协作关系，即从事工程建设活动的平等主体之间发生的往来、协作关系，如发包人与承包人签订建设工程施工合同、工程总承包合同等；三是从事工程建设活动的主体内部劳动关系，如订立劳动合同、规范劳动纪律等。

二、工程建设法的基本原则

工程建设活动通常具有周期长、利益相关方多、人员流动性大、技术要求高等特点，因此在建设活动的整个过程中，必须贯彻以下基本原则，才能保证建设活动的顺利进行：

（一）工程建设活动应确保工程建设质量与安全原则

工程建设质量与安全是整个工程建设活动的核心，是关系到人民生命、财产安全的重大问题。工程建设质量是指国家现行法律、法规、技术标准和设计文件及工程建设合同约定的对工程建设的使用、安全、经济、美观等一系列指标的要求。工程建设活动确保工程建设质量就是确保工程建设符合有关使用、安全、经济、美观等各项指标的要求。工程建设的安全是指工程建设对人身的安全和财产的安全。确保工程建设的安全就是确保工程建设不能引起人身伤亡和财产损失。

（二）工程建设活动应当符合国家的工程建设安全标准原则

国家的建设安全标准是指国家标准和行业标准。国家标准是指由国务院行政主管部门制定的在全国范围内适用的统一的技术要求。行业标准是指由国务院有关行政主管部门制定并报国务院标准化行政主管部门备案的，没有国家标准而又需要在全国范围内适用的统一技术要求。工程建设安全标准是对工程建设的设计、施工方法和安全所做的统一要求。工程建设活动符合工程建设安全标准对保证技术进步，提高工程建设质量与安全，发挥社会效益与经济效益，维护国家利益和人民利益具有重要作用。

（三）从事工程建设活动应当遵守法律、法规原则

社会主义市场经济是法治经济，工程建设活动应当依法行事。法律是全国人大及其常委会审议通过并发布，在全国有效的规范性文件；行政法规是国务院制定与发布，在全国

有效的规范性文件；地方法规是由地方人大及其常委会制定与发布，在本区域有效的规范性文件。作为工程建设活动的参与者，从事工程建设勘察、设计的单位、个人，从事工程建设监理的单位、个人，从事工程建设施工的单位、个人，从事建设活动监督和管理的单位、个人，以及建设单位等，都必须遵守法律、法规的强制性规定。

（四）不得损害社会公共利益和他人的合法权益原则

社会公共利益是全体社会成员的整体利益，保护社会公共利益是法律的基本出发点，从事工程建设活动不得损害社会公共利益也是维护建设市场秩序的保障。

（五）合法权利受法律保护原则

宪法和法律保护每一个市场主体的合法权益不受侵犯，任何单位和个人都不得妨碍和阻挠依法进行的建设活动，这也是维护建设市场秩序的必然要求。

三、工程建设法的特征及作用

（一）工程建设法的特征

工程建设法作为调整工程建设管理和协作所发生的社会关系的法律规范，除具备一般法律基本特征外，还具有不同于其他法律的特征。

1. 行政隶属性

这是工程建设法的主要特征，也是区别于其他法律的主要特征。这一特征决定了工程建设法必然要采用直接体现行政命令的调整方法，即以行政指令为主的方法调整工程建设法律关系。调整方式包括：

（1）授权。国家通过工程建设法律规范，授予国家工程建设管理机关某种管理权限，或具体的权力，对工程建设进行监督管理。如规定设计文件的审批权限、工程建设质量监督、工程建设合同的鉴证等。

（2）命令。国家通过工程建设法律规范赋予工程建设法律关系主体某种作为的义务。如限期拆迁房屋，进行企业资质认定，领取开工许可证等。

（3）禁止。国家通过工程建设法律规范赋予工程建设法律关系主体某种不作为的义务，即禁止主体某种行为。如严禁利用工程建设承发包索贿受贿，严禁无证设计、无证施工，严禁工程建设转包、肢解发包、挂靠等行为。

（4）许可。国家通过工程建设法律规范，允许特别的主体在法律允许范围内有某种作为的权利。如建筑工程施工总承包企业资质等级，特级企业可承担各类建筑工程的施工，一级资质企业可承担单项合同额 3000 万元以上的高度 200 米以下的工业与民用建筑工程、高度 240 米以下的构筑物工程；二级资质企业可承担高度 100 米以下的工业与民用建筑工程、高度 120 米以下的构筑物工程、建筑面积 15 万平方米以下的建筑工程及单跨跨度 39 米以下的建筑工程等工程；三级资质企业可承担高度 50 米以下的工业与民用建筑工程、高度 70 米以下的构筑物工程、建筑面积 8 万平方米以下的建筑工程及单跨跨度 27 米以下的建筑工程等工程。

（5）免除。国家通过工程建设法律规范，对主体依法应履行的义务在特定情况下予以免除。如用炉渣、粉煤灰等废渣作为主要原料生产建筑材料的可享有减、免税的优惠等。

（6）确认。国家通过工程建设法律规范，授权工程建设管理机关依法对争议的法律事实和法律关系进行认定，并确定其是否存在，是否有效。如各级工程建设质量监督站检查受监工程的勘察、设计、施工单位和建筑构件厂的资质等级和营业范围，监督勘察、设计、施工单位和建筑构件厂是否严格执行技术标准，并检查其工程（产品）质量等。

（7）计划。国家通过工程建设法律规范，对工程建设进行计划调节。计划可分为两种：一种是指令性计划，一种是指导性计划。指令性计划具有法律约束力，具有强制性。当事人必须严格执行，违反指令性计划的行为，要承担法律责任。指令性计划本身就是行政管理。指导性计划一般不具有约束力，是可以变动的，但是在条件可能的情况下也是应该遵守的。

（8）撤销。国家通过工程建设法律规范，授予工程建设行政管理机关，运用行政权力对某些权利能力或法律资格予以撤销或消灭。如没有落实工程建设投资计划的项目，必须停建、缓建，对无证设计、无证施工、转包和挂靠予以坚决取缔等。

2. 经济性

工程建设法是经济法的重要组成部分。经济性是工程建设法的又一重要特征。工程建设活动直接为社会创造财富，为国家增加积累。工程建设法的经济性既包括财产性，也包括其与生产、分配、交换、消费的联系性。如工程建设勘察设计、施工安装等都直接为社会创造财富，随着工程建设的发展阶段，国民经济中的地位日益突出。

3. 政策性

工程建设法律规范体现着国家的工程建设政策。它一方面是实现国家工程建设政策的工具，另一方面也把国家工程建设政策规范化。国家工程建设形势总是处于不断发展变化之中，工程建设法要随着工程建设政策的变化而变化，灵活而机敏地适应变化了的工程建设形势的客观需要。如国家人力、财力、物力紧张时，基建投资就要压缩，通过法律规范加以限制。国力储备充足时，就可以适当增加基建投资，同时，以法律规范予以扶植、鼓励。可见工程建设法的政策性比较强，相对比较灵活。

4. 技术性

技术性是工程建设法律规范一个十分重要的特征。工程建设的发展与人类的生存、进步息息相关。工程建设产品的质量与人民的生命财产紧紧连在一起。为保证工程建设产品的质量和人民生命财产的安全，大量的工程建设法规是以技术规范形式出现的，直接、具体、严密、系统，便于广大工程技术人员及管理机构遵守和执行。如各种设计规范、施工规范、验收规范、产品质量监测规范等。有些非技术规范的工程建设法律规范中也带有技术性的规定。如城市规划法就含有计量、质量、规划技术、规划编制内容等技术性规范。

（二）工程建设法的作用

工程建设业是与社会进步、国家强盛、民族兴衰紧密相连的一个行业。它所从事的生活动态，不仅为人类自身的生存发展提供一个最基本的物质环境，而且反映各个历史时期的社会面貌，反映各个地区、各个民族科学技术、社会经济和文化艺术的综合发展水平。工程建设产品是人类精神文化发展史的一个重要标志。工程建设管理是自然科学与社会科学交叉的一个独立学科，它由工程技术、经济、管理、法律四条腿支撑。

工程建设法律法规是工程建设管理的依据，在国民经济中，工程建设业是一个重要的物质生产部门，工程建设法的作用就是保护、巩固和发展社会主义的经济基础，最大限度地满足人们日益增长的美好生活需要，保障工程建设业健康有序的发展。

国家要发展，人类要生存，国家建设必不可少。工程建设业要最大限度地满足各行各业最基本的环境，为人们创造良好的工作环境、生活环境、教学研究环境和生产环境。为此，工程建设法通过各种法律规范规定工程建设业的基本任务、基本原则、基本方针，加强工程建设业的管理，充分发挥其效能，为国民经济各部门提供必需的物质基础，为国家增加积累，为社会创造财富，推动社会主义各项事业的发展，促进社会主义现代化建设。

第二节　工程建设法律关系

一、工程建设法律关系的概念

（一）法律关系的概念

法律关系是指由法律规范在调整人们行为过程中所形成的具有法律上权利义务形式的社会关系。一定的法律关系是以一定的法律规范为前提的，是一定法律规范调整一定社会关系的结果。

（二）工程建设法律关系的概念

工程建设法律关系是法律关系的一种，是指由工程建设法律规范所确认和调整，在工程建设管理和建设协作过程中所产生的权利义务关系。

工程建设法律关系是工程建设法律规范在社会主义市场经济活动中实施的结果，只有当社会组织按照工程建设法律规范进行建设活动，形成具体的权利和义务关系时，才构成工程建设法律关系。

二、工程建设法律关系的特征

不同的法律关系有着不同的特征，构成其特征的条件是不同的法律关系的主体及其所依据的法律规范。建设业活动面广，内容繁杂，法律关系主体广泛，所依据的法律规范多样，由此决定工程建设法律关系具有如下特征：

（一）综合性

与工程建设法律规范相应，工程建设法律关系不是单一的，而是带有明显的综合性。工程建设法律规范是由工程建设行政法律、工程建设民事法律和工程建设技术法规构成的。这三种法律规范在调整工程建设活动中是相互作用、综合运用的。如国家建设主管部门行使组织、管理、监督的职权，依据工程建设程序、工程建设计划，组织、指导、协调、检查建设单位和勘察、设计、施工、安装等企业工程建设活动，就一定要导致某种法律关系的发生。这种法律关系是以指令服从、组织管理为特征的工程建设行政法律关系。与建设行政法律关系交叉相互作用的则是民事法律关系。这主要是建设单位和银行、勘察、设计、施工、安装等企业之间产生的权利义务关系。如资金借贷关系、工程承包关系、设备和材料承包供应关系等。这些关系往往表现为平等、自愿、公平的合同关系。而建设单位与勘察、设计、施工、安装等企业完成工程建设任务的标准及评价依据是设计规范、施工规范和验收规范。可见，调整工程建设活动是建设行政法律、工程建设民事法律和工程建设技术法规的综合运用。由此而产生了工程建设法律关系。

（二）复杂性

工程建设法律关系是一种涉及面广、内容复杂的权利义务关系。工程建设活动，关系到国民经济和人民生活的方方面面。如建设单位要进行工程建设，则必须使自己的建设项目获得批准、核准或备案，列入国家计划，由此而产生了它与业务主管机关、计划批准、核准或备案机关的关系。建设计划被批准、核准或备案后，又需进行筹备资金、购置材料、招投标，进一步组织设计、施工、安装，以便将建设计划付诸实施，这样又产生建设单位与银行、物资供应部门、勘察、设计、施工、安装等企业的关系、项目管理关系等。这些关系中有纵向的关系和横向的关系，也有纵横交错的关系。

（三）协同性

工程建设行政法律关系决定、制约、影响着工程建设协作关系。工程建设活动的法律调整是以行政管理法律规范为主的，工程建设行政法规与工程建设民事法规保持着高度协调一致性，具有与其同步平行发展的特征。

三、工程建设法律关系的构成要素

任何法律关系都是由法律关系主体、法律关系客体和法律关系内容三个要素构成，缺少其中一个要素就不能构成法律关系。由于三要素的内涵不同，则组成不同的法律关系，诸如民事法律关系、行政法律关系、劳动法律关系、经济法律关系等。同样，变更其中一个要素就不再是原来的法律关系。

工程建设法律关系则是由工程建设法律关系主体、工程建设法律关系客体和工程建设法律关系内容构成的。

（一）工程建设法律关系主体

工程建设法律关系主体是指参加建设活动，受工程建设法律规范调整，在法律上享有权利、承担义务的人。

1. 自然人

自然人是基于出生而依法成为民事法律关系主体的人。在我国的民法通则中，公民与自然人在法律地位上是一样的。但实际上，自然人的范围要比公民的范围广。公民是指具有本国国籍，依法享有宪法和法律所赋予的权利并承担宪法和法律所规定的义务的人。在我国，公民是社会中具有我国国籍的一切成员，包括成年人、未成年人和儿童。自然人则既包括公民，又包括外国人和无国籍的人。各国的法律一般对自然人都没有条件限制。

自然人在工程建设活动中也可以成为工程建设法律关系的主体。如施工企业工作人员（建筑工人、专业技术人员、注册执业人员等）同企业签订劳动合同时，即成为工程建设法律关系主体。

2. 法人

法人与自然人相对，法人是具有民事权利能力和民事行为能力，依法独立享有民事权利和承担民事义务的组织。法人的存在必须具备如下几个条件：依法成立；有必要的财产或者经费；有自己的名称、组织机构和住所；能够独立承担民事责任。

我国的民法总则依据法人是否具有营利性，把法人分为如下三大类、四种具体类型：

（1）营利法人

营利法人是以取得利润并分配给股东等出资人为目的成立的法人，为营利法人。在我国的各类法人中，最基本的、最典型的、为数众多的、在社会经济生活中活动最频繁的就是营利法人，包括有限责任公司、股份有限公司和其他企业法人等。工程建设活动中，营利法人的表现形式：

1) 勘察设计单位

勘察设计单位是指从事工程勘察设计工作的各类设计院、所等。我国有勘察设计合一的机构，也有分立的勘察和设计机构。

根据2007年06月26日建设部令第160号发布、2015年05月04日住房城乡建设部令第24号修正的《建设工程勘察设计资质管理规定》，国家对工程勘察、设计企业的资质等级及业务范围的规定如下：

①工程勘察企业。工程勘察企业资质分为工程勘察综合资质、工程勘察专业资质、工程勘察劳务资质。工程勘察综合资质只设甲级；工程勘察专业资质设甲级、乙级，根据工程性质和技术特点，部分专业可以设丙级；工程勘察劳务资质不分等级。取得工程勘察综合资质的企业，可以承接各专业（海洋工程勘察除外）、各等级工程勘察业务；取得工程勘察专业资质的企业，可以承接相应等级相应专业的工程勘察业务；取得工程勘察劳务资质的企业，可以承接岩土工程治理、工程钻探、凿井等工程勘察劳务业务。

②工程设计企业。工程设计资质分为工程设计综合资质、工程设计行业资质、工程设计专业资质和工程设计专项资质。工程设计综合资质只设甲级；工程设计行业资质、工程设计专业资质。工程设计专项资质设甲级、乙级。根据工程性质和技术特点，个别行业、专业、专项资质可以设丙级，建筑工程专业资质可以设丁级。

取得工程设计综合资质的企业，可以承接各行业、各等级的建设工程设计业务；取得工程设计行业资质的企业，可以承接相应行业相应等级的工程设计业务及本行业范围内同级别的相应专业、专项（设计施工一体化资质除外）工程设计业务；取得工程设计专业资质的企业，可以承接本专业相应等级的专业工程设计业务及同级别的相应专项工程设计业务（设计施工一体化资质除外）；取得工程设计专项资质的企业，可以承接本专项相应等级的专项工程设计业务。

2) 城乡规划编制单位

城乡规划编制单位的任务是进行城镇建设总体规划、详细规划及建设项目选址、可行性研究等。根据2012年7月2日住房城乡建设部令第12号发布的《城乡规划编制单位资质管理规定》，国家根据城乡规划编制单位的技术条件和资历将其分为甲、乙、丙三级，授予等级证书，并规定取得不同等级证书的编制单位的业务范围，城乡规划编制单位必须严格执行。

3) 建筑业企业

建筑业企业，是指从事土木工程、建筑工程、线路管道设备安装工程、装修工程的新建、扩建、改建活动的企业。

关于建筑业企业的资质，住房城乡建设部第22号令《建筑业企业资质管理规定》已于2015年1月22日发布，自2015年3月1日起开始实施。建筑业企业资质分为施工总承包资质、专业承包资质、施工劳务资质三个序列；施工总承包资质、专业承包资质按照工程性质和技术特点分别划分为若干资质类别，各资质类别按照规定的条件划分为若干资质等级。施工劳务资质不分类别与等级。

4) 房地产开发企业

房地产开发企业是指依法设立、具有企业法人资格的、专营城市综合开发建设、经营商品房等房地产开发项目的经济实体。2000 年 3 月 29 日建设部令第 77 号发布，根据 2015 年 5 月 4 日住房城乡建设部令第 24 号《住房城乡建设部关于修改〈房地产开发企业资质管理规定〉等部门规章的决定》的修正，房地产开发企业按资质条件划分为一、二、三、四共四个等级。国家严格规定了不同等级的业务范围，房地产开发企业必须严格遵照执行。

（2）非营利法人

非营利法人是指为公益目的或者其他非营利目的成立，不向出资人、设立人或者会员分配所取得利润的法人。包括：事业单位、社会团体、基金会、社会服务机构等。

（二）工程建设法律关系客体

工程建设法律关系客体是指参加工程建设法律关系的主体享有的权利和承担的义务共同指向的事物。在通常情况下，建设主体都是为了某一客体，彼此才设立一定的权利、义务，从而产生工程建设法律关系，这里的权利、义务所指向的事物，便是工程建设法律关系的客体。

法学理论上，一般客体分为物、行为和非物质财富。工程建设法律关系客体也不外乎三类：

1. 表现为物的客体

法律意义上的物是指可为人们控制的并具有经济价值的生产资料和消费资料。在工程建设法律关系中表现为物的客体主要是建筑材料，如钢材、木材、水泥等，及其构成的建筑物，还有建筑机械等设备。某个具体基本建设项目即是工程建设法律关系中的客体。

2. 表现为行为的客体

法律意义上的行为是指人的有意识的活动。在工程建设法律关系中，行为多表现为完成一定的工作，如勘察设计、施工安装、检查验收等活动。工程建设勘察设计合同的标的，即完成一定的勘察设计任务；工程建设施工合同的标的，即按期完成一定质量要求的施工行为。

3. 表现为非物质财富的客体

法律意义上的非物质财富包括人身利益、智力成果以及权利。智力成果指人们脑力劳动的成果或智力方面的创作。在工程建设法律关系中，如果设计单位提供的具有创造性的设计图纸，该设计单位依法可以享有专有权，使用单位未经允许不能无偿使用。

（三）工程建设法律关系的内容

工程建设法律关系的内容即建设权利和建设义务。工程建设法律关系的内容是建设主体的具体要求，决定着工程建设法律关系的性质，它是联结主体的纽带。

1. 建设权利

建设权利是指工程建设法律关系主体在法定范围内，根据国家建设管理要求和自己企业活动的需要有权进行各种建设活动。权利主体可要求其他主体作出一定的行为或抑制一定行为，以实现自己的建设权利，因其他主体的行为而使建设权利不能实现时，有权要求国家机关加以保护并予以制裁。

2. 建设义务

建设义务是指工程建设法律关系主体必须按法律规定或约定承担应负的责任。建设义务和建设权利是相互对应的，相应主体应自觉履行建设义务，义务主体如果不履行或不适当履行，就要受到法律制裁。

四、工程建设法律关系的产生、变更和消灭

（一）工程建设法律关系的产生、变更和消灭的概念

1. 工程建设法律关系的产生

工程建设法律关系的产生是指工程建设法律关系的主体之间形成了一定的权利和义务关系。某建设单位与施工单位签订了工程建设承包合同，主体双方产生了相应的权利和义务。此时，受工程建设法律规范调整的工程建设法律关系即产生。

2. 工程建设法律关系的变更

工程建设法律关系的变更是指工程建设法律关系的三个要素发生变化。

（1）主体变更。主体变更是指工程建设法律关系主体数目增多或减少，也可以是主体改变。在建设合同中，客体不变，相应权利义务也不变，此时主体改变也称为合同转让。

（2）客体变更。客体变更是指工程建设法律关系中权利义务所指向的事物发生变化。客体变更可以是其范围变更，也可以是其性质变更。

工程建设法律关系主体与客体的变更，必然导致相应的权利和义务，即内容的变更。

3. 工程建设法律关系的消灭

工程建设法律关系的消灭是指工程建设法律关系主体之间的权利义务不复存在，彼此丧失了约束力。

（1）自然消灭。工程建设法律关系自然消灭是指某类工程建设法律关系所规范的权利义务顺利得到履行，取得了各自的利益，从而使该法律关系达到完结。

（2）协议消灭。工程建设法律关系协议消灭是指工程建设法律关系主体之间协商解除某类工程建设法律关系规范的权利义务，致使该法律关系归于消灭。

（3）违约消灭。工程建设法律关系违约消灭是指工程建设法律关系主体一方违约，或发生不可抗力，致使某类工程建设法律关系规范的权利不能实现。

（二）工程建设法律关系产生、变更和消灭的原因

工程建设法律关系并不是由工程建设法律规范本身产生的，工程建设法律规范并不直接产生法律关系。工程建设法律关系只有在一定的情况下才能产生，而这种法律关系的变更和消灭也由一定情况决定的。这种引起工程建设法律关系产生、变更和消灭的情况，即是人们通常称之为的法律事实。法律事实即是工程建设法律关系产生、变更和消灭的原因。

1. 法律事实

法律事实是指能够引起工程建设法律关系产生、变更和消灭的客观现象和事实。工程建设法律关系不会自然而然的产生，不是任何客观现象都可以作为法律事实，也不能仅凭工程建设法律规范规定，就可在当事人之间发生具体的工程建设法律关系。只有通过一定的法律事实，才能在当事人之间产生一定的法律关系，或者使原来的法律关系变更或消灭。不是任何事实都可成为工程建设法律事实，只有当工程建设法规把某种客观情况同一定的法律后果联系起来时，这种事实才被认为是工程建设法律事实，成为产生工程建设法律关系的原因，从而和法律后果形成因果关系。

2. 工程建设法律事实的分类

工程建设法律事实按是否包含当事人的意志分为两类。

（1）事件。事件是指不以当事人意志为转移而产生的自然现象。

当工程建设法律规范规定把某种自然现象和建设权利义务关系联系在一起的时候，这种现象就成为法律事实的一种，即事件。这就是工程建设法律关系的产生、变更或消灭的原因之一。如洪水灾害导致工程施工延期，致使某建筑安装合同不能履行。

事件产生大致有三种情况：

1）自然事件。自然现象引起的，如地震、台风、水灾、火灾等。

2）社会事件。社会现象引起的，如战争、暴乱等。

3）意外事件。即突发事故，如失火、爆炸、触礁等。

（2）行为。行为是指人的有意识的活动。包括积极的作为或消极的不作为，都能引起工程建设法律关系的产生、变更或消灭。行为通常表现为以下几种：

1）民事法律行为。民事法律行为是指基于法律规定或有法律依据，受法律保护的行为。如根据设计任务书进行的初步设计的行为、依法签订工程建设承包合同的行为。

2）违法行为。违法行为是指受法律禁止的侵犯其他主体的建设权利和建设义务的行为。如违反法律规定或因过错不履行工程建设合同；没有国家批准的建设、擅自动工建设等行为。

3）行政行为。行政行为是指国家授权机关依法行使建设业管理权而发生法律后果的行为。如国家建设管理机关下达基本建设计划、监督执行工程项目建设程序的行为。

4）立法行为。立法行为是指国家机关在法定权限内通过规定的程序，制定、修改、废止工程建设法律的活动。如国家制定、颁布工程建设法律、法规、条例等行为。

5）司法行为。司法行为是指国家司法机关的法定职能活动。它包括各级检察机构所实施的法律监督，各级审判机构的审判、调解活动等。如人民法院对工程建设纠纷案件作出判决的行为。

第三节　工程建设基本民事法律制度

一、法律制度的含义

法律制度有多种含义，从广义上讲，法律制度是指一个国家法律规范的总和；从狭义上讲，法律制度是指调整某一类特定关系，规范某一类特定行为的法律规范的总和。在本书中我们所要了解的是狭义的法律制度。

法律制度按照划分方式不同，可以作出不同的分类，但多数都以法律部门为依据来建立法律制度，如企业法律制度、民事法律制度、诉讼法律制度等。在一个部门法中，还有许许多多不同的具体法律制度，如在宪法制度中包含有政党制度、议会制度、经济制度等；在诉讼法制度中有回避制度、两审终审制度等；在工程建设法律制度中有质量责任制度、安全生产制度、招标投标制度、许可证制度等。

由于本书把工程建设管理作为重点，所以我们在此只阐述了工程建设所涉及的相关法律制度。本节中，我们重点要介绍与工程建设有关的基本民事法律制度。

二、法人制度

（一）法人概述

1. 法人的概念

依照《中华人民共和国民法总则》（以下简称《民法总则》）第57条规定，"法人是具有民事权利能力和民事行为能力，依法独立享有民事权利和承担民事义务的组织"。

法人是与自然人相对应的一个法律概念，是指在法律上与自然人（或称公民）相对应的"人"。

2. 法人成立的条件

（1）依法成立。这里要求，一是法人的设立目的和方式必须符合法律法规的具体规定和要求；二是设立法人必须经过有关国家机关的批准；三是设立法人必须经过主管机关的批准或核准登记。

（2）有必要的财产或经费。这是法人进行民事活动的物质基础，它要求法人的财产或经费必须与法人的经营范围和设立目的相适应，否则不能被批准设立或核准登记。

（3）有自己的名称、组织机构和经营场所。法人的名称或字号是法人之间相互区别的标志和法人进行民事活动时使用的名称；法人的组织机构是指对内管理法人事务、对外代表法人进行民事活动的常设机构或机关，包括法人的决策机构、执行机构和监督机构以及内部业务活动机构；法人的经营场所是法人进行业务活动的所在地。

（4）能够独立承担民事责任。即法人能够以自己所拥有的财产或经费承担其在民事活动中的债务，以及法人在民事活动中给他人造成损失的赔偿责任。

（二）法定代表人

法人的法定代表人是指能够代表法人行使民事权利、承担民事义务的主要负责人。法人作为一个组织是不能直接实施行为的，而必须通过法定代表人的行为，或其依照职权和法律要求而授权他人的行为才能完成。所以，法定代表人是法人实施行为的第一载体。

在了解法定代表人时需要注意以下几个问题：

1. 法定代表人不一定是法人的最高领导人

一方面，成为法定代表人往往要受到一定条件的限制；另一方面，法定代表人是代表法人实施行为的载体，其作用是对外代表本单位，与内部管理往往没有直接关系。所以，作为法定代表人首先要注意的是在代表法人实施有关民事法律行为时，必须贯彻法人的决策意志，不可一意孤行。

2. 法定代表人享有的权利和承担的义务具有特殊性

由于法定代表人对外代表着法人整体，所以，他具有特殊的权利和义务范围。在权利方面，法定代表人享有授权代理权、诉讼权、签约权、指令职工实施法人权限之内行为的权利等；在义务方面，法定代表人相应地也要承担一些特殊的法律责任。

3. 法定代表人的变更并非意味着法人的变更

尽管法人的行为都是通过法定代表人或其法定代理人实施的，但归根结底还应当是法人的行为。因此，法人更换法定代表人不影响法人所实施行为的法律效力。

三、代理制度

（一）代理的概念

代理是代理人在代理权限内，以被代理人的名义实施民事法律行为。被代理人对代理人的代理行为承担民事责任。由此可见，在代理关系中，通常涉及三个人，即被代理人、代理人和第三人。如某甲委托某乙去某丙处为自己购买机床一台，在这个代理关系中，某甲为被代理人，某乙为代理人，某丙为第三人。

（二）代理的种类

1. 委托代理

委托代理是指根据被代理人的委托而产生的代理。如公民委托律师代理诉讼即属于委托代理。委托代理可采用口头形式委托，也可采用书面形式委托，如果法律明确规定必须采用书面形式委托的，必须采用书面形式，如代签工程建设合同就必须采用书面形式。

在实际生活中，委托代理应注意下列问题：

（1）被代理人应慎重选择代理人。因为代理活动要代理人来实施，且实施结果要由被代理人承受，因此，如果代理人不能胜任工作，将会给被代理人带来不利的后果，甚至还会损害被代理人的利益。

（2）委托授权的范围要明确。由于委托代理是基于被代理人的委托授权而产生的，所以，被代理人的授权范围一定要明确。如果由于授权不明确而给第三人造成损失的，则被代理人要向第三人承担责任，代理人承担连带责任。

（3）委托代理的事项必须合法。被代理人自己不能亲自进行违法活动，也不能委托他人进行违法活动；同时，代理人也不能接受此类的委托，否则，被代理人、代理人要承担连带责任。

2. 法定代理

法定代理是基于法律的直接规定而产生的代理。如父母代理未成年人进行民事活动就是属于法定代理。法定代理是为了保护无行为能力的人或限制行为能力的人的合法权益而设立的一种代理形式，适用范围比较窄。

（三）代理人在代理活动中应注意的几个问题

1. 代理人应在代理权限范围内进行代理活动

如果代理人没有代理权、超越代理权限范围或代理权终止后进行活动，即属于无权代理，倘若被代理人不予以追认的话，对被代理人不发生效力，则由行为人承担法律责任。

2. 代理人应亲自进行代理活动

代理关系中的委托授权，是基于对代理人的信任，委托代理就是建立在这种人身信任的基础上的，因此，代理人必须亲自进行代理活动，完成代理任务。

3. 代理人应认真履行职责

代理人接受了委托，就有义务尽职尽责地完成代理工作。如果不履行或不认真履行代理职责而给被代理人造成损害的，代理人应承担赔偿责任。

4. 不得滥用代理权

滥用代理权表现为：

（1）以被代理人的名义同自己实施民事法律行为。如果以被代理人的名义同自己订立合同，就属于此种情形。

（2）代理双方当事人实施同一个法律行为，即以被代理人的名义与自己同时代理的其他人实施民事法律行为，但是经被代理的双方同意或追认的除外。例如，在同一诉讼中，律师既代理原告，又代理被告，这就很可能损害合同一方当事人的利益，因此，此种情形为法律所禁止。

（3）代理人与第三人恶意串通损害被代理人的利益。例如，代理人与第三人相互勾结，在订立合同时给第三人以种种优惠，而损害了被代理人的利益，对此，代理人、第三人要承担连带责任。

（四）代理权的终止

法定代理或指定代理的终止

（1）被代理人取得或恢复完全民事行为能力；

（2）代理人丧失民事行为能力；

（3）被代理人或代理人死亡；

（4）法律规定的其他情形。

四、诉讼时效制度

（一）时效的概念

时效是指一定事实状态在法律规定期间内的持续存在，从而产生与该事实状态相适应的法律效力。时效一般可分为取得时效和消灭时效。

关于时效，《中华人民共和国民法通则》《中华人民共和国民法总则》均做了相应规定。在我国只承认消灭时效制度，不承认取得时效制度。消灭时效就是我们所说的诉讼时效。

（二）诉讼时效

1. 诉讼时效的概念

诉讼时效是指权利人在法定期间内，未向人民法院提起诉讼请求保护其权利时，法律规定消灭其胜诉权的制度。

2. 诉讼时效的种类

（1）普通诉讼时效。我国《民法总则》第188条规定，向人民法院请求保护民事权利的诉讼时效为三年，法律另有规定的除外。由此可见，普通诉讼时效期间通常为三年。

（2）短期诉讼时效。我国《民法通则》第136条规定，下列诉讼时效期间为一年：

①身体受到伤害要求赔偿的；

②延付或拒付租金的；

③出售质量不合格的商品未声明的；

④寄存财物被丢失或损毁的。

（3）特殊诉讼时效。《民法通则》第141条规定，法律对诉讼时效另有规定的，依照法律规定。如《中华人民共和国合同法》第129条规定，因国际货物买卖合同和技术进出口争议提起诉讼或者申请仲裁的期限为四年。

（4）权利的最长保护期限。《民法总则》第188条规定，诉讼时效期间自权利人知道或应当知道权利受到损害以及义务人之日起计算。法律另有规定的，依照其规定。但是自权利受到损害之日起超过二十年的，人民法院不予保护。这就是说，权利人不知道或不能知道权利已被侵害，自权利被侵害之日起经过二十年的，其权利也失去法律的强制性保护。

3. 诉讼时效的起算

诉讼时效的起算，也即诉讼时效期间的开始，它是从权利人知道或应当知道其权利受到侵害及义务人之日起开始计算，即从权利人能行使请求权之日开始算起。但是，从权利被侵害之日起超过二十年的，人民法院不予保护。

4. 诉讼时效的中止

诉讼时效的中止是指在时效进行中，因一定法定事由的出现，阻碍权利人提起诉讼，法律规定暂时终止诉讼时效期间的计算，待阻碍诉讼时效的法定事由消失后，诉讼时效继续进行，累计计算。我国《民法总则》第194条规定，在诉讼时效期间的最后六个月内，因下列障碍，不能行使请求权的，诉讼时效中止：

（一）不可抗力；

（二）无民事行为能力人或者限制民事行为能力人没有法定代理人，或者法定代理人死亡、丧失民事行为能力、丧失代理权；

（三）继承开始后未确定继承人或者遗产管理人；

（四）权利人被义务人或者其他人控制；

（五）其他导致权利人不能行使请求权的障碍。

自中止时效的原因消除之日起满六个月，诉讼时效期间届满。

5. 诉讼时效的中断

诉讼时效的中断是指在时效进行中，因一定法定事由的发生，阻碍时效的进行，致使以前经过的诉讼时效期间无效，待中断事由消除后，其诉讼时效期间重新计算。我国《民法总则》第195条规定，有下列情形之一的，诉讼时效中断，从中断、有关程序终结时起，诉讼时效期间重新计算：

（一）权利人向义务人提出履行请求；

（二）义务人同意履行义务；

（三）权利人提起诉讼或者申请仲裁；

（四）与提起诉讼或者申请仲裁具有同等效力的其他情形。

五、物权制度

（一）物权的概念

物权是每个国家经济发展的基础，是交换的前提，是人生存发展的物质保障。第十届全国人民代表大会第五次会议于2007年3月16日通过的《中华人民共和国物权法》（以下简称《物权法》），自2007年10月1日起施行。物权法是规范财产关系的民事基本法律，调整因物的归属和利用而产生的民事关系，包括明确国家、集体、私人和其他权利人的物权以及对物权的保护。

根据《物权法》第二条规定："本法所称物权，是指权利人依法对特定的物享有直接支配和排他的权利，包括所有权、用益物权和担保物权"。

（二）物权的种类

依据传统民法理论，对于物权有多种分类：如以对标的物的支配范围为标准，分为所有权与定限物权；以标的物的种类为标准，分为动产物权、不动产物权与权利物权；以物权是否具有独立性为标准，分为主物权与从物权等。我国《物权法》遵循物权法定原则，第五条规定："物权的种类和内容，由法律规定"。

1. 所有权

所有权就是权利人全面支配标的物，并排除他人干涉的权利。所谓"全面支配"，即表现为所有权的权利内容具体包括对标的物的占有、使用、收益和处分，不仅包括对标的物使用价值的支配，还包括对标的物交换价值的支配。

《物权法》确定的所有权形式包括国家所有权、集体所有权和私人所有权。同时，随着现代城市的兴起以及人类建筑技术的高度发展，"建筑物区分所有权"成为一种较为特殊的不动产所有权形态。《物权法》采取设专章共计 14 个条文的形式，对建筑物区分所有权制度的宗旨及功能予以了明晰，首次通过法律层面上的对建筑物区分所有权制度基本原则和部分内容的规制设计，初步建立起我国建筑物区分所有权制度。

2. 用益物权

用益物权就是非所有人对他人所有的不动产或者动产依法所享有的占有、使用和收益的权利。《物权法》第十一章到第十四章明确规定了土地承包经营权、建设用地使用权、宅基地使用权和地役权这四种用益物权。第一百二十二条和一百二十三条规定了海域使用权、探矿权、采矿权、取水权和使用水域、滩涂从事养殖、捕捞的权利。对于海域使用权等权利，有人称之为特许物权，也有人称之为准物权。

3. 担保物权

担保物权就是以担保债务的清偿为目的，而以债务人或第三人的特定物或权利设定的定限物权。《物权法》第一百七十条规定："担保物权人在债务人不履行到期债务或者发生当事人约定的实现担保物权的情形，依法享有就担保财产优先受偿的权利，但法律另有规定的除外"。所谓"法律另有规定"，综观我国现有法律，主要有以下四种情况：

（1）在担保物权设定人欠税的情况下，国家的税收权优于担保物权。

（2）特定情形下未清偿职工债权将优于担保权。

（3）承租人的优先购买权优于担保权。

（4）建筑工程承包人的优先受偿权优于抵押权。

《物权法》第十六章到第十八章规定了抵押权、质权、留置权三种担保物权。

（三）物权的保护方法

物权的保护方法有刑法、民法、行政法之分，这里仅介绍民法的保护方法。

1. 请求确认物权

当物权归属不明或是发生争执时，当事人可以向法院提起诉讼，请求确认物权。请求确认物权包括请求确认所有权和请求确认他物权。

2. 请求排除妨碍

当他人的行为非法妨碍物权人行使物权时，物权人可以请求妨碍人排除妨碍，也可请求法院责令妨碍人排除妨碍。排除妨碍的请求，所有权人、用益物权人都可行使。

3. 请求恢复原状

当物权的标的物因他人的侵权行为而遭受损坏时，如果能够修复，物权人可以请求侵权行为人加以修理以恢复物之原状。恢复原状的请求，所有人、合法使用人都可以行使。

4. 请求返还原物

当所有人的财产被他人非法占有时,财产所有人或合法占有人,可以依照有关规定请求不法占有人返还原物,或请求法院责令不法占有人返还原物。

在请求返还原物时,应注意以下问题:

(1) 只能向非法占有者要求返还。凡没有合法根据的占有都属于非法占有,不管主观上是否有过错,均可要求返还。

(2) 原物必须存在。如原物不存在,则只能请求赔偿。

(3) 如物权已被转让,则情况较为复杂。一般认为原则上要保护所有人的合法权益,也要顾及善意占有的第三人的正当利益。即以第三人在取得物权时有无过错,或是否有偿取得来确定。如果第三人在取得物权时并无过错,并支付了合理的价金,所有人则无法向第三人主张权利,只能向非法转让人要求赔偿。如第三人在取得物权时有过错,则所有人有权请求返还占有。如第三人是无偿取得物权,则不论第三人主观上是否有过错,均应返还物权。

5. 请求损失赔偿

当他人侵害物权的行为造成物权人的经济损失时,物权人可以直接请求侵害人赔偿损失,也可请求法院责令侵害人赔偿损失。

六、债权制度

(一) 债的概念

债是按照合同约定或依照法律规定,在当事人之间产生的特定的权利和义务关系。

(二) 债与物权的区别

债与物权都是与财产有密切联系的法律关系,但它们却有着明显的不同。

1. 债与物权的主体不同

债权的权利主体和义务主体都是特定的,是对人权;物权的权利主体是特定的,义务主体则为不特定的,是对世权。

2. 债与物权的内容不同

债权的实现需要义务主体积极行为的协助,是相对权;物权的实现则不需要他人的协助,是绝对权。

3. 债与物权的客体不同

债权的客体可以是物、行为和智力成果;物权的客体则只能是物。

(三) 债的发生根据

根据我国《民法通则》以及相关的法律规范的规定,能够引起债的发生的法律事实,即债的发生根据,主要有:

1. 合同

合同是指民事主体之间关于设立、变更和终止民事关系的协议。合同是引起债权债务关系发生的最主要、最普遍的根据。

2. 侵权行为

侵权行为是指行为人不法侵害他人的财产权或人身权的行为。因侵权行为而产生的债,在我国习惯上也称之为"致人损害之债"。

3. 不当得利

不当得利是指没有法律或合同根据，有损于他人而取得的利益。它可能表现为得利人财产的增加，致使他人不应减少的财产减少了；也可能表现为得利人应支付的费用没有支付，致使他人应当增加的财产没有增加。不当得利一旦发生，不当得利人负有返还的义务。因而，这是一种债权债务关系。

4. 无因管理

无因管理是指既未受人之托，也不负有法律规定的义务，而是自觉为他人管理事务的行为。

无因管理行为一经发生，便会在管理人和其事务被管理人之间产生债权债务关系，其事务被管理者负有赔偿管理者在管理过程中所支付的合理的费用及直接损失的义务。

5. 债的其他发生根据

债的发生根据除前述几种外，遗赠、抚养、发现埋藏物等，也是债的发生根据。

（四）债的消灭

债因一定的法律事实的出现而使既存的债权债务关系在客观上不复存在，叫作债的消灭。债因以下事实而消灭：

1. 债因履行而消灭

债务人履行了债务，债权人的利益得到了实现，当事人之间设立债的目的已达到，债的关系也就自然消灭了。

2. 债因抵消而消灭

抵消是指同类已到履行期限的对等债务，因当事人相互抵充其债务而同时消灭。用抵消方法消灭债务应符合下列的条件：

（1）必须是对等债务；

（2）必须是同一种类的给付之债；

（3）同类的对等之债都已到履行期限。

3. 债因提存而消灭

提存是指债权人无正当理由拒绝接受履行或其下落不明，或数人就同一债权主张权利，债权人一时无法确定，致使债务人一时难以履行债务，经公证机关证明或人民法院的裁决，债务人可以将履行的标的物提交有关部门保存的行为。

提存是债务履行的一种方式。如果超过法律规定的期限，债权人仍不领取提存标的物的，应收归国库所有。

4. 债因混同而消灭

混同是指某一具体之债的债权人和债务人合为一体。如两个相互订有合同的企业合并，则产生混同的法律效果。

5. 债因免除而消灭

免除是指债权人放弃债权，从而解除债务人所承担的义务。债务人的债务一经债权人解除，债的关系自行解除。

6. 债因当事人死亡而解除

债因当事人死亡而解除仅指具有人身性质的合同之债，因为人身关系是不可继承和转让的，所以，凡属委托合同的受托人、出版合同的约稿人等死亡时，其所签订的合同也随之终止。

第二章　工程建设从业资格制度

第一节　从业资格制度概述

一、建立从业资格制度意义

建筑工程种类很多，不同的建筑工程，其建设规模和技术要求的复杂程度可能有很大的差别。而从事建筑活动的施工企业、勘察单位、设计单位和工程监理单位的情况也各有不同，有的资本雄厚，专业技术人员较多，有关技术装备齐全，有较强的经济和技术实力，而有的经济和技术实力则比较薄弱。为此，我国在对建筑活动的监督管理中，将从事建筑活动的单位按其具有的不同经济、技术条件，划分为不同的资质等级，并对不同的资质等级的单位所能从事的建筑活动范围做出了明确的规定。《建筑法》第13条明确规定："从事建筑活动的建筑施工企业、勘察单位、设计单位和工程监理单位，按照其拥有的注册资本、专业技术人员、技术装备和已完成的建筑工程业绩等资质条件，划分不同的资质等级，经资质审查合格，取得相应等级资质证书后，方可在其资质等级许可证的范围内从事建筑活动。"这在法律上确定了我国从业资格许可制度。实践证明，从业资格制度是建立和维护建筑市场的正常秩序，保证建筑工程质量的一项有效措施。

国家按照有利于经济发展、社会公认、国际可比、事关公共利益的原则，在涉及国家、人民生命财产安全的专业技术工作领域，实行专业技术人员职业资格制度。它包括注册建筑师、注册结构工程师、注册监理工程师、注册造价工程师、注册房地产估价师和注册建造师等。

二、专业技术人员职业资格分类

专业技术人员职业资格是对从事某一职业所必备的学识、技术和能力的基本要求，职业资格包括从业资格和执业资格。

从业资格是政府规定专业技术人员从事某种专业技术性工作的学识、技术和能力的起点标准；执业资格是政府对某些责任较大、社会通用性强、关系公共利益的专业技术工作实行的准入控制，是专业技术人员依法独立开业或独立从事某种专业技术工作学识、技术和能力的必备标准。

三、职业资格证书制度

（一）职业资格证书制度概述

职业资格证书制度是劳动就业制度的一项重要内容，也是一种特殊形式的国家考试制度。它是指按照国家制定的职业技能标准或任职资格条件，通过政府认定的考核鉴定机构，对劳动者的技能水平或职业资格进行客观公正、科学规范的评价和鉴定，对合格者授予相应的国家职业资格证书。

（二）职业资格证书作用

职业资格证书是表明劳动者具有从事某一职业所必备的学识和技能的证明。它是劳动者求职、任职、开业的资格凭证，是用人单位招聘、录用劳动者的主要依据，也是境外就业、对外劳务合作人员办理技能水平公证的有效证件。

（三）实施职业资格证书制度的法律依据

《中华人民共和国劳动法》第八章第六十九条规定："国家确定职业分类，对规定的职业制定职业技能标准，实行职业资格证书制度，由经过政府批准的考核鉴定机构负责对劳动者实施职业技能考核鉴定"。《职业教育法》第一章第8条明确指出："实施职业教育应当根据实际需要，同国家制定的职业分类和职业等级标准相适应，实行学历文凭、培训证书和职业资格证书制度"。这些法规确定了国家推行职业资格证书制度和开展职业技能鉴定的法律依据。

（四）职业资格证书的办理

根据国家有关规定，办理职业资格证书的程序为：职业技能鉴定所（站）将考核合格人员名单报经当地职业技能鉴定指导中心审核，再报经同级劳动保障行政部门或行业部门劳动保障工作机构批准后，由职业技能鉴定指导中心按照国家规定的证书编码方案和填写格式要求统一办理证书，加盖职业技能鉴定机构专用印章，经同级劳动保障行政部门或行业部门劳动保障工作机构验印后，由职业技能鉴定所（站）送交本人。

第二节   从业单位资质管理

一、从业单位的条件

（一）有符合国家规定的净资产

注册资本反映的是企业法人的财产权，也是判断企业经济力量的依据之一。从事经营活动的企业组织，都必须具备基本的责任能力，能够承担与其经营活动相适应的财产义务。

这既是法律权利与义务相一致、利益与风险相一致的反映，也是保证债权人利益的需要。因此，建筑施工企业、勘察单位、设计单位和工程监理单位的净资产必须适应从事建筑活动的需要，不得低于一定限额。净资产由国家规定，既可以由全国人大及其常委会通过制定法律来规定，也可以由国务院或国务院建设行政主管部门来规定。

（1）住房和城乡建设部制定的《建筑业企业资质标准》（建市〔2014〕159号）对建筑施工总承包企业、公路工程施工总承包企业等均进行了详细的规定，基本要求如下：一级企业净资产在1亿元以上；二级企业净资产在4000万元以上；三级企业净资产在800万元以上。

（2）住房和城乡建设部制定的《工程勘察资质标准》（建市〔2013〕9号）对工程勘察单位净资产作出了规定：综合资质不少于1000万元；专业甲级不少于300万元；专业乙级不少于150万元；专业丙级不少于80万元。

（二）有与其从事的建筑活动相适应的具有法定执业资格的专业技术人员

由于建筑活动是一种专业性、技术性很强的活动，所以从事建筑活动的建筑施工企业、勘察单位、设计单位和工程监理单位必须有足够的专业技术人员。如设计单位不仅要有建筑师，还需要有结构、水、暖、电等方面的工程师。建筑活动是一种涉及公民生命和财产安全的一种特殊活动，因而从事建筑活动的专业技术人员还必须有法定执业资格。这种法定执业资格必须依法通过考试和注册才能取得。建筑工程的规模和复杂程度各不相同，因此，建筑活动所要求的专业技术人员的级别和数量也不同，建筑施工企业、勘察单位、设计单位和工程监理单位必须有与其从事的建筑活动相适应的专业技术人员。

（三）有从事相关建筑活动所应有的技术装备

建筑活动具有专业性强、技术性强的特点，没有相应的技术装备无法进行。如从事建筑施工活动，必须有相应的施工机械设备与质量检验测试手段；从事勘察设计活动的建筑施工企业、勘察单位、设计单位和工程监理单位，必须有从事相关建筑活动所应有的技术装备。没有相应技术装备的单位，不得从事建筑活动。

（四）法律、行政法规的其他条件

建筑施工企业、勘察单位、设计单位和工程监理单位，除了应具备以上三项条件外，还必须具备从事经营活动所应具备的其他条件。如按照《民法通则》第37条规定，法人应当有自己的名称、组织机构和场所。按照《公司法》规定设立从事建筑活动的有限责任公司和股份有限公司，股东或发起人必须符合法定人数；股东或发起人共同制定公司章程；有公司名称，建立符合要求的组织机构；有固定的生产经营场所和必要的生产条件等。

二、从业单位资质

（一）建筑业企业资质审查

建筑业企业是指从事土木工程、建筑工程、线路管道设备安装工程、装修工程等新建、扩建、改建活动的企业。建筑业企业资质分为施工总承包、专业承包和劳务分包三个序列。

获得施工总承包资质的企业，可以对工程实行施工总承包或者对主体工程实行施工承包。承担施工总承包的企业可以对所承接的工程全部自行施工，也可以将非主体工程或者劳务作业分包给具有相应专业承包资质或者劳务分包资质的其他建筑业企业。

获得专业承包资质的企业，可以承接施工总承包企业分包的专业工程或者建设单位按照规定发包的专业工程。专业承包企业可以对所承接的工程全部自行施工，也可以将劳务作业分包给具有相应劳务分包资质的劳务分包企业。

获得劳务分包资质的企业，可以承接施工总承包企业或者专业承包企业分包的劳务作业。

施工总承包资质、专业承包资质、劳务分包资质序列按照工程性质和技术特点分别划分为若干资质类别。各资质类别按照规定的条件划分为若干等级。建筑业企业资质等级标准由国务院建设行政主管部门会同国务院有关部门制定。

1. 建筑工程施工总承包企业资质等级标准

建筑工程施工总承包企业资质分为特级、一级、二级、三级。

2. 建筑业企业的资质管理

（1）建筑业企业资质申请与审批

建筑业企业应当向企业注册所在地区的市以上地方人民政府建设行政主管部门申请资质。中央管理的企业直接向国务院建设行政主管部门申请资质，其所属企业申请施工总承包特级、一级和专业承包一级资质的，由中央管理的企业向国务院建设行政主管部门申请，同时，向企业注册所在地省级建设行政主管部门备案。

申请施工总承包资质的建筑业企业应当在总承包序列内选择一类资质作为本企业的主项资质，并可以在总承包序列内再申请其他类不高于企业主项资质级别的资质，也可以申请不高于企业主项资质级别的专业承包资质。施工总承包企业承担总承包项目范围内的专业工程可以不再申请相应专业承包资质。专业承包企业、劳务分包企业可以在本资质序列内申请类别相近的资质。

建筑业企业资质管理规定对企业资质申请及许可作了如下详细规定：

第九条规定，下列建筑业企业资质，由国务院住房城乡建设主管部门许可：1）施工总承包资质序列特级资质、一级资质及铁路工程施工总承包二级资质；2）专业承包资质序列公路、水运、水利、铁路、民航方面的专业承包一级资质及铁路、民航方面的专业承包二级资质；涉及多个专业的专业承包一级资质。

第十条规定，下列建筑业企业资质，由企业工商注册所在地省、自治区、直辖市人民政府住房城乡建设主管部门许可：1）施工总承包资质序列二级资质及铁路、通信工程施工总承包三级资质；2）专业承包资质序列一级资质（不含公路、水运、水利、铁路、民航方面的专业承包一级资质及涉及多个专业的专业承包一级资质）；3）专业承包资质序列二级资质（不含铁路、民航方面的专业承包二级资质）；铁路方面专业承包三级资质；特种工程专业承包资质。

第十一条规定，下列建筑业企业资质，由企业工商注册所在地设区的市人民政府住房城乡建设主管部门许可：1）施工总承包资质序列三级资质（不含铁路、通信工程施工总承包三级资质）；2）专业承包资质序列三级资质（不含铁路方面专业承包资质）及预拌混凝土、模板脚手架专业承包资质；3）施工劳务资质；4）燃气燃烧器具安装、维修企业资质。

第十二条规定，申请本规定第九条所列资质的，应当向企业工商注册所在地省、自治区、直辖市人民政府住房城乡建设主管部门提出申请。其中，国务院国有资产管理部门直接监管的建筑企业及其下属一层级的企业，可以由国务院国有资产管理部门直接监管的建筑企业向国务院住房城乡建设主管部门提出申请。

（2）建筑业企业资质管理

经审查合格的建筑业企业，由资质审批部门颁发相应资质等级的《建筑业企业资质等级证书》。新设立的建筑业企业，其资质等级按照最低等级核定，并设一年的暂定期。

建设行政主管部门对建筑业企业资质实行年检制度。建筑业企业资质年检的内容是检查企业资质条件是否符合资质等级标准，是否存在质量、安全、市场行为等方面的违法违规行为。

（二）工程勘察和工程设计单位资质审查

《勘察设计管理条例》第7条规定："国家对从事建设工程勘察、设计活动的单位，实行资质管理制度。具体办法由国务院建设行政主管部门商国务院有关部门制定。"国家对从事建设工程勘察设计活动的单位实行统一的资质管理制度，是我国社会主义市场经济发展的客观要求。这项制度是根据建设工程勘察设计活动的特点确立的一项重要的从业资格许可制度。建设工程勘察设计单位是否具有相应的资质，决定了其是否能够成为建设工程勘察设计合同的主体。而根据合同法的规定，合同主体不合格，将导致合同的无效。建设工程勘察设计单位资质的重要性可见一斑。

2007年6月26日建设部令第160号发布了《建设工程勘察设计企业资质管理规定》（以下简称《勘察设计资质管理规定》），该规定根据《建设工程勘察设计管理规定》和《建设工程质量管理条例》（以下简称《质量管理条例》），对建设工程勘察设计企业资质管理制度进行了详细规定。

1. 勘察设计单位资格等级

工程勘察资质分为工程勘察综合资质、工程勘察专业资质、工程勘察劳务资质。

（1）工程勘察综合资质

取得工程勘察综合资质的企业，承接工程勘察业务范围不受限制。

（2）工程勘察专业资质

工程勘察专业资质根据工程性质和技术特点设立类别和级别。工程勘察专业类资质原则上设甲、乙、丙三级别，取得工程勘察专业资质的企业，可以承接同级别相应专业的工程勘察业务。

（3）工程勘察劳务资质

工程勘察劳务资质不分级别。取得工程勘察劳务资质的企业，可以承接岩土工程治理、工程钻探、凿井工程勘察劳务工作。

工程设计资质分为工程设计综合资质、工程设计行业资质、工程设计专业资质、工程设计专项资质。

（1）工程设计综合资质

工程设计综合资质只设甲级。取得工程设计综合资质的企业，其承接工程设计业务范围不受限制。

（2）工程设计行业专业资质

工程设计行业资质根据工程性质和技术特点设立类别和级别。工程设计行业资质设甲、乙两个级别。

取得工程设计行业资质的企业，可以承接同级别相应行业的工程设计业务。取得工程设计行业资质的企业，可以承接本行业范围内同级别的相应专项工程设计业务，不需再单独领取工程设计专项资质。

（3）工程设计专项资质

工程设计专项资质根据工程性质和技术特点设立类别和级别。取得工程设计专项资质的企业，可以承接同级别相应的专项工程设计业务。建设工程勘察、设计资质标准和各资质类别、级别企业承担工程的范围由国务院建设行政主管部门商国务院有关部门制定。

2. 工程勘察设计单位资格申请、审批与管理

新设立的建设工程勘察、设计企业，到工商行政管理部门登记注册后，方可向建设行政主管部门提出资质申请。

（1）新设立的建设工程勘察、设计企业申请资质，应当向建设行政主管部门提供下列资料：

1）工程勘察、工程设计资质申请表；

2）企业法人、合伙企业营业执照副本复印件；

3）企业章程或合伙人协议；

4）企业法定代表人、合伙人的身份证明；

5）企业负责人、技术负责人的身份证明、任职文件、毕业证书、职称证书及相关资质标准要求提供的材料；

6）工程勘察、工程设计资质申请表中所列注册执业人员的身份证明、注册执业证书；

7）工程勘察、工程设计资质标准要求的非注册专业技术人员的职称证书、毕业证书、身份证明及个人业绩材料；

8）工程勘察、工程设计资质标准要求的注册执业人员、其他专业技术人员与原聘用单位解除聘用劳动合同的证明及新单位的聘用劳动合同；

9）资质标准要求的其他有关材料。

（2）企业申请资质升级应当提交以下材料：

1）本规定第十一条第（一）（二）（五）（六）（七）（九）项所列资料；

2）工程勘察、工程设计资质标准要求的非注册专业技术人员与本单位签订的劳动合同及社保证明；

3）原工程勘察、工程设计资质证书副本复印件；

4）满足资质标准要求的企业工程业绩和个人工程业绩。

（3）企业增项申请工程勘察、工程设计资质，应当提交下列材料：

（一）本规定第十一条所列（一）（二）（五）（六）（七）（九）的资料；

（二）工程勘察、工程设计资质标准要求的非注册专业技术人员与本单位签订的劳动合同及社保证明；

（三）原资质证书正、副本复印件；

（四）满足相应资质标准要求的个人工程业绩证明。

（4）从事建设工程勘察、设计活动的企业，申请资质升级、资质增项，在申请之日起前1年内有下列情形之一的，资质许可机关不予批准企业的资质升级申请和增项申请：

1）企业相互串通投标或者与招标人串通投标承揽工程勘察、工程设计业务的；

2）将承揽的工程勘察、工程设计业务转包或违法分包的；

3）注册执业人员未按照规定在勘察设计文件上签字的；

4）违反国家工程建设强制性标准的；

5）因勘察设计原因造成过重大生产安全事故的；

6）设计单位未根据勘察成果文件进行工程设计的；

7）设计单位违反规定指定建筑材料、建筑构配件的生产厂、供应商的；

8）无工程勘察、工程设计资质或者超越资质等级范围承揽工程勘察、工程设计业务的；

9）涂改、倒卖、出租、出借或者以其他形式非法转让资质证书的；

10）允许其他单位、个人以本单位名义承揽建设工程勘察、设计业务的；

11）其他违反法律、法规行为的。

建设行政主管部门对建设工程勘察、设计资质实行年检制度。资质年检主要对是否符合资质标准，是否有质量、安全、市场交易等方面的违法违规行为进行检查。资质年检结论分为合格、基本合格和不合格。

（三）工程监理企业资质审查

国家对工程监理单位实行资质许可制度。《建设工程质量管理条例》第34条第1款规定："工程监理单位应当依法取得相应等级的资质证书，并在其资质等级许可的范围内承担工程监理业务。"同时，该条还规定："禁止工程监理单位超越本单位资质等级许可的范围或者以其他工程监理单位的名义承担工程监理业务。禁止工程监理单位允许其他单位或者个人以本单位的名义承担工程监理业务。工程监理单位不得转让工程监理业务。"这与对勘察、设计、施工单位的规定是一样的。

根据《中华人民共和国建筑法》《建设工程质量管理条例》，建设部于2007年6月26日颁布了建设部令第158号《工程监理企业资质管理规定》，规定工程监理企业应当按照其拥有的注册资本、专业技术人员和工程监理业绩等资质条件申请资质，经审查合格，取得相应等级的资质证书后，方可在其资质等级许可的范围内从事工程监理活动。

1. 工程监理单位资质等级

工程监理企业资质分为综合资质、专业资质和事务所资质。其中，专业资质按照工程性质和技术特点划分为若干工程类别。综合资质、事务所资质不分级别。专业资质分为甲级、乙级；其中，房屋建筑、水利水电、公路和市政公用专业资质可设立丙级。

2. 工程监理单位的资质管理

申请工程监理企业资质，应当提交以下材料：

1）工程监理企业资质申请表（一式三份）及相应电子文档；

2）企业法人、合伙企业营业执照；

3）企业章程或合伙人协议；

4）企业法定代表人、企业负责人和技术负责人的身份证明、工作简历及任命（聘用）文件；

5）工程监理企业资质申请表中所列注册监理工程师及其他注册执业人员的注册执业证书；

6）有关企业质量管理体系、技术和档案等管理制度的证明材料；

7）有关工程试验检测设备的证明材料。

取得专业资质的企业申请晋升专业资质等级或者取得专业甲级资质的企业申请综合资质的，除前款规定的材料外，还应当提交企业原工程监理企业资质证书正、副本复印件，企业《监理业务手册》及近两年已完成代表工程的监理合同、监理规划、工程竣工验收报告及监理工作总结。

申请资质证书变更，应当提交以下材料：

1）资质证书变更的申请报告；

2）企业法人营业执照副本原件；

3）工程监理企业资质证书正、副本原件。

工程监理企业改制的，除前款规定材料外，还应当提交企业职工代表大会或股东大会关于企业改制或股权变更的决议、企业上级主管部门关于企业申请改制的批复文件。

工程监理企业不得有下列行为：

1）与建设单位串通投标或者与其他工程监理企业串通投标，以行贿手段谋取中标；

2）与建设单位或者施工单位串通弄虚作假、降低工程质量；

3）将不合格的建设工程、建筑材料、建筑构配件和设备按照合格签字；

4）超越本企业资质等级或以其他企业名义承揽监理业务；

5）允许其他单位或个人以本企业的名义承揽工程；

6）将承揽的监理业务转包；

7）在监理过程中实施商业贿赂；

8）涂改、伪造、出借、转让工程监理企业资质证书；

9）其他违反法律法规的行为。

第三节   专业人员执业资格管理

从事建筑活动的专业技术人员，应当依法取得相应的执业资格证书，并在执业资格证书许可的范围内从事建筑活动。

一、执业资格制度的含义

执业资格制度是指对具备一定专业学历、资历的从事建筑活动的专业技术人员，通过考试和注册确定其执业的技术资格，获得相应建筑工程文件签字级的一种制度。

当前，对从事建筑活动的专业技术人员实行执业资格制度非常必要，主要体现于以下几个方面的作用：

1. 推进深化我国建筑工程管理体制改革

我国较早就对从事建筑活动的单位实行资质审查制度。这种管理制度虽然从整体上管住了单位的资格，但对专业技术人员的个人技术资格缺乏定量的评定，专业技术人员的责、权、利不明确，常常出现高资质单位承接的任务，由低水平的专业技术人员来完成的现象，影响了建筑工程质量和投资效益的提高。实行专业技术人员执业资格制度有利于克服上述种种问题，保证建筑工程由具有相应资格的专业技术人员主持完成设计、施工、监理任务。

2. 促使我国工程建设领域与国际惯例接轨，适应对外开放

当前，世界大多数发达国家对从事涉及公众生命和财产安全的建筑活动的专业技术人员都制定了严格的执业资格制度，如美国、英国、日本、加拿大等国。随着我国对外开放的不断扩大，我国的专业技术人员走向世界，其他国家和地区的专业技术人员希望进入中国建筑市场，建筑专业技术人员执业资格制度有利于对等互相承认和管理。

3. 加速人才培养，提高专业技术人员业务水平和队伍素质

执业资格制度有一套严格的考试、注册办法和继续教育的要求，这种激励机制有利于促进建筑工程质量、专业技术人员水平和从业能力的不断提高。

二、专业人员执业资格

（一）注册建筑师

1995 年 9 月，国务院发布的《中华人民共和国注册建筑师条例》和 2008 年建设部发

布的《中华人民共和国注册建筑师条例实施细则》，对注册建筑师执业资格作了具体规定。

1. 注册建筑师的概念

注册建筑师是指依法取得注册建筑师证书并从事房屋建筑设计及相关业务的人员。我国注册建筑师分为两级，即一级注册建筑师和二级注册建筑师。

2. 注册建筑师的考试

（1）考试的级别、时间和方式

注册建筑师考试分为一级注册建筑师考试和二级注册建筑师考试两级。两种考试在标准、内容、参加考试的条件等方面均有所不同。

注册建筑师考试一般每年举行一次。在特别情况下，也可以每半年或每两年举行一次。注册建筑师的考试实行全国统一考试制度。由全国注册建筑师管理委员会统一组织、统一命题，在同一时间内在全国同时进行。

（2）考试的条件

申请参加注册建筑师考试者，必须符合国家规定的教育标准和职业实践要求。

1）一级注册建筑师考试的条件

符合下列条件之一者，可申请参加一级注册建筑师考试：

① 已取得建筑学硕士以上学位或者相近专业工学博士学位，并从事建筑设计或者相关业务两年以上的；

② 取得建筑学学士学位或者相近专业工学硕士学位，并从事建筑设计或者相关业务三年以上的；

③ 具有建筑学专业大学本科毕业学历并从事建筑设计或者相关业务五年以上的，或者具有建筑学相近专业大学本科毕业学历并从事建筑设计或者相关业务七年以上的；

④ 取得高级工程师技术职称并从事建筑设计或者相关业务三年以上的，或者取得工程师技术职称并从事建筑设计或者相关业务五年以上的；

⑤ 不具有前四项规定的条件，但设计成绩突出，经全国注册建筑师管理委员会认定达到前四项的专业水平的。

2）二级注册建筑师考试的条件

符合下列条件之一的，可以申请参加二级注册建筑师考试：

① 具有建筑学或者相近专业大学本科毕业以上学历，从事建筑设计或者相关业务两年以上的；

② 具有建筑设计技术专业或者相近专业大学毕业以上学历，并从事建筑设计或者相关业务三年以上的；

③ 具有建筑设计技术专业四年制中专毕业学历，并从事建筑设计或者相关业务五年以上的；

④ 具有建筑设计技术相近专业中专毕业学历，并从事建筑设计或者相关业务七年以上的；

⑤ 取得助理工程师以上技术职称，并从事建筑设计或者相关业务三年以上的。

3）考试合格证书的颁发

一级注册建筑师考试合格者，由全国注册建筑师管理委员会核发《一级注册建筑师考试合格证书》。二级注册建筑师考试合格者，由省、自治区、直辖市注册建筑师管理委员会核发《二级注册建筑师考试合格证书》。《注册建筑师考试合格证书》式样由国务院建设行政主管部门统一制定。

3. 注册建筑师的注册

（1）注册的条件

经注册建筑师考试合格，取得注册建筑师资格，除《注册建筑师条例》第 13 条规定的不予注册的情形外，均可注册。

不予注册的情形有：

1）不具有完全民事行为能力的；

2）因受刑事处罚，自刑罚执行完毕之日起至申请注册之日止不满五年的；

3）因在建筑设计或者相关业务中犯有错误受行政处罚或者撤职以上行政处分，自处罚、处分决定之起至申请注册之日止不满两年的；

4）受吊销注册建筑师证书的行政处罚，自处罚决定之日起至申请注册之日止不满五年的；

5）有国务院规定不予注册的其他情形的。

（2）注册的申请程序与机构

注册建筑师的申请注册采取个人注册与单位统一办理手续相结合的程序。即申请注册建筑师注册，由申请注册者向注册建筑师管理委员会提出申请，由聘用的设计单位统一办理注册手续。申请者能否注册决定于其是否具备注册的条件，设计单位无权决定。经注册建筑师管理委员会审查合格后，予以注册，并发给相应等级的注册建筑师注册证明。

一级注册建筑师的注册机构是全国注册建筑师管理委员会。二级注册建筑师的注册机构是省、自治区、直辖市注册建筑师管理委员会。

4. 注册建筑师的执业

（1）注册建筑师的执业范围

注册建筑师的执业范围包括建筑设计、建筑设计技术咨询、建筑物调查与鉴定、对本人主持设计的项目进行施工指导和监督，以及国务院建设行政主管部门规定的其他业务。

一级注册建筑师的业务范围与二级注册建筑师的业务范围有所不同。一级注册建筑师业务范围不受建筑规模和工程复杂程度的限制，二级注册建筑师的业务范围限定在国家规定的建筑规模和工程复杂程度范围内。

（2）执业的机构、业务的承担及收费

注册建筑师执行业务，应当加入建筑设计单位。注册建筑师执行业务应由设计单位统一接受委托并指派。注册建筑师不得私自承接业务。注册建筑师执行业务应当由设计单位统一收费，注册建筑师不得私自收费。

（3）注册建筑师的权利和义务

1）注册建筑师的权利

①专有名称权。注册建筑师有权以注册建筑师的名义执行注册建筑师业务。非注册建筑师不得以注册建筑师的名义执行注册建筑师业务。二级注册建筑师不得以一级注册建筑师的名义执行业务，也不得超越国家规定的二级注册建筑师的执业范围执行业务。

②设计文件签字权。国家规定的一定跨度和高度以上的房屋建筑，应当由注册建筑师主持设计并在设计文件上签字。

③独立设计权。任何单位和个人修改注册建筑师的设计图纸，应当征得该注册建筑师同意；但是，因特殊情况不能征得该注册建筑师同意的除外。

2）注册建筑师的义务

遵守法律、法规和职业道德，维护社会公共利益；保证建筑设计的质量，并在其负责的设计图纸上签字；保守在执业中知悉的单位和个人的秘密；不得同时受聘于两个以上建筑设计单位执行业务；不能准许他人以本人名义执行业务。

（4）注册建筑师的责任

因设计质量造成的经济损失，首先由设计单位承担赔偿责任再由设计单位对签字的注册建筑师根据其责任大小进行追偿。

（二）注册结构工程师

1997年9月1日建设部、人事部联合发布的《注册结构工程师执业资格制度暂行规定》，对注册结构工程师的执业资格作出了规定。

1. 注册结构工程师的概念

注册结构工程师是指取得中华人民共和国注册结构工程师执行资格证书和注册证书，从事房屋结构、桥梁结构及塔架结构等工程设计及相关业务的专业技术人员。

注册结构工程师分为一级注册结构工程师和二级注册结构工程师。

2. 注册结构工程师考试

注册结构工程师考试实行全国统一大纲、统一命题、统一组织的办法，原则上每年举行一次。

一级注册结构工程师资格考试由基础考试和专业考试两部分组成。通过基础考试的人员，从事结构工程设计或相关业务满足规定年限，方可申请参加专业考试。

注册结构工程师资格考试合格者，颁发注册结构工程师执业资格证书。

3. 注册结构工程师注册

有下列情形之一的，不予注册：

（1）不具备完全民事行为能力的；

（2）因受刑事处罚，自处罚完毕之日起至申请注册之日止不满五年的；

（3）因在结构工程设计或相关业务中犯有错误受到行政处罚或者撤职以上行政处分，自处罚、处分决定之日起至申请注册之日止不满两年的；

（4）受吊销注册结构工程师注册证书处罚，自处罚决定之日起至申请注册之日止不满五年的；

（5）建设部和国务院有关部门规定不予注册的其他情形的。

对准予注册的申请人，分别由全国注册结构工程师管理委员会和省、自治区、直辖市注册结构工程师管理委员会核发注册结构工程师注册证书。

4. 注册结构工程师的执业

（1）注册结构工程师的执业范围

注册结构工程师的执业范围包括结构工程设计；结构工程设计技术咨询；建筑物、构筑物、工程设施等调查和鉴定；对本人主持设计的项目进行施工指导和监督；建设部和国务院有关部门规定的其他业务。

一级注册结构工程师的执业范围不受工程规模及工程复杂程度的限制；二级注册结构

工程师执业范围另行规定。

（2）执业的机构、业务的承担及收费

注册结构工程师执行业务，应当加入一个勘察设计单位，由勘察设计单位统一接受业务并统一收费。

（3）注册结构工程师的权利和义务

1）注册结构工程师的权利

① 名称专有权。注册结构工程师有权以注册结构工程师的名义执行注册结构工程师业务。非注册结构工程师不得以注册结构工程师的名义执行注册结构工程师业务。

② 结构工程设计主持权。国家规定的一定跨度、高度以上的结构工程设计，应当由注册结构工程师主持设计。

③ 独立设计权。任何单位和个人修改注册结构工程师的设计图纸，应当征得该注册结构工程师同意；但是因特殊情况不能征得该注册结构工程师同意的除外。

2）注册结构工程师的义务

① 遵守法律、法规和职业道德，维护社会公众利益；

② 保证工程设计的质量，并在其负责的设计图纸上签字盖章；

③ 保守在执业中知悉的单位和个人的秘密；

④ 不得同时受聘于两个以上勘察设计单位执行业务；

⑤ 不得准许他人以本人名义执行业务；

⑥ 按规定接受必要的继续教育，定期进行业务和法规培训。

（4）注册结构工程师的责任

因结构设计质量造成的经济损失，由勘察设计单位承担赔偿责任；勘察设计单位有权向签字的注册结构工程师追偿。

（三）注册监理工程师

2005 年 12 月 31 日，建设部以部令第 147 号发布了《注册监理工程师管理规定试行办法》，对监理工程师的执业资格作出了规定。

1. 监理工程师的概念

监理工程师系岗位职务，是指经全国统一考试合格并经注册取得《监理工程师资格证书》的工程建设监理人员。经全国统一考试合格只是成为监理工程师的一个前提条件；同时，还应在建设监理岗位上工作，才能申请注册；经过注册，取得《监理工程师资格证书》，就成为监理工程师。不从事监理工作，就不再具有监理工程师岗位职务。

监理工程师按专业设置岗位，一般设置建筑、土建结构、工程测量、工程地质、给水排水、采暖通风、电气、通讯、城市燃气、工程机械及设备安装、焊接工艺、建筑经济等岗位。目前，我国还没有设计监理工程师，国际上很多发达国家已设立了设计监理工程师。

监理工程师一经政府注册确认，即意味着具有相应于岗位责任的签字权，监理单位任命的工程项目总监理工程师具有对外签字权。

2. 监理工程师资格考试

监理工程师资格考试，在全国监理工程师资格考试委员会的统一组织指导下进行，原则上每两年进行一次。

参加监理工程师资格考试者，必须具备以下两项条件：

（1）具有高级专业技术职称，或取得中级专业技术职称后具有三年以上工程设计或施工管理实践经验；

（2）在全国监理工程师注册管理机关认定的培训单位经过监理业务培训，并取得培训结业证书。

参加监理工程师资格考试者，由所在单位向本地区或本部门监理工程师资格考试委员会提出书面申请，经审查批准后，方可参加考试。

经监理工程师资格考试合格者，由监理工程师注册机关核发《监理工程师资格证书》。《监理工程师资格证书》的持有者，自领取证书起，五年内未经注册，其证书失效。

3. 监理工程师注册

监理工程师注册，是取得《监理工程师资格证书》的人员以监理工程师的名义从事工程建设监理业务的必要程序。取得《监理工程师资格证书》，并同时具备以下三个条件的人员，可以由拟聘用申请者的工程建设监理单位统一向本地区或本部门的监理工程师注册机关提出申请：

（1）热爱中华人民共和国，拥护社会主义制度，遵纪守法，遵守监理工程师职业道德；

（2）身体健康，胜任工程建设的现场监理工作；

（3）不是国家行政机关的现职人员。

监理工程师注册机关收到申请后，对符合条件的，再根据全国监理注册管理机关批准的计划，择优予以注册，颁发《监理工程师岗位证书》，并报全国监理工程师注册管理机关备案。监理工程师注册机关每五年要对《监理工程师岗位证书》持有者复查一次。对不符合条件的，注销注册，收回《监理工程师岗位证书》。

已经取得《监理工程师资格证书》未经注册的人员，不得以监理工程师的名义从事工程建设监理业务。已经注册的监理工程师，不得以个人名义私自承接工程建设监理业务。国家行政机关现职工作人员，不得申请监理工程师注册。

（四）注册造价工程师

1. 造价工程师的概念

造价工程师，是指经全国统一考试合格，取得造价工程师执业资格证书，并经注册从事工程建设造价业务活动的专业技术人员。

凡从事工程建设活动的建设、设计、施工、工程造价咨询、工程造价管理等单位和部门，必须在计价、评估、审查（核）、控制及管理等岗位配备有造价工程师执业资格的专业技术人员。

2. 造价工程师的考试

造价工程师执业资格考试实行全国统一大纲、统一命题、统一组织的办法。原则上每年举行一次。

凡中华人民共和国公民，遵纪守法并具备以下条件之一者，均可申请参加造价工程师执业资格考试：

凡遵守中华人民共和国新宪法、法律法规，具有良好的业务素质和道德品行，具备下列条件之一者，可以申请一级造价工程师职业资格考试：

1）具有工程造价专业大学专科（或高等职业教育）学历，从事工程造价业务工作满5年；

具有土木建筑、水利、装备制造、交通运输、电子信息、财经商贸大类大学专科（或高等职业教育）学历，从事工程造价业务工作满6年。

2）具有通过工程教育专业评估（认证）的工程管理、工程造价专业大学本科学历或学位，从事工程造价业务工作满4年；

具有工学、管理学、经济学门类大学本科学历或学位，从事工程造价业务工作满5年。

3）具有工学、管理学、经济学门类硕士学位或者第二学士学位，从事工程造价业务工作满3年。

4）具有工学、管理学。经济学门类博士学位，从事工程造价业务工作满1年。

5）具有其他专业相应学历或者学位的人员，从事工程造价业务工作年限相应增加1年。

凡遵守中华人民共和国新宪法、法律法规，具有良好的业务素质和道德品行，具备下列条件之一者，可以申请二级造价工程师职业资格考试：

1）具有工程造价专业大学专科（或高等职业教育）学历，从事工程造价业务工作满2年；

具有土木建筑、水利、装备制造、交通运输、电子信息、财经商贸大类大学专科（或高等职业教育）学历，从事工程造价业务工作满3年。

2）具有工程管理、工程造价专业大学本科及以上学历或学位，从事工程造价业务工作满1年；

具有工学、管理学、经济学门类大学本科及以上学历或学位，从事工程造价业务工作满2年。

3）具有其他专业相应学历或学位的人员，从事工程造价业务工作年限相应增加1年。

1996年8月以前已从事工程造价管理工作并具有高级专业技术职务的人员，经考核合格，可通过认定办法取得造价工程师资格。造价工程师执业资格认定办法由人事部、建设部另行制定。

3. 造价工程师的注册

（1）注册管理机关

建设部及各省、自治区、直辖市建设行政主管部门和国务院有关部门为造价工程师的注册管理机构。

（2）注册的条件

申请注册的人员必须同时具备下列条件：遵纪守法，恪守造价工程师职业道德；取得造价工程师执业资格证书；身体健康，能坚持在造价工程师岗位工作；所在单位考核同意。

再次注册者，应经单位考核合格并有继续教育、参加业务培训的证明。

（3）注册程序

取得执业资格证书的人员，可自资格证书签发之日起1年内申请初始注册。逾期未申请者，须符合继续教育的要求后方可申请初始注册。初始注册的有效期为4年。

注册造价工程师注册有效期满需继续执业的，应当在注册有效期满 30 日前，按照本办法第八条规定的程序申请延续注册。延续注册的有效期为 4 年。

注册机关经审查符合注册条件的，批准注册，由其单位所在省、自治区、直辖市或国务院有关部门造价工程师注册管理机构核发建设部印制的造价工程师注册证，并在执业资格证书的注册登记栏内加盖注册专用印章。

各注册管理机构应将注册汇总名单报住建部备案。

（4）注册有效期

造价工程师注册有效期为 4 年，有效期满前 30 个月，持证者应当到原注册机构重新办理注册手续。对不符合注册条件的，不予重新注册。

4. 造价工程师的权利与义务

（1）造价工程师的权利

1）有独立依法执行造价工程师岗位业务并参与工程项目经济管理的权利。

2）有在所经办的工程造价成果文件上签字的权利；凡经造价工程师签字的工程造价文件需修改时应经本人同意。

3）有使用造价工程师名称的权利。

4）有依法申请开办工程造价咨询单位的权利。

5）造价工程师对违反国家有关法律法规的意见和决定有权提出劝告，拒绝执行并有向上级或有关部门报告的权利。

（2）造价工程师的义务

1）必须熟悉并严格执行国家有关工程造价的法律法规和规定。

2）恪守职业道德和行为规范，遵纪守法，秉公办事。对经办的工程造价文件质量负有经济和法律的责任。

3）及时掌握国内外新技术、新材料、新工艺的发展应用，为工程造价管理部门制订、修订工程定额提供依据。

4）自觉接受继续教育，更新知识，积极参加职业培训，不断提高业务技术水平。

5）不得参与与经办工程有关的其他单位事关本项工程的经营活动。

6）严格保守执业中得知的技术和经济秘密。

第四节　注册建造师执业资格制度

一、建立建造师执业资格制度必要性

为了加强工程建设项目管理，提高工程建设施工管理专业技术人员素质，规范施工管理行为，保证工程质量和施工安全，根据《中华人民共和国建筑法》《建设工程质量管理条例》，我国决定建立建造师执业资格制度。人事部、建设部于 2002 年 12 月 5 日联合下发了《关于印发〈建造师执业资格制度暂行规定〉的通知》（人发〔2002〕111 号），印发了《建造师执业资格制度暂行规定》。2006 年 12 月发布了《注册建造师管理规定》建造师执业资格制度是一项重要的改革举措和制度创新，必将对我国建设事业的发展带来重大而深远的影响。

1. 建立建造师执业资格制度是深化建设事业管理体制改革的需要

改革开放以来，我国建设事业迅速发展，各项改革不断深化，有关法律、法规和管理规章不断完善。多年来，出台了一系列改革措施和政策，为促进建设事业健康发展发挥了重要作用。建设部从 1994 年开始研究建立建造师执业资格制度，对其必要性、可行性进行了长期的充分论证。2000 年，温家宝同志在听取建设部关于深化建设体制改革汇报时指出："调整和完善现行的专业技术人员注册分类，在现有注册建筑师、结构工程师、监理工程师、造价师的基础上，增设建造师。实行建造师后，大中型项目的建筑业企业项目经理须逐步由取得注册建造师资格的人员担任，以提高项目经理素质，保证工程质量"，为我国建立建造师执业资格制度指明了方向。

2. 建立建造师执业资格制度是完善工程建设领域执业资格体系的重要内容

《中华人民共和国建筑法》第 14 条规定："从事建筑活动的专业技术人员，应当依法取得相应的执业资格证书，并在执业证书许可的范围内从事建筑活动。"《建设工程质量管理条例》规定，注册执业人员因过错造成质量事故时，应接受相应的处理。因此，对从事建筑活动的专业技术人员实行执业资格制度势在必行。

3. 建立建造师执业资格制度是整顿和规范建筑市场秩序、保证工程质量安全的重要举措

《中华人民共和国招标投标法》第 27 条规定："招标项目属于建设施工的，投标文件的内容应当包括拟派出的项目负责人与主要技术人员的简历、业绩和拟用于完成招标项目的机械设备等。"《建设工程质量管理条例》第 26 条规定："施工单位对建设工程的施工质量负责。施工单位应当建立质量负责制，确定工程的项目经理、技术负责人和施工管理负责人。"项目经理是施工企业所承包工程的主要负责人。他根据企业法定代表人的授权，对工程项目自开工准备至竣工验收实施全面组织管理。项目经理的素质、管理水平及其行为是否规范，对工程项目的质量、进度、安全生产具有重要作用。建立建造师执业资格制度后，一旦工程项目发生重大施工质量安全事故或出现违法违规行为，不仅可以依法追究有关单位的责任，还可以依法追究负责该项目的注册建造师的责任，视其情节予以停止执业、吊销执业资格证书和注册证书等处罚，使质量安全事故和违法违规行为的责任追究到人。企业聘任经考试并取得执业资格的建造师担任施工企业项目经理，有助于促进其素质和管理水平的提高，有利于保证工程项目的顺利实施。因此，建立建造师执业资格制度是规范建筑市场秩序、保证工程质量安全的重要举措。

4. 建立建造师执业资格制度是与国际接轨、开拓国际建筑市场的客观要求

建造师执业资格制度起源于英国，迄今已有 160 余年历史。目前，世界上许多发达国家均建立起该项制度。我国已加入世贸组织，当前不仅要积极应对国外承包商进入我国，同时还要认真贯彻中央关于"走出去"的发展战略，把握机遇，积极组织开拓国际建筑市场。原因很多，但缺乏高素质的施工管理人员是重要原因。建立建造师执业资格制度，将对我国开拓国际建筑市场、增强对外工程承包能力有所帮助。因此，建立建造师执业资格制度也是与国际接轨、开拓国际建筑市场的客观要求。

二、建造师执业资格取得的基本程序

（一）报名申请

1. 建造师的级别

建造师分为一级建造师和二级建造师。英文分别为 Constructor 和 Associate Constructor。一级建造师具有较高的标准、较高的素质和管理水平，有利于开展国际互认。同时，考虑我国工程建设项目量大面广，工程项目的规模差异悬殊，各地经济、文化和社会发展水平有较大差异，以及不同工程项目对管理人员的要求也不尽相同，设立二级建造师可以适应施工管理的实际需求。建造师执业资格的取得须通过有关部门组织的统一考试。

2. 参加考试报名条件

（1）一级建造师报考条件

凡遵守国家法律、法规，具备下列条件之一者，可以申请参加一级建造师执业资格考试：

1）取得工程类或工程经济类大学专科学历，工作满6年，其中从事建设工程项目施工管理工作满4年。

2）取得工程类或工程经济类大学本科学历，工作满4年，其中从事建设工程项目施工管理工作满3年。

3）取得工程类或工程经济类双学士学位或研究生班毕业，工作满3年，其中从事建设工程项目施工管理工作满2年。

4）取得工程类或工程经济类硕士学位，工作满2年，其中从事建设工程项目施工管理工作满1年。

5）取得工程类或工程经济类博士学位，从事建设工程项目施工管理工作满1年。

（2）二级建造师报考条件

凡遵纪守法并具备工程类或工程经济类中等专科以上学历并从事建设工程项目施工管理工作满2年，可报名参加二级建造师执业资格考试。

（二）考试

建造师执业资格考试相应也分为一级、二级两级考试，考试内容分为综合知识与能力和专业知识与能力两部分。

1. 一级建造师考试

（1）一级建造师执业资格实行统一大纲、统一命题、统一组织的考试制度，由人事部、建设部共同组织实施，原则上每年举行一次考试。

（2）原建设部负责编制一级建造师执业资格考试大纲和组织命题工作，统一规划建造师执业资格的培训等有关工作。

（3）培训工作按照培训与考试分开、自愿参加的原则进行。

（4）人事部负责审定一级建造师执业资格考试科目、考试大纲和考试试题，组织实施考务工作；会同建设部对考试考务工作进行检查、监督、指导和确定合格标准。

（5）一级建造师执业资格考试，分综合知识与能力和专业知识与能力两个部分。其中，专业知识与能力部分的考试，按照建设工程的专业要求进行，具体专业划分由建设部另行规定。

（6）参加一级建造师执业资格考试合格，由各省、自治区、直辖市人事部门颁发人事部统一印制，人事部、建设部用印的《中华人民共和国一级建造师执业资格证书》。该证书在全国范围内有效。

2. 二级建造师考试

（1）二级建造师执业资格实行全国统一大纲，各省、自治区、直辖市命题并组织考试的制度。

（2）建设部负责拟定二级建造师执业资格考试大纲，人事部负责审定考试大纲。

（3）各省、自治区、直辖市人事厅（局），建设厅（委）按照国家确定的考试大纲和有关规定，在本地区组织实施二级建造师执业资格考试。

（4）二级建造师执业资格考试合格者，由省、自治区、直辖市人事部门颁发由人事部、建设部统一格式的《中华人民共和国二级建造师执业资格证书》。该证书在所在行政区域内有效。

（三）注册

1. 已取得建造师执业资格申请注册的人员必须具备的条件

申请初始注册时应当具备以下条件：

（1）经考核认定或考试合格取得资格证书；

（2）受聘于一个相关单位；

（3）达到继续教育要求；

（4）没有下列情形。

1）不具有完全民事行为能力的；

2）申请在两个或者两个以上单位注册的；

3）未达到注册建造师继续教育要求的；

4）受到刑事处罚，刑事处罚尚未执行完毕的；

5）因执业活动受到刑事处罚，自刑事处罚执行完毕之日起至申请注册之日止不满5年的；

6）因前项规定以外的原因受到刑事处罚，自处罚决定之日起至申请注册之日止不满3年的；

7）被吊销注册证书，自处罚决定之日起至申请注册之日止不满2年的；

8）在申请注册之日前3年内担任项目经理期间，所负责项目发生过重大质量和安全事故的；

9）申请人的聘用单位不符合注册单位要求的；

10）年龄超过65周岁的；

11）法律、法规规定不予注册的其他情形。

注册有效期满需继续执业的，应当在注册有效期届满30日前，按照第七条、第八条的规定申请延续注册。延续注册的，有效期为3年。

申请延续注册的，应当提交下列材料：

（1）注册建造师延续注册申请表；

（2）原注册证书；

（3）申请人与聘用单位签订的聘用劳动合同复印件或其他有效证明文件；

（4）申请人注册有效期内达到继续教育要求的证明材料。

取得一级建造师资格证书并受聘于一个建设工程勘察、设计、施工、监理、招标代理、造价咨询等单位的人员，应当通过聘用单位向单位工商注册所在地的省、自治区、直辖市人民政府建设主管部门提出注册申请。

省、自治区、直辖市人民政府建设主管部门受理后提出初审意见，并将初审意见和全部申报材料报国务院建设主管部门审批；涉及铁路、公路、港口与航道、水利水电、通信与广电、民航专业的，国务院建设主管部门应当将全部申报材料送同级有关部门审核。符合条件的，由国务院建设主管部门核发《中华人民共和国一级建造师注册证书》，并核定执业印章编号。

2. 一级建造师执业资格的注册程序

取得一级建造师资格证书并受聘于一个建设工程勘察、设计、施工、监理、招标代理、造价咨询等单位的人员，应当通过聘用单位向单位工商注册所在地的省、自治区、直辖市人民政府建设主管部门提出注册申请。

省、自治区、直辖市人民政府建设主管部门受理后提出初审意见，并将初审意见和全部申报材料报国务院建设主管部门审批；涉及铁路、公路、港口与航道、水利水电、通信与广电、民航专业的，国务院建设主管部门应当将全部申报材料送同级有关部门审核。符合条件的，由国务院建设主管部门核发《中华人民共和国一级建造师注册证书》，并核定执业印章编号。

3. 二级建造师执业资格的注册程序

取得二级建造师资格证书的人员申请注册，由省、自治区、直辖市人民政府建设主管部门负责受理和审批，具体审批程序由省、自治区、直辖市人民政府建设主管部门依法确定。对批准注册的，核发由国务院建设主管部门统一样式的《中华人民共和国二级建造师注册证书》和执业印章，并在核发证书后 30 日内送国务院建设主管部门备案。

4. 注册管理

（1）注册效力。取得建造师执业资格证书的人员，必须经过注册登记，方可以建造师名义执业。

（2）注册的监督检查。人事部和各级地方人事部门对建造师执业资格注册和使用情况有检查、监督的责任。

（3）注册期限。建造师执业资格注册有效期一般为 3 年，有效期满前 30 日，持证者应到原注册管理机构办理再次注册手续。在注册有效期内，变更执业单位者，应当及时办理变更手续。

（4）再注册。再次注册者，须提供接受继续教育的证明，每年要接受不少于 120 学时的建造师执业继续教育。

（5）注销注册。经注册的建造师有下列情况之一的，由原注册管理机构注销注册：

①有失效情形发生的；②依法被撤销注册的；③依法被吊销注册证书的；④受到刑事处罚的；⑤法律、法规规定应当注销注册的其他情形。

注册建造师有下列情形之一的，其注册证书和执业印章失效：

①聘用单位破产的；②聘用单位被吊销营业执照的；③聘用单位被吊销或者撤回资质证书的；④已与聘用单位解除聘用合同关系的；⑤注册有效期满且未延续注册的；⑥年龄超过 65 周岁的；⑦死亡或不具有完全民事行为能力的；⑧其他导致注册失效的情形。

注册建造师有前列情形之一的，注册建造师本人和聘用单位应当及时向注册机关提出注销注册申请；有关单位和个人有权向注册机关举报；县级以上地方人民政府建设主管部门或者有关部门应当及时告知注册机关。

（6）注册公示。建设部和省、自治区、直辖市建设行政主管部门应当定期公布建造师执业资格的注册和注销情况。

三、建造师的执业要求

（一）建造师执业前提

建造师经注册后，方有权以建造师名义担任建设工程项目施工的项目经理及从事其他施工活动的管理。取得建造师执业资格，未经注册的，不得以建造师名义从事建设工程施工项目的管理工作。

（二）建造师执业基本要求

建造师在工作中，必须严格遵守法律、法规和行业管理的各项规定，恪守职业道德。

（三）建造师执业分类

一级建造师设置 10 个专业：建筑工程、公路工程、铁路工程、民航机场工程、港口与航道工程、水利水电工程、市政公用工程、通信与广电工程、矿业工程、机电工程。

二级建造师设置 6 个专业：建筑工程、公路工程、水利水电工程、矿业工程、市政公用工程、机电工程。

四、建造师的执业技术能力

（一）一级建造师的执业技术能力

（1）具有一定的工程技术、工程管理理论和相关经济理论水平，并具有丰富的施工管理专业知识。

（2）能够熟练掌握和运用与施工管理业务相关的法律、法规、工程建设强制性标准和行业管理的各项规定。

（3）具有丰富的施工管理实践经验和资历，有较强的施工组织能力，能保证工程质量和安全生产。

（4）有一定的外语水平。

（二）二级建造师的执业技术能力

（1）了解工程建设的法律、法规、工程建设强制性标准及有关行业管理的规定。

（2）具有一定的施工管理专业知识。

（3）具有一定的施工管理实践经验和资历，有一定的施工组织能力，能保证工程质量和安全生产。

（4）建造师必须接受继续教育，更新知识，不断提高业务水平。

五、职业道德规范

注册建造师应具备如下道德规范：

1. 维护国家的荣誉和利益；

2. 执行有关工程建设的法律、法规、标准、规范、规程和制度，履行合同规定的义务和职责；

3. 努力学习专业技术和建设管理知识，不断提高业务能力和水平；

4. 不同时在两个或两个以上单位注册和从事建造师业务活动。

六、注册建造师的主要执业范围

（一）注册建造师的执业范围

注册建造师有权以建造师的名义担任建设工程项目施工的项目经理；从事其他施工活动的管理；从事法律法规或国务院行政主管部门规定的其他业务。

（二）注册建造师担任项目经理

建造师执业资格制度建立以后，承担建设工程项目施工的项目经理仍是施工企业所承包某一具体工程的主要负责人，他的职责是根据企业法定代表人的授权，对工程项目自开工准备至竣工验收，实施全面的组织管理。而大中型工程项目的项目经理必须由取得建造师执业资格的建造师担任，即建造师在所承担的具体工程项目中行使项目经理职权。注册建造师资格是担任大中型工程项目的项目经理之必要条件。建造师须按人发〔2002〕111号文件的规定，经统一考试和注册后才能从事担任项目经理等相关活动，是国家的强制性要求，而项目经理的聘任则是企业行为。

（三）鼓励和提倡注册建造师"一师多岗"

近期，注册建造师以建设工程项目施工的项目经理为主要岗位。但是，同时鼓励和提倡注册建造师"一师多岗"，从事国家规定的其他业务，例如担任质量监督工程师等。

第三章　城乡规划法律制度

第一节　城乡规划管理概述

一、城乡规划管理的概念和意义

（一）城乡规划及城乡规划管理的概念

1. 城、乡的概念

（1）城市。城市是历史上形成的、具有一定规模的非农业人口聚居的地域单元，它是国家或者地区的政治、经济、文化中心 。本书所指的城市，是指国家按行政建制设立的直辖市、市、建制镇。

（2）村庄。本书所指的村庄，是指农村村民居住和从事各种生产的聚居点。

（3）集镇。本书所称集镇，是指乡、民族乡人民政府所在地和经县级人民政府确认由集市发展而成的作为农村一定区域经济文化和生活服务中心的非建制镇。

要把城市、村庄和集镇建设好，必须首先确定城市、村庄和集镇的规模、性质、发展方向以及如何布局，才能满足生产、生活、交通、运输、环境等各方面的要求，而要解决好这些问题，就必须编制城乡规划。

2. 城乡规划的概念

城乡规划是指为了实现一定时期内城市、村庄和集镇的经济和社会发展目标，确定城市、村庄、集镇的性质、规模和发展方向，合理利用城乡土地，协调城乡空间布局和各项建设的综合部署和具体安排。城乡规划是城市和乡镇的建设和管理的基本依据，是保证城市和乡镇土地合理利用和开发经营活动协调进行的前提和基础，是实现城乡经济和社会发展目标的重要手段。国内外的实践经验证明，要把城市和乡镇建设好、管理好，首先必须规划好，以城乡规划为依据指导建设和管理；要使城市和乡镇得以合理发展，首先必须通过科学地预测和规划，明确城市和乡镇的发展方向和发展格局，在规划的引导和控制下，逐步实现发展目标。在城乡建设和发展过程中，城乡规划处于重要的"龙头"地位。

3. 城乡规划管理的概念

城乡规划管理是指城乡规划行政主管部门依法编制、审批城乡规划，并依据经法定程序批准的城乡规划和相关法律规范，通过行政的、法制的、经济的和社会的管理手段，对城乡土地的使用和各项建设活动进行控制、引导和监督，使之纳入城乡规划的轨道，促进经济、社会和环境在城市、乡镇空间上协调、有序、可持续的发展。

城乡规划管理的内容主要包括城乡规划编制审批管理、城乡规划实施管理、城乡规划实施监督检查管理和城乡规划行业管理等几个方面，本书重点介绍城乡规划的编制审批管理和实施管理。

（二）城乡规划管理的意义

城乡规划管理是各级城乡规划行政主管部门制定审批城乡规划并贯彻实施经批准的城

乡规划的重要职能活动，通过完善、科学、合理的城乡规划管理活动，使各级政府可以依靠法律的权威，运用法律的、经济的、行政的手段，保证科学合理地制定城乡规划，稳定地、连续地、有效地实施城乡规划，从而推动城乡经济和社会的协调发展。

二、城乡规划管理的作用

（一）保证经济、社会和环境在城乡空间上协调、可持续发展

城市和乡镇是经济、社会发展的载体，是人类社会存在的最基本的空间形式，城乡规划制定的目的是为了实现各级政府在一定时期的经济、社会和环境发展目标，其编制的核心内容是土地使用规划，通过城乡土地资源的优化配置，使各种建筑、公共设施、生态环境等物质要素形成合理的布局结构，以保障经济、社会和环境在城乡空间上协调、可持续的发展，为人们创造一个良好的工作、生活环境。

（二）为城市和村镇的建设和管理提供基本依据

城乡规划反映了城乡建设和发展的整体和长远的利益，各项建设必须符合城乡规划的要求，因为城市和乡镇均是有机的大系统，特别是作为城市的直辖市、市和建制镇的建设都属于庞大的、复杂的系统工程。其中的每项建设都不是孤立的，如一个工业项目的建设往往要涉及供电、供水、排水、通讯、交通运输等配套设施，涉及环保及各项建设管理的限制性条件；又如住宅建设将涉及中小学、幼儿园、商业区、医疗机构、文化体育设施等公共设施的建设，涉及水、电、燃气、通讯、公共交通以及环境绿化建设等，如要保证上述方方面面的各项建设在空间上协调配置，在时间上可持续发展，只有通过编制城乡规划对其作出综合部署和具体安排，并以此为依据进行建设和管理。因此，要把城市和乡镇建设好、管理好，首先要有好的规划，这样才能使城乡建设和管理活动有所遵循，有所依据。

（三）促进和保障城乡规划及相关法律法规和方针政策的贯彻执行

城乡规划实施管理的依据是以《城乡规划法》为龙头的一系列有关城乡规划和建设的规范性文件，这些文件的主要功能和作用就是调整和规范城乡规划的编制、建设和管理中的各种社会关系。除上述规范性文件之外，城市和乡镇的政府为了保证城乡建设协调有序的进行，还适时地颁布有关的方针、政策、命令和办法，以使有关法律法规更具体化、更便于操作执行。城乡规划实施管理的目的，就是贯彻实行城乡规划和建设的法律、法规、方针、政策、命令和办法，将立法的精神落实到具体的城乡规划和建设中去。可以说，城乡规划实施管理既是管理的方法，又是管理的目的，必须不断地坚持依法行政，即严格依照城乡规划及相关法律法规、方针、政策来进行城乡规划和建设的行政管理，才能把城市和乡镇建设好、管理好。

（四）保障城市和乡镇综合功能的发挥，满足居民日益增长的对物质、文化和环境的需求

城市和乡镇的建设必须适应经济、社会的发展，为居民提供适合其不断增长的生活、工作、学习和休闲娱乐需要的各项物质要素。城乡规划实施管理的过程，就是不断完善和拓展城市和乡镇功能的过程，就是不断改善和优化人们的社会生活环境和自然生态环境的过程，在城市规划实施管理的过程中，促进经济、社会和环境在城市和乡镇的空间上协调、可持续的发展，满足居民日益增长的对物质、文化和环境的需求。

（五）保障城乡各项建设纳入城乡规划的轨道，促进城乡规划的实施

城乡规划管理作为一个实践过程，它包括编制、审批和实施三个环节，仅仅把城乡规划编制出来不等于自然而然的就把城乡建设好了，还必须通过城乡规划实施管理，使各项建设依照城乡规划的要求、标准和限制性条件组织实施。城乡规划实施的过程中还要受到各种因素和条件的制约，这就需要通过城乡规划管理协调处理好各种各样的问题。由于各种因素和条件的发展和变化，在城乡规划实施过程中还需要通过城乡规划实施管理对城乡规划不断加以完善、补充和优化。因此城乡规划实施管理既是城乡规划的具体化，也是城乡规划不断完善、深化的过程。城乡规划与城乡规划实施管理是相辅相成的。

（六）保障公共利益，维护国家、集体、公民 个人等各方面合法权益

城乡规划所体现的是城市和乡村的整体的、长远的利益，同时也符合国家、集体和公民个人的共同利益，城乡规划实施管理是各级政府城市规划行政主管部门的一项行政职能，只有严格依法、勤勉尽责地行使这一管理职能，才能保障城乡发展的整体的、长远的利益，体现经济效益、社会效益和环境效益相统一的原则，同时，对危害、侵犯或有可能危害公共利益和相关方面权益的行为予以制约、协调和监督，以保证公共利益和相关方面的权益不受侵犯，维持稳定的社会秩序，促进经济、社会和环境的协调发展。

三、城乡规划所依据的法律法规

我国城乡规划管理所依据法律法规包括全国人大制定的法律，国务院制定的有关城乡规划的行政法规，国家建设行政主管部门制定的一系列部门规章，地方人大制定的地方性法规及同级政府制定的规章，这些法律法规按立法主体地位的高低分为不同的层次，其原则是下一层次制定的法规文件必须符合上一层次的法律法规，如国务院制定的行政法规必须符合全国人大制定的法律，地方性法规文件必须符合全国人大和国务院制定的法律法规，不能违背上一层次法律法规的精神和原则。具体来说，我国城乡规划法规体系的构成如下所述。

（一）法律

城乡规划所依据的法律主要是指《中华人民共和国城乡规划法》，（以下简称《城乡规划法》），由全国人民代表大会常务委员会于 2007 年 10 月 28 日通过，并于 2008 年 1 月 1 日起正式施行。《城市规划法》共七章 70 条，主要内容包括总则、城乡规划的制定、城乡规划的实施、城乡规划的修改、监督检查、法律责任和附则，并于 2015 年 4 月 24 日、2019 年 4 月 23 日进行了修改。

（二）行政法规

指《村庄和集镇规划建设管理条例》，由国务院于 1993 年 6 月 29 日以国务院第 116 号令发布。该条例对村庄和集镇规划建设管理的原则、村庄和集镇规划的编制与审批、村庄和集镇规划的实施、村庄和集镇建设活动的管理、村庄和集镇的建设管理等内容作了全面的规定，是基层规划管理部门对村庄和集镇进行规划管理的重要法律依据，具有很强的实用性和可参照性。

（三）部门规章

在实际的规划管理工作中，适用最多的就是部门规章这部分内容。因为它的内容比较多且比较繁杂，在这里根据这些部门规章所涉及的管理内容的不同，将它们分为以下四类：

1. 城乡规划编制审批管理类

此类规章涉及的内容主要是城乡规划的编制与审批，其中包括《城市规划编制办法》

《村镇规划编制办法》等规范性文件。

2. 城乡规划实施管理类

此类规章包括土地使用规划管理规章、市政工程规划管理规章等内容：

（1）土地使用规划管理规章，主要包括《城市国有土地使用权出让转让规划管理办法》《建设项目选址规划管理办法》和《城市地下空间开发利用管理规定》；

（2）市政工程规划管理规章，主要包括《城市绿化条例》。

3. 城乡规划实施监督检查管理类

此类规章涉及的主要是行政检查与档案方面的内容，包括《城市管理执法办法》和《城市建设档案管理规定》。

4. 城市规划行业管理类

此类规章包括规划设计单位资格管理和规划师执业资格管理两方面的内容。

（1）规划设计单位资格管理规章，包括《城市规划编制单位资格管理办法》；

（2）规划师执业资格管理规章，包括《注册城乡规划师执业资格制度规定》和《注册城乡规划师执业资格考试实施办法》。

（四）城乡规划技术标准与技术规范

城乡规划技术标准与技术规范是城乡规划编制和审批过程中必须遵守的技术标准和规范，具有强制性特征。此类技术标准和技术规范可分为两级，第一级为国家规范，第二级为地方规范，我们主要介绍国家规范，这类规范大多由住房和城乡建设部组织编制，主要分为三类：

1. 综合类基本规范

包括《城市规划基本术语标准》《城市用地分类与规划建设用地标准》和《建筑气候区划标准》等。

2. 城乡规划编制规范

包括《城市规划编制办法实施细则》《城市总体规划审查工作规则》《村镇规划编制办法》《历史文化名城名镇名村保护规划编制要求》《村镇规划标准》等。

3. 城乡规划各专业规划设计规范

包括《城市道路交通规划设计规范》《城市工程管线综合规划规范》《城市防洪工程规划设计规范》《城市给水工程规划规范》《城市电力规划规范》《城市绿地设计规范》等。

第二节　城乡规划的编制与审批

一、城市规划的编制与审批

（一）城市规划的内容

1. 城市总体规划

城市总体规划应当综合研究和确定城市的性质、规模和空间发展形态，统筹安排城市各项建设用地，合理配置城市各项基础设施，并保证城市各个不同发展阶段的发展目标、发展措施的优化和布局结构的科学性，引导城市的合理发展。城市总体规划主要包括下列主要内容：

　　（1）对市和县辖行政区范围内的城镇体系、交通系统、基础设施、生态环境、风景旅游资源开发进行合理布置和综合安排；

　　（2）确定规划期内城市人口及用地规模，划定城市规划区范围；

　　（3）确定城市用地发展方向和布局结构，确定市、区、中心区位置；

　　（4）确定城市对外交通系统的结构和布局，编制城市交通运输和道路系统规划，确定城市道路等级和干道系统，主要广场、停车场及主要交叉路口形式；

　　（5）确定城市供水、排水、防洪、供电、通讯、燃气、供热、消防、环保、环卫等设施的发展目标和总体布局，并进行综合协调；

　　（6）确定城市河湖水系和绿化系统的治理、发展目标和总体布局；

　　（7）根据城市防灾要求，作出人防建设、抗震防灾规划；

　　（8）确定需要保护的自然保护地带、风景名胜、文物古迹、传统街区，划定保护和控制范围，提出保护措施；

　　（9）各级历史文化名城要制定专门的保护规划；

　　（10）确定旧城改造、用地调整的原则、方法和步骤，提出控制旧城人口密度的要求和措施；

　　（11）对规划区内的农村居民点、乡镇企业等建设用地和蔬菜、牧场、林木花果、副食品基地作出统筹安排，划定保留的绿化地带和隔离地带；

　　（12）进行综合技术经济论证，提出规划实施步骤和方法的建议；

　　（13）编制近期建设规划，确定近期建设目标、内容和实施部署。

　　2. 城镇体系规划

　　城镇体系规划是指在全国或一定地区内，确定城市的数量、性质、规模和布局的综合部署，是社会经济发展的空间表现形式，是政府对全国或者一定地区经济社会发展实行宏观调控的重要手段。它主要包括下列内容：

　　（1）确定全国或一定地区的经济社会发展战略，对产业结构的变化及城市化水平进行预测与规划；

　　（2）根据生产力和区域交通运输网的发展，对城镇的规模及其分布进行预测与规划；

　　（3）分析全国或一定区域各级中心城市的影响范围，并确定各中心城市的职能及其发展方向；

　　（4）在分析各个城镇历史沿革及其发展条件的基础上，规划新设置市镇的数量；

　　（5）提出近期宜重点发展的城市，明确其发展方向以及人口和用地的规模；

　　（6）提出完善的城镇体系所必需的重要基础设施建设目标和布局；

　　（7）提出实施规划的政策和措施。

　　3. 分区规划

　　分区规划是在总体规划的基础上，对城市土地利用、人口分布和公共设施、基础设施的配置作出进一步的规划安排，为详细规划和规划管理提供依据。分区规划的主要内容是：

　　（1）原则规定分区内土地使用性质、居住人口分布、建筑用地的容量控制指标；

　　（2）确定市、区公共设施的分布及其用地范围；

　　（3）确定城市主次干道的红线位置、断面、控制点坐标和标高，以及主要交叉口、广场、停车场的位置和控制范围；

（4）确定绿化系统、河湖水面、供电高压线走廊、对外交通设施、风景名胜的用地界线和文物古迹、传统街区的保护范围，提出空间形态的保护要求；

（5）确定工程干管的位置、走向、管径、服务范围以及主要工程设施的位置和用地范围。

4. 详细规划

详细规划是以总体规划和分区规划为依据，详细规定建设用地的各项控制指标和规划管理要求，或直接对建设项目作出具体的安排和规划设计。详细规划可分为控制性详细规划和修建性详细规划。

（1）控制性详细规划主要包括下列内容：

1）详细确定规划地区各类用地的界线和适用范围，提出建筑高度、建筑密度、容积率的控制指标，规定各类用地内适建、不适建、有条件可建的建筑类型；

2）确定各级支路的红线位置、断面、控制点坐标和标高；

3）根据规划容量，确定工程管线的走向、管径和工程设施的用地界线；

4）制定相应的土地使用与建设管理规则。

控制性详细规划是城市规划管理、城市综合开发以及国土资源管理的重要依据，在进行城市新区开发和旧区改建时，一般都需要编制控制性详细规划。控制性详细规划的规划文件包括土地使用与建设管理细则和附件，其中附件主要为规划说明及基础资料。控制性详细规划的主要图纸包括规划范围现状图和控制性详细规划图则，图纸比例为 1/1000～1/2000。

（2）修建性详细规划主要包括下列内容：

1）建设条件分析及综合技术经济论证；

2）建筑、道路和绿地等的空间布局和景观规划设计，总平面图的布置；

3）道路交通规划设计；

4）绿地规划系统设计；

5）各项工程管线规划设计；

6）竖向规划设计；

7）估算工程量、拆迁量和总造价，分析投资效益。

在当前正在开发或修建的地区，一般应编制修建性详细规划。修建性详细规划是对具体的开发项目进行规划管理和指导的重要依据。修建性详细规划的规划文件为规划设计说明书，它的主要图纸包括：规划范围现状图、规划总平面图、各项专业规划图、竖向规划图和反映规划设计意图的透视图。图纸比例为1/500～1/2000。

（二）城市规划的编制

1. 编制城市规划应当具备的基础资料

根据《城乡规划法》第 25 条的规定："编制城市规划应当具备勘察、测绘、气象、地震、水文、环境等基础资料。"包括有关城市和区域经济社会发展、自然环境、资源条件、历史和现状情况等基础资料，这是科学、合理地编制城市规划的基本前提。特别是城市勘察和城市测量，是编制城市规划前期一项必不可少的基础工作。只有具备了详实准确的城市勘测资料，在作出城市用地选择、城市生态规划、城市防灾规划、确定城市布局以及具体落实各项用地和各项建设时才能有所遵循、有所依据。具体来说，编制城市规划应具备的基础资料主要包括以下方面：

(1) 城市勘察资料；

(2) 城市测量资料；

(3) 气象资料；

(4) 水文资料；

(5) 城市历史资料；

(6) 经济与社会发展资料；

(7) 城市人口资料；

(8) 区域自然资源资料；

(9) 城市土地利用资料；

(10) 工矿企事业单位的现状及规划资料；

(11) 交通运输资料；

(12) 各类仓储资料；

(13) 城市行政、经济、社会、科技、文教、卫生、商业、金融、涉外机构以及人民团体的现状和规划资料；

(14) 建筑物现状资料；

(15) 工程设施资料；

(16) 城市园林、绿地、风景区、文物古迹、优秀近代建筑物等资料；

(17) 城市环境资料。

2. 城市规划的编制权限

国务院城市规划行政主管部门和省、自治区、直辖市人民政府分别组织编制全国和省、自治区、直辖市的城镇体系规划。

城市人民政府负责组织编制城市总体规划。县级人民政府负责编制县级人民政府所在地的镇的城市总体规划，其他建制镇的总体规划，由镇人民政府组织编制。

城市人民政府的城市规划行政主管部门负责组织编制分区规划和详细规划，县人民政府负责编制县人民政府所在地的镇的详细规划，其他建制镇的详细规划由镇人民政府负责组织编制。

3. 城市规划的编制要求

(1) 编制城市规划必须严格按照《城乡规划法》规定的编制权限进行，下级人民政府或其城市规划主管部门不能越级编制应由上级人民政府或其城市规划主管部门负责编制的各类规划，上级人民政府及其城市规划主管部门也不能包办代替，或干涉本来应由下级人民政府或其城市规划主管部门编制的规划内容。

(2) 无论是编制城市总体规划还是城镇体系规划或者是详细规划，都应对城市规划法律法规所要求的规划内容作出综合部署和全面安排，要尽量避免重大遗漏、短期行为、地方保护主义等对编制城市规划的影响。

(3) 各级人民政府及其规划行政主管部门在编制城市规划前，必须备齐编制城市规划应当具备的所有基础资料，这些基础资料的完备与否，关系到据以编制的规划以及依照该规划所进行的建设活动的科学性、合理性及安全性，如城市勘察资料中的工程地质资料，可以帮助我们确定城市所在地区的地质构造以及城市规划区内不同地段的地基承载力以及滑坡、崩塌等的可能系数，地震地质资料可以帮助确定城市所在地区断裂带的分布及活动情况，确定城市规划区内的地震烈度区划，通过对上述资料的分析判断，就可对规划区内相应地段的建筑作出适建或不适建的规划决策，以保证城市建设和人民工作、生产及生活的安全。

（4）各级人民政府及城市规划主管部门编制的城市规划应当满足城市防火、防爆、抗震、防洪、防泥石流以及治安管理、交通管理和人民防空建设等要求，特别是在可能发生强烈地震、洪水灾害和泥石流滑坡的地区，必须在规划中采取相应的抗震、防洪和防滑坡措施，以保证城市安全和社会安定。

（5）各级人民政府及其规划行政主管部门在编制城市规划时还必须注意保护和改善城市生态环境。保护和改善生态环境是我国的基本国策，也是当前所面对的严峻的生态环境对我们提出的要求。由于人口急剧增长、工业污染、过度砍伐森林等人为行为所造成的城市过度拥挤、土地沙漠化、沙尘暴、水源缺乏、水污染等环境和生态问题，已经成为制约我国经济建设和城市发展的重要因素。因此，通过科学合理的城市规划使经济建设与生态环境相协调，走可持续发展的道路，是摆在各级人民政府及其规划行政主管部门面前的一项基本任务。为达到保护和改善城市生态环境的目的，我们必须做到以下几点：一是逐步降低大城市中心区密度，有计划地疏散中心区人口，重点解决基础设施短缺、交通紧张、居住拥挤、环境恶化等问题；二是城市布局必须有利于生态环境建设，市区污染严重的项目要关停或迁移；三是加强城市绿化规划和建设，加强公共绿地、居住绿地、生产绿地和风景林地的建设，城市绿化用地绝对不能侵占；四是增强城市污水和垃圾处理能力；五是做好城市防灾规划，增强抵御各种灾害的能力，包括防火、防爆、防洪、防泥石流、抗震等防灾规划和建设。

（三）城市规划的审批

1. 城市规划的审批权限

按照《城乡规划法》的规定，城市规划实行分级审批制度。全国城镇体系规划由国务院城乡规划主管部门报国务院审批。省、自治区人民政府组织编制省域城镇体系规划，报国务院审批。直辖市的城市总体规划由直辖市人民政府报国务院审批。省、自治区人民政府所在地的城市以及国务院确定的城市的总体规划，由省、自治区人民政府审查同意后，报国务院审批。其他城市的总体规划，由城市人民政府报省、自治区人民政府审批。县人民政府组织编制县人民政府所在地镇的总体规划，报上一级人民政府审批。其他镇的总体规划由镇人民政府组织编制，报上一级人民政府审批。城市人民政府城乡规划主管部门根据城市总体规划的要求，组织编制城市的控制性详细规划，经本级人民政府批准后，报本级人民代表大会常务委员会和上一级人民政府备案。镇人民政府根据镇总体规划的要求，组织编制镇的控制性详细规划，报上一级人民政府审批。县人民政府所在地镇的控制性详细规划，由县人民政府城乡规划主管部门根据镇总体规划的要求组织编制，经县人民政府批准后，报本级人民代表大会常务委员会和上一级人民政府备案。城市、县人民政府城乡规划主管部门和镇人民政府可以组织编制重要地块的修建性详细规划。修建性详细规划应当符合控制性详细规划。除分级审批制度外，《城乡规划法》还规定了各级人民代表大会对城市总体规划的审查制度，即城市和县人民政府在向上级人民政府报请审批城市总体规划前，必须经同级人大常务委员会审查同意。

2.城市规划的审批内容

各级人民政府及其城市规划行政主管部门在审批城市规划时应当严格按照规定的程序，依照法律、法规、规章规定和强制性标准进行实质性审查。具体地说，在进行城市规划的审批时，应特别注意审查以下几个方面的问题：

（1）各级人民政府及其城市规划行政主管部门在审查城市规划中涉及安全的事项时，必须严格依照法律、法规、规章的规定和强制性标准进行审查，不符合法律、法规、规章规定和强制性标准的，不得批准。

（2）城市规划行政主管部门在城市总体规划审查中，应当严格按照规定的程序，组织专家和有关部门对城市总体规划的防火、防爆、抗震、防洪、防范地质灾害和治安、交通管理、人民防空建设等要求进行审查。

（3）审查城市规划是否与国土规划、区域规划、江河流域规划、土地利用总体规划相协调。

（4）审查城市规划是否有利于保护和改善城市生态环境，是否有利于防止污染和其他公害。

（5）审查城市规划是否有利于保护历史文化遗产，有利于保持民族与地方特色。

（6）审查城市规划是否做到了合理节约与利用土地资源、水资源和其他自然资源。

二、镇规划的编制与审批

（一）镇规划的编制

1.编制主体

镇人民政府负责建制镇的规划建设管理工作。在编制镇规划时，需在县级以上地方人民政府城市规划行政主管部门指导下，由镇人民政府负责组织编制。

2.编制内容

镇一般只需编制总体规划和修建性详细规划，其内容与城市总体规划及城市的修建性详细规划相同。实行镇管村体制的建制镇，其总体规划中应包括镇辖区范围内的村镇布局。

镇位于设市城市规划区内的，其规划应服从设市城市的总体规划。

3.编制依据

编制镇规划应当依照《村镇规划标准》进行。《村镇规划标准》为强制性国家标准，其主要内容包括村镇规模分级和人口预测、村镇用地分类、规划建设用地标准、居住建筑用地、公共建筑用地、道路、对外交通和竖向规划、公共工程设施规划等，它是科学合理地编制镇规划的重要依据。

4.编制要求

编制镇规划的要求与城市规划的编制要求是一致的。此外，根据镇规划自身的特点和实际需要，编制镇规划还应符合以下要求：

（1）镇规划要适应农村经济和社会发展的需要，其规划中应体现促进乡镇企业适当集中建设，农村富余劳动力向非农产业转移，加快农村二、三产业发展，加快农村城市化进程原则精神。

（2）镇规划要符合统一规划、合理布局、因地制宜、综合开发、配套建设的原则，要充分利用和改造现有小城镇，着重规划好基础设施和公共服务设施，加强环境保护，为生产生活提供必要的条件。

（3）地处洪涝、地震、台风、滑坡等自然灾害容易发生地区的镇，应当按照国家和地方的有关规定，在镇总体规划中制定防灾措施。具体的防灾措施包括场地评价、地质评价、留出避难空间，等等。

（二）镇规划的审批

镇的总体规划报县人民政府审批，详细规划报镇人民政府审批，镇人民政府在向县级人民政府报请审批镇总体规划前，须经镇人民代表大会审查同意。

三、村庄和集镇规划的编制与审批

（一）村庄和集镇规划的编制

按照国务院《村庄和集镇规划建设管理条例》的规定，村庄是指农村村民居住和从事各种生产的聚居点；集镇是指乡、民族乡人民政府所在地和经县级人民政府确认由集市发展而成的作为农村一定区域经济、文化和生活服务中心的非建制镇。

1. 编制主体

按照《村庄和集镇规划建设管理条例》第八条的规定，村庄、集镇规划由乡级人民政府负责组织编制并监督实施。该条例第六条还规定由县级以上地方人民政府建设行政主管部门主管本行政区域的村庄、集镇规划建设管理工作，乡级人民政府负责本行政区域的村庄、集镇规划建设管理工作。这一规定在执行当中，实际上就是由当地建设行政主管部门具体负责规划的编制工作，由乡、县人民政府负责组织协调。因此，县、乡的建设行政主管部门在村庄、集镇规划的编制过程中起着举足轻重的作用。

2. 编制内容

编制村庄、集镇规划一般分为村庄集镇总体规划和村庄、集镇建设规划两部分内容。

（1）村庄、集镇总体规划是指乡级行政区域内村庄和集镇布点规划及相应的各项建设的总体部署。规划期一般为10～20年，近期建设规划考虑3～5年。

村庄、集镇总体规划的主要内容包括：乡级行政区域的村庄、集镇布点，村庄和集镇的位置、性质、规模和发展方向，村庄和集镇的交通、供水、供电、邮电、商业、绿化、防灾、环境卫生等生产和生活服务设施的配置。

（2）村庄、集镇建设规划是在村庄、集镇总体规划指导下，对村庄和集镇的各项建设所作出的综合部署和具体安排。它是乡（镇）域内村庄和集镇的内部规划，其主要任务是对村镇内的居住建筑、公共建筑、道路绿化、给水、排水、电力、电信等各项建设以及环境保护、防灾等各项措施进行统筹安排，具体落实。

集镇建设规划的主要内容包括：住宅、乡（镇）村企业、乡（镇）村公共设施、公益事业等各项建设的用地布局、用地规模，有关的技术经济指标，近期工程建设以及重点地段建设具体安排。

村庄建设规划的主要内容，可以根据本地区经济发展水平，参照集镇建设规划的编制内容，主要对住宅和供水、供电、道路、绿化、环境卫生以及生产配套设施作出具体安排。

3. 编制原则

村庄和集镇规划的编制，应当遵循下列原则：

（1）根据国民经济和社会发展计划，结合当地经济发展的现状和要求，以及自然环境、资源条件和历史情况等，统筹兼顾，综合部署村庄和集镇的各项建设；

（2）处理好近期建设与远景发展，改造与新建的关系，使村庄和集镇的性质和建设的规模、速度和标准同经济发展和农民生活水平相适应；

（3）合理用地，节约用地，各项建设应当相对集中，充分利用原有建设用地，新建、扩建工程及住宅应当尽量不占用耕地和林地；

（4）有利生产，方便生活，合理安排住宅、乡（镇）村企业、乡（镇）村公共设施和公益事业等的建设布局，促进农村各项事业协调发展，并适当留有发展余地；

（5）保护和改善生态环境，防治污染和其他公害，加强绿化和村容镇貌、环境卫生建设。

此外，编制村庄、集镇总体规划，应当以县域规划、农业区划、土地利用总体规划为依据，并同有关的专业规划相协调。

（二）村庄、集镇规划的审批

（1）村庄、集镇总体规划和集镇建设规划，须经乡级人民代表大会审查同意，由乡级人民政府报县级人民政府批准。

（2）村庄建设规划，须经村民会讨论同意，由乡级人民政府报县级人民政府批准。

第三节　城市新区开发和旧区改建

一、城市新区开发和旧区改建的原则

（一）新区开发和旧区改建的概念和含义

1. 新区开发

新区开发是指按照城市总体规划的部署，在城市现有建成区以外的一定地段，进行集中成片、综合配套的开发建设活动。新区开发是随着城市经济与社会的发展、城市规模的扩大，为了满足城市日益增长的生产、生活需要，逐步实现城市不同阶段的发展目标推进的，它是城市建设和发展的重要组成部分。新区开发的内容一般包括以下几个方面：

（1）新区的开发建设。新区的开发建设主要是为了解决城市建成区内由于历史原因或发展过快而形成的布局混乱、密度过高、负荷过重等弊端，或为了比较完整地保护古城的风貌，在建成区外围进行集中成片的开发建设，以达到疏散和降低旧区人口密度、调整和缓解旧区压力、完善和改善旧区环境等目的。

（2）经济技术开发区的建设。经济技术开发区建设是随着我国经济体制改革和对外开放政策的实施而出现的一种特定经济区，它建设在城市的特定地区，通过提供优惠政策，创造良好的投资环境，以达到吸引外资、引进先进技术和进行横向经济联合的目的。

（3）卫星城镇的开发建设。卫星城镇的开发建设主要是为了有效地控制大城市市区的人口和用地规模，按照总体规划要求，将市区需要搬迁的项目或新建的大中型项目安排到周围的小城镇去，而有计划、有重点地开发建设这些小城镇，逐步形成以大城市为中心

的、比较完善的城镇体系。

（4）新工矿区的开发建设。新工矿区的开发建设是指国家或地方政府根据矿产资源开发和加工的需要，在城市郊区或郊县建设大、中型工矿企业，并逐步形成相对独立的工矿区，在统一规划的指导下，进行配套建设。

2. 旧区改建

城市旧区是城市在长期历史发展演变过程中逐步形成的进行各项政治、经济、文化、社会活动的居民聚集区。旧区改建是指按照城市规划的原则和要求，对城市旧区的布局、结构及各项设施进行的保护、利用、充实和更新。一般来说，城市的旧区往往积淀了城市在各个不同的历史阶段的发展轨迹和优秀的文化传统，但同时也积累了历史遗留下来的种种弊端和缺陷。因此，很多城市的旧区都不同程度的存在着布局混乱、住宅老旧、居住拥挤、交通阻塞、环境污染、市政公用设施不配套等问题，这些问题阻碍了城市经济社会的发展，不能适应现代社会对城市化越来越高的要求。这就要求我们按照统一的规划，在保护好优秀的历史文化遗产和传统风貌的同时，根据各城市的实际情况和存在的主要矛盾，对旧城区进行有计划、有步骤、有重点的改造、充实和更新。

（二）新区开发和旧区改建的基本原则

城市新区开发和旧区改建必须坚持统一规划、合理布局、因地制宜、配套建设的原则。

统一规划是搞好城市建设的前提和基础，新区开发和旧区改建都必须遵循统一规划的原则，也就是说，要把新区开发和旧区改建纳入到城市规划的整体中综合考虑，这样既使得新区开发和旧区改建的布局合理，也使整个城市的布局趋向合理。

合理布局是城市规划的核心，在实施城市规划管理的过程中，城市各项建设的选址、定点必须从有利于城市长远发展的角度出发，保证城市的安全，防止对城市环境的污染和破坏，保持生态平衡，保证城市各项功能的协调。如果建设项目的选址、定点不当，将给城市的发展和城市居民的生产和生活带来长期的、难以消除的影响和损害，甚至给国家造成巨大的经济损失。因此，必须慎重对待。

合理布局应满足以下几方面的要求：

（1）开发城市新区和各项建设用地，必须保证有可靠的水源、能源、交通、防灾等建设条件，并应避开有开采价值的地下矿藏和有保护价值的文物古迹，以及工程地质、水文地质不宜修建的地区；

（2）城市居住区应当安排在自然环境较好的地段，其相邻地段的土地利用不得妨碍居住区的安全、卫生与安定；

（3）城市工业项目的布置应当考虑专业化协作的要求，统筹规划，合理安排，容易产生有害废弃物的工业项目，不得布置在市区主导风向的上风和水源地的上游地段，避免通过大气和水向市区或临近市区的下风、下游扩散污物；

（4）生产或者储存易燃、易爆、剧毒物的工厂和仓库，以及严重影响环境卫生的建设项目，必须避开居民密集的市区；

（5）建设产生放射性污染的项目，必须避开城市市区及其他居民密集的地区，并设置防护工程，采取有效的事故和废弃物处理措施；

（6）城市道路选线和道路网的布置必须满足合理组织城市交通运输的需要，并与对外交通设施相互衔接、协调；

（7）城市港口设施的建设，必须综合考虑岸线的合理利用，保证留有必需的城市生活岸线；

（8）建设机场、城市铁路编组站、铁路干线、过境公路、区域供电高压走廊和重要军事设施等，应当避开城市居民密集的市区；

（9）城市人民防空工程的规划和建设，应在满足使用功能的前提下，充分考虑合理开发和综合利用城市地下空间的要求。

二、关于城市新区开发

根据《城乡规划法》第 30 条的规定，新区开发的主要原则是应当合理利用城市现有设施。根据这一原则，在进行新区选址、安排大中型工业项目时，应当尽量依托现有市区或现有中小城镇进行建设，并充分考虑利用城市现有设施的可能性。同时，为了严格控制大城市规模，防止市区人口的过度膨胀，还应有计划、有重点地开发建设卫星城镇，并将新建的大中型工业项目尽量安排在卫星城镇。通过提高卫星城镇的建设标准和设施水平，以及各种优惠政策，提高卫星城镇的吸引力，促使市区的工业和人口向外疏散。

三、关于旧区改建

城市旧区改建的最终目标是要达到改善交通运输和生活居住条件，加强城市基础设施和公共设施的建设，提高城市综合功能的目的。改建的重点是对危房集中、设施简陋、交通阻塞、污染严重地区进行综合整治，通过成片拆除重建或局部调整改建的方法，使各项设施逐步配套完善。

旧区改建应当同城市产业结构的调整和工业企业技术改造紧密结合，改善用地结构，优化城市布局。要按照规划迁出有严重危害和污染环境的项目，充分利用腾出和闲置的土地，扩展和增加居住、文化、体育、绿化等场地，加强基础设施和公共设施建设，改善城市环境和市容景观，提高城市的综合功能。

城市旧区特别是历史文化名城和少数民族地区城市的旧区改建，应当充分体现传统风貌、民族特点和地方特色。市、县人民政府应当采取有效措施，切实保护具有重要历史意义、革命纪念意义、文化艺术和科学价值的文物古迹和风景名胜；有选择地保护一定数量的代表城市传统风貌的街区、建筑物和构筑物，划定保护区和建设控制地区。

第四节　城乡规划的实施与管理

一、一书两证制度

"一书两证"是对我国城乡规划实施管理的基本制度的通称，即城乡规划行政主管部门通过核发建设项目选址意见书、建设用地规划许可证和建设工程规划许可证，根据依法审批的城乡规划和有关法律规范，对各项建设用地和各类工程建设进行组织、控制、引导和协调，使其纳入城乡规划的轨道。

（一）建设项目选址意见书

国家对建设项目的宏观管理，在可行性研究阶段，主要是通过计划管理和规划管理来实现的，只有将计划管理和规划管理有机结合起来，才能保证各项工程既有计划又符合规划地进行建设，以达到经济效益、社会效益和环境效益最大化的目标。建设项目选址意见书是将计划管理与规划管理有机结合的成功经验的总结，原国家计委、原国家建委、财政部及原城乡建设环境保护部曾数次联合发文，要求在建设项目的可行性研究阶段，在当地城市规划部门的参与下共同选址，在审批项目建议书和设计任务书时，应征求同级城市规划主管部门的意见。这些规定经过多年的实践证明有利于计划和规划的贯彻执行，应作为成功的经验固定下来，坚持下去。《城乡规划法》第 36 条规定："按照国家规定需要有关部门批准或者核准的建设项目，以划拨方式提供国有土地使用权的，建设单位在报送有关部门批准或者核准前，应当向城乡规划主管部门申请核发选址意见书。前款规定以外的建设项目不需要申请选址意见书。"这一条款正是将上述规定进一步具体化，并用法律的形式固定下来，它是使设计任务书编制得既科学、合理，又符合城市规划的要求的法律保障。

（二）建设用地规划许可证

建设用地规划许可证是建设单位在向土地管理部门申请征用、划拨土地前，经城市规划行政主管部门确认建设项目位置和范围符合城市规划的法定凭证。

1984 年国务院颁发的《城市规划条例》正式规定了由城市规划行政主管部门核发建设用地规划许可证，经过多年实践，证明这一规定对于保证城市规划顺利实施，保证城市土地的合理利用，防止和减少违法占地是行之有效的，已得到中央和地方的普遍认同，在许多地方法规和地方政府规章中都先后对这一制度作了大致相同的规定。《城乡规划法》在第 37 条和第 38 条中将这一制度具体化并固定下来，第 37 条规定："在城市、镇规划区内以划拨方式提供国有土地使用权的建设项目，经有关部门批准、核准、备案后，建设单位应当向城市、县人民政府城乡规划主管部门提出建设用地规划许可申请，由城市、县人民政府城乡规划主管部门依据控制性详细规划核定建设用地的位置、面积、允许建设的范围，核发建设用地规划许可证。建设单位在取得建设用地规划许可证后，方可向县级以上地方人民政府土地主管部门申请用地，经县级以上人民政府审批后，由土地主管部门划拨土地。"第 38 条规定："在城市、镇规划区内以出让方式提供国有土地使用权的，在国有土地使用权出让前，城市、县人民政府城乡规划主管部门应当依据控制性详细规划，提出出让地块的位置、使用性质、开发强度等规划条件，作为国有土地使用权出让合同的组成部分。未确定规划条件的地块，不得出让国有土地使用权。以出让方式取得国有土地使用权的建设项目，建设单位在取得建设项目的批准、核准、备案文件和签订国有土地使用权出让合同后，向城市、县人民政府城乡规划主管部门领取建设用地规划许可证。城市、县人民政府城乡规划主管部门不得在建设用地规划许可证中，擅自改变作为国有土地使用权出让合同组成部门的规划条件。"这两款条文表明了建设用地规划许可证具有强制性的特征，它表现在，任何建设单位和个人都必须在取得建设用地规划许可证后，才能向土地管理部门申请用地，取得建设用地规划许可证是申请征用、划拨土地的必备前提条件，它不可替代、不可超越。

核发建设用地规划许可证的意义在于它能够确保土地利用符合城市规划，维护建设单位按照规划使用土地的合法权益，为土地管理部门在城市规划区内行使权属管理职能提供必要的法律依据。土地管理部门在办理征用、划拨建设用地的过程中，如确需改变建设用地规划许可证核定的用地位置和界线，必须与城市规划行政主管部门协商一致，保证修改后的用地位置和范围符合城市规划的要求。

（三）建设工程规划许可证

建设工程规划许可证是有关建设工程符合城市规划要求的法律凭证。《城乡规划法》第40条规定："在城市、镇规划区内进行建筑物、构筑物、道路、管线和其他工程建设的，建设单位或者个人应当向城市、县人民政府城乡规划主管部门或者省、自治区、直辖市人民政府确定的镇人民政府申请办理建设工程规划许可证。申请办理建设工程规划许可证，应当提交使用土地的有关证明文件、建设工程设计方案等材料。需要建设单位编制修建性详细规划的建设项目，还应当提交修建性详细规划。对符合控制性详细规划和规划条件的，由城市、县人民政府城乡规划主管部门或者省、自治区、直辖市人民政府确定的镇人民政府核发建设工程规划许可证。"第41条规定："在乡、村庄规划区内进行乡镇企业、乡村公共设施和公益事业建设的，建设单位或者个人应当向乡、镇人民政府提出申请，由乡、镇人民政府报城市、县人民政府城乡规划主管部门核发乡村建设规划许可证。"这一条规定是对各地多年来一直实行的核发建设工程规划许可证措施的规范化和具体化，是促使城乡各项建设活动按照城乡规划的要求进行，防止违法建设活动发生的重要制度保障。

建设工程规划许可证制度的作用主要表现在以下三个方面：

（1）确认有关建设活动的合法地位，保证有关建设单位和个人的合法权益；

（2）可作为建设活动进行过程中接受监督时的法定依据，城市规划管理工作人员要根据建设工程规划许可证规定的内容和要求进行监督检查，并将其作为处罚违法建设活动的法律依据；

（3）作为城市规划行政主管部门有关城市建设活动的重要历史资料和城市建设档案的主要内容。

二、建设用地规划管理的内容与程序

城市用地规划管理的基本内容是依据城市规划确定的不同地段的土地使用性质和总体布局，决定工程建设可以使用哪些土地，不可以使用哪些土地，以及在满足建设项目功能和使用要求的前提下，如何经济合理地使用土地。具体来说，用地规划管理的内容主要包括两个方面，一是城市规划区内的土地利用和各项建设必须符合城市规划，服从规划管理，建设工程的选址和布局必须符合城市规划。设计任务书报请批准时，必须附有城市规划行政主管部门的选址意见书。二是在城市规划区内进行建设需要申请用地的，必须持有国家批准建设项目的有关文件，向城市规划行政主管部门申请定点，由城市规划行政主管部门核定其用地位置和界线，提供规划设计条件，核发建设用地规划许可证。建设单位和个人在取得建设用地规划许可证后，方可向县级以上土地管理部门申请用地。

（一）建设用地的选址定点及选址意见书的核发

1. 建设项目的选址定点

建设用地的选址定点包括两方面的内容。一是国家和地方重点项目的选址，如大型水利工程的建设，大型工矿企业的建设，大规模的居民区建设等，其立项、选址和布局，必须符合城市规划的要求。各级计委在审批建设项目建议书和设计任务书时，应征求同级城市规划主管部门的意见，城市规划行政主管部门在审批项目建议书阶段和设计任务书阶段，均要参与意见，具体来说，城市规划行政主管部门参与建设项目建议书阶段的选址工作，提出规划建议或意见；参与建设项目设计任务书（或可行性研究报告）阶段的选址工作并签署选址意见书。建设项目建议书、设计任务书的报批，应当附有城市规划行政主管部门的规划选址意见书。二是在城市规划区内进行建设需要申请用地的项目，需要扩大原有用地进行改扩建的项目，改变原有用地性质进行建设的项目，须向城市规划行政主管部门申请选址定点。

建设项目选址意见书的内容包括三个方面：

（1）建设项目的基本情况，主要是指建设项目的名称、性质、用地与建设规模、供水与能源的需求量，采取的运输方式与运输量，以及废水、废气、废渣的排放方式和排放量。

（2）建设项目规划选址的依据，主要有：经批准的项目建议书；建设项目与城市规划是否协调，与城市交通、通讯、能源、市政、防灾规划是否协调，建设项目配套的生活设施与城市生活居住及公共设施规划是否衔接与协调；建设项目对于城市环境可能造成的污染和影响。

（3）建设项目与城市环境保护规划、风景名胜及文物古迹保护规划是否协调。

2. 选址意见书的核发程序

（1）由建设单位提出申请，报送建设项目选址申请书及城市规划行政主管部门要求的其他材料。

（2）城市规划主管部门进行现场检查，审核有关文件，符合城市规划要求的发给建设项目选址意见书，同时提出规划限定要求。

（3）城市规划主管部门进行现场调查后对部分不符合规划要求的，提出调整意见或调整选址要求，经重新调整后符合规划要求的发给建设项目选址意见书，并提出规划设计要求。

（4）对不符合规划要求的设计项目，由城市规划主管部门书面通知报建单位，并告知选址不当的主要因素。

3. 申请选址意见书的报请单位需报送的文件

在核发建设项目规划选址意见书阶段，报请单位应向城市规划行政主管部门报送下列文件：

（1）项目选址申请书；

（2）建设项目建议书、可行性研究报告；

（3）如属工业项目或对环境有特殊要求项目应加送下列资料：1）工艺的基本情况，对水、陆运输、能源、市政、公用配套的要求；2）建成后可能对周边环境带来的影响及对周边地区建设的建设性控制要求；3）"三废"排放量与排放方式，环保评价书、卫生防疫、消防安全等资料；4）其他特殊要求。

（4）利用原址建设或有选址意向的建设项目，附送1：500或1：1000地形图或航测图、土地权属证件和房屋产权证件。

（5）大、中型建设项目应附有相应资质的规划设计单位做出的选址论证。

（二）建设用地的规划审批及建设用地规划许可证的核发

1. 建设用地规划许可证的适用范围

建设用地的规划审批是城市规划管理工作的核心内容，是规划选址定点工作的具体化，通过建设用地的审批程序，确定并保证了建设项目的位置、性质、规模和发展方向等各个方面均符合城市规划的要求。

一般来说，建设用地规划审批的内容与建设用地规划许可证的适用范围大体上可分为以下几个方面：

（1）新建、扩建、迁建需要使用土地的，如国家重点工程建设需要征用农田、集体土地进行建设的；工矿企业等扩大规模需要使用本单位以外土地的；

（2）需要改变本单位土地使用性质进行建设的，如原居住用地变为工业用地的、办公用地变为商业用地的；

（3）调整交换用地建设的，如相关或相邻单位为生产生活方便，交换用地进行建设的；

（4）国有土地使用权出让、转让的，如国家或地方政府进行土地招标、单位或个人转让使用权进行建设的；

（5）因建设需要临时使用土地的。

2. 建设用地规划审批的程序

根据原建设部《关于统一实行建设用地规划许可证和建设工程规划许可证的通知》的规定，申请建设用地规划许可证的一般程序为：

（1）凡是在城市规划区内进行建设需要申请用地的，必须持国家批准建设项目的有关文件，向城市规划行政主管部门提出定点申请；

（2）城市规划行政主管部门根据用地项目的性质、规模等，按城市规划的要求，初步选定用地项目的具体位置和界线；

（3）根据需要征求有关行政主管部门对用地位置和界线的具体意见；

（4）城市规划行政主管部门根据城市规划的要求向用地单位提供规划设计条件；

（5）审核用地单位提供的规划设计总图；

（6）核发建设用地规划许可证。

3. 建设用地审批管理过程中应注意的问题

城市规划行政主管部门在进行建设用地审批规划管理过程中，应注意综合审核以下几个方面的问题：

（1）要对申请用地的建设项目进行分析，审查其是否符合有关法律、法规、部门规章或地方法规、规章，以及是否符合基本建设程序；

（2）要对用地现场进行实地调查，充分了解建设用地地段与周边环境的现状，弄清拟建项目和周边环境的相关影响，使拟建项目符合功能分区的要求；

（3）了解总体规划、分区规划、交通道路规划及有关专业规划对该地段的要求与影响；

（4）需要征用农业用地的要了解该地段是否属于国家或地方的菜田保护区或基本农田保护区，或水利设施相关区域；

（5）了解该用地的现状权属及有关历史情况，征求相关行业管理部门意见；

（6）根据建设项目的规模与内容，合理确定用地的规模，确定用地的周边界线，避免用地的浪费与闲置。

4. 取得建设用地规划许可证需提交的文件

在申请建设用地规划许可证阶段，一般要求用地单位和个人提供以下文件：

（1）建设工程规划用地许可证申请；

（2）建设项目选址意见书；

（3）建设项目可行性研究报告（设计任务书）批准文件或其他计划批准文件；

（4）表示建设用地位置与环境关系的地形图或航测图，比例为1：500或1：2000；

（5）规划设计总图或建筑设计方案；

（6）相关行业管理部门对设计方案的意见。

5. 建设用地审批后的管理

建设用地审核批准后，城市规划行政主管部门应当加强监督、检查工作，监督检查的内容包括建设项目征用土地的复核和用地情况监督检查。

（1）用地复核。主要是指城市规划行政主管部门对征用划拨的土地进行验桩。

（2）用地检查。主要是指城市规划行政主管部门根据城市规划的要求，对建设用地的使用进行监督检查，以便于随时发现问题、解决问题，杜绝违章占地情况的发生。

三、建设工程规划管理的内容与程序

（一）建设工程规划管理的内容

建设工程规划管理是指城市规划行政主管部门通过审查、发证、事后监督等程序和手段，管理城市的各项建设活动，使各项建设工程必须严格按照城市规划进行。凡在城市规划区内的各项建设活动，无论是永久性的还是临时性的，都必须由城市规划行政主管部门审查批准，实行统一管理。

建设工程规划管理是建设单位或个人在取得建设用地规划许可证后的管理程序，它通过核发建设工程规划许可证来实施管理。

（二）建设工程规划管理的程序

根据原建设部《关于统一实行建设用地规划许可证和建设工程规划许可证的通知》的规定，申请与核发建设工程规划许可证的一般程序为：

（1）建设申请。建设单位应当持批准的计划投资文件，上级主管部门批准建设的批件和建设用地规划许可证，向城市规划行政主管部门申请建设，城市规划行政主管部门对该建设申请进行审查，确定建设工程的性质、规模等是否符合城市规划的布局和发展要求；对于建设工程涉及相关主管部门的，则应根据情况和需要，征求有关行政主管部门的意见，进行综合协调。

（2）确定建设工程规划设计要求。城市规划行政主管部门对建设申请进行审查后，根据建设工程所在地段详细规划的要求，提出规划设计要求，核发规划设计要点通知书，建设单位应按规划设计要点通知书的要求，委托设计部门进行方案设计工作。

（3）方案审查。建设单位提出设计方案、文件、图纸后，城市规划行政主管部门对各个方案的总平面布置，交通组织情况，工程周围环境关系和个体建筑设计体量、层数、造型等进行审查比较，确定规划设计方案，核发设计方案通知书，建设单位据此委托设计单位进行施工图设计。

（4）核发建设工程规划许可证。建设单位持注明勘察设计证号的总平面图、个体建筑设计的平、立、剖面图、基础图，地下室平、剖面图等施工图纸，交城市规划行政主管部门进行审查，经审查批准后，发给建设工程规划许可证。

（三）建设工程规划管理中应注意的问题

（1）要依法进行管理。建设工程规划管理是政策性、法规性很强的工作，国家和地方颁布了一系列有关的法律、法规和规章，在实际工作中必须严格遵照执行，做到有法可依、有法必依。建设工程规划许可证制度是具有强制性的规定，在工程规划管理中必须严格按照其规定的程序进行管理，不能有半点违背或随意变通。

（2）要有计划作为依据。我国现行的建筑工程投资与规模还是由各级计划部门控制，按基本建设管理程序，计划是办理工程规划手续的依据，其主要体现为：批准的建设项目设计任务书或可行性研究报告；批准的计划投资文件；技术改造项目计划批准文件；城市建设综合开发计划批准文件。

（3）要符合各类城市规划。城市规划兼有专业技术性和法律强制性的特点，城市规划一经批准，就具有法律效力，一切城市建设活动都必须按照城市规划的要求来进行，它是一切城市建设活动的指导和依据。在建设工程规划管理中，必须做到使审批的建设项目符合各类规划（包括总体规划、分区规划、详细规划以及相关规划）。

（4）要满足经济技术指标。国家在建筑的、经济的、规划的各方面都有具体的经济技术指标，并以此来约束建设行为的进行，建设工程的规划管理也应遵循此类经济技术指标。该类指标主要包括建筑技术标准、规范以及有关建设项目的具体经济技术要求等。

（5）要注意塑造城市艺术空间。建设工程规划管理与城市空间环境的塑造有着直接的关系，它是决定城市空间艺术效果优劣的关键环节。在管理中要充分注意建筑与周边环境的协调，注意改善原有的周边环境，塑造新的良好的城市艺术空间。

（6）要注意考虑与城市生态规划相协调。城市生态规划的最终目标是为了达到维持和恢复城市的生态平衡，其内容包括人口适宜容量规划、土地利用适宜度规划、环境污染防治规划、生物保护与利用规划、资源利用保护规划等。在建设工程规划管理中必须强化生态保护及生态规划意识，使各项建设活动符合城市生态平衡的目标。

（四）取得建设工程规划许可证应提交的文件

在核发建设工程规划许可证阶段，一般要求建设单位和个人报送下列文件：

（1）建设工程规划许可证申请；

（2）地形图或航测图；

（3）当年基建计划投资批文；

（4）有关行业主管部门对工程设计方案的意见；

（5）建设用地规划许可证、批准的规划设计总图；

（6）用地权属证明；

（7）相关房产的权属证明（拟拆除的或接建的）；

（8）结构、基础鉴定报告（接层的或改建的）；

（9）设计方案图纸；

（10）初步设计方案图纸；

（11）施工图纸。

（五）建设工程规划许可证的附图、附件

建设工程规划许可证的附图、附件，按照建筑物、构筑物、道路、管线以及个人建房等不同要求，由发证机关根据法律、法规规定和实际情况确定，附图和附件是建设工程规划许可证的配套文件，一经批准，与建设工程规划许可证具有同等法律效力。

（六）建设工程审批后的管理

建设工程审批后的管理，是城市规划行政主管部门进行事后监督检查的重要环节，主要包括验线、现场检查和竣工验收。

（1）验线。建筑单位应当按照建设工程规划许可证的要求放线，并经城市规划行政主管部门验线后方可施工。

（2）现场检查。是指城市规划管理工作人员深入有关单位和施工现场，了解建设工程的位置、施工等情况是否符合规划设计条件。

（3）竣工验收。竣工验收是基本建设程序的最后一个阶段。规划部门参加竣工验收，是对建设工程是否符合规划设计条件的要求进行最后把关，以保证城市规划区内各项建设符合城市规划。城市规划区内的建设工程竣工验收后，建设单位应及时将竣工资料报送城市规划行政主管部门。

四、村庄和集镇建设活动管理

（一）村庄和集镇建设用地规划管理的内容

根据《村庄和集镇规划建设管理条例》的规定，对村庄和集镇规划区内各项建设用地的规划管理主要有以下三个方面的内容：

1. 建设单位或个人在申请用地以前，首先要向县级建设行政主管部门或者乡级人民政府申请选址定点，由主管部门确定可以使用的土地的位置和界线，这是申请征用划拨土地以及取得土地使用权的前提条件。

2. 县级建设行政主管部门或者乡级人民政府应当根据建设项目的性质、规模、使用要求和外部关系，综合研究其与周围环境的协调，对拟征用土地自然条件的限制，以及公共设施、环境保护、防洪、抗震、防灾、消防等方面的技术要求，提出建设用地方案，具体确定建设用地的位置和范围，划出规划红线，并提供有关规划设计条件，作为进行总平面设计的重要依据。

3. 县级建设行政主管部门审查总平面设计，确认其符合规划要求后，方可出具选址意见。

（二）村庄和集镇住宅建设用地规划审批程序

村庄和集镇住宅建设的主体包括农村村民、城镇非农业户口居民、回原籍乡村落户的职工、退伍军人和离退休干部以及回家乡定居的华侨、港澳台同胞，上述主体在村庄和集镇规划区内建住宅，应当依照《村庄和集镇规划建设管理条例》第18条的规定，办理住宅建设用地规划审批手续，领取选址意见书。具体地说，住宅建设用地规划审批要按以下程序办理：

1. 提出建房申请。建房申请一般向村民集体经济组织或村民委员会提出，城镇非农业户口居民、回原籍落户的职工、退伍军人和离退休干部以及回家乡定居的华侨、港澳台同胞，向乡级人民政府提出建房申请。集体经济组织或者村民委员会接到建房申请后，应当召开村民代表大会或村民大会予以讨论，讨论通过后，将建房申请报乡级人民政府。

2. 建房申请的审查。乡级人民政府根据本地的有关规定审核建房条件，对于符合条件的，根据村庄、集镇规划，确定建房的具体地点和用地范围。需要使用耕地的，乡级人民政府审核后，报县级人民政府建设行政主管部门审查。

3. 提出规划设计要点。在对建房申请进行审查后，乡级人民政府和县级人民政府建设行政主管部门应根据拟建住宅所在村庄或集镇的规划设计要求，提出具体的规划设计要点，作为进行住宅设计或者选用通用住宅设计图的重要依据。

4. 核发选址意见书。村民使用原有宅基地、村内空闲地和其他土地的，由乡级人民政府发给选址意见书；村民使用耕地的，城镇非农业户口居民、回原籍落户的职工、退伍军人和离退休干部以及回乡定居的华侨、港澳台同胞使用村庄、集镇规划区内土地建住宅的，由县级人民政府建设行政主管部门发给选址意见书。

5. 持乡级人民政府或县级人民政府建设行政主管部门发给的选址意见书办理法定的申请用地手续。

（三）乡（镇）村企业、公共设施、公益事业建设用地规划审批程序

《村庄和集镇规划建设管理条例》第19条、第20条规定了对乡（镇）村企业、公共设施、公益事业建设用地的规划审批管理内容，具体程序如下：

1. 建设申请。建设单位和个人持县级以上人民政府批准的设计任务书或者其他批准文件，向县级人民政府建设行政主管部门提出选址定点申请。

2. 建设申请的审查。县级人民政府建设行政主管部门对于建设申请进行审查，确定建设工程的性质、规模等是否符合村庄、集镇规划布局和未来发展的要求；对于建设涉及相关行业主管部门业务的（如乡镇企业、交通、环保、防疫、消防、文物保护等），根据实际情况和需要，征求有关行政主管部门的意见；各村庄、集镇规划要求确定具体的建设地点和用地范围，提出规划设计要点。在对建设申请进行审查后，县级人民政府建设行政主管部门应根据建设工程所在地的村庄或集镇建设规划的要求，提出具体的规划设计要点，作为进行工程设计的重要依据。

3. 发给选址意见书。县级人民政府建设行政主管部门对于批准的建设申请，发给建设单位或者个人选址意见书。

4. 建设单位或个人持选址意见书，办理申请用地的有关手续。

第五节　城市国有土地使用权出让转让规划管理

一、城市国有土地使用权出让转让规划的编制

《城市国有土地使用权出让转让规划管理办法》（以下简称《管理办法》）于1992年12月4日由原建设部颁布，并于1993年1月1日起实行。该《管理办法》是为了加强城市国有土地使用权出让转让的规划管理，保证城市规划实施，促进科学合理利用城市土地的目的而制定，它对于规范国有土地使用权出让转让过程中的规划管理行为，保证国有土地使用权出让转让与城市总体规划、分区规划及详细规划相协调，促进城市经济社会协调发展，具有重要的指导意义。

（一）城市国有土地使用权出让转让规划管理权限

《管理办法》第 3 条规定了城市国有土地出让转让规划管理的权限，其主要内容是：

1. 国务院城市规划行政主管部门（即原建设部）负责全国城市国有土地使用权出让转让规划管理的指导工作，它主要是通过制定有关的政策和规章等规范性文件进行宏观管理和指导。

2. 省、自治区、直辖市人民政府城市规划行政主管部门负责本省、自治区、直辖市行政区域内城市国有土地使用权的出让转让规划管理指导工作，其管辖的范围是省级行政区域内，管理的方式以宏观管理和政策指导为主，并通过制定相应的地方性法规或地方政府规章来指导和调控本行政区域内的国有土地使用权出让转让规划管理工作。

3. 直辖市、市和县人民政府城市规划行政主管部门负责城市规划区内城市国有土地使用权出让、转让的规划管理工作。其管理的范围是城市规划区内，管理的内容主要是对具体的出让转让项目的具体管理。

（二）城市国有土地使用权出让转让规划的编制

1. 编制原则

（1）城市国有土地使用权的投放量应当与城市土地资源、经济社会发展和市场需求相适应；

（2）城市国有土地使用权出让转让应当与建设项目相结合；

（3）城市国有土地使用权出让转让要与城市规划实施的步骤和要求相适应。

2. 编制内容

城市规划行政主管部门应按照城市国有土地使用权出让转让规划编制的原则，编制城市国有土地使用权出让转让规划和计划，规划和计划的主要内容应包括以下几个方面：

（1）地块数量；

（2）用地面积；

（3）地块位置；

（4）出让步骤。

3. 关于拟出让地块的控制性详细规划

《管理办法》第 5 条规定："出让国有土地使用权，出让前应制定控制性详细规划。"该条规定是对国有土地使用权出让的程序上的限定性条件，作为行使管理权的城市规划行政主管部门和作为规划管理对象的受让方都应当严格遵守。

控制性详细规划是控制城市建设用地、对土地的有偿使用进行规范管理的重要依据，拟出让地块的控制性详细规划应包括以下内容：

（1）确定地块的土地使用性质、建设用地面积及建设用地上所设定项目的用地面积和可开发建筑量，确定建设用地或建设项目的规划范围或规划的具体位置、界线。

（2）确定建筑密度、容积率、绿地率、建筑高度等的控制指标。

（3）确定对公共服务设施、道路及其设施与内外道路关系、工程管线、城市特色与环境景观等的控制指标。

4. 关于拟出让地块的规划设计条件及附图

《管理办法》第 5 条第 2 款规定："出让的地块，必须具有城市规划行政主管部门提出的规划设计条件和附图"。第 7 条规定："城市国有土地使用权出让转让合同必须附具体规划设计条件及附图。规划设计条件和附图，出让方和受让方不得擅自变更。在出让转让过程中确需变更的，必须经城市规划行政主管部门批准。"上述规定表明，规划设计条件和附图是拟出让地块的附带条件，在使用权出让转让法律关系变化过程中，将一直是各种审批手续或法律文件的必不可少的组成部分。《管理办法》第13条同时规定，凡持未附具城市规划行政主管部门提供规划设计条件及附图的出让转让合同，或擅自变更的，城市规划行政主管部门将不予办理建设用地规划许可证。

规划设计条件应包括以下内容：地块面积、土地使用性质、容积率、建筑密度、建筑高度、停车泊位、主要出入口、绿地比例、须配置的公共设施、工程设施、建筑界线、开发期限及其他要求。

附图应包括以下内容：地块区位和现状，地块坐标、标高，道路红线坐标、标高，出入口位置，建筑界线以及地块周围地区环境与基础设施条件。

二、城市国有土地使用权出让转让的规划实施管理的主要内容

按照《管理办法》的有关规定，对国有土地使用权出让转让的规划管理，主要应贯彻以下几个方面的内容：

1. 城市国有土地使用权出让前，必须编制出让土地的控制性详细规划，再由城市规划行政主管部门根据详细规划提出出让地块的规划设计条件和附图。

2. 签订国有土地使用权出让转让合同必须以规划设计条件和附图作为合同附件。对该规划设计条件和附图，出让方和受让方不得擅自变更，如果在出让转让过程中确需要变更的，必须经城市规划行政主管部门批准。

3. 已取得土地出让合同的，受让方应当持出让合同依法向城市规划行政主管部门申请建设用地规划许可证。在取得建设用地规划许可证后，方可办理土地使用权属证明。

4. 通过出让获得的土地使用权再转让时，受让方应当遵守原出让合同附具的规划设计条件，并由受让方向城市规划行政主管部门办理登记手续。受让方如需改变原规划设计条件，应当先经城市规划行政主管部门批准。

5. 各级人民政府城市规划行政主管部门应当对本行政区域内的城市国有土地使用权出让、转让规划管理情况逐项登记，定期汇总。

第六节　城乡规划法律制度案例

案例 1

再审申请人：××建设集团有限公司（以下简称：甲公司）

被申请人：××仓储服务有限公司（以下简称：乙公司）

一、基本案情

乙公司作为发包方将案涉项目"居然之家三亚店"发包给甲公司，双方签订了《建设工程施工总承包合同》，但案涉建设项目所需土地使用权乃登记在三亚市河东区东岸村委会第一村民小组和第二村民小组名下，乙公司未能取得该地块土地使用权，亦未取得建筑工程规划许可证并办理报建手续。

最高院再审认为，乙公司未能取得该地块土地使用权，亦未取得建筑工程规划许可证并办理报建手续，属于典型的"三无"工程。由于此类建设项目违反了《中华人民共和国土地管理法》《中华人民共和国城乡规划法》以及《中华人民共和国建筑法》相关强制性规定，逃避了国家对规划体系、建筑工程质量等重大事项的监管，直接危害社会的公共安全、危及不特定公众的生命财产权益，故原审法院在查明案涉建设项目为"三无"工程的情况下作出《建设工程施工总承包合同》为无效合同的认定，符合杜绝违法建筑、保护国家和公共利益的司法政策考量。

二、案例评析

《最高人民法院关于审理建设工程施工合同纠纷案件适用法律问题的解释（二）》第二条规定："当事人以发包人未取得建设工程规划许可证等规划审批手续为由，请求确认建设工程施工合同无效的，人民法院应予支持，但发包人在起诉前取得建设工程规划许可证等规划审批手续的除外。

发包人能够办理审批手续而未办理，并以未办理审批手续为由请求确认建设工程施工合同无效的，人民法院不予支持。"

《城乡规划法》第四十条规定："在城市、镇规划区内进行建筑物、构筑物、道路、管线和其他工程建设的，建设单位或者个人应当向城市、县人民政府城乡规划主管部门或者省、自治区、直辖市人民政府确定的镇人民政府申请办理建设工程规划许可证。"

建设工程施工合同受到不同领域的多部法律及其他规范性文件调整。法律、行政法规和部颁规章中调整建设工程施工合同的强制性规范就有60多条，如果违反这些规范都以违反法律强制性规定为由而认定合同无效，不符合《合同法》的立法本意，不利于维护合同稳定性，也不利于保护各方当事人的合法权益，会破坏建筑市场的正常秩序。我们认为，法律和行政法规中的强制性规定，有的属于行政管理规范，如果当事人违反了这些规范应当受到行政处罚，但是不应当影响民事合同的效力。从相关法律、行政法规的强制性规范内容看，可分为两类：一是保障建设工程质量的规范，二是维护建筑市场公平竞争秩序的规范。建设工程规划许可证等规划审批手续系能够影响合同效力的强制性规定。

案例2

再审申请人：湖南某技术学院（以下简称：甲学院）

再审申请人：湖南省某市规划局某分局（以下简称：乙规划分局）

原审第三人：湖南省常德市某置业有限公司（以下简称：丙公司）

一、基本案情

1999年1月5日，某区政府为常德市丙有限责任公司颁发了《国有土地使用权证》。因丙公司的名称进行了两次变更登记，故其目前持有的《国有土地使用证》编号为常丙国用（2008）第0090号、0091号。

2005年5月8日，常德市人民政府第24次《专题会议纪要》议定：甲学院扩建部分选址在武陵镇孔家溶村和停车场村。鼎城区国土、规划、建设、环保、教育、计价等部门要相互配合，大力支持，依法建好该学院的扩建和土地征收、品补工作，禁止在控制范围新建建筑物。2006年1月17日，乙规划分局为甲学院颁发了常规地审0601001号《建设用地规划许可证》（包含诉争地块）。因该许可证批准的用地面积过大，国土部门未同意其用地申请。同日，乙规划分局又为甲学院颁发了同一编号的《建设用地规划许可证》，但没有收回原《建设用地规划许可证》。

2009年8月，甲学院向乙规划分局申请核发《建设用地规划许可证》，乙规划分局以诉争地块存在用地矛盾为由，未予办理。

丙公司于2009年对诉争地块进行土地平整，用于修建"御景江南"商住小区。2014年6月12日，丙公司向乙规划分局申请办理《建设工程规划许可证》，乙规划分局经审核，于2014年6月20日，向丙公司核发了18份《建设工程规划许可证》，期间没有告知甲学院享有听证的权利。

"御景江南"商住小区有14栋住宅，三座商业楼裙及一层地下停车场。丙公司于2014年12月在房管部门办理了商品房预售许可。截至2015年6月10日，"御景江南"商住小区绝大多数楼盘已封顶，丙公司已对外出售房屋158套。

甲学院认为18份《建设工程规划许可证》，在申请与受理、审查与决定、期限、听证等环节均违反了《行政许可法》的相关规定。

乙规划分局认为，甲学院未取得涉案地块任何法律上的权益，不存在有行政许可事项涉及其直接的重大利益，在实施规划许可时依法不必通知甲学院。

最高院认为，根据《中华人民共和国行政许可法》第三十六条、第四十七条规定，行政机关对行政许可申请进行审查时，发现行政许可事项直接关系他人重大利益的，应当告知该利害关系人。申请人、利害关系人有权进行陈述和申辩。行政机关应当听取申请人、利害关系人的意见。行政许可直接涉及申请人与他人之间重大利益关系的，行政机关在作出行政许可决定前，应当告知申请人、利害关系人享有要求听证的权利。根据法院查明的事实，甲学院曾于2009年向乙规划分局申请核发与涉案土地相关的《建设用地规划许可证》，与被诉的规划许可有法律上的利害关系。本案乙规划分局在颁发涉案建设工程规划许可证前未能严格依照上述法定程序履行职责，因此，原审判决确认被诉的颁发建设工程规划许可证行为程序违法并无不当。

二、案例评析

《中华人民共和国行政许可法》第四十七条规定："行政许可直接涉及申请人与他人之间重大利益关系的，行政机关在作出行政许可决定前，应当告知申请人、利害关系人享有要求听证的权利；申请人、利害关系人在被告知听证权利之日起五日内提出听证申请的，行政机关应当在二十日内组织听证。"

第六十九条规定："有下列情形之一的，作出行政许可决定的行政机关或者其上级行政机关，根据利害关系人的请求或者依据职权，可以撤销行政许可：……（三）违反法定程序作出准予行政许可决定的；……

依照前两款的规定撤销行政许可，可能对公共利益造成重大损害的，不予撤销。"

根据现行法律规定，违反法定程序作出的行政许可可以撤销，但涉及可能对公共利益造成重大损害的，不予撤销。本案在涉案土地上的商品房已经封顶，且已经预售了部分房屋，如果撤销会给社会公共利益和他人合法利益造成重大损害，故法院未予撤销。

第四章 工程招标投标法律制度

第一节 招标投标法概述

《建筑法》第 19 条规定："建筑工程依法实行招标发包，对不适于招标发包的可以直接发包。"也就是说，建筑工程的发包方式有两种，一种是招标发包，另一种是直接发包。而招标发包是最基本的发包方式。建设工程招标投标是市场经济活动中的一种竞争方式，是以招标的方式，使投标竞争者分别提出有利条件，而由招标人选择其中最优者，并与其订立合同的一种法律制度。它是订立合同的要约与承诺的特殊表现形式。建设工程的招标投标，是法人之间的经济活动，受国家法律的保护。1999 年 8 月 30 日九届全国人大第十一次会议通过了《中华人民共和国招标投标法》（以下简称《招标投标法》），这标志着工程建设招标投标活动进入了法制轨道，真正做到了有法可依。同时，为了规范工程建设项目施工招标投标活动，根据《中华人民共和国招标投标法》和国务院有关部门的职责分工，国家计委、原建设部、铁道部、交通部、信息产业部、水利部、中国民用航空总局于 2003 年 3 月 8 日发布《工程建设项目施工招标投标办法》，并于 2003 年 5 月 1 日起施行。

一、招标投标法的概念和调整对象

（一）招标投标法的概念

招标投标法是调整在招标投标活动中产生的社会关系的法律规范的总称。一般所说的招标投标法即《中华人民共和国招标投标法》，已由第九届全国人大常委会第十一次会议于 1999 年 8 月 30 日通过，自 2000 年 1 月 1 日起施行。凡在我国境内进行招标的项目建设及其采购活动，必须依照该法的规定进行。

（二）招标投标法的调整对象

1. 招标投标中的民事关系。招标投标作为一种民事法律行为，无疑会产生相应的民事关系，这是招标投标法最主要的调整对象。招标投标中的民事关系主要发生在招标人与投标人之间，也会在招标人与招标代理人、招标人与评标委员会、投标人与投标人之间发生，对这些民事关系，招标投标法都要进行调整。在这些民事关系中，如果一方违反招标投标法的规定，给对方造成损失的，应当承担相应的民事赔偿责任。

2. 招标投标中的行政关系。招标投标虽然是一种民事行为，但这种民事行为需要接受行政管理部门的监督，这种行政监督会产生相应的行政关系。这种行政关系主要发生在行政管理部门与招标人、投标人之间，也可能发生在行政管理部门与招标代理人、评标委员会之间。如果招标人、投标人、招标代理人、评标委员会等民事主体违反招标投标法的规定，行政管理部门有权对其进行行政处罚，包括没收违法所得、罚款、取消招标代理资格、取消投标资格、取消担任评标委员会成员的资格等。

二、招标投标法的立法模式

世界各国招标投标法的立法模式有两种。一种是单独立法，即颁布独立的招标投标法；另一种则是在其他法律中规定招标投标制度。

（一）单独立法

采用单独立法的国家很少，主要是埃及和科威特，颁布有《公共招标法》，都是只规范政府的招标项目。以埃及的《公共招标法》为例，1998 年第 89 号法令（新的招标法）的实施取代了关于进行经济发展计划的 1962 年第 147 号法令和 1983 年第 9 号法令（旧的招标法）。新的招标法对于同埃及政府部门达成的所有供货、服务和建设合同均有效。通常，政府合同的订立必须通过公开招标或经过政府和承包商之间公开谈判。有关部门列出了某些特殊情况，在这些情况下签约可以采用以下方式：

1. 有限范围招标，在合同性质要求特定的国内或国外的供应商、承包商、咨询人员、技术人员或其他专家的情况下；

2. 当地招标，所有额度不超过 20 万埃磅的合同都被限定在当地供应商的范围内；

3. 有限范围谈判，在所生产的项目仅能被特定的承包商提供或要求特定的生产场所，技术工作需要特定的专家或需要保守国家机密的情况下；

4. 在特殊情况下直接签订合同。

通常，没有标准的政府合同文本，每个政府部门各有其自己的合同形式（但这些合同形式必须符合新公开招标法的规定）。公开招标和直接谈判必须根据合同的性质刊登在当地或国外的日报上，并且必须保证机会的均等和竞争的自由。

尽管政府合同必须给予提供最优质量和最低报价的承包商，但如果埃及国内承包商的报价不超过外国最低报价的 15％，则享有优先权。

每份标书必须支付不超过 2％的临时保证金，这一保证金将返还给没有中标的投标商，中标后 10 天内必须支付不超过 5％的最终保证金。如果没有支付最终保证金，合同可以被取消，由此直接引起的损失应予以赔偿。

耽误工期或延迟交货时，最多可以向承包商收取不超过建筑合同金额的 10％或不超过供货合同金额 3％的罚金。

新的公开招标法允许政府部门在投标商有欺诈行为、宣布破产或贿赂政府官员违反新公开招标法规定时中止合同。

另外，在下列情况下标书可以被拒绝：

1. 出于公共利益和福利的源因；

2. 仅有一份标书被提交；

3. 标书的最低价格超出预计的合同金额。

如果签约方违反规定的条款和条件，合同可以在任何时候中止，所引起的损失可以要求赔偿。

通常，在耽误工期或未进行施工的情况下，不可抗力的概念依照埃及民法的原则来确定。某些事件（例如物资不完备、罢工和船期延误）如要被视作不可抗力，则必须在合同中明确标明。

（二）在其他法律中规定招标投标

这是大多数国家采用的立法模式。大多数国家都是在《政府采购法》中规定招标投标程序。其基本的理念是：对于政府采购的项目（包括建设项目），一般情况下应当采用招标程序。因此，招标程序将成为这些国家政府采购法的主要内容。

三、招标投标活动的基本原则

（一）公开原则

招标投标活动的公开原则，首先要求进行招标活动的信息要公开。采用公开招标方式，应当发布招标公告，依法必须进行招标的项目的招标公告，必须通过国家指定的报刊、信息网络或者其他公共媒介发布。无论是招标公告、资格预审公告，还是招标邀请书，都应当载明能大体满足潜在投标人决定是否参加投标竞争所需要的信息。另外开标的程序、评标的标准和程序、中标的结果等都应当公开。

（二）公平原则

招标投标活动的公平原则，要求招标人严格按照规定的条件和程序办事，同等地对待每一个投标竞争者，不得对不同的投标竞争者采用不同的标准。招标人不得以任何方式限制或者排斥本地区、本系统以外的法人或者其他组织参加投标。

（三）公正原则

在招标投标活动中招标人行为应当公正。对所有的投标竞争者都应平等对待，不能有特殊。特别是在评标时，评标标准应当明确、严格，对所有在投标截止日期以后送到的投标书都应拒收，与投标人有利害关系的人员都不得作为评标委员会的成员。招标人和投标人双方在招标投标活动中的地位平等，任何一方不得向另一方提出不合理的要求，不得将自己的意志强加给对方。

（四）诚实信用原则

诚实信用是民事活动的一项基本原则，招标投标活动是以订立采购合同为目的的民事活动，当然也适用这一原则。诚实信用原则要求招标投标各方都要诚实守信，不得有欺骗、背信的行为。

第二节　工程建设项目招标

一、工程建设招标的基本要求

1. 工程建设招标的原则

《招标投标法》第 5 条规定："招标投标活动应当遵循公开、公平、公正和诚实信用的原则。"这些原则是招投标活动的基本准则。

2. 强制性招标的工程项目

《招标投标法》第 3 条、第 4 条规定："在中华人民共和国境内进行下列工程建设项目包括项目的勘察、设计、施工、监理以及与工程建设有关的重要设备、材料等的采购，必须进行招标：

（一）大型基础设施、公用事业等关系社会公共利益、公众安全的项目；

（二）全部或者部分使用国有资金投资或者国家融资的项目；

（三）使用国际组织或者外国政府贷款、援助资金的项目。

前款所列项目的具体范围和规模标准，由国务院发展计划部门会同国务院有关部门制订，报国务院批准。

法律或者国务院对必须进行招标的其他项目的范围有规定的，依照其规定。任何单位和个人不得将依法必须进行招标的项目化整为零或者以其他任何方式规避招标。"

强制性招标是发展国民经济和振兴国有经济单位的一项重要的制度保证。推行强制性招标的意义是：

（1）国有资产投资量大，其质量直接关系着社会安定和国民经济的发展，强制性招标可以防范投资风险，避免投资浪费，提高经济效益；

（2）市场竞争中的盲目性、随意性、自发性，往往导致决策失误，招标制度为民主、科学的投资决策提供保障；

（3）投资领域大量存在的不正之风、贪污腐败行为，在强制性招标中可以得到有效的扼制；

（4）强制性招标的严密的程序和规范化的操作，能够使所有符合条件的供应商，在公开、公平、公正的竞争环境中投标，择优决定，能够保证采购的质量；

（5）强制性招标制度有利于打破采购供应领域的地方、行业、部门的垄断及保护政策。

二、工程建设招标应具备的条件

《招标投标法》第9条规定："招标项目按照国家有关规定需要履行项目审批手续的，应当先履行审批手续，取得批准。

招标人应当有进行招标项目的相应资金或者资金来源已经落实，并应当在招标文件中如实载明。"

《工程建设项目施工招标投标办法》第8条规定："依法必须招标的工程建设项目，应当具备下列条件才能进行施工招标：

（一）招标人已经依法成立；

（二）初步设计及概算应当履行审批手续的，已经批准；

（三）有相应资金或资金来源已经落实；

（四）有招标所需的设计图纸及技术资料。"

我国对招标投标的管理分为三个方面，一是对招标投标项目的管理；二是对招标投标参与方的管理；三是对招标投标活动的管理。

国家对某些招标项目实行审批控制，主要是从国家经济建设与发展的全局出发，对某些涉及国计民生以及有其他方面重要影响的项目进行总量控制的重要手段。同时，国家对某些招标项目的审批控制，也有利于促进招标工作正确迅速地进行。

根据国家有关规定需要先履行审批手续的招标项目，在未取得批准之前，不允许进行有关招标的具体工作。从这一意义上说，履行审批手续是这些项目取得招标资格的先决条件。未取得国家有关部门批准而擅自进行招标投标工作的，除应当立即停止招标投标工作外，还必须补办审批手续，并对由此造成的第三人的损失承担赔偿责任。

"进行招标项目的相应资金"不仅包括招标项目本身所需的资金（如在政府采购行为

中，作为招标方的政府应当具有进行采购所必需的资金；在建筑工程招标中，招标方应具有支付该建筑工程建设费用的能力等）；也包括招标项目在招标投标、评标、定标过程中所需的一切费用。

三、工程建设招标方式

1.《招标投标法》第10条规定："招标分为公开招标和邀请招标。公开招标，是指招标人以招标公告的方式邀请不特定的法人或者其他组织投标。邀请招标，是指招标人以投标邀请书的方式邀请特定的法人或者其他组织投标。"

采用公开招标可为所有的承包商提供一个平等竞争的机会，业主有较大的选择余地，有利于降低工程造价，提高工程质量和缩短工期。

《招标投标法》第16条规定："招标人采用公开招标方式的，应当发布招标公告。依法必须进行招标的项目的招标公告，应当通过国家指定的报刊、信息网络或者其他媒介发布。招标公告应当载明招标人的名称和地址、招标项目的性质、数量、实施地点和时间以及获取招标文件的办法等事项。"

采用邀请招标这种招标方式，由于被邀请参加竞争的投标者为数有限，不仅可以节省招标费用，而且能提高每个投标者的中标概率，所以对招标、投标双方都有利。

《招标投标法》第17条规定："招标人采用邀请招标方式的，应当向三个以上具备承担招标项目的能力、资信良好的特定的法人或者其他组织发出投标邀请书。投标邀请书应当载明本法第十六条第二款规定的事项。"

2.《招标投标法》第11条规定："国务院发展计划部门确定的国家重点项目和省、自治区、直辖市人民政府确定的地方重点项目不适宜公开招标的，经国务院发展计划部门或者省、自治区、直辖市人民政府批准，可以进行邀请招标。"

《工程建设项目施工招标投标办法》第11条规定："依法必须进行公开招标的项目，有下列情形之一的，可以邀请招标：

（一）项目技术复杂或有特殊要求，或者受自然地域环境限制，只有少量潜在投标人可供选择；

（二）涉及国家安全、国家秘密或者抢险救灾，适宜招标但不宜公开招标；

（三）采用公开招标方式的费用占项目合同金额的比例过大。

有前款第二项所列情形，属于本办法第十条规定的项目，由项目审批、核准部门在审批、核准项目时作出认定；其他项目由招标人申请有关行政监督部门作出认定。

全部使用国有资金投资或者国有资金投资占控股或者主导地位的并需要审批的工程建设项目的邀请招标，应当经项目审批部门批准，但项目审批部门只审批立项的，由有关行政监督部门批准。"

四、招标程序

1. 成立招标组织，由建设单位自行招标或委托招标；

2. 编制招标文件和标底（如果有）；

3. 发布招标公告或发出招标邀请书；

4. 对投标单位进行资质审查，并将审查结果通知各申请投标者；

5. 发售招标文件；

6. 组织投标单位踏勘现场，并对招标文件答疑。

五、招标文件规定

1.《招标投标法》第 19 条规定："招标人应当根据招标项目的特点和需要编制招标文件。招标文件应当包括招标项目的技术要求、对投标人资格审查的标准、投标报价要求和评标标准等所有实质性要求和条件以及拟签订合同的主要条款。

国家对招标项目的技术、标准有规定的，招标人应当按照其规定在招标文件中提出相应要求。

招标项目需要划分标段、确定工期的，招标人应当合理划分标段、确定工期，并在招标文件中载明。"

招标文件内容一般包括：招标邀请，投标人须知，投标表格，合同条件，技术规范，物品清单及投标担保格式等。编制招标文件时，应注意其应包括招标项目的所有实体要求和拟签订合同的主要条款。招标文件是确定招标投标基本步骤与内容的基本文件，是整个招标中最重要的一环，它关系到招标的成败。

招标文件的措辞应表达清楚、确切，要指明评标时考虑的因素，不仅总价中要考虑到货价以外的如运输、保险、检验费用以及需某些进口部件时的关税、进口费用、支付货币等，还要说明尚有哪些因素以及怎样评价。招标文件的技术规格一定要准确、详细，国家对招标项目的技术、标准有相关规定的，招标文件中应予以体现。

2.《招标投标法》第 20 条规定："招标文件不得要求或者标明特定的生产供应者以及含有倾向或者排斥潜在投标人的其他内容。"

招标文件的编制与内容直接关系到全部招标工作能否"公开、公正、公平"进行，公平竞争要求招标文件中不得要求或者标明特定的生产供应者以及含有倾向或者排斥潜在投标人的其他内容。

3.《招标投标法》第 23 条规定："招标人对已发出的招标文件进行必要的澄清或者修改的，应当在招标文件要求提交投标文件截止时间至少十五日前，以书面形式通知所有招标文件收受人。该澄清或者修改的内容为招标文件的组成部分。"

招标文件一经发售就不能随意变更修改。如果必须对招标文件进行补充或修改，则一定要在投标截止日期前的足够时间内进行，以便投标者能够采取适当的行动。

4.《招标投标法》第 24 条规定："招标人应当确定投标人编制投标文件所需要的合理时间；但是，依法必须进行招标的项目，自招标文件开始发出之日起至投标提交投标文件截止之日止，最短不得少于二十日。"

5.《工程建设项目施工招标投标办法》第 14 条规定："招标公告或者投标邀请书应当至少载明下列内容：

（一）招标人的名称和地址；

（二）招标项目的内容、规模、资金来源；

（三）招标项目的实施地点和工期；

（四）获取招标文件或者资格预审文件的地点和时间；

（五）对招标文件或者资格预审文件收取的费用；

（六）对招标人的资质等级的要求。"

6.《工程建设项目施工招标投标办法》第 24 条规定："招标人根据施工招标项目的特点和需要编制招标文件。招标文件一般包括下列内容：

（一）投标邀请书；

（二）投标人须知；

（三）合同主要条款；

（四）投标文件格式；

（五）采用工程量清单招标的，应当提供工程量清单；

（六）技术条款；

（七）设计图纸；

（八）评标标准和方法；

（九）投标辅助材料。

招标人应当在招标文件中规定实质性要求和条件，并用醒目的方式标明。"

六、标底的规定

《招标投标法》第 22 条规定："招标人不得向他人透露已获取招标文件的潜在投标人的名称、数量以及可能影响公平竞争的有关招标投标的其他情况，招标人设有标底的，标底必须保密。"

招标人对潜在投标人状况及标底具有保密义务。招标人向他人透露已获取招标文件的潜在投标人的名称、数量以及可能影响公平竞争的有关招标投标的其他情况，泄露本应当保密的标底的行为，都直接违反了招标投标法规定，从而使招标投标流于形式，损害其他投标人的利益，严重破坏了社会主义市场条件下正当的竞争秩序，具有相当大的社会危害性，因此，必须加以禁止。对于招标人将有关信息或标底泄露给某特定投标人的行为，应认定为是招标投标中的不正当竞争行为。

在我国工程建设领域，标底仍然得到普遍的应用。在实践中，投标价格是否接近标底价格仍然是投标人能否中标的一个重要的条件。正是由于标底在投标中的重要作用，所以一些投标人为了中标，想方设法的打听标底，由此产生的违法问题也屡见不鲜。因此，招标人必须依照法律规定，对标底进行保密。

《工程建设项目施工招标投标办法》第 34 条规定："招标人可根据项目特点决定是否编制标底。编制标底的，标底编制过程和标底在开标前必须保密。

招标项目编制标底的，应根据批准的初步设计、投资概算，依据有关计价办法，参照有关工程定额，结合市场供求状况，综合考虑投资、工期和质量等方面的因素合理确定。

标底由招标人自行编制或委托中介机构编制。一个工程只能编制一个标底。

任何单位和个人不得强制招标人编制或报审标底，或干预其确定标底。

招标项目可以不设标底，进行无标底招标。"

投标人没有最高投标限价的，应当在招标文件中明确最高投标限价或者最高投标限价的计算方法。招标人不得规定最低投标限价。

七、对投标者的资格审查

《招标投标法》第 18 条规定："招标人可以根据招标项目本身的要求，在招标公告或者投标邀请书中，要求潜在投标人提供有关资质证明文件和业绩情况并对潜在投标人进行资格审查；国家对投标人的资格条件有规定的，依照其规定。

招标人不得以不合理的条件限制或者排斥潜在投标人，不得对潜在投标人实行歧视待遇。"

关于资格审查的规定主要是针对资格预审作出的，同时《房屋建筑与市政基础设施工程施工招标投标管理办法》第 15、16 条对资格预审的有关事项进行了规定：

招标人可以根据招标工程的需要，对投标申请人进行资格预审，也可以委托工程招标代理机构对投标申请人进行资格预审。实行资格预审的招标工程，招标人应当在招标公告或者投标邀请书中载明资格预审的条件和获取资格预审文件的办法。

资格预审文件一般应当包括资格预审申请书格式、申请人须知，以及需要投标申请人提供的企业资质、业绩、技术装备、财务状况和拟派出的项目经理与主要技术人员的简历、业绩等证明材料。

经资格预审后，招标人应当向资格预审合格的投标申请人发出资格预审合格通知书，告知获取招标文件的时间、地点和方法，并同时向资格预审不合格的投标申请人告知资格预审结果。

在资格预审合格的投标申请人过多时，可以由招标人从中选择不少于 7 家资格预审合格的投标申请人。

第三节　工程建设项目投标

一、投标文件规定

《招标投标法》第 27 条规定："投标人应当按照招标文件的要求编制投标文件。投标文件应当对招标文件提出的实质性要求和条件作出响应。

招标项目属于建设施工的，投标文件的内容应当包括拟派出的项目负责人与主要技术人员的简历、业绩和拟用于完成招标项目的机械设备等。"

投标文件是投标人根据招标人在招标文件中的要求并结合自身的情况而编制以提供给招标人的一系列文件。通常包括投标书、投标书附录、投标保证金、法定代表人资格证明书、授权委托书、辅助资料表、具有标价的工程量清单与报价表及必要的资格审查表等。

同时，《房屋建筑与市政基础设施工程施工招标投标管理办法》第 24 条规定："招标文件允许投标人提供备选标的，投标人可以按照招标文件的要求提交替代方案，并作出相应报价作备选标。"

此外，《建筑工程设计招标投标管理办法》第 15 条规定："投标人应当按照招标文件的要求编制投标文件；投标文件应当对招标文件提出的实质性要求和条件作出响应。"

《工程建设项目施工招标投标办法》第 36 条规定："投标人应当按照招标文件的要求编制投标文件。投标文件应当对招标文件提出的实质性要求和条件作出响应。

投标文件一般包括下列内容：

（一）投标函；

（二）投标报价；

（三）施工组织设计；

（四）商务和技术偏差表。

投标人根据招标文件载明的项目实际情况，拟在中标后将中标项目的部分非主体、非关键性工作进行分包的，应当在投标文件中载明。"

二、投标担保

1. 投标担保的概念

所谓投标担保，是为防止投标人不审慎进行投标活动而设定的一种担保形式。招标人不希望投标人在投标有效期内随意撤回标书或中标后不能提交履约保证金和签署合同。

2. 投标担保的形式和有效期限

《工程建设项目施工招标投标办法》第 37 条规定："招标人可以在招标文件中要求投标人提交投标保证金。投标保证金除现金外，可以是银行出具的银行保函、保兑支票、银行汇票或现金支票。"

投标保证金一般不得超过项目估算价的百分之二，但最高不得超过八十万元人民币。投标保证金有效期应当与投标有效期一致。

投标人应当按照招标文件要求的方式和金额，将投标保证金随投标文件提交给招标人，或其委托的招标代理机构。

3. 投标保证金被没收的几种情形

（1）投标人在有效期内撤回其投标文件；

（2）中标人未能在规定期限内提交履约保证金或签署合同协议。

三、投标文件的补充、修改和撤回

《招标投标法》第 29 条规定："投标人在招标文件要求提交投标文件的截止时间前，可以补充、修改或者撤回已提交的投标文件，并书面通知招标人。补充、修改的内容为投标文件的组成部分。"

同时，《工程建设项目施工招标投标办法》第 39 条规定："投标人在招标文件要求提交投标文件的截止时间前，可以补充、修改、替代或者撤回已提交的投标文件，并书面通知招标人。补充、修改的内容为投标文件的组成部分。"

四、联合投标

《招标投标法》第 31 条规定："两个以上法人或者其他组织可以组成一个联合体，以一个投标人的身份共同投标。

联合体各方均应当具备承担招标项目的相应能力；国家有关规定或者招标文件对投标人资格条件有规定的，联合体各方均应当具备规定的相应资格条件。由同一专业的单位组成的联合体，按照资质等级较低的单位确定资质等级。

联合体各方应当签订共同投标协议，明确约定各方拟承担的工作和责任，并将共同投标协议连同投标文件一并提交招标人。联合体中标的，联合体各方应当共同与招标人签订合同，就中标项目向招标人承担连带责任。

招标人不得强制投标人组成联合体共同投标，不得限制投标人之间的竞争。"

在工程实践中，尤其是在国际工程承包中，联合投标是实现不同投标人优势互补，跨越地区和国家市场屏蔽的有效方式。

另外，《工程建设项目施工招标投标办法》第 42 条规定："两个以上法人或者其他组织可以组成一个联合体，以一个投标人的身份共同投标。

联合体各方签订共同投标协议后，不得再以自己名义单独投标，也不得组成新的联合体或参加其他联合体在同一项目中投标。"

第四十三条规定："招标人接受联合体投标并进行资格预审的，联合体应当在提交资格预审申请文件前组成。资格预审后联合体增减、更换成员的，其投标无效。"

《工程建设项目施工招标投标办法》第 44 条规定："联合体各方应当指定牵头人，授权其代表所有联合体成员负责投标和合同实施阶段的主办、协调工作，并应当向招标人提交由所有联合体成员法定代表人签署的授权书。"

《工程建设项目施工招标投标办法》第 45 条规定："联合体投标的，应当以联合体各方或者联合体中牵头人的名义提交投标保证金。以联合体中牵头人名义提交的投标保证金，对联合体各成员具有约束力。"

第四节　开标、评标、中标

建设工程决标是指招标单位确定中标企业的法律行为。它通常包括开标、评标和定标三个过程。

一、开标

1. 《招标投标法》第 34 条规定："开标应当在招标文件确定的提交投标文件截止时间的同一时间公开进行；开标地点应当为招标文件中预先确定的地点。"

开标是招标人按照招标公告或者投标邀请函规定的时间、地点，当众开启所有投标人的投标文件，宣读投标人名称、投标价格和投标文件的其他主要内容的过程。通常开标有两种形式。第一种是公开开标，即招标人事先在报纸等媒介上公布开标信息，通知投标人，并在有投标人参加的情况下当众进行。第二种是秘密开标，即主要由招标单位和有关专家秘密进行开标，不通知投标人参加开标仪式。招标人可根据需要邀请政府代表或有关人员参加。

2. 《招标投标法》第 35 条规定："开标由招标人主持，邀请所有投标人参加。"

开标由招标人主持。招标人作为整个招标活动的发起者和组织者，应当负责开标的举行。开标应当按照规定的时间、地点公开进行并且通知所有的投标人参加。投标人参加开标是自愿的，但是招标人必须通知其参加，否则将因程序不合法而引起争议，甚至承担赔偿义务。招标人不得只通知一部分投标人参加开标。

3. 《招标投标法》第 36 条规定："开标时，由投标人或者其推选的代表检查投标文件的密封情况，也可以由招标人委托的公证机构检查并公证；经确认无误后，由工作人员当众拆封，宣读投标人名称、投标价格和投标文件的其他主要内容。

招标人在招标文件要求提交投标文件的截止时间前收到的所有投标文件，开标时都应当当众予以拆封、宣读。

开标过程应当记录，并存档备查。"

开标时，由投标人或者其推选的代表检查投标文件的密封情况，也可以由招标人委托的公证机构检查并公证。招标人委托公证机构公证的，应当遵守司法部 1992 年 10 月 19 日制定实施的《招标投标公证程序细则》的有关规定。经确认无误后，由工作人员当众拆封，宣读投标人名称、投标价格和投标文件的其他主要内容。开标过程应当记录，并存档备查。在宣读投标人名称、投标价格和投标文件的其他主要内容时，招标主持人对公开开标所读的每一项，按照开标时间的先后顺序进行记录。开标机构应当事先准备好开标记录的登记表册，开标填写后作为正式记录，保存于开标机构。开标记录的内容包括：项目名称、招标号、刊登招标公告的日期、发售招标文件的日期、购买招标文件的单位名称、投标人的名称及报价、截标后收到投标文件的处理情况等。

4. 开标时，投标文件无效的几种情形

根据《房屋建筑与市政基础设施工程施工招标投标管理办法》第 34 条的规定，在开标时，投标文件出现下列情形之一的，应当作为无效投标文件，不得进入评标：

（1）投标文件未按照招标文件的要求予以密封的；

（2）投标文件中的投标函未加盖投标人的企业及企业法定代表人印章的，或者企业法定代表人委托代理人没有合法、有效的委托书（原件）及委托代理人印章的；

（3）投标文件的关键内容字迹模糊、无法辨认的；

（4）投标人未按照招标文件的要求提供投标保函或者投标保证金的；

（5）组成联合体投标的，投标文件未附联合体各方共同投标协议的。

《房屋建筑与市政基础设施工程施工招标投标管理办法》关于开标时应作为无效投标文件处理的几种情形的规定，是对《招标投标法》的必要补充。在工程实践中，当出现上述情形时，投标人应当根据该办法第 34 条的规定保护自己的合法权益。

二、评标

1. 《招标投标法》第 37 条规定："评标由招标人依法组建的评标委员会负责。

依法必须进行招标的项目，其评标委员会由招标人的代表和有关技术、经济等方面的专家组成，成员人数为五人以上单数，其中技术经济等方面的专家不得少于成员总数的三分之二。

前款专家应当从事相关领域工作满八年并具有高级职称或者具有同等专业水平，由招标人从国务院有关部门或者省、自治区、直辖市人民政府有关部门提供的专家名册或者招标代理机构的专家库内的相关专业的专家名单中确定；一般招标项目可以采取随机抽取方式，特殊招标项目可以由招标人直接确定。

与投标人有利害关系的人不得进入相关项目的评标委员会；已经进入的应当更换。评标委员会成员的名单在中标结果确定前应当保密。"

评标是招标人根据招标文件的要求，对投标人所报送的投标文件进行审查及评议的过程。它应在开标后立即进行。评标的目的在于从技术、经济、法律、组织和管理等方面对每份投标书加以分析评标，以推荐合格的中标候选人，或直接确定中标人，为决标提供基础。

评标委员会也叫评标专家委员会，它是由招标人聘请各方面的专家组成，具有独立实施评标职能的组织。评标委员会组成成员人数为 5 人以上的单数。评标的专家必须是该行业技术方面的权威。评标委员会作为独立实施评标职能的组织，其组成成员如与招标项目或投标人有利害关系，则不能进入相关项目的评标委员会。为了避免在评标中，评标委员会的成员受投标人的贿买而替某投标人说话，所以评标委员会的成员名单在中标结果确定前应当保密。

2.《招标投标法》第 38 条规定："招标人应当采取必要的措施，保证评标在严格保密的情况下进行。任何单位和个人不得非法干预、影响评标的过程和结果。"

评标活动具有保密性和独立性。为保证评标的公正、保证评标委员会的成员免受外界压力或影响，评标工作应该在严格保密情况下进行。

评标应当以招标文件确定的评标标准和方法为依据，以"公正、科学、严谨"为原则，对所有的投标人一视同仁，公平对待，决不能偏袒一方，歧视另一方，这是评标工作成败的关键。对投标文件的评议，要采取科学的方法，综合比较各标的物的性能、质量、价格、交货期和投标方的资信情况等因素，客观地进行评议，使评议结果能准确反映投标方的实际情况，并对方案作公正地评价。保证评标的独立性，才能保证评标的公正性，也才能使决标结果达到招标人以最低价格获得高质量的效益的目的，同时保障社会公共利益不受到损害。

3.《工程建设项目施工招标投标办法》第 50 条规定：

"投标文件有下列情形之一的，招标人应当拒收：

（一）逾期送达；

（二）未按招标文件要求密封。

有下列情形之一的，评标委员会应当否决其投标：

（一）投标文件未经投标单位盖章和单位负责人签字；

（二）投标联合体没有提交共同投标协议；

（三）投标人不符合国家或者招标文件规定的资格条件；

（四）同一投标人提交两个以上不同的投标文件或者投标报价，但招标文件要求提交备选投标的除外；

（五）投标报价低于成本或者高于招标文件设定的最高投标限价；

（六）投标文件没有对招标文件的实质性要求和条件作出响应；

（七）投标人有串通投标、弄虚作假、行贿等违法行为。"

三、中标

1.《招标投标法》第 45 条规定："中标人确定后，招标人应当向中标人发出中标通知书，并同时将中标结果通知所有未中标的投标人。

中标通知书对招标人和中标人具有法律效力。

中标通知书发出后，招标人改变中标结果的，或者中标人放弃中标项目的，应当依法承担法律责任。"

中标通知书，是指招标人在确定中标人后向中标人发出的通知其中标的书面凭证。

中标通知书发出的另一个法律后果是招标人和中标人应当在法律规定的时限内订立书面合同。

决标后，对于未中标的其他投标人，招标人也应当向其发出未中标的通知书，并告知中标结果。

2.《招标投标法》第46条规定："招标人和中标人应当自中标通知书发出之日起三十日内，按照招标文件和中标人的投标文件订立书面合同。招标人与中标人不得再行订立背离合同实质性内容的其他协议。招标文件要求中标人提交履约保证金的，中标人应当提交。"

一般情况下，合同自承诺生效时成立，但《合同法》第32条规定："当事人采用合同书形式订立合同的，自双方当事人签字或者盖章时合同成立。"建设工程合同的订立就属于这种情况。

建设工程合同订立的依据是招标文件和中标人的投标文件，双方不得再订立违背合同实质性内容的其他协议。"合同实质性内容"包括投标价格、投标方案等涉及招标人和中标人权利义务关系的实体内容。如果允许招标人和中标人可以再行订立背离违背合同实质性内容的其他协议，就违背了招标投标活动的初衷，对其他未中标人来讲也是不公正的。因此对于这类行为，法律必须予以严格禁止。

要求中标人提供履约担保，是国际工程惯例。履约担保除可以采用履约保证金这种形式外，还可以采用银行、保险公司或担保公司出具履约保函，通常为建设工程合同金额的10%左右。在招标文件中，招标人应当就提交履约担保的方式作出规定，中标人应当按照招标文件中的规定提交履约担保。中标人不按照招标文件的规定提交履约担保的，将失去订立合同的资格，其提交的投标担保不予退还。

3.《房屋建筑与市政基础设施工程施工招标投标管理办法》第47条规定："招标文件要求中标人提交履约担保的，中标人应当提交。招标人应当同时向中标人提供工程款支付担保。"

要求招标人提供付款担保，同样是国际工程惯例。建设工程合同中设立付款担保条款，是为了保证招标人（发包人）按合同约定向中标人（承包人）支付工程款。《合同法》规定，当事人应当遵循公平原则确定双方的权利义务，据此，建设工程合同当事人的权利和义务应当是对等的。

工程实践中，工程款拖欠屡禁不止的重要原因之一是缺乏有效的招标人付款担保制度。《建设工程施工合同（示范文本）》，发包人与承包人为了全面履行合同，应互相提供担保；《房屋建筑与市政基础设施工程施工招标投标管理办法》则以部门规章的形式确立了付款担保制度，是很有现实意义的。

第五节　工程招标投标法律制度案例

案例 1

再审申请人：××建设工程有限公司（以下简称：甲公司）

被申请人：××工程有限公司（以下简称：乙公司）

一审第三人：××物业管理有限公司（以下简称：丙公司）

一、基本案情

2007 年 10 月 28 日，甲公司与乙公司就位于惠州市惠阳区淡水镇金惠大道惠景豪苑C、D、E 栋商住楼及中心花园地下室工程签订了一份《广东省建设工程施工合同》（以下简称：2007 年施工合同），惠景豪苑 C、D、E 栋商住楼（二期）工程属应当进行招投标的工程，经招投标后，2008 年 2 月 21 日，乙公司和惠州市惠阳区建设工程交易中心共同向甲公司发出《建设工程施工中标通知书》（以下简称：2008 年中标通知书），2008 年 3月，甲公司开始进场施工。2008 年 11 月 15 日，甲公司与乙公司及丙公司又签订《施工合同》（以下简称：2008 年施工合同）、《承包合同补充条款》（以下简称：2008 年补充协议）各一份，2010 年 12 月 24 日，涉案工程通过竣工验收。各方因应以哪份文件作为工程价款结算依据产生纠纷。甲公司认为应当按照 2008 年中标通知书和已经备案的 2007 年施工合同约定结算。乙公司认为 2008 年的中标通知书无效。

最高院再审认为，2008 年中标通知书不能作为结算案涉工程款的依据。2008 年案涉工程经过招标投标，甲公司中标，乙公司和惠州市惠阳区建设工程交易中心共同向甲公司发出 2008 年中标通知书。2008 年中标通知书仅是一份通知甲公司中标的文件，并非是确定各方权利义务的建设工程施工合同。中标通知虽然也记载了工程规模、工程结算原则性标准等条款，却并未对建筑工程施工合同中的主要内容进行明确详细的约定，单凭中标通知书不能作为计算案涉工程造价的依据。例如 2008 年中标通知书中关于"工程按工程量清单计价方式进行结算"的约定，因为没有订立附有"工程量清单"的建设工程施工合同而无法具体实施。甲公司主张依据 2008 年中标通知书作为案涉工程结算依据的再审理由不能成立。

二、案例评析

中标通知书发出能否产生合同成立的法律效力？这既是当前学者们争论的焦点。有观点认为，关于中标通知书法律后果问题，在我国现行立法的框架之下，中标通知书不能导致建设工程合同的成立，即实然意义上的不成立。但是，从意义上讲，中标通知书应该导致建设工程合同的成立。❶ 在与之截然对立的观点中，尽管双方均可用相应的法律条文作依据来论证自己的观点，但是从法律的原理及建设工程招标投标的实践看，应当认为中标通知书的发出产生合同成立的法律效力。

首先，这是由建设工程招标过程中要约和承诺的特殊性所决定的。在建设工程合同订立过程中，发布招标公告或发送投标邀请书作为要约邀请是订立合同的必经程序，而且招标文件内容明确具体，已经包括了合同的主要条款。作为要约的投标文件，不仅内容明确，而且法律要求其对招标文件的要求和条件作出实质性的响应。招标人向中标的投标人发出中标通知书后，法律不仅要求招标人不得改变中标结果，中标人不得放弃中标项目，而且法律明确要求招标人和中标人应当自中标通知发出之日起 30 日内，按照招标文件和中标人的投标文件订书面合同。特别需要指出的是，法律明确要求招标人与中标人不得再行订立背离合同实质性内容的其他协议。因此，从我国《招标投标法》的立法要求看，招

---

❶　王建东：《论建设工程合同的成立》，载《政法论坛（中国政法大学学报）》2004 年 5 月第 22 卷第 3 期，第 59页。

标人与中标人要订立的书面合同，不过是对双方认可的招标文件与中标人的投标文件在合同形式上予以规范而已，而合同的实质内容并不能突破招标文件和中标人投标文件的规定。

第二，合同作为平等主体的自然人、法人、其他组织之间设立。变更、终止民事权利义务的协议，只要双方当事人就民事权利义务达成合意即告成立。据此，我国《合同法》规定："承诺生效时合同成立"。中标通知书在法律上属承诺性质，而且我国《招标投标法》规定中标通知书一旦发出即发生承诺的法律效力。从这一意义上讲，中标通知书的发出意味着建设工程合同的成立。

第三，建设工程一般具有投资大、周期长、技术要求高等特点，容易出现质量安全事故以及腐败现象，而招标投标制度所具有的鼓励竞争、防止腐败、提高效率、保证质量的积极功能，恰恰是解决建设工程中容易出现的上述问题的最好办法。为了实现招标投标制度的目的，我国《招标投标法》还对招标投标的原则、监督管理、当事人的资格、基本程序以及法律责任等作了明确具体的规定。经过招标、投标、开标、评标、定标等一系列的法定程序，中标通知书的法律效力如果不能导致合同的成立，招标人和中标人擅自毁标，致使建设工程项目不能中标人承揽，那么不仅严重损害了对方当事人的利益，而且必然严重损害招标投标制度的权威。因此，确定中标通知书具有导致合同成立的法律效力，是维护招标投标人合法权益及招标投标制度权威的必然要求。

案例 2

再审申请人：××建设集团有限公司（以下简称：甲公司）

被申请人：××学院（以下简称：乙学院）

一、基本案情

乙学院对案涉学生公寓楼工程在向甲公司发出《中标通知书》前，即与甲公司签订《建设工程施工合同》，甲公司申请再审提出本案工程价款应按照《中标通知书》确定的价款进行结算。

最高院再审认为，中标通知书发出前，双方签订了施工合同，违反了《中华人民共和国招标投标法》第四十三条关于"在确定中标人前，招标人不得与投标人就投标价格、投标方案等实质性内容进行谈判"之规定。对此，依照《中华人民共和国招标投标法》第五十五条关于"依法必须进行招标的项目，招标人违反本法规定，与投标人就投标价格、投标方案等实质性内容进行谈判的，给予警告，对单位直接负责的主管人员和其他直接责任人员依法给予处分。前款所列行为影响中标结果的，中标无效"之规定，应认定《中标通知书》无效。

二、案例评析

根据《招标投标法》第四十三条规定："在确定中标人前，招标人不得与投标人就投标价格、投标方案等实质性内容进行谈判"。第五十五条规定："依法必须进行招标的项目，招标人违反本法规定，与投标人就投标价格、投标方案等实质性内容进行谈判的，给予警告，对单位直接负责的主管人员和其他直接责任人员依法给予处分。前款所列行为影响中标结果的，中标无效"。此即所谓建设工程领域"未招先定"之情形，但是该情形在工程实践中有多种表现形式，包括先行订立"补充协议"、先行进场施工等，既有司法观点认为，必须招标的工程，在履行法定招标程序之前，招标人与投标人签订的建设工程施工合同无效。既有裁判规则认为，符合下列情形之一的，所签订的建设工程施工合同无效：

一是必须进行招标而未招标，后期补办招投标程序的，或者必须招标的工程先定后招、明招暗定的；

二是在确定中标人前，双方就案涉工程的实质性内容达成了合意的，或者双方招标前签订了施工合同，就实质内容进行谈判，且影响到中标结果的；

三是虚假招标的，即承包人进场后再进行招投标的；

四是中标通知书发出前，双方签订了施工合同的；

五是双方招标前签订的合同与中标后签订的合同实质条款不一致的，投标前的谈判行为对中标结果未产生实质性影响，双方招标前签订的合同无效，中标后签订的合同有效；

六是双方存在串标的行为的；

七是涉及企业商业秘密不能成为认定工程属于不适宜进行招标项目的依据，应招标而未招标的工程的。

第五章　建设工程合同法律制度

第一节　合同法概述

一、合同概述

（一）合同的概念

一般意义的合同，泛指一切确立权利义务关系的协议，因此，有物权合同、债权合同和身份合同等。但《中华人民共和国合同法》（以下简称《合同法》）中所规定的合同仅指民法意义上的财产合同。《合同法》规定："本法所称合同是平等主体的自然人、法人、其他组织之间设立、变更、终止民事权利义务关系的协议。"根据这一规定，合同具有以下特点：

1. 合同是当事人协商一致的协议，是双方或多方的民事法律行为；

2. 合同的主体是自然人、法人和其他组织等民事主体；

3. 合同的内容是有关设立、变更和终止民事权利义务关系的约定，通过合同条款具体体现出来；

4. 合同须依法成立，只有依法成立的合同对当事人才具有法律约束力。

（二）合同法的基本原则

1. 合同当事人的法律地位平等，一方不得将自己的意志强加给另一方；

2. 当事人依法享有自愿订立合同的权利，任何单位和个人不得非法干预；

3. 当事人应当遵循公平原则确定各方的权利和义务，对于显失公平的合同，当事人一方有权请求人民法院或仲裁机构变更或撤销；

4. 当事人行使权利、履行义务应当遵循诚实信用原则；

5. 当事人订立合同、履行合同，应当遵守法律、行政法规，尊重社会公德，不得扰乱社会经济秩序，损害社会公共利益。

（三）《合同法》的内容简介

《合同法》共23章428条，分为总则、分则和附则三个部分。其中总则部分共8章，将各类合同所涉及的共性问题进行了统一规定，包括一般规定、合同的订立、合同的效力、合同的履行、合同的变更和转折、合同的权利义务终止、违约责任和其他规定等内容。分则部分共15章，分别对买卖合同，供用电、水、气、热力合同，赠予合同，借款合同，租赁合同，融资租赁合同，承揽合同，建设工程合同，运输合同，技术合同，保管合同，仓储合同，委托合同，经纪合同和居间合同进行了具体规定。附则部分仅1条，规定了《合同法》的施行日期。限于篇幅，本章仅就《合同法》总则部分的规定作一阐述。

二、合同的订立

合同的订立是指合同当事人依法就合同内容经过协商，达成协议的法律行为。《合同法》对合同订立的基本法律要求作出了明确规定。

（一）当事人主体资格

《合同法》规定：当事人订立合同，应当具有相应的民事权利能力和民事行为能力。合同主体包括自然人、法人和其他组织。对于自然人而言，具有完全民事行为能力的人可以订立一切法律允许自然人作为合同主体的合同；限制民事行为能力的人，只能订立一些与其年龄、智力、精神状况相适应或纯获得利益的合同，其他的合同则应由法定代理人代订或经法定代理人同意。对于法人和其他组织而言，自依法成立或经核准登记后，便具有民事权利能力和民事行为能力，但各个法人或其他组织，因其设立的目的、宗旨、业务活动范围的不同，而决定了其所具有的民事权利能力和民事行为能力亦互不相同。法人和其他组织只有在其权利能力行为能力的范围内订立合同，才具有合同主体的资格。

当事人也可委托代理人订立合同。代理人订立合同时，应向对方出具被代理人签发的授权委托书。如果行为人没有代理权、超越代理权或者代理权终止后，以被代理人名义订立的合同，未经被代理人追认，对被代理人不发生效力，由行为人承担责任。但相对人有理由相信行为人有代理权的，该代理行为有效。

（二）合同的形式

合同形式是合同当事人所达成协议的表现形式，是合同内容的载体。《合同法》规定：当事人订立合同，有书面形式、口头形式和其他形式。

1. 口头合同，是指当事人只以口头语言的意思表示达成协议，而不以文字表述协议内容的合同。口头合同简便易行，缔约迅速且成本低，但在发生合同纠纷时，难以举证，不易分清责任。

2. 书面合同，是指当事人以文字表述协议内容的合同。书面合同既可成为当事人履行合同的依据，一旦发生合同纠纷又可成为证据，便于确定责任，能够确保交易安全，但不利于交易便捷。合同的书面形式具体又包括合同书、信件和数据电文等三种。其中，合同书是指记载合同内容的文书；信件是指当事人记载合同内容的往来信函；数据电文包括电报、电传、传真、电子数据交换和电子邮件。

3. 其他形式的合同是指以当事人的行为或者特定情形推定成立的合同。

《合同法》在合同形式的规定上，明确了当事人有合同形式的选择权，但基于对重大交易安全考虑，对此又进行了一定的限制，明确规定：法律、行政法规规定采用书面形式的，应当采用书面形式，当事人如果未采用书面形式，则合同不成立。

（三）合同的内容

合同内容是指据以确定当事人权利、义务和责任的具体规定，通过合同条款具体体现。按照合同自愿原则，《合同法》规定：合同内容由当事人约定，同时，为了起到合同条款的示范作用，规定合同一般包括以下条款：

1. 当事人的名称或者姓名和住所。

2. 标的。即合同当事人权利义务共同指向的对象。合同的标的可以为财产或行为，是合同的必备条款。

3. 数量。数量是对标的的计量，是以数字和计量单位来衡量标的的尺度，没有数量条款的规定，就无法确定双方权利义务的大小，使得双方权利义务处于不确定的状态，因此，合同中必须明确标的数量。

4. 质量。质量是指标的的内在素质和外观形态的综合，如产品的品种、规格、执行标准等。当事人约定质量条款时，必须符合国家有关规定和要求。

5. 价款或者报酬。价款或者报酬，是指一方当事人向对方当事人所付代价的货币支付。当事人在约定价款或者报酬时，应遵守国家有关价格方面的法律和规定，并接受工商行政管理机关和物价管理部门的监督。

6. 履行期限、地点和方式。履行期限是合同当事人履行义务的时间界限，是确定当事人是否按时履行的客观标准，也是当事人主张合同权利的时间依据。履行地点是当事人交付标的或者支付价款的地方，当事人应在合同中予以明确。履行方式是指当事人以什么方式来完成合同的义务，合同标的不同，履行方式有所不同，即使合同标的相同，也有不同的履行方式，当事人只有在合同中明确约定合同的履行方式，才便于合同的履行。

7. 违约责任。违约责任是指当事人一方或双方，不履行合同或不能完全履行合同，按照法律规定或合同约定应当承担的民事责任。在违约责任条款中，当事人应明确约定承担违约责任的方式。

8. 解决争议的办法。根据我国现有法律规定，争议解决的方法有和解、调解、仲裁和诉讼四种。

（四）合同订立的方式

合同订立的方式是指合同当事人双方依法就合同内容达成一致的过程。《合同法》规定：当事人订立合同采取要约、承诺方式。

1. 要约

（1）要约的概念

要约是希望和他人订立合同的意思表示。在要约中，提出要约的一方为要约人，要约发向的一方为受要约人。根据《合同法》的规定，要约应当具备以下条件：

1）内容确定；

2）表明经受要约人承诺，要约人即受该意思表示约束。

如果当事人一方所作的是希望他人向自己发出要约的意思表示则是要约邀请，或称为要约引诱，而不是要约。比如寄送价目表、拍卖公告、招标公告、招股说明书等。

（2）要约的效力

《合同法》规定：要约到达受要约人时生效。《合同法》对要约效力作出了如下规定：

1）要约的撤回。《合同法》规定：要约可以撤回。撤回要约的通知应当在要约到达受要约人之前或者要约同时到达受要约人。这时要约并没有生效。

2）要约的撤销。撤销要约是指要约生效后，在受要约人承诺之前，要约人通过一定的方式，使要约的效力归于消灭。《合同法》规定：要约可以撤销。撤销要约的通知应当在受要约人发出承诺通知之前到达受要约人。同时，《合同法》也规定了不得撤销要约的情形：要约人确定了承诺期限或者以其他形式明示要约不可撤销；或者受要约人有理由认为要约是不可撤销的，并已经为履行合同作了准备工作。

（3）要约失效

要约失效即要约的效力归于消灭。《合同法》规定了要约失效的四种情形：

1）拒绝要约的通知到达要约人；

2）要约人依法撤销要约；

3）承诺期限届满，受要约人未作出承诺；

4）受要约人对要约的内容作出实质性变更。

2. 承诺

（1）承诺的概念

承诺是受要约人同意要约的意思表示。根据《合同法》的规定，承诺生效应符合以下条件：

1）承诺必须由受要约人向要约人作出。因为要约生效后，只有受要约人取得了承诺资格，如果第三人了解了要约内容，向要约人作出同意的意思表示不是承诺，而是第三人发出的要约。

2）承诺的内容应当与要约的内容相一致。要约失效的原因之一是受要约人对要约的内容作出实质性变更。有关合同标的、数量、质量、价款或者报酬、履行期限、履行地点和方式、违约责任和解决争议方法等的变更，是对要约内容的实质性变更。

3）受要约人应当在承诺期限内作出承诺。如果受要约人未在承诺期限内作出承诺，则要约人就不再受其要约的拘束。对此，《合同法》规定了两种情况：①如果受要约人超过期限发出承诺的，除非要约人及时通知受要约人该承诺有效的以外，则为新要约；②如果受要约人虽在承诺期限内发出承诺，按照通常情形能够及时到达要约人，但因其他原因承诺到达要约人时超过承诺期限的，要约人应及时通知受要约人承诺超过期限，承诺无效，否则，该承诺有效。

（2）承诺的效力

《合同法》规定：承诺通知到达要约人时生效。承诺生效时合同即告成立，《合同法》对合同成立的时间规定了四种情况：

1）承诺通知到达要约人时生效。

2）当事人采用合同书形式订立合同的，自双方当事人签字或者盖章时合同成立。

3）当事人采用信件、数据电文等形式订立合同的，可以在合同成立之前要求签订确认书。签订确认书时合同成立。

4）法律、行政法规规定或者当事人约定采用书面形式订立合同，当事人未采用书面形式但一方已经履行主要义务，对方接受的，该合同成立。

（3）承诺的撤回

关于承诺的撤回，《合同法》规定："承诺可以撤回。撤回承诺的通知应当在承诺通知到达要约人之前或者与承诺通知同时到达要约人。"

（五）订立合同的其他规定

1. 合同成立的地点。关于合同成立地点的确定，《合同法》作出了如下规定：承诺生效的地点为合同成立的地点；这种情况适用于当事人采用合同书形式订立合同的。

2. 对合同形式要求的例外规定。《合同法》规定：法律、行政法规规定或者当事人约定采用书面形式订立合同，当事人未采用书面形式但一方已经履行主要义务，对方接受的，该合同成立。

3. 计划合同。《合同法》规定：国家根据需要下达指令性任务或者国家订货任务的，有关法人、其他组织之间应当依照有关法律、行政法规规定的权利和义务订立合同。

4. 违反合同前义务的法律责任。当事人订立合同过程中，应依据诚实信用的原则，对合同内容进行磋商，如果当事人违背诚实信用原则，给对方造成损失的应承担相应的法律责任。因此，《合同法》对订立合同违反诚实信用原则和保密义务的责任作出了如下规定：

（1）当事人在订立合同过程中有下列情形之一，给对方造成损失的，应当承担损害赔偿责任：

1）假借订立合同，恶意进行磋商；

2）故意隐瞒与订立合同有关的重要事实或者提供虚假情况；

3）有其他违背诚实信用原则的行为。

（2）当事人在订立合同过程中知悉的商业秘密，无论合同是否成立，不得泄露或者不正当地使用。泄露或者不正当地使用该商业秘密给对方造成损失的，应当承担损害赔偿责任。

三、合同的效力

合同的效力，是指合同所具有的法律约束力。《合同法》对合同的效力，不仅规定了合同生效、无效合同，而且还对可撤销或变更合同进行了规定。

（一）合同生效条件

合同生效，即合同发生法律约束力。合同生效后，当事人必须按约定履行合同，《合同法》对合同生效规定了三种情形：

1. 成立生效

对一般合同而言，只要当事人在合同主体资格、合同形式及合同内容等方面均符合法律、行政法规的要求，经协商达成一致意见，合同成立即可生效。正如《合同法》规定的那样：依法成立的合同，自成立时生效。

2. 批准登记生效

批准登记的合同，是指法律、行政法规规定应当办理批准登记手续的合同。按照我国现有的法律和行政法规的规定，有的将批准登记作为合同成立的条件，有的将批准登记作为合同生效的条件。比如，中外合资经营企业合同必须经过批准后才能成立。《合同法》对此规定："法律、行政法规规定应当办理批准、登记等手续生效的，依照其规定。"

3. 约定生效

约定生效是指合同当事人在订立合同时，约定以将来某种事实的发生作为合同生效或合同失效的条件，合同成立后，当约定的某种事实发生后，合同才能生效或合同即告失效。

当事人约定以不确定的将来事实的成就，限制合同生效或失效的，称为附条件的合同。《合同法》规定：附生效条件的合同，自条件成就时生效。附解除条件的合同，自条件成就时失效。同时规定："当事人为自己的利益不正当地阻止条件成就的，视为条件已成就；不正当地促成条件成就的，视为条件不成就。"

当事人约定以确定的将来事实的成就，限制合同生效或失效的，即是附期限的合同。《合同法》规定："附生效期限的合同，自期限届满时生效。附终止期限的合同，自期限届满时失效。"

（二）效力待定合同

效力待定合同是指行为人未经权利人同意而订立的合同，因其不完全符合合同生效的要件，合同有效与否，需要由权利人确定。根据《合同法》的规定，效力待定合同有以下几种：

1. 限制民事行为能力人订立的合同

限制民事行为能力人订立的合同，经法定代理人追认后，该合同有效。

2. 无效代理合同

代理合同是指行为人以他人名义，在代理权限范围内与第三人订立的合同。而无权代理合同则是行为人不具有代理权而以他人名义订立的合同。这种合同具体又有三种情况：

（1）行为人没有代理权，即行为人事先并没有取得代理权却以代理人自居而代理他人订立的合同。

（2）无权代理人超越代理权，即代理人虽然获得了被代理人的代理权，但他在代订合同时，超越了代理权限的范围。

（3）代理权终止后以被代理人的名义订立合同，即行为人曾经是被代理人的代理人，但在以被代理人的名义订立合同时，代理权已终止。对于无权代理合同，《合同法》规定：未经被代理人追认，对被代理人不发生效力，由行为人承担责任。但是，相对人有理由相信行为人有代理权的，该代理行为有效。

3. 无处分权的人处分他人财产的合同

这类合同是指无处分权的人以自己的名义对他人的财产进行处分而订立的合同。根据法律规定，财产处分权只能由享有处分权的人行使，但《合同法》对无财产处分权人订立的合同生效情况作出了规定："无处分权的人处分他人财产，经权利人追认或者无处分权的人订立合同后取得处分权的，该合同有效。"

（三）无效合同

无效合同是指虽经当事人协商订立，但因其不具备合同生效条件，不能产生法律约束力的合同。无效合同从订立时起就不具有法律约束力。《合同法》规定了五种无效合同：

1. 一方以欺诈、胁迫的手段订立合同，损害国家利益；

2. 恶意串通，损害国家、集体或者第三人利益；

3. 以合法形式掩盖非法目的；

4. 损害社会公共利益；

5. 违反法律、行政法规的强制性规定。

此外，《合同法》还对合同中的免责条款及争议解决条款的效力作出了规定。合同的免责条款是指当事人在合同中约定的免除或限制其未来责任的条款。免责条款是由当事人协商一致的合同的组成部分，具有约定性。如果需要，当事人应当以明示的方式依法对免责事项及免责的范围进行约定。但对那些具有社会危害性的侵权责任，当事人不能通过合同免除其法律责任，即使约定了，也不承认其有法律约束力。因此，《合同法》明确规定了两种无效免责条款：

1. 造成对方人身伤害的；

2. 因故意或者重大过失造成对方财产损失的。

合同中的解决争议条款具有相对独立性，当合同无效、被撤销或者终止时，解决争议条款的效力不受影响。

（四）可变更或可撤销合同

可变更合同是指合同部分内容违背当事人的真实意思表示，当事人可以要求对该部分内容的效力予以撤销的合同。可撤销合同是指虽经当事人协商一致，但因非对方的过错而导致一方当事人意思表示不真实，允许当事人依照自己的意思，使合同效力归于消灭的合同。《合同法》规定了下列合同当事人一方有权请求人民法院或者仲裁机构变更或者撤销。

1. 因重大误解订立的合同。行为人对行为的性质、对方当事人、标的物的品种、质量、规格和数量等的错误认识，使行为的后果与自己的意思相悖，并造成较大损失的，可以认定为重大误解。

2. 在订立合同时显失公平的合同。一方当事人利用优势或者利用对方没有经验，致使双方的权利义务明显违反公平、等价有偿原则的，可以认定为显失公平。

此外，《合同法》对于一方采用欺诈、胁迫手段或乘人之危订立的合同，也作出了规定：一方以欺诈、胁迫的手段或者乘人之危，使对方在违背真实意思的情况下订立的合同，受损害方有权请求人民法院或者仲裁机构变更或者撤销。

合同经法院或仲裁机构变更，被变更的部分即属无效，而变更后的合同则为有效合同，对当事人有法律约束力。合同经人民法院或仲裁机构撤销，被撤销的合同即属无效合同，自始不具有法律约束力。因此，对于上述合同，如果当事人请求变更的，人民法院或者仲裁机构不得撤销。同时，为了维护社会经济秩序的稳定，保护当事人的合法权益，《合同法》对当事人的撤销权也作出了限制。《合同法》规定："有下列情形之一的，撤销权消灭：

1. 具有撤销权的当事人自知道或者应当知道撤销事由之日起一年内没有行使撤销权；

2. 具有撤销权的当事人知道撤销事由后明确表示或者以自己的行为放弃撤销权。"

（五）无效合同的法律责任

无效合同是一种自始没有法律约束力的合同，而可撤销的合同，其效力并不稳定，只有在有撤销权的当事人提出请求，并被人民法院或者仲裁机构予以撤销，才成为被撤销的合同。被撤销的合同也是自始没有法律约束力的合同。但是，如果当事人没有请求撤销，则可撤销的合同对当事就具有法律约束力。因此，可撤销合同的效力取决于当事人是否依法行使了撤销权。既然无效合同和被撤销合同自始没有法律约束力，如果当事人一方或双方已对合同进行了履行，就应对因无效合同和被撤销合同的履行而引起的财产后果进行处理，以追究当事人的法律责任。《合同法》对此作出了如下规定：

1. 返还财产。返还财产是指合同当事人应将因履行无效合同或者被撤销合同而取得的对方财产归还给对方。如果只有一方当事人取得对方的财产，则单方返还给对方；如果双方当事人均取得了对方的财产，则应双方返还给对方。通过返还财产，使合同当事人的财产状况恢复到订立合同时的状态，从而消除了无效合同或者被撤销合同的财产后果。但返还财产不一定返还原物，如果不能返还财产或者没有必要返还财产的，也可通过折价补偿的方式，达到恢复当事人的财产状况目的。

2. 赔偿损失。当事人对因合同无效或者被撤销而给对方造成的损失，并不能因返还财产而被补偿，因此，还应承担赔偿责任。但当事人承担赔偿损失责任时，应以过错为原则。如果一方有过错给对方造成损失，则有过错一方应赔偿对方因此而受到的损失；如果双方都有过错，则双方均应承担各自相应的责任。

3. 追缴财产。对于当事人恶意串通，损害国家、集体或者第三人利益的合同，由于其有着明显的违法性，应追缴当事人因合同而取得的财产，以示对其违法行为的制裁，对损害国家利益的合同，当事人因此取得的财产应收归国家所有；对损害集体利益的合同，应将当事人因此而取得的财产返还给集体；对损害第三人利益的合同，应将当事人因此而取得的财产返还给第三人。

四、合同的履行

合同的履行是指合同生效后，当事人双方按照合同约定的标的、数量、质量、价款、履行期限、履行地点和履行方式等，完成各自应承担的全部义务的行为。如果当事人只完成了合同规定的部分义务，称为合同的部分履行或不完全履行；如果合同的义务全部没有完成，称为合同未履行或不履行合同。有关合同履行的规定，是合同法的核心内容。

（一）全面履行合同

当事人订立合同不是目的，只有全面履行合同，才能实现当事人所追求的法律后果，其预期目的得以实现。因此，为了确保合同生效后，能够顺利履行，当事人应对合同内容作出明确具体的约定。但是如果当事人所订立的合同，对有关内容约定不明确或没有约定，为了确保交易的安全与效率，《合同法》允许当事人协议补充。如果当事人不能达成协议的，按照合同有关条款或者交易习惯确定。如果按此规定仍不能确定的，则按《合同法》规定处理：

1. 质量要求不明确的，按照国家标准、行业标准履行；没有国家标准、行业标准的，按照通常标准或者符合合同目的的特定标准履行。

2. 价款或者报酬不明的，按照订立合同时履行地的市场价格履行；依法应当执行政府定价或者政府指导价的，按照规定履行。

3. 履行地点不明确，给付货币的，在接受货币一方所在地履行；交付不动产，在不动产所在地履行；其他标的，在履行义务一方所在地履行。

4. 履行期限不明确的，债务人可以随时履行，债权人也可以随时要求履行，但应当给对方必要的准备时间。

5. 履行方式不明确的，按照有利于实现合同目的的方式履行。

6. 履行费用的负担不明确的，由履行义务的一方负担。

当事人在履行合同时，不仅要按合同约定全面完成自己的义务，而且还要根据合同的性质、目的和交易习惯，履行通知、协助、保密等义务，这是《合同法》诚实信用原则在合同履行中的体现。

此外，《合同法》对执行政府定价或者政府指导价的合同，作出了明确规定：执行政府定价或者政府指导价的，在合同约定的交付期限内政府价格调整时，按照交付时的价格计价。逾期交付标的物的，遇价格上涨时，按照原价格执行；价格下降时，按照新价格执行。逾期提取标的物或者逾期付款的，遇价格上涨时，按照新价格执行；价格下降时，按照原价格执行。

（二）债务人的履行抗辩权

1. 同时履行抗辩权

同时履行抗辩权是指在双务合同中，当事人履行合同义务没有先后顺序，应当同时履行，当对方当事人未履行合同义务时，一方当事人可以拒绝履行合同义务的权利。《合同法》规定：当事人互负债务，没有先后履行顺序的，应当同时履行，一方在对方履行之前有权拒绝其履行要求。一方在对方履行债务不符合约定时，有权拒绝其相应的履行要求。

2. 先履行抗辩权

先履行抗辩权是指在双务合同中，当事人约定了债务履行的先后顺序，当先履行的一方未按约定履行债务时，后履行的一方可拒绝履行其合同债务的权利。《合同法》规定：当事人互负债务，有先后履行顺序，先履行一方未履行的，后履行一方有权拒绝其履行要求。先履行一方履行债务不符合约定的，后履行一方有权拒绝相应的履行要求。

3. 不安抗辩权

不安抗辩权是指在双务合同中，先履行债务的当事人掌握了后履行债务一方当事人丧失或者可能丧失履行债务的能力的确切证据时，暂时停止履行其到期债务的权利。《合同法》规定：应当先履行债务的当事人有确切证据证明对方有下列情形之一的，可以中止履行：

(1) 经营状况严重恶化；

(2) 转移财产、抽逃资金，以逃避债务；

(3) 丧失商业信誉；

(4) 有丧失或者可能丧失履行债务能力的其他情形。

根据这一规定，当事人行使不安抗辩权的条件是：第一，当事人订立的是双务合同并约定了履行先后顺序；第二，先履行一方当事人的履行债务期限已到，而后履行一方当事人的债务未到履行期限；第三，后履行一方当事人丧失或者可能丧失履行债务能力，证据确切；第四，合同中未约定担保。

当事人行使了不安抗辩权，并不意味着合同终止，只是当事人暂时停止履行其到期债务。这时，应如何处理双方之间合同呢？《合同法》对此作出了规定："当事人依照本法第六十八条的规定中止履行的，应当及时通知对方。对方提供适当担保时，应当恢复履行。中止履行后，对方在合理期限内未恢复履行能力并且未提供适当担保的，中止履行的一方可以解除合同。"

(三) 债权人的代位权、撤销权

1. 债权人的代位权

债权人的代位权是指债权人为了使其债权免受损害，代为行使债务人权利的权利。《合同法》规定："因债务人怠于行使其到期债权，对债权人造成损害的，债权人可以向人民法院请求以自己的名义代位行使债务人的债权，但该债权专属于债务人自身的除外。"根据这一规定，债权人行使代位权的条件是：第一，债务人怠于行使其到期债权；第二，基于债务人怠于行使权利，会造成债权人的损害；第三，债务人的权利非专属债务人自身；第四，代位权的范围应以债权人的债权为限。

2. 债权人的撤销权

债权人撤销权是指债权人对于债务人实施的损害其债权的行为，请求人民法院予以撤销的权利。《合同法》规定："因债务人放弃其到期债权或者无偿转让财产，对债权人造成损害的，债权人可以请求人民法院撤销债务人的行为。债务人以明显不合理的低价转让财产，对债权人造成损害，并且受让人知道该情形的，债权人也可以请求人民法院撤销债务人的行为。"根据这一规定，债权人行使撤销权的条件是：第一，债务人实施了损害债权人的行为，这种行为有三种表现形式：放弃到期债权、无偿转让财产以及向知情第三人以明显不合理的低价转让财产；第二，债务人造成了债权人的损害；第三，撤销权的行使范围以债权人的债权为限。

债权人无论是行使代位权，还是行使撤销权，均应当向人民法院提起诉讼，由人民法院作出裁判。对债权人行使撤销权的期限，《合同法》作出了规定："撤销权自债权人知道或者应当知道撤销事由之日起一年内行使。自债务人的行为发生之日起五年内没有行使撤销权的，该撤销权消灭。"

五、合同的变更、转让和终止

（一）合同的变更

合同的变更是指合同依法成立后，在尚未履行或尚未完全履行时，当事人双方依法对合同的内容进行修订或调整所达成的协议。按照《合同法》的规定，只要当事人协商一致，即可变更合同。例如，对合同约定的标的数量、质量标准、履行期限、履行地点和履行方式等进行变更。合同变更一般不涉及已履行的部分，而只对未履行的部分进行变更，因此，合同变更不能在合同履行后进行，只能在完全履行合同之前。

（二）合同的转让

合同的转让，是指当事人一方将合同的权利和义务转让给第三人，由第三人接受权利和承担义务的法律行为。《合同法》规定了合同权利转让、合同义务转让和合同权利义务一并转让的三种情况。

1. 合同权利的转让

合同权利的转让，是指合同当事人将合同中的权利全部或部分地转让给第三人的行为。《合同法》对债权的让与作出了如下规定：

（1）不得转让的情形：

1）根据合同性质不得转让；

2）按照当事人约定不得转让；

3）依照法律规定不得转让。

（2）债权人转让权利的条件：债权人转让权利的，应当通知债务人。未经通知，该转让对债务人不发生效力。除非受让人同意，债权人转让权利的通知不得撤销。

（3）债权的让与，对其从权利的效力：债权人转让权利的，受让人取得与债权有关的从权利，但该从权利专属于债权人自身的除外。

（4）债权的让与，对债务人的抗辩权及抵销权的效力：债务人接到债权转让通知后，债务人对原债权人的抗辩，可以向受让人主张；债务人对让与人享有债权，并且债务人的债权先于转让债权到期或者同时到期的，债务人可以向受让人主张抵销。

2. 合同义务的转让

合同义务的转让，是指债务人将合同的义务全部或部分地转移给第三人的行为。《合同法》对债务人转让合同义务作出了如下规定：

（1）债务人转让合同义务的条件：债务人将合同的义务全部或者部分转让给第三人的，应当经债权人同意。

（2）新债务人的抗辩权：债务人转让义务的，新债务人可以主张原债务人对债权人的抗辩。

（3）债务转让对其从债务的效力：债务人转让义务的，新债务人应当承担与主债务有关的从债务，但该从债务专属于原债务人自身的除外。

3. 合同权利和义务一并转让

合同权利和义务一并转让，是指合同当事人一方将债权债务一并转移给第三人，由第三人概括地接受这些债权债务的行为。合同权利和义务一并转让，分两种情况，《合同法》规定："当事人一方经对方同意，可以将自己在合同中的权利和义务一并转让给第三人。"并且，《合同法》中有关合同权利转让和义务转让的规定亦适用。另一种情况是因当事人的组织变更而引起合同权利义务转让。当事人的组织变更是指当事人在合同订立后，发生合并或分立。《合同法》对这种情况下引起的权利义务的转让规定如下：当事人订立合同后合并的，由合并后的法人或者其他组织行使合同权利，履行合同义务。当事人订立合同后分立的，除债权人和债务人另有约定外，由分立的法人或者其他组织对合同的权利和义务享有连带债权，承担连带债务。

（三）合同的终止

合同的终止，是指当事人之间的合同关系由于某种原因而不复存在。《合同法》对合同终止的情形、后合同义务以及合同的解除等作出了规定：

1. 合同终止的情形

（1）债务已经按照约定履行；

（2）合同解除；

（3）债务相互抵销；

（4）债务人依法将标的物提存；

（5）债权人免除债务；

（6）债权债务同归于一人；

（7）法律规定或者当事人约定终止的其他情形。

2. 后合同义务

合同终止后，按照诚实信用原则和交易习惯，当事人还应履行一定的义务，以维护履行合同的效果，有关这方面的义务称为后合同义务。《合同法》规定："合同的权利义务终止后，当事人应当遵循诚实信用原则，根据交易习惯履行通知、协助、保密义务。"

3. 合同的解除

合同的解除，是指合同依法成立后，在尚未履行或者尚未完全履行时，提前终止合同效力的行为。《合同法》把合同的解除规定为终止合同的一种原因，并对约定解除合同和法定解除合同分别作出了规定。

（1）约定解除

约定解除是指当事人通过行使约定的解除权或者通过协商一致而解除合同。《合同法》规定："当事人协商一致，可以解除合同。""当事人可以约定一方解除合同的条件，解除合同的条件成就时，解除权人可以解除合同。"

（2）法定解除

法定解除是指当具有了法律规定可以解除合同的条件时，当事人即可依法解除合同。

《合同法》规定了五种法定解除合同的情形：

1）因不可抗力致使不能实现合同目的；

2）在履行期限届满之前，当事人一方明确表示或者以自己的行为表示不履行主要债务；

3）当事人一方迟延履行主要债务，经催告后在合理期限内仍未履行；

4）当事人一方迟延履行债务或者有其他违约行为致使不能实现合同目的；

5）法律规定的其他情形。

关于合同解除的法律后果，《合同法》也作出了相应规定："合同解除后，尚未履行的，终止履行，已经履行的，根据履行情况和合同性质，当事人可以要求恢复原状、采取其他补救措施，并有权要求赔偿损失。"

合同终止后，虽然合同当事人的合同权利义务关系不复存在了，但合同责任并不一定消灭，因此，合同中结算和清算条款不因合同的终止而终止，仍然有效。

六、违约责任

（一）违约责任的概念及方式

违约责任，是指当事人任何一方违约后，依照法律规定或者合同约定必须承担的法律制裁。关于违约责任的方式，《合同法》规定了三种主要方式：

1. 继续履行合同

继续履行合同是要求违约债务人按照合同的约定，切实履行所承担的合同义务。《合同法》规定：当事人一方不履行非金钱债务或者履行非金钱债务不符合约定的，对方可以要求履行，但有下列情形之一的除外：

（1）法律上或者事实上不能履行；

（2）债务的标的不适于强制履行或者履行费用过高；

（3）债权人在合理期限内未要求履行。

2. 采取补救措施

采取补救措施，是指在当事人违反合同后，为防止损失发生或者扩大，由其依照法律或者合同约定而采取的修理、更换、退货、减少价款或者报酬等措施。采用这一违约责任的方式，主要是在发生质量不符合约定的时候。

3. 赔偿损失

赔偿损失，是指合同当事人就其违约而给对方造成的损失给予补偿的一种方法。关于赔偿损失的范围，《合同法》规定：损失赔偿额应当相当于因违约所造成的损失，包括合同履行后可以获得的利益，但不得超过违反合同一方订立合同时预见到或者应当预见到的因违反合同可能造成的损失。关于赔偿损失的方法，《合同法》规定：当事人可以约定一方违约时应当根据违约情况向对方支付一定数额的违约金，也可以约定因违约产生的损失赔偿额的计算方法。约定的违约金低于一定数额的违约金，也可以请求人民法院或者仲裁机构予以增加；约定的违约金过分高于造成损失的，当事人可以请求人民法院或者仲裁机构予以适当减少。此外，《合同法》还规定：当事人可以依照《中华人民共和国担保法》约定一方向对方给付定金作为债权的担保。债务人履行债务后，定金应当抵作价款或者收回。给付定金的一方不履行约定的债务的，无权要求返还定金；收受定金的一方不履行约定的债务的，应当双倍返还定金。当事人既约定违约金，又约定定金的，一方违约时，双方可以选择适用违约金或者定金条款。

（二）违约责任的免除

合同生效后，当事人不履行合同或者履行合同不符合合同约定，都应承担违约责任。但是，根据《合同法》规定：当发生不可抗力时，可以部分或全部免除当事人的违约责任。

1. 不可抗力的概念

《合同法》规定："不可抗力，是指不能预见、不能避免并不能克服的客观情况。"根据这一规定，不可抗力的构成条件是：

（1）不可预见性，即法律要求不可抗力必须是有关当事人在订立合同时，对该事件是否发生不能预见到；

（2）不可避免性，即合同生效后，当事人对可能出现的意外情况尽管采取了合理措施，但是客观上并不能阻止这一意外情况的发生；

（3）不可克服性，即合同的当事人对于意外情况发生导致合同不能履行这一后果不能克服，如果通过当事人努力能够将不利影响克服，则这一意外情况就不能构成不可抗力；

（4）履行期间性。不可抗力作为免责理由时，其发生必须是在合同订立后，履行期限届满前。当事人迟延履行后发生不可抗力的，不能免除责任。

2. 不可抗力的法律后果

（1）合同全部不能履行，当事人可以解除合同，并免除全部责任；

（2）合同部分不能履行，当事人可部分履行合同，并免除其不履行的部分责任；

（3）合同不能按期履行，当事人可延期履行合同，并免除其迟延履行的责任。

3. 遭遇不可抗力一方当事人的义务

根据《合同法》的规定，一方当事人因不可抗力不能履行合同义务时，应承担如下义务：

（1）应当及时采取一切可能采取的有效措施避免或者减少损失；

（2）应当及时通知对方；

（3）当事人应当在合理期限内提供证明。

（三）非违约一方的义务

当事人一方违约后，另一方当事人应当及时采取措施，防止损失的扩大，否则无权就扩大的损失要求赔偿。《合同法》对此明确规定："当事人一方违约后，对方应当采取适当措施防止损失的扩大；没有采取适当措施致使损失扩大的，不得就扩大的损失要求赔偿。""当事人因防止损失扩大而支出的合理费用，由违约方承担。"

第二节　建设工程合同法律规范

建设工程合同，也称建设工程承发包合同，是承包人进行工程建设，发包人支付价款的合同。建设工程合同包括勘察、设计、施工合同。鉴于建设工程委托监理合同与建设工程合同密切相关，我们这里把建设工程委托监理合同也纳入到建设工程合同体系中来。

一、建设工程合同种类

（一）按照承发包内容分

1. 建设工程勘察、设计合同；

2. 建设工程施工合同。

（二）按承发包方式的不同分

1. 设计—建造及交钥匙承包合同，即全包合同。业主将工程的设计、施工、供应、管理全部委托给一个承包商，即业主仅面对一个承包商。

2. 施工总承包，即承包商承担一个工程的全部施工任务，包括土建、水电安装、设备安装等。

3. 管理总承包，即 CM 承包方式。

4. 单位工程施工承包。这是最常见的工程承包合同，包括土木工程施工合同，电气与机械工程承包合同等。在工程中，业主可以将专业性很强的单位工程分别委托给不同的承包商。这些承包商之间为平行关系。

5. 分包合同。它是承包合同的分合同。承包商将承包合同范围内的一些工程或工作委托给另外的承包商来完成。他们之间签订分包合同。

（三）按照承包工程计价方式分

1. 固定价格。工程价格在实施期间不因价格变化而调整。在工程价格中应考虑价格风险因素，并在合同中明确固定价格包括的范围。

2. 可调价格。工程价格在实施期间可随价格变化而调整，调整的范围和方法应在合同中约定。

3. 工程成本加酬金确定的价格。工程成本按现行计价依据以合同约定的办法计算，酬金按工程成本乘以通过竞争确定的费率计算，从而确定工程竣工结算价。

二、建设工程勘察、设计合同

（一）建设工程勘察、设计合同的主要内容

根据《中华人民共和国合同法》的规定，建筑工程勘察设计合同应包括以下内容：

1. 工程概况，工程名称、地点、规模；

2. 发包方提供资料的内容、技术要求和期限；

3. 承包方勘察的范围、进度和质量，设计的阶段、进度、质量和设计文件的份数及交付日期；

4. 勘察设计收费的依据、收费标准及拨付办法；

5. 双方当事人的权利与义务；

6. 违约责任；

7. 争议的解决方式等。

（二）建设工程勘察设计合同当事人的权利和义务

一般来说，建设工程勘察、设计合同双方当事人的权利、义务是相互对应的，即发包方的权利往往是承包方的义务，而承包方的权利又往往是发包方的义务。因此，以下只阐述双方当事人的义务。

1. 建设工程勘察、设计合同发包方的主要义务

（1）发包方应向工程勘察项目承包方提供勘察范围图和建筑平面布置图，提交勘察技术要求及附图；向工程设计项目承包方提供设计任务书、选址报告、满足初步设计要求的勘察资料及经过批准的资源、燃料、水电、运输等方面的协议文件。

（2）向勘察设计项目的承包方提供必要的生活和工作条件；

（3）负责勘察现场的通水、通电、通路和场地平整工作；

（4）及时向有关部门申请取得各设计阶段的批准文件，明确设计的范围和深度；

（5）尊重勘察设计方的勘察设计成果，不得私自修改，不得转借他人，如双方约定了保密义务，则委托方不得泄露文件内容。

2. 建设工程勘察设计合同承包方的主要义务

（1）按照勘察设计合同的要求向委托方按时提交勘察成果和设计文件。

（2）初步设计经上级主管部门审查后，在原定任务书范围内的必要修改由承包方负责，承包方对于勘察工作中的遗漏项目应及时进行补充勘察并自行承担补充勘察的有关费用。

（3）对勘察设计成果负瑕疵担保责任。勘察人、设计人应对其提交给委托人的勘察、设计成果的质量进行担保。工程即使进入施工安装阶段，如发现属勘察人、设计人的勘察设计成果有质量瑕疵从而引起工程返工、窝工、建设费用增加的，应由勘察设计人负担造成的损失。

（4）承包方对所承担设计任务的建设项目应配合施工，进行施工前设计技术交底，解决施工过程中的有关设计问题，负责设计变更和修改预算，参加试车考核和隐蔽工程及工程竣工验收，必要时应派员现场设计。

（三）建设工程勘察设计合同当事人的违约责任

1. 发包方的违约责任

发包方因所提供勘察设计的资料不准或未按合同约定支付勘察设计费等应承担相应的违约责任。主要表现在以下几个方面：

（1）发包方未按期提供勘察设计所需的原材料、设备、场地、资金、技术资料，致使工程未能按期进行的，承包方可以顺延工期，承包人由此造成的损失，应由发包人承担；

（2）发包方提供的资料不准确，或中途改变建设计划造成勘察设计工作的返工、窝工、停工或修改计划的，发包方应按承包人的实际消耗工作量增付费用；

（3）发包方未能按期接收承包方的工作成果的，应偿付逾期违约金；

（4）发包方如不履行合同，无权请求返还定金。

2. 承包方的违约责任

承包方的责任主要是承包方未能按合同的约定提交勘察设计文件以及由于勘察设计错误而应承担的有关违约责任。主要表现在以下几个方面：

（1）因勘察、设计质量低劣而引起工程返工，勘察、设计单位应当承担返工所支出的各种费用；

（2）勘察设计单位未能按期提交勘察设计文件，致使拖延工期造成损失的，由勘察、设计单位继续完善勘察、设计，承担相应部分的勘察、设计费，并赔偿拖延工期造成的损失；

（3）由于勘察、设计错误而造成工程重大质量事故的，承包方除免收损失部分的勘察设计费用外，还应承担一定数额的赔偿金；

（4）承包方如不能履行合同，应双倍返还定金。

三、建设工程施工合同

（一）建设工程施工合同概述

建设工程施工合同是发包方（建设单位或总包单位）和承包方（施工单位）为完成特定的建筑安装工程任务，明确相互权利义务关系的协议。建设工程施工合同是建筑、安装合同的合称。

1. 签订建设工程施工合同需要满足一定的条件：

（1）初步设计和总概算已经批准；

（2）投资已列入国家和地方工程项目建设计划，建设资金已落实；

（3）有满足承包要求的设计文件和技术资料；

（4）场地、水源、电源、气源、运输道路已具备或在开工前完成；

（5）材料和设备的供应能保证工程连续施工；

（6）合同当事人应当具有法人资格；

（7）合同当事人双方均具有履行合同的能力。

2. 建设工程施工合同应具备的主要条款有：

（1）工程名称和地点；

（2）建设工期，中间交工工程开、竣工时间；

（3）工程质量；

（4）工程造价；

（5）承包工程的预付金、工程进度款及工程决算的支付时间与方式；

（6）材料和设备的供应责任；

（7）当一方提出迟延开工日期或中止工程的全部或一部分时，有关工期变更、承包金额变更或损失的承担及估算方法；

（8）由于价格变动而变更承包金额或工程内容的规定和估算方法；

（9）竣工验收；

（10）违约责任；

（11）合同争议的解决方式；

（12）其他约定条款。

（二）在建设工程施工合同的履行过程中，发包方的主要义务

1. 办理土地征用，青苗树木赔偿，房屋拆迁，清除地面、架空和地下障碍等工作，使施工场地具备施工条件，并在开工后继续负责解决以上事项遗留问题。

2. 将施工所需水、电、电讯线路从施工场地外部接至协议条款约定地点，并保证施工期间的需要。

3. 开通施工场地与城乡公共道路的通道，以及协议条款约定的施工场地内的主要交通干道，保证其畅通，满足施工运输的需要。

4. 向承包方提供施工场地的工程地质和地下管网线路资料，保证数据真实准确。

5. 办理施工所需各种证件、批件和临时用地、占道及铁路专用线的审报批准手续（证明承包商自身资质的证件除外）。

6. 将水准点与坐标控制点以书面形式交给承包方，并进行现场交验。

7. 组织承包方和设计单位进行图纸会审，向承包商进行设计交底。

8. 协调处理对施工现场周围地下管线和邻近建筑物、构筑物的保护，并承担有关费用。发包方不按合同约定完成以上工作造成延误，应承担由此造成的经济支出，赔偿承包方有关损失，工期也应相应顺延。

（三）在建设工程施工合同履行过程中，承包方的主要义务

1. 在设计资格证书允许的范围内，按发包方的要求完成施工组织设计或与工程配套的设计，经发包方批准后使用。

2. 向发包方提供年、季、月工程进度计划及相应进度统计报表和工程事故报告。

3. 按工程需要提供和维修非夜间施工使用的照明、看守、围栏和警卫等，如承包方未履行上述义务造成工程、财产和人身伤害，由承包方承担责任及所需的费用。

4. 按协议条款约定的数量和要求，向发包方提供在施工现场办公和生活的房屋及设施，发生的费用由发包方承担。

5. 遵守地方政府和有关部门对施工场地交通和施工噪声等管理规定，经发包方同意后办理有关手续，发包方承担由此发生的费用，因承包方责任造成的罚款除外。

6. 已竣工工程未交付发包方之前，承包方按协议条款约定负责已完工程的成品保护工作，保护期间发生损坏，承包方自费予以修复。要求承包方采取特殊措施保护的单位工程部位和相应经济支出，在协议条款内约定。发包方提前使用后发生损坏的修理费用，由发包方承担。

7. 按合同的要求做好施工现场地下管线和邻近建筑物、构筑物的保护工作。

8. 保证施工现场清洁符合有关规定，交工前清理现场达到合同文件的要求，承担因违反有关规定造成的损失和罚款（合同签订后颁发的规定和非承包方原因造成的损失和罚款除外）。承包方不履行上述各项义务，造成工期延误和工程损失，应对发包方的损失给予赔偿。

（四）建设工程施工合同发包方的违约责任

1. 未能按照合同的规定履行应负的责任。除竣工日期得以顺延外，还应赔偿承包方因此发生的实际损失。

2. 工程中途停建、缓建或由于设计变更以及设计错误造成的返工，应采取措施弥补或减少损失，同时，赔偿承包方由此而造成的停工、窝工、返工、倒运、人员和机械设备调迁、材料和构件积压的实际损失。

3. 工程未经验收，发包方提前使用或擅自动用，由此而发生的质量或其他问题由发包方承担责任。

4. 超过合同规定日期验收，按合同违约责任条款的规定偿付逾期违约金。

5. 不按合同规定拨付工程款，按银行有关延期付款办法或工程价款结算办法的有关规定处理。

（五）建设工程合同承包方的违约责任

1. 工程质量不符合合同规定的，负责无偿修理或返工。由于修理或返工造成逾期交

付的，偿付逾期违约金。

2. 工程交付时间不符合合同规定，按合同中违约责任条款的规定偿付逾期违约金。

3. 由于承包方的责任，造成发包方提供的材料、设备等丢失或损坏，应负赔偿责任。

四、建设工程委托监理合同

建设工程委托监理合同是委托人（业主）与监理人签订的，为委托监理人承担监理业务而明确双方权利义务关系的协议。根据住建部、国家工商行政管理局联合发布的建市〔2012〕44号《关于印发〈建设工程监理合同〉示范文本的通知》，有关合同双方的权利、义务和责任的内容主要有：

（一）监理人的主要义务

1. 监理人按合同约定派出监理工作需要的监理机构及监理人员，向委托人报送委派的总监理工程师及其监理机构主要成员名单、监理规划，完成监理合同专用条件中约定的监理工程范围内的监理业务。在履行合同义务期间，应按合同约定定期向委托人报告监理工作。

2. 监理人在履行本合同的义务期间，应认真、勤奋地工作，为委托人提供与其水平相适应的咨询意见，公正维护各方面的合法权益。

3. 监理人使用委托人提供的设施和物品属委托人的财产。在监理工作完成或中止时，应将其设施和剩余的物品按合同约定的时间和方式移交给委托人。

4. 在合同期内或合同终止后，未征得有关方同意，不得泄露与本工程、本合同业务有关的保密资料。

（二）委托人的主要义务

1. 委托人在监理人开展监理业务之前应向监理人支付预付款。

2. 委托人应当负责工程建设的所有外部关系的协调，为监理工作提供外部条件。根据需要，如将部分或全部协调工作委托监理人承担，则应在专用条件中明确委托的工作和相应的报酬。

3. 委托人应当在双方约定的时间内免费向监理人提供与工程有关的为监理工作所需要的工程资料。

4. 委托人应当在专用条款约定的时间内就监理人书面提交并要求作出决定的一切事宜作出书面决定。

5. 委托人应当授权一名熟悉工程情况、能在规定时间内作出决定的常驻代表（在专用条款中约定），负责与监理人联系。更换常驻代表，要提前通知监理人。

6. 委托人应当将授予监理人的监理权利，以及监理人主要成员的职能分工、监理权限及时书面通知已选定的承包合同的承包人，并在与第三人签订的合同中予以明确。

7. 委托人应在不影响监理人开展监理工作的时间内提供如下资料：与本工程合作的原材料、构配件、机械设备等生产厂家名录，以及与本工程有关的协作单位、配合单位的名录。

8. 委托人应免费向监理人提供办公用房、通信设施、监理人员工地住房及合同专用条件约定的设施，对监理人自备的设施给予合理的经济补偿（补偿金额＝设施在工程使用时间占折旧年限的比例×设施原值＋管理费）。

9. 根据情况需要，如果双方约定，由委托人免费向监理人提供其他人员，应在监理合同专用条件中予以明确。

（三）监理人在委托人委托的工程范围内享有的权利

1. 选择工程总承包人的建议权。

2. 选择工程分包人的认可权。

3. 对工程建设有关事项包括工程规模、设计标准、规划设计、生产工艺设计和使用功能要求，向委托人的建议权。

4. 对工程设计中的技术问题，按照安全和优化的原则，向设计人提出建议；如果拟提出的建议可能会提高工程造价，或延长工期，应当事先征得委托人的同意。当发现工程设计不符合国家颁布的建设工程质量标准或设计合同约定的质量标准时，监理人应当书面报告委托人并要求设计人更正。

5. 审批工程施工组织设计和技术方案，按照保质量、保工期和降低成本的原则，向承包人提出建议，并向委托人提出书面报告。

6. 主持工程建设有关协作单位的组织协调，重要协调事项应当事先向委托人报告。

7. 征得委托人同意，监理人有权发布开工令、停工令、复工令，但应当事先向委托人报告。如在紧急情况下未能事先报告时，则应在 24 小时内向委托人作出书面报告。

8. 工程上使用的材料和施工质量的检验权。对于不符合设计要求和合同约定及国家质量标准的材料、构配件、设备，有权通知承包人停止使用；对于不符合规范和质量标准的工序、分部分项工程和不安全施工作业，有权通知承包人停工整改、返工。承包人得到监理机构复工令后才能复工。

9. 工程施工进度的检查、监督权，以及工程实际竣工日期提前或超过工程施工合同规定的竣工期限的签认权。

10. 在工程施工合同约定的工程价格范围内，工程款支付的审核和签认权，以及工程结算的复核确认权与否决权。未经总监理工程师签字确认，委托人不支付工程款。

11. 监理人在委托人授权下，可对任何承包人合同规定的义务提出变更。如果由此严重影响了工程费用或质量，或进度，则这种变更须经委托人事先批准。在紧急情况下未能事先报委托人批准时，监理人所做的变更也应尽快通知委托人。在监理过程中如发现工程承包人人员工作不力，监理机构可要求承包人调换有关人员。

12. 在委托的工程范围内，委托人或承包人对对方的任何意见和要求（包括索赔要求），均必须首先向监理机构提出，由监理机构研究处置意见，再同双方协商确定。当委托人和承包人发生争议时，监理机构应根据自己的职能，以独立的身份判断，公正地进行调解。当双方的争议由政府建设行政主管部门调解或仲裁机关仲裁时，应当提供作证的事实材料。

（四）委托人的主要权利

1. 委托人有选定工程总承包人，以及与其订立合同的权利；

2. 委托人有对工程规模、设计标准、规划设计、生产工艺设计和设计使用功能要求的认定权，以及对工程设计变更的审批权；

3. 监理人调换总监理工程师须事先经委托人同意；

4. 委托人有权要求监理人提交监理工作月报及监理业务范围内的专项报告；

5. 当委托人发现监理人员不按监理合同履行监理职责，或与承包人串通给委托人或工程造成损失的，委托人有权要求监理人更换监理人员，直到终止合同并要求监理人承担相应的赔偿责任或连带赔偿责任。

（五）监理人的主要责任

1. 监理责任期。监理人的责任期即委托监理合同有效期。在监理过程中，如果因工程建设进度的推迟或延误而超过书面约定的日期，双方应进一步约定相应延长的合同期。

2. 监理责任的赔偿额。监理人在责任期内，应当履行约定的义务，如果因监理人过失而造成了委托人的经济损失，应当向委托人赔偿，累计赔偿总额（除依法与承包人承担的连带赔偿责任外）不应超过监理报酬总额（除去税金）。

3. 监理责任的免除。监理人对承包人违反合同规定的质量要求和完工（交图、交货）时限，不承担责任。因不可抗力导致委托监理合同不能全部或部分履行，监理人不承担责任。但对监理人因不认真谨慎的工作以及有失公正所引起的与之有关的事宜，向委托人承担赔偿责任。

4. 监理人向委托人提出赔偿要求不能成立时，监理人应当补偿由于该索赔所导致委托人的各种费用支出。

（六）委托人的主要责任

1. 委托人应当履行委托监理合同约定的义务，如有违反则应当承担违约责任，赔偿给监理人造成的经济损失。监理人处理委托业务时，因非监理人原因的事由受到损失的，可以向委托人要求补偿损失。

2. 委托人如果向监理人提出赔偿的要求不能成立，则应当补偿由该索赔所引起的监理人的各种费用支出。

第三节   国际工程承包合同

一、国际工程承包合同的概念和特点

（一）国际工程的概念和内容

国际工程通常是指工程参与主体来自不同国家，按国际惯例进行管理的工程项目，即面向国际进行招标的工程。在许多发展中国家，根据项目建设资金的来源（例如外国政府贷款、国际金融机构贷款等）和技术复杂程度，以及本国工程公司的能力局限等情况，允许外国公司承包某些工程。还有世界银行贷款项目或者地区性发展银行贷款的项目，必须按贷款银行的规定允许一定范围的外国公司投标。这些均属于国际工程。在我国，随着《外商投资建筑业企业管理规定》及其实施细则的颁布，我国建筑市场已经对外开放，对于外商投资项目以及允许外资建筑企业承包的工程，也应视为国际工程。国际工程包含咨询和承包两大行业：

1. 国际工程咨询：包括对工程项目前期的投资机会研究、预可行性研究、可行性研究、项目评估、勘察、设计、招标文件编制、监理、管理、后评价等，是以高水平的智力劳动为主的行业，一般都是为建设单位（发包人）提供服务的，也可应承包人聘请为其进

行施工管理、成本管理等。

2. 国际工程承包：包括对工程项目进行投标、施工、设备采购及安装调试、分包、提供劳务等。按照发包人的要求，有时也做施工详图设计和部分永久工程的设计。

（二）国际工程的特点

1. 合同主体的国际性

国际工程合同签约各方属于不同国别，可能涉及多国的法律制度的约束，这种约束不仅有程序方面的，而且更多是实体方面的，并且牵涉的法律范围极广，诸如招标投标法、建筑法、公司法、合同法、劳动法、投资法、金融法、外汇管制法、社会保险法、税法等。

如果工程所在国家的法律体系比较健全和完备，而且合同中有明确的法律适用条款，这就比较好处理。问题是许多发展中国家的法律并不完备，还有许多是不成文的行业习惯，以及并未明示有约束力的国际惯例。为此，作为国际承包人除了应当聘请当地工程承包方面有经验的律师或法律顾问外，还必须在签订合同时，澄清各项涉及法律和惯例的重大问题。

对于大型和复杂的国际工程项目，其承包建设可能涉及许多国家，例如工程所在国、总承包人的注册国，还有贷款金融机构、咨询设计、设备供货和安装、各类专业工程分包商以及劳务等可能都属于不同的国家，有多个不同的合同和协议来规定他们之间的法律关系。所有这些合同和协议并不一定能适用工程所在国法律，特别是解决他们之间的争议并不一定都是采取仲裁程序或司法程序，也不可能在同一仲裁地点和机构，或者同一个有专属管辖权的法院处理争议。这一国际性特征使国际工程的法律关系问题变得极为复杂和难以处理。

2. 货币和支付方式的多样性

这一特点和国内工程有着明显的不同。国际工程承包肯定要使用多种货币，包括承包人要使用部分其国内货币来支付其国内应缴纳的费用和总部开支，要使用工程所在国的货币支付当地费用，还要使用多种外汇用以支付材料、设备采购费用等。国际工程的支付方式除了现金和支票支付手段外，还有银行信用证、国际托收、银行汇付等不同方式。由于发包人支付的货币和承包人实际使用的货币不同，而且是在整个漫长的工期内按陆续完成的工程内容逐步支付，这就使承包人时刻处于货币汇率浮动和利率变化的复杂国际金融环境中。不熟悉或者不善于分析国际金融形势变化的承包人，即使其施工技术能力再强，也可能因处理国际金融业务不当而败下阵来。

3. 国际政治、经济影响因素的权重明显增大

除了工程本身的合同义务和权利外，国际工程项目可能受到国际政治和经济形势的变化影响较多。例如，某些国家对于承包人实行地区和国别的限制或者歧视性政策；还有些国家的项目受到国际资金来源的约束，可能因为国际政治经济形势变动影响而中止；至于因工程所在国的政治形势变化而使工程中断的情况并非鲜见。国际承包人不能仅关心其承包的工程本身的问题，而应当密切关注工程所在国及其周围地区，乃至国际大环境的变化和影响，采取必要的防范风险的应变措施。

4. 规范标准庞杂，差异较大

国际工程都要求采用在国际上广泛接受的技术标准、规范和各种规程。国际工程承包

的合同文件通常为两大组成部分：一是针对商务和法律方面的文件，它们主要是规定各方的权利、义务和责任；二是针对技术方面的细节，不仅包括工程的内容和范围，还要规定其工程、设备、材料和工艺各方面的技术要求，这一部分包括图纸和详细的技术说明书。各个国家可能都有其自己国内适用的标准、规范和规程，但一项国际工程如果不在合同中强行规定统一的标准、规范或规程，就可能把工程搞成五花八门，互不协调而争议不断。承包人进入国际工程市场就必须熟悉国际常用的各种技术标准和规范，并使自己的施工技术和管理适应国际标准、规范和有关惯例的要求。同时，由于有些发展中国家经常使用一部分当地并不完善的"暂行规定"，为此，承包人还应收集和了解当地的一些习惯做法，使自己能适应当地的惯用规程。

（三）国际工程的参与主体

1. 发包人

发包人是工程项目的投资决策者、资金筹集者、项目实施组织者（常常也是项目的产权所有者）。发包人机构可以是政府部门、社会团体法人、国有企业、股份公司、私人公司以及个人。

企业的性质影响到项目实施的各个方面，许多国家制定了专门的规定以约束公共部门发包人的行为，尤其是工程采购方面。相对而言，私营发包人在决策时有更多的自由。

2. 承包人

承包人通常指承担工程项目施工及设备采购的公司或其联合体。如果发包人将一个工程分为若干的独立的合同，并分别与几个承包人签订合同，凡直接与发包人签订承包合同的都叫承包人。如果一家公司与发包人签订合同从而将整个工程承包下来则称为总承包人。

在国外还有一种工程公司，是指可以提供投资前咨询、设计到设备采购、施工等贯彻项目建设全过程服务的承包公司。这种公司多半拥有自己的设计部门，规模较大，技术先进，在特殊项目中，这类大型公司有时甚至可以提供融资服务。因此总承包人又可以分为两类，即施工总承包人，以及能进行设计和施工等全方位服务的总承包人。

3. 建筑师/工程师

建筑师/工程师均指不同领域和阶段负责咨询或设计的专业公司和专业人员，他们专业领域不同，在不同国家和不同性质的工作中担任的角色可能不一致。如在英国，建筑师负责建筑设计，而工程师则负责土木工程的结构设计；在美国，建筑师在概念设计阶段负责项目的总体规划，而由结构工程师和设备工程师完成设计以保证建筑物的安全。但是在工程项目管理中，建筑师或工程师担任的角色和承担的责任是相似的。不同的合同条件可能称为建筑师、工程师或咨询工程师。各国均有严格的建筑师/工程师的资格认证和注册制度，作为专业人员必须通过相应专业协会的资格认证，而有关公司或事务所必须在政府有关部门注册。

建筑师/工程师提供的服务内容很广泛，一般包括：项目的调查、规划与可行性研究、工程各阶段的设计、工程监理、参与竣工验收、试车和培训、项目后评价以及各类专题咨询。在国外对建筑师/工程师的职业道德和行为准则都有很高的要求，主要包括：努力提高专业水平，用自己的才能为委托人提供高质量的服务；按照法律和合同处理问题；保持独立和公正；不得接受发包人支付酬金以外的任何报酬，特别是不得与承包人、制造商、供应商有业务合伙和经济关系；禁止不正当竞争，为委托人保密等。

4. 分包商

分包商是指那些直接与承包人签订合同，分担一部分承包人与发包人签订合同中的任务的公司。发包人和工程师不直接管理分包商，他们对分包商的工作有要求时，一般通过承包人处理。

国外有许多专业承包人和小型承包人，专业承包人在某些领域有特长，在成本、质量、工期控制等方面有优势，数量上占优势的是大批小承包人。如在英国，大多数小公司人数在 15 人以下，而占总数不足 1% 的大公司却承包工程总量的 70%。宏观看来，大小并存、专业分工的局面有利于提高工程项目建设的效率。

此外，由发包人在招标文件中或开工后指定的分包商或供应商，一般称为指定分包商。指定分包商仍应与承包人签订分包合同。

5. 供应商

供应商是指为工程实施提供工程设备、材料和建筑机械的公司和个人。一般供应商不参与工程的施工，但是有一些设备供应商由于设备安装要求比较高，往往既承担供货，又承担安装和调试工作，如电梯、大型发电机组等。

供应商既可以与发包人直接签订供货合同，也可以直接与承包人或分包商签订供货合同。视合同类型而定。

6. 工料测量师

工料测量师是英国、英联邦国家以及我国香港地区对工程经济管理人员的称谓。在美国叫造价工程师或成本咨询工程师，在日本称为建筑测量师。

工料测量师的主要任务是为委托人（一般是发包人，也可以是承包人）进行工程造价管理，协助委托人将工程成本控制在预定目标之内。受雇于发包人时，工料测量师可以协助发包人编制工程的成本计划，建议采用的合同类型，在招标阶段编制工程量表及计算标底，也可以在工程实施阶段进行支付控制，直至编制竣工决算表；受雇于承包人时，可为承包人估算工程量，确定投标报价或在工程实施阶段进行管理。

（四）国际工程承包合同的特点

国际工程承包合同是指国际工程的参与主体之间为了实现特定的目的而签订的明确彼此权利义务关系的协议。与国内工程合同相比，国际工程承包合同具有如下一些特点：

1. 国际工程的合同管理是工程项目管理的核心。国际工程合同从前期准备、招投标、谈判、修改、签订到实施，都是国际工程中十分重要的环节。合同有关任何一方都不能粗心大意，只有订立好一个完善的合同才能保证项目的顺利实施。

2. 国际工程合同文件内容全面，包括合同协议书、投标书、中标函、合同条件、技术规范、图纸、工程量表等多个文件。编制合同文件时，各部分的论述都应力求详尽具体，以便在实施中减少矛盾和争论。

3. 国际工程咨询和承包在国际上都有上百年历史，经过不断总结经验，在国际上已经有了一批比较完善的合同范本，如 FIDIC 合同条件、ICE 合同条件、NEC 合同条件、AIA 合同条件等。这些范本还在不断地修订和完善，可供我们学习和借鉴。

4. 每个工程项目都有各自的特点，"项目"本身就是不重复的、一次性的活动。国际工程项目由于处于不同的国家和地区，面临不同的工程类型、不同的资金条件、不同的合同模式、不同的发包人和咨询工程师、不同的承包人，因而可以说每个项目都是不相同的。

5. 国际工程合同制定时间长，实施时间更长。一个合同实施期短则 1～2 年，长则 20～30 年。因此合同中的任何一方都必须十分重视合同的订立和实施，依靠合同来保护自己的权益。

6. 一个国际工程项目往往是一个综合性的商务活动，实施一个工程除主合同外，还可能需要签订多个合同，如融资贷款合同、各类货物采购合同、分包合同、劳务合同、联营体合同、技术转让合同、设备租赁合同等等。其他合同均是围绕主合同，为主合同服务的，但每一个合同的订立和管理都会影响到主合同的实施。

综上所述，合同的制定和管理是搞好国际工程项目的关键，工程项目管理包括进度管理、质量管理和成本管理，而这些管理均是以合同要求和规定为依据的。项目任何一方都应配备专门人员认真研究合同，做好合同管理工作，以满足国际工程项目管理的需要。

二、国际工程承包合同的订立

招标是国际工程承包合同订立的最主要形式。按照招标的竞争性和限制程度的不同，国际工程的招标又分为公开招标和邀请招标。在国际工程招标实践中，形成了一套约定俗成的程序，一般从邀请承包商参加资格预审开始到授予合同可分为三个主要程序、十二个阶段。FIDIC 专门编写了招标程序文件，用以指导国际工程建设项目的招标工作。其内容如下：

（一）对投标者资格预审的推荐程序

第一阶段，邀请承包商参加资格预审。在这个阶段，业主在公开出版的刊物或大使馆等合适的地方发布资格预审公告，资格预审公告一般包括业主情况、项目概况、咨询的问题和投标书提交日期、申请参加资格预审须知和承包商的资格预审资料提交日期。

第二阶段，向承包商颁发资格预审文件。资格预审文件一般要求投标人提供的材料包括投标人的组织和机构、投标人从事该类工作的经验和在该国家工作的经验、投标人的财务报表和投标人在管理方面、技术方面、劳务方面、设备方面的资格。投标人应按照资格预审文件的要求提供上述材料。

第三阶段，资格预审文件分析，挑选并通知已入选的投标人。这一阶段，招标人通过对资格预审资料的分析，对投标人在经验、资源、财务的稳定性以及总体的适应性等方面进行考察，确定入选的投标者名单，并通知所有的承包商。

（二）得到投标的推荐程序

第四阶段，准备招标文件。招标文件一般包括招标函、投标者须知、合同条件、规范、图纸、工程量表、资料数据、投标书格式和附录。

第五阶段，颁发招标文件。业主向投标者名单上的承包商颁发招标文件。投标人可以开始准备投标书，如需要，可以申请考察施工现场。

第六阶段，业主陪同投标者考察施工现场。

第七阶段，招标文件的修改。招标文件如果有遗漏或错误，业主可以修订招标文件，修订文件应在规定期限颁发到所有投标者名单上的承包商，修订文件为招标文件的组成部分。

第八阶段，投标者质疑。投标人可以通过通信的方式或者是参加招标人组织的投标者会议的方式，向招标人就招标文件提出质疑，招标人解答所有质疑，并将质疑内容、补充质疑和解答以书面形式颁发给所有投标者名单上的承包商。

第九阶段，投标书的提交和接收。投标人应按照招标公告和招标文件规定的期限提交投标文件。招标人收到投标文件后签收保存，并在开标前保证按期提交有效的投标书的安全。截止日期后收到的投标文件，招标人应原封不动的退回。

（三）开标和评标的推荐程序

第十阶段，开标。开标可以采取公开开标、有限制开标或者秘密开标。公开开标是在有招标人员、公证人员、投标人员及公众人员参加的情况下开标；有限制开标是以书面形式通知所有投标人，并只在一定范围内邀请愿意出席开标会的人士参加的开标；秘密开标是仅有业主与咨询工程师以及招标机构的评审人员、公证人员参加的开标。开标时，招标人应宣布并记录投标人名称及标价，包括替代方案的投标书的标价，宣布并记录由于投标书迟到或者未到而成为废标的投标人名单。

第十一阶段，评标。招标人应按照预先在招标文件规定的评标标准，对投标人的投标书在技术方面、合同方面、商务方面进行评标，并可以要求投标人就投标文件进行澄清，投标人应按照要求进行澄清。招标人在评标的基础上确定中标人。

第十二阶段，授予合同。招标人将中标结果通知中标人，准备合同文件，并与中标人签署合同，招标人可以要求中标人提供履约担保。招标人将中标结果通知所有未中标的投标人，并退还投标人提交的投标。

三、国际工程承包合同的履行

国际工程承包合同订立后，即进入合同的履行阶段，或者说工程的实施阶段。对于国际工程承包商来说，实施阶段的工作内容包括如下几方面的管理工作：

（一）合同管理

合同管理的中心任务就是利用合同的正当手段防范风险、维护自身的正当利益，并获取尽可能多的利润。为此，合同管理人员应当熟悉全部合同文件，在工程实施过程，掌握合同内容的变更及这些变更所带来的经济影响，因此，应当集中关注业主或工程师关于设计变更和工程量变更的各类指示，及时向业主或工程师提出相应的价格变更，并争取获得工程师的确认。每月的工程结算和索赔等工作，通常也归属于合同管理部门。

（二）计划管理

计划管理是工程实施阶段的中心，也是项目经营目标的具体化。其重点是制定工程总进度计划，包括网络计划或关键线路计划，编制施工组织设计总规划，施工机械和物资材料及永久设备的供应计划、资金流动计划及劳动力配置计划等。而具体的日进度、周进度和月进度计划则交给现场的施工队长或班组长去安排管理。

（三）成本管理

成本管理是国际工程承包商在获得合同后所面临的极为重要的工作。获得国际工程承包合同，仅仅是赢得了竞争投标的胜利，只有把实际工程实施的成本控制在合同价格之内，才能获得利润。尽管在投标前对工程做过详细的测算，也分析过成本和利润，但因投标时间限制，这种分析一般是较粗的。如果不在实施过程中严格进行成本控制，就可能产生亏损。

抓成本控制，就是要监督工程收支，努力将计划利润变成现实利润；同时要做好盈亏预测，指导工程实施。根据工程实施中的收支情况和成本盈亏预测，可对周转资金需求的数量和时间进行调整，使资金流动计划更趋合理，从而可供资金筹措和偿还借贷参考。此外，积累成本资料用来验证原来投标、指导今后投标报价，都具有十分重要的意义。

（四）财务管理

财务管理包括资金的筹集、运用和回收，银行保函和信用证的开出，工程付款的办理，银行往来，成本会计等工作。财务管理工作涉及的范围较广，又是专业性很强的学科。除资金的筹集和运用、成本管理与控制外，还涉及固定资产的购置、管理和折旧，收益的分配及使用，财务专用报表的编制和经济活动分析等。财务管理贯穿于物资和货币供应、生产、流通直至分配的各个主要环节，对工程能否正常施工和取得经济效益起着重要的作用。财务工作应实行计划管理和经济核算，利用财务管理的特定职能，筹集并合理使用资金，降低成本，开源节流，努力提高经济效益。

（五）物资采购管理

物资采购管理是实施工程管理并取得利润的重要手段，包括各种建筑材料、施工机械设备、永久（生产）设备、模板、工器具的计划、采购、运储保管、分发和回收等，还要组织材料的试验、送审，设备的验收等。需要进口的设备、材料还要办理进口清关手续，临时进口的机械设备尚需办理再出口手续。

（六）质量管理

质量管理是国际工程实施阶段的关键环节，直接决定着其他项目管理目标的实现与否。国际工程施工中的质量管理通常由承包商的项目经理或其指定的技术副经理或总工程师主管，其主要内容是技术管理和质量保证。技术管理包括设计图纸管理、技术规范检验标准和各种试验及其成果的管理；质量保证是在前者准确把握标书的基础上，从选定施工方案、采购合格材料、采用科学合理的工艺、完成符合招标书要求的工程所采用的质量保证措施。

（七）分包商管理

获得整个工程合同的总承包商将该工程按专业性质或工程范围再分包给若干家承包商分担实施任务，是国际工程承包活动中普遍采用的方式。总承包商拟将哪些工程内容向外发包，这与工程的性质、规模、总承包人自身的能力和特点、承包合同的规定或要求等因素有关。总承包商必须十分慎重选择合适的分包商来承担其计划向外分包的工程，否则，总承包商将被分包商拖进困境，引起连锁反应，甚至对整个工程造成不利影响。

（八）移交和竣工验收管理

在工程接近完工时，组织工程的移交和验收是十分重要和严肃认真的工作，关系施工阶段合同履行的终止、合同价款的收取以及缺陷责任期的开始等重要环节。关于工程移交和竣工验收的程序和工作要求，参见 FIDIC 土木工程施工合同条件的有关内容。

第四节   建设工程合同法律制度案例

案例 1

再审申请人：山西××房地产开发有限公司（以下简称：甲公司）

被申请人：河南××建筑工程有限公司（以下简称：乙公司）

一审被告：山西××房地产开发有限公司某分公司（以下简称：丙公司）

一、基本案情

甲公司通过招标方式将案涉还迁小区工程发包给乙公司，双方签订了建设工程施工合同并备案。合同履行过程中，因甲公司改变设计规划，将原定 24 层增加为 30 层，就增加工程部分，双方通过补充协议约定按照备案合同约定的单价计算工程款。补充协议约定乙公司按照工程结算总价款 3‰ 缴纳管理费及变更总价款的 8% 让利。

甲公司认为补充协议是双方的真实意思表示，且不构成对原合同的实质性变更，其中约定的按照竣工结算总价款提取承包人 3‰ 的管理费和按变更总价款的 8% 让利给甲公司的约定应为有效。乙公司认为 3‰ 的管理费及 8% 的让利系甲公司利用其优势地位对中标备案合同价款的实质性变更，应归于无效。

最高院再审认为，补充协议约定乙公司按照工程结算总价款 3‰ 缴纳管理费及变更总价款的 8% 让利，显然构成对备案合同的实质性变更，应归于无效。但是，该部分的工程价款可参照备案合同约定的单价计算。

二、案例评析

《最高人民法院关于审理建设工程施工合同纠纷案件适用法律问题的解释（二）》第一条规定："招标人和中标人另行签订的建设工程施工合同约定的工程范围、建设工期、工程质量、工程价款等实质性内容，与中标合同不一致，一方当事人请求按照中标合同确定权利义务的，人民法院应予支持。

招标人和中标人在中标合同之外就明显高于市场价格购买承建房产、无偿建设住房配套设施、让利、向建设单位捐赠财物等另行签订合同，变相降低工程价款，一方当事人以该合同背离中标合同实质性内容为由请求确认无效的，人民法院应予支持。"本条规定了合同实质性内容的范围。根据该规定，本案中变更总价款的 8% 让利即为变更合同实质性内容，双方仍应按备案合同进行结算。

中标合同实质性内容包括工程范围、建设工期、工程质量、工程造价等约定。其中工程范围应按招标文件及施工合同协议书部分的"工程承包范围"确定，同时应满足中标人建筑业企业资质要求的承包范围；建设工期应按中标通知书及施工合同协议书部分的"合同工期"确定，并保证该工期合理；工程质量应按招标文件及施工合同协议书的"质量标准"确定，并符合相应技术规范中强制性条文的规定；工程造价应按中标通知书及施工合同协议书的"签约合同价"确定，并保证该工程造价不得低于成本。

除却上述施工合同核心条款，工程实践中承包人以高于市场价格购买承建房产、无偿建设住房配套设施、让利、向建设方捐款等承诺等行为是与中标人作为企业追求利益最大化的宗旨相违背的，并不符合市场规律，因此可以推定中标人的上述承诺并非真实意思表示。如果双方利用上述行为"变相降低工程价款"的，一方当事人以该合同背离中标合同实质性内容为由请求确认无效的，人民法院应予支持。

案例 2

申请再审人：××有限责任公司（以下简称：甲公司）

被申请人：××钢结构有限公司（以下简称：乙公司）

一、基本案情

乙公司冒用"第九冶金建筑公司第五分公司"的名义，使用虚假公章与甲公司签订了由相同的委托代理人、签署时间均为同一天、工程价款各不相同的三份合同，三份建设工程施工合同均无效。三份合同约定的工程价款差额巨大，依据合同不能确认合同当事人对合同价款约定的真实意思表示。乙公司按工程质量要求施工完成了工程，经验收工程质量合格，甲公司已经接收了工程并已投入使用。

最高院判决认为，尽管当事人签订的三份建设工程施工合同无效，但在工程已竣工并交付使用的情况下，根据无效合同的处理原则和建筑施工行为的特殊性，对于环盾公司实际支出的施工费用应当采取折价补偿的方式予以处理。本案所涉建设工程已经竣工验收且质量合格，在工程款的确定问题上，按照《施工合同司法解释（一）》第二条的规定，可以参照合同约定支付工程款。但是，由于本案双方当事人提供了由相同的委托代理人签订的、签署时间均为同一天、工程价款各不相同的三份合同，在三份合同价款分配没有规律且无法辨别真伪的情况下，不能确认当事人对合同价款约定的真实意思表示。因此，该三份合同均不能作为工程价款结算的依据。一审法院为解决双方当事人的讼争，通过委托鉴定的方式，依据鉴定机构出具的鉴定结论对双方当事人争议的工程价款作出司法认定，并无不当。

二、案例评析

《最高人民法院关于审理建设工程施工合同纠纷案件适用法律问题的解释（二）》第十一条规定："当事人就同一建设工程订立的数份建设工程施工合同均无效，但建设工程质量合格，一方当事人请求参照实际履行的合同结算建设工程价款的，人民法院应予支持。

实际履行的合同难以确定，当事人请求参照最后签订的合同结算建设工程价款的，人民法院应予支持。"

本案系在《最高人民法院关于审理建设工程施工合同纠纷案件适用法律问题的解释（二）》实施前裁判的，该解释实施后，多份合同均无效但工程质量合格的，难以确定实际履行的是哪份合同的，应按最后签订的合同结算。

第六章　工程建设勘察设计法律制度

第一节　工程建设勘察设计概述

一、工程建设勘察设计的概念

1. 工程建设勘察的概念

工程建设勘察是指为满足工程建设的规划、设计、施工、运营及综合治理等的需要，对地形、地质及水文等状况进行测绘、勘探、测试，并提供相应成果和资料的活动。

岩土工程中的勘测、设计、处理、监测活动也属工程勘察范畴。

2. 工程建设设计的概念

工程建设设计是指根据工程建设的要求，对工程建设所需的技术、经济资源、环境等条件进行综合分析、论证，编制工程建设设计文件的活动。

在工程建设的各个环节中，由于勘察设计的特殊地位，使其成为对工程的质量和效益都起着至关重要作用的关键环节。

二、工程建设勘察设计的要求

1. 市场准入

为保证工程建设勘察设计的质量，国家对从事工程建设勘察设计活动的单位实行资质管理制度，并对从事工程建设勘察、设计活动的专业技术人员实行执业资格注册管理制度。任何单位和个人都必须在法律允许的范围内从事工程建设勘察设计活动。

2. 科学设计的要求

工程建设勘察设计应当与社会、经济发展水平相适应，做到经济效益、社会效益和环境效益相统一。为此，必须坚持先勘察、后设计、再施工的原则，并鼓励在工程建设勘察设计活动中采用先进技术、先进工艺、先进设备、新型材料和现代管理方法。

3. 依法设计的要求

从事工程建设勘察设计活动的单位和个人必须依法勘察、设计，严格执行工程建设强制性标准，并对工程建设勘察设计的质量负责。

三、工程建设勘察设计的发包与承包

除有特定要求的一些项目在经有关主管部门批准后可以直接发包外，工程建设勘察设计任务都必须依照《中华人民共和国招标投标法》的规定，采用招标发包方式进行。

国务院颁发的《建设工程勘察设计管理条例》规定，可以直接发包的工程建设勘察设计项目有：

1. 采用特定的专利或专有技术的；

2. 建筑艺术造型有特定要求的；

3. 国务院规定的其他工程建设的勘察设计。

发包方可以将整个工程建设勘察设计发包给一个勘察设计单位；也可以将工程建设的勘察设计分别发包给几个勘察设计单位。

工程建设勘察设计单位不得将所承揽的工程建设勘察设计进行转包。但经发包方书面同意后，可将除工程建设主体部分外的其他部分的勘察设计分包给具有相应资质等级的其他工程建设勘察设计单位。

第二节　设计文件的编制

一、工程设计的原则和依据

（一）工程设计原则

1. 贯彻经济、社会发展规划、城乡规划和产业政策

经济、社会发展规划及产业政策，是国家某一时期的建设目标和指导方针，工程设计必须贯彻其精神。城市规划、村庄和集镇规划一经批准公布，即成为工程建设必须遵守的规定，工程设计活动也必须符合其要求。

2. 综合利用资源

工程设计中，要充分考虑矿产、能源、水、农、林、牧、渔等资源的综合利用。要因地制宜，提高土地利用率。要尽量利用荒地、劣地，不占或少占耕地。工业项目中要选用耗能少的生产工艺和设备；民用项目中，要采取节约能源的措施，提倡区域集中供热，重视余热利用。城市的新建、扩建和改建项目，应配套建设节约用水设施。

3. 满足环保要求

在工程设计时，还应积极改进工艺，采取行之有效的技术措施，防止粉尘、毒物、废水、废气、废渣、噪声、放射性物质及其他有害因素对环境的污染，要进行综合治理和利用，使设计符合国家环保标准。

4. 遵守工程建设技术标准

工程建设中有关安全、卫生和环境保护等方面的标准都是强制性标准，工程设计时必须严格遵守。

5. 采用新技术、新工艺、新材料、新设备

工程设计应当广泛吸收国内外先进的科研和技术成果，结合我国的国情和工程实际情况，积极采用新技术、新工艺、新材料、新设备，以保证工程建设的先进性和可靠性。

6. 重视技术和经济效益的结合

采用先进的技术，可提高生产效率，增加产量，降低成本，但往往会增加建设成本和建设工期。因此，要注重技术和经济效益的结合，从总体上全面考虑工程的经济效益、社会效益和环境效益。

7. 公共建筑和住宅要注意美观、适用和协调

建筑既要有实用功能，又要能美化城市，给人们提供精神享受。公共建筑和住宅设计应巧于构思，使其造型新颖、独具特色，但又与周围环境相协调，保护自然景观。同时还

要满足功能适用、结构合理的要求。

（二）工程设计的依据

《建设工程勘察设计管理条例》规定，编制工程建设勘察设计文件，应当以下列规定为依据：

1. 项目批准文件；

2. 城市规划；

3. 工程建设强制性标准；

4. 国家规定的工程建设勘察设计深度要求。

铁路、交通、水利等专业工程建设，还应当以专业规划的要求为依据。

二、各设计阶段的内容和深度

（一）设计阶段

根据《基本建设设计工作管理暂行办法》的规定，设计阶段可根据建设项目的复杂程度而决定。

1. 一般建设项目

一般建设项目的设计可按初步设计和施工图设计两阶段进行。如有需要，可先进行方案设计，再进行初步设计和施工图设计。

2. 技术复杂的建设项目

技术上复杂的建设项目，可增加技术设计阶段，即按初步设计、技术设计、施工图设计三个阶段进行。

3. 存在总体部署问题的建设项目

一些牵涉面广的项目，如大型矿区、油田、林区、垦区、联合企业等，存在总体开发部署等重大问题，这时，在进行一般设计前还可进行总体规划设计或总体设计。

（二）勘察设计文件的要求

《建设工程勘察设计管理条例》规定，勘察设计文件必须满足下述要求：

1. 勘察文件

工程建设勘察文件，应当真实、准确，满足工程建设规划、选址、岩土治理和施工的需要。

2. 设计文件

方案设计文件应满足编制初步设计文件和控制概算的需要；初步设计文件应满足编制施工招标文件、主要设备材料订货和编制施工图设计文件的需要；施工图设计文件应满足设备材料采购、非标准设备制作和施工的需要，并注明工程建设合理使用年限。

3. 材料、设备的选用

设计文件中选用的材料、构配件、设备，应当注明其规格、型号、性能等技术指标，其质量要求必须符合国家规定的标准。

勘察设计文件中规定采用的新技术、新材料，可能影响工程建设质量和安全又没有国家技术标准的，应当由国家认可的检测机构进行试验、论证，出具检测报告，并经国务院有关部门或省、自治区、直辖市人民政府有关部门组织的工程建设技术专家委员会审定后，方可使用。

（三）各设计阶段的内容与深度

1. 总体设计

总体设计一般由文字说明和图纸两部分组成。其内容包括：建设规模、产品方案、原料来源、工艺流程概况、主要设备配备、主要建筑物及构筑物、公用和辅助工程、"三废"治理及环境保护方案、占地面积估计、总图布置及运输方案、生活区规划、生产组织和劳动定员估计、工程进度和配合要求、投资估算等。

总体设计的深度应满足开展下述工作的要求：初步设计，主要大型设备、材料的预安排，土地征用谈判。

2. 初步设计

初步设计一般应包括以下有关文字说明和图纸：设计依据、设计指导思想、产品方案、各类资源的用量和来源、工艺流程、主要设备选型及配置、总图运输、主要建筑物和构筑物、公用及辅助设施、新技术采用情况、主要材料用量、占地面积和土地利用情况、综合利用和"三废"治理、生活区建设、抗震和人防措施、生产组织和劳动定员、各项技术经济指标、建设顺序和期限、总概算等。

初步设计的深度应满足以下要求：设计方案的比选和确定、主要设备材料订货、土地征用、基建投资的控制、施工图设计的编制、施工组织设计的编制、施工准备和生产准备等。

3. 技术设计

技术设计的内容，由有关部门根据工程的特点和需要，自行制定。其深度应能满足确定设计方案中重大技术问题和有关实验、设备制造等方面的要求。

4. 施工图设计

施工图设计，应根据已获批准的初步设计进行。其深度应能满足以下要求：设备材料的安排和非标准设备的制作、施工图预算的编制、施工要求等。

三、设计文件的审批与修改

（一）设计文件的审批

我国建设项目设计文件的审批实行"分级管理、分级审批"的原则。根据《基本建设设计工作管理暂行办法》，设计文件具体审批权限规定如下：

1. 大中型建设项目的初步设计和总概算及技术设计，按隶属关系，由国务院主管部门或省、直辖市、自治区审批。

2. 小型建设项目初步设计的审批权限，由主管部门或省、市、自治区自行规定。

3. 总体规划设计（或总体设计）的审批权限与初步设计的审批权限相同。

4. 各部直接代管的下放项目的初步设计，由国务院主管部门为主，会同有关省、市、自治区审查或批准。

5. 施工图设计要按有关规定进行审查。

（二）设计文件的修改

设计文件是工程建设的主要依据，经批准后，不得任意修改和变更，建设单位、施工单位、监理单位都不得修改工程建设勘察设计文件；确需修改的，应由原勘察设计单位修改。经原勘察设计单位书面同意，建设单位也可以委托其他具有相应资质的工程建设勘察设计单位修改。修改单位对修改的勘察设计文件承担相应责任。

施工单位、监理单位发现工程建设勘察设计文件不符合工程建设强制性标准、合同约定的质量要求的，应当报告建设单位，建设单位有权要求工程建设勘察设计单位对工程建设勘察设计文件进行补充、修改。

工程建设勘察设计文件内容需要作重大修改的，建设单位应当报经原审批机关批准后，方可修改。根据《基本建设设计工作暂行办法》，修改设计文件应遵守以下规定：

1. 凡涉及计划任务书的主要内容，如建设规模、产品方案、建设地点、主要协作关系等方面的修改，须经原计划任务书审批机关批准。

2. 凡涉及初步设计的主要内容，如总平面布置、主要工艺流程、主要设备、建筑面积、建筑标准、总定员、总概算等方面的修改，须经原设计审批机关批准。修改工作须由原设计单位负责进行。

第三节 施工图设计文件审查

一、施工图设计文件审查的概念

施工图设计文件（以下简称：施工图）审查是指国务院建设行政主管部门和省、自治区、直辖市人民政府建设行政主管部门依法认定的设计审查机构，根据国家的法律、法规、技术标准与规范，对施工图进行结构安全和强制性标准、规范执行情况等的独立审查。它是政府主管部门对建筑工程勘察设计质量监督管理的重要环节，是基本建设必不可少的程序，工程建设各方必须认真贯彻执行。

二、施工图审查的范围及内容

（一）施工图审查的范围

凡属建筑工程设计等级分级标准中的各类新建、改建、扩建的工程建设项目均须进行施工图审查。各地的具体审查范围，由各省、自治区、直辖市人民政府建设行政主管部门确定。

（二）施工图审查的内容

1. 施工图审查的主要内容

（1）建筑物的稳定性与安全性，包括地基基础及结构主体的安全；

（2）是否符合消防、节能、环保、抗震、卫生、人防等有关强制性标准、规范的规定；

（3）是否达到规定的施工图设计深度的要求；

（4）是否损害公共利益。

2. 施工图审查与设计咨询的关系

施工图审查的目的是维护社会公共利益，保护社会公众的生命财产安全，因此，施工图审查主要涉及社会公众利益与公众安全方面的问题。至于设计方案在经济上是否合理、技术上是否保守、设计方案是否可以改进等这些主要只涉及业主利益的问题，是属于设计咨询范畴的内容，不属于施工图审查的范围。当然，在施工图审查中如发现这方面的问题，也可提出建议，由业主自行决定是否进行修改。如业主另行委托，也可进行这方面的审查。

三、施工图审查机构

（一）施工图审查机构应具备的条件

1. 具有独立的法人资格；

2. 具有符合设计审查条件的工程技术人员。地级以上（含地级）城市的审查机构具有符合条件的结构审查人员不得少于 6 人；勘察、建筑和其他配套专业的审查人员不少于 7 人；县级城市审查机构应具备的条件由省级人民政府建设行政主管部门规定；

3. 有固定的工作场所，注册资金不少于 20 万元；

4. 有健全的技术管理和质量保证体系；

5. 审查人员应熟练掌握国家和地方现行的强制性标准、规范；

6. 设计审查人员必须具备的条件为：

（1）具有 10 年以上结构设计工作经历，独立完成过 5 项 2 级以上（含 2 级）项目工程设计；

（2）获准注册的一级注册结构工程师，并具有高级工程师职称；

（3）年满 35 周岁并不超过 65 周岁；

（4）有独立工作能力，并有一定语言文字表达能力；

（5）有良好的职业道德。

（二）施工图审查机构的审批

凡符合上述条件的直辖市、计划单列市、省会城市的设计审查机构，由省、自治区、直辖市建设行政主管部门初审后，报国务院建设行政主管部门审批，并颁发施工图设计审查许可证。其他城市的设计审查机构由省级建设行政主管部门审批，并颁发施工图设计审查许可证。

取得施工图设计审查许可证的机构，方可承担审查工作。

四、施工图审查的程序

（一）施工图审查的报送

在施工图完成后，建设单位应将施工图连同该项目批准立项的文件或初步设计批准文件及主要的初步设计文件一起报送建设行政主管部门，由建设行政主管部门委托有关审查机构进行审查。

施工图审查包括消防、环保、抗震、卫生等内容，这涉及不同行政主管部门的业务范围，为简化手续、提高办事效率，凡需进行消防、环保、抗震等专项审查的项目，应当逐步做到有关专业审查与结构安全性审查统一报送、统一受理，通过有关专项审查后，由建设行政主管部门统一颁发设计审查批准书。

（二）施工图审查的要求

1. 审查机构审查结束后，应向建设行政主管部门提交书面的项目施工图审查报告，报告应由审查人员签字、审查机构盖章。

2. 对于审查合格的项目，建设行政主管部门收到审查报告后，应及时向建设单位通报审查结果，并颁发施工图审查批准书；对于审查不合格的项目，由审查机构提出书面意见，并将施工图退回建设单位，交由原设计单位修改后，重新报送。

3. 审查机构在收到审查材料后，应在一个期限范围内完成审查工作，并提出工作报告。目前规定的具体审查期限为：一般项目 20 个工作日；特级、一级项目 30 个工作日；重大及技术复杂项目可适当延长。

4. 施工图一经审查批准，不得擅自进行修改。如遇特殊情况需要进行涉及审查主要内容的修改时，必须重新报请原审批部门委托审查机构审查，并经批准后方能实施。

5. 施工图审查所需经费，由施工图审查机构向建设单位收取。

（三）对审查结果有争议的解决途径

建设单位或设计单位对审查机构作出的审查报告有重大分歧意见时，可由建设单位或设计单位向所在省、自治区、直辖市人民政府建设行政主管部门提出复查申请，由省、自治区、直辖市人民政府建设行政主管部门组织专家论证并做出复查结果。

五、施工图审查各方的责任

（一）设计单位与设计人员的责任

勘察设计单位及其设计人员必须对自己的勘察设计文件的质量负责，这是《建设工程质量管理条例》《建设工程勘察设计管理条例》等法规所明确规定的，也是国际上通行的规则。它并不因通过了审查机构的审查就可免责。审查机构的审查只是一种监督行为，它只对工程设计质量承担间接的审查责任，其直接责任仍由完成设计的单位及个人负责。如若出现质量问题，设计单位及设计人员还必须依据实际情况和相关法律的规定，承担相应的经济责任、行政责任和刑事责任。

（二）审查机构及审查人员的责任

审查机构和审查人员在设计质量问题上的免责并不意味着审查机构和审查人员就不要承担任何责任。对自己的失职行为，审查机构和审查人员必须承担直接责任，这些责任可分为经济责任、行政责任和刑事责任，它将依据具体事实和相关情节依法认定。

施工图审查机构和审查人员应当依据法律、法规和国家与地方的技术标准认真履行审查职责。对玩忽职守、徇私舞弊、贪污受贿的审查人员和机构，由建设行政主管部门依法给予暂停或吊销其审查资格，并处以相应的经济处罚。构成犯罪的，依法追究其刑事责任。

（三）政府主管部门的责任

依据相关法律规定，政府各级建设行政主管部门在施工图审查中享有行政审批权，主要负责行政监督管理和程序性审批工作。它对设计文件的质量不承担直接责任，但对其审批工作的质量，负有不可推卸的责任，这个责任具体表现为行政责任和刑事责任，对此，《建设工程勘察设计管理条例》明确规定：国家机关工作人员在工程建设勘察设计活动的监督管理工作中玩忽职守、滥用职权、徇私舞弊、构成犯罪的，依法追究刑事责任；尚不构成犯罪的，依法给予行政处分。

第四节　工程勘察设计法律制度案例

案例 1

原告：××规划研究院（以下简称：甲研究院）

被告：××市住房和城乡建设委员会（以下简称：乙住建委）

一、基本案情

乙住建委于 2014 年 8 月 26 日对甲规划研究院作出建管罚字（2014）第 002 号《建设行政处罚决定书》，内容为："当事人：甲规划研究院，法人代表吕某，住所地山东省，属民办非企业单位，发证机关为青岛市民政局。经查明，你（单位）于 2012 年 7 月 21 日，你单位在无建筑设计等资质情况下，通过伪造其他公司印章、制作虚假联合体协议等手段参加投标并中标，后签订宣城海关、出入境检查检疫局规划建筑设计合同承揽工程的行为，违反了《建设工程质量管理条例》第十八条的规定，根据《建设工程质量管理条例》第六十条的规定，本机关拟对你（单位）作出处以合同约定的设计费用 1 倍的罚款，共计人民币壹佰叁拾五万元整（￥135.00 万元）的行政处罚。上述行政处罚决定的履行期限和地点为：自收到本处罚决定书之日起十五日内到徽商银行宣城支行缴纳罚款。履行方式为：处罚金汇至宣城市财政局，开户行：徽商银行宣城支行，账号：2××××××6，执收单位编码：0××××。如你（单位）不服本决定，可以在收到本决定书之日起 60 日内向宣城市人民政府（法制办）或安徽省住房城乡建设厅申请行政复议；也可以在 3 个月内直接向宣城市宣州区人民法院起诉。逾期不申请复议也不向法院起诉又不履行处罚决定的，本机关将依法申请人民法院强制执行。行政复议和行政诉讼期间，行政处罚决定不停止执行。2014 年 8 月 26 日（乙市住房和城乡建设委员会印章）"

甲规划研究院诉称：原告不服被告作出的建管罚字（2014）第 002 号《建设行政处罚决定书》对原告的行政处罚，依法向安徽省住房和城乡建设厅申请行政复议，安徽省住房和城乡建设厅作出维持该处罚决定书的复议决定，原告不服，依法提起行政诉讼，理由如下：1. 原告受宣城市商务局邀请参加宣城市海关和出入境检验检疫大楼鉴证方案设计，曾就资质问题与之进行多次商榷，在得到确认后才接受邀请，参加投标。在参加方案投标中，原告并未提供联合体协议。原告仅参加设计方案的招标，并未参加建设项目的招标。被告在处罚中所称"通过伪造其他公司印章、制作虚假联合体协议等手段参加投标并中标"与事实严重不符。2. 原告不存在伪造其他公司印章、制作虚假联合体协议的行为。原告得到了北京某公司的充分授权和认可，方使用北京某公司印章电子版签署协议。联合体协议签署日期，实属笔误。从北京某公司与原告的合作且其实际参与设计的行为来看，完全可以印证联合体协议的真实性。而北京某公司最后与宣城市商务局签订合同并采纳原告的设计方案，更是从行为上对原告与其存在合作关系并授权原告使用其印章的追认。3. 在接到宣城市商务局提出相关备案手续需要完善的请求后，原告与商务局解除了合同，并退还了设计费 67.5 万元，原告不存在"违法所得"。且在原告的协调下，北京某公司与宣城市商务局重新完善了设计合同及相关程序，并未造成工程延误和损失。被告对原告的处罚，实属不当。4. 被告任意废除已发出的文书，任意变更处罚数额，严重违反了行政处罚的相关程序。综上，原告认为被告的处罚不当，请求法院：1. 依法撤销被告作出的建管罚字（2014）第 002 号《建设行政处罚决定书》对原告的处罚；2. 本案诉讼费用由被告承担。

二、案件审理

法庭对原告及被告提交的证据组织了质证，根据当事人的陈述及认定的证据，法院查明案件事实如下：原告系民办非企业单位，在无相应建筑设计资质的情况下参加投标并中标，与宣城市商务局签订宣城海关、出入境检查检疫局规划建筑设计合同。2014 年 6 月 4 日，被告以原告无资质并以虚假、非法联合体名义承接建筑设计项目为由立案，并先后发出《建设行政处罚事先告知书》（一）、（二），告知原告拟对其进行处罚的事实、理由、法律依据以及原告所享有的陈述、申辩及要求听证的权利。2015 年 8 月 18 日，应原告的申请，被告依法举行了听证会。同月 26 日，被告以原告违反《建设工程质量管理条例》第十八条的规定，依据《建设工程质量管理条例》第六十条的规定，作出对原告处以合同约定设计费用 1 倍，共计人民币 135 万元的行政处罚。

三、案例评析

《建设工程质量管理条例》第十八条规定："从事建设工程勘察、设计的单位应当依法取得相应等级的资质证书，并在其资质等级许可的范围内承揽工程。禁止勘察、设计单位超越其资质等级许可的范围或者以其他勘察、设计单位的名义承揽工程。禁止勘察、设计单位允许其他单位或者个人以本单位的名义承揽工程。勘察、设计单位不得转包或者违法分包所承揽的工程。"本案中，原告违法有关法律、法规的规定，在不具备相应资质的情况下承揽建设工程勘察设计任务，相关行政主管部门有权依据有关法律规定对其进行行政处罚。《建设工程勘察设计管理条例》第三十八条规定："违反本条例规定，发包方将建设工程勘察、设计业务发包给不具有相应资质等级的建设工程勘察、设计单位的，责令改正，处 50 万元以上 100 万元以下的罚款。"据此，发包人将建设工程勘察、设计业务发包于不具备相应资质等级的主体，也将面临行政处罚。

案例 2

上诉人（原审被告、反诉原告）：××设计有限公司（以下简称：甲公司）

被上诉人（原审原告、反诉被告）：××置业有限公司（以下简称：乙公司）

原审被告（反诉原告）：李某

一、基本案情

被告（反诉原告）甲公司所持有的《工程设计资质证书》记载的资质等级为乙级。《工程设计资质标准》建市〔2007〕86 号规定，乙级资质可承担工程等级为二级以下民用建筑设计项目，即 5000 平方米以上至 20000 平方米单体建筑的设计。

原告（反诉被告）乙公司在成立前，因欲建设原三都县老大桥廊桥工程，2015 年 8 月经肖某与李某口头协商，由甲公司承担该项目的设计。之后甲公司协助乙公司完成了前期可行性研究和概念设计。2015 年 9 月 7 日，乙公司作为发包人，甲公司作为设计人，双方签订了《建设工程设计合同》，在发包人的法定代表人处签有肖某的名字，被告（反诉原告）李某在委托代理人处签名，合同的首页"设计证书等级"标明为乙级。合同约定：工程名称为"贵州三都柳江廊桥设计"，工程地点为三都县，设计服务内容包括建筑、结构、道路、给水排水、电气、暖通、消防、停车场、设备用房等全套设计，面积暂定为 20800 平方米，最终以审批的总平面图确定为准；费用按每平方米 50 元计算，廊桥部分的设计费暂定为 104 万元。

2015 年 9 月 28 日，乙公司成立，肖某任该公司法定代表人。

2016 年 7 月 5 日三都县发展和改革局对乙公司作出《关于三都水族自治县民族风情廊桥项目可行性研究报告的批复》，同意乙公司建设该项目，该项目建筑面积为 20873.57

平方米。

2016年6月21日乙公司签收了甲公司提交的总平面图等8项工程的设计图。

2016年12月7日甲公司向乙公司进行了技术交底。

2017年春节前因乙公司没有按合同约定支付设计费，甲公司留置了根据审图中心进行修改的回复意见书，致使审图中心的审查工作暂停。

2017年2月20日，甲公司向怀化市建筑设计研究院发函，就怀化市建筑设计研究院与乙公司重新签订设计合同一事，要求暂停设计事项。

2017年2月21日，乙公司向甲公司发出《解除合同通知函》，以甲公司未提供相关资质证件、超越设计资质、李某不是被告公司负责人为由，要求在通知函送达之日起解除合同。于2017年2月23日邮寄到甲公司由前台签收。

乙公司已向甲公司支付了设计费65万元。

该工程的主体工程于2017年1月左右完工。甲公司所提交的《修建性详细规范—总平面图》显示的总面积是23387.8平方米。

二、案件审理

原审原告（反诉被告）乙公司请求二被告（反诉原告）连带退还原告（反诉被告）的工程设计款项65万元，原审被告（反诉原告）甲公司、李某向一审法院反诉请求原告（反诉被告）向被告（反诉原告）支付廊桥项目设计费39万元及按银行同期贷款利率支付逾期付款利息，并按合同约定支付逾期违约金28.314万元。

一审法院认为，甲公司具有的设计资质等级是乙级，《建筑工程设计资质分级标准》规定，乙级资质可承担工程等级为二级以下民用建筑设计项目，即5000平方米以上至20000平方米单体建筑的设计。而双方当事人就该项目所签订的《建设工程设计合同》约定的面积是暂定为20800平方米；甲公司提交的《修建性详细规范—总平面图》显示总面积是23387.8平方米，已超越了甲公司的设计资质。故双方所签订的《建设工程设计合同》无效。

导致合同无效的原因一方面是甲公司明知其没有承接两万平方米以上的工程设计却超越资质承接该项目的设计业务，另一方面是因为乙公司在委托设计时没有审查甲公司的设计资质，在明知甲公司是乙级资质的情况下与之签订《建设工程设计合同》，故双方当事人均有过错，应承担相应的责任。但鉴于乙公司要求解除合同时该项目的主体工程已经完工，其已经使用了甲公司的设计成果，且由于设计成果的特殊性无法返还，从公平原则出发，酌定由乙公司向甲公司支付合同约定的设计费的60%，即62.4万元。乙公司已向甲公司支付了设计费65万元，故应由甲公司退还乙公司2.6万元。因被告（反诉原告）李某在《建设工程设计合同》委托代理人处签名，属于其系代理甲公司履行委托事务，所产生的责任应由甲公司承担，李某不承担本案的责任。综上，一审法院判决甲公司应退还乙公司设计费2.6万元，对乙公司的其他诉讼请求和甲公司的反诉请求不予支持。

甲公司不服一审判决，上诉至二审法院，请求撤销原判，改判被上诉人支付三都民族风情廊桥（以下简称：廊桥）工程设计费39万元及按银行同期贷款利率支付逾期付款利息。二审法院经审查认为，针对双方所签合同的效力问题，因双方当事人就廊桥项目所签《建设工程设计合同》约定面积是暂定为20800平方米；而上诉人甲公司提交的《修建性详细规范—总平面图》显示总面积是23387.8平方米，故此合同的签订、履行已超越了上诉人的设计资质，上诉人因超越资质等级与被上诉人乙公司所签《建设工程设计合同》依法无效。一审法院根据合同签订、履行、设计成果的运用等全案案情，酌定上诉人承担40%、被上诉人承担60%的过错责任，适当；一审法院根据《中华人民共和国合同法》第五十九条，对双方因合同取得的财产进行返还，但结合被上诉人已经使用了上诉人的设计成果，且由于设计成果的特殊性无法返还，从公平原则出发，按双方过错比例，判决被上诉人向上诉人支付合同约定的设计费的60%，即62.4万元公平合理；同时对上诉人所主张的剩余设计费39万元损失等予以驳回有事实与法律依据。二审判决驳回上诉，维持原判。

三、案例评析

《建筑法》第十三条规定："从事建筑活动的建筑施工企业、勘察单位、设计单位和工程监理单位，按照其拥有的注册资本、专业技术人员、技术装备和已完成的建筑工程业绩等资质条件，划分为不同的资质等级，经资质审查合格，取得相应等级的资质证书后，方可在其资质等级许可的范围内从事建筑活动。"《建设工程勘察设计管理条例》第八条规定："建设工程勘察、设计单位应当在其资质等级许可的范围内承揽建设工程勘察、设计业务。禁止建设工程勘察、设计单位超越其资质等级许可的范围或者以其他建设工程勘察、设计单位的名义承揽建设工程勘察、设计业务。禁止建设工程勘察、设计单位允许其他单位或者个人以本单位的名义承揽建设工程勘察、设计业务。"上述法律规定对于建筑市场的准入有着严格的要求，相关主体应在其资质等级许可范围内从事建筑活动。本案中，甲公司并不具有承接2万平方米以上的工程设计的资质，最终导致其与乙签订的合同无效。按照《合同法》关于合同无效法律后果的处理原则，结合案件证据情况并考虑双方的过错程度，法院从而确定各方应承担的责任。

案例3

原告：××建筑设计事务所（以下简称：设计事务所）

原告：××建筑设计院（以下简称：设计院）

被告：××投资有限公司（以下简称：投资公司）

一、基本案情

1995年9月，原告某设计事务所和原告某设计院下设的某分院（不具备法人资格）签订了联合设计"××商厦"建设项目协议。随后，设计事务所、设计院某分院与被告签订一份工程设计合同。约定：两原告为被告设计"××商厦"建设项目，总设计费20万元。两原告依约完成设计时，即通知被告付费20万元，被告未支付。经催讨未果，两原告向人民法院提起诉讼，要求被告支付20万元设计费。

被告辩称：被告的"××商厦"属乙级建设项目，而原告设计事务所设计资质属丙级，属越级设计。原告设计院无营业执照，根据建设部有关文件规定，不能从事地方上的设计，其下属的某分院更不具有法人资格，故原、被告间签订的工程设计合同属无效合同。由于两原告的过错造成合同无效，被告不应承担设计费20万元。

二、案件审理

一审法院经审理认为："××商厦"建设项目属"乙级"项目，原告设计事务所设计资质属"丙级"，设计院设计资质属"乙级"，并具备收费资格证书、上海市勘察设计临时许可证。设计院某分院和设计事务所作为承包方与被告签订工程设计合同得到设计院的认可。1996 年 7 月 16 日，上海市勘察设计市场管理办公室出具确认意见，载明：设计院具备建设部建设工程乙级设计资质，并取得进沪许可；设计事务所具备建设工程丙级设计资质。现两设计单位就"××商厦"工程施工图进行联合设计，根据建设部建设（1993）678 号文件第三条、《上海市工程勘察设计市场管理暂行办法》第八章、上海市建设委员会沪建设（1993）第 0597 文件第六条的规定，两单位之间横向联合符合国家有关政策，应予确认。两原告与被告签订的工程设计合同可以认定为有效合同。原告依约完成了合同约定的设计，而被告未能支付设计费属违约，被告应即支付所欠设计费。被告辩称原告设计事务所设计资质不符，设计院无营业执照不能从事地方上设计，而造成合同无效之理由不能成立，遂判决被告应给付两原告设计费 20 万元。

被告不服一审判决，上诉至二审法院，请求撤销一审判决。二审法院经审理认为：设计院某分院虽属编外事业单位，但其签约行为得到具有乙级设计资质的上级主管单位设计院承认，并持总院资格证书对外承接任务；设计事务所虽属丙级设计资质，但其与乙级资质的设计院联合设计符合国家有关规定，故设计院某分院、设计事务所与被告签订的本案工程设计合同有效。上诉人未依约支付设计费，应承担责任。原审法院认定事实基本清楚，处理并无不当。判决驳回上诉，维持原判。

三、案例评析

合同当事人的主体资格合法，是合同生效的必要条件。我国对工程勘察设计行业实行准入制度，不具有相应资质等级条件的勘察设计企业不能承揽业务，也就不具有签订勘察设计合同的主体资格。

本案发生在《建筑法》施行之前，尽管法院根据当时的规范性文件确认了原告的主体资格，但《建筑法》对建筑市场准入有了更加严格的要求。《建筑法》第 13 条明确规定为"从事建筑活动的建筑施工企业、勘察单位、设计单位和工程监理单位，按照其拥有的注册资本、专业技术人员、技术装备和已完成的建筑工程业绩等资质条件，划分为不同的资质等级，经资质审查合格，取得相应等级的资质证书后，方可在其资质等级许可的范围内从事建筑活动。"简言之，从事建筑活动应与其资质等级相适应。具体来讲，就是根据建筑工程项目本身被评定的等级，应由不低于该等级的相应资质等级的建筑施工企业、勘察单位、设计单位等承包建筑工程的勘察、设计和施工。如本案涉及的建筑工程项目属"乙级"项目，所要求的设计单位应为具有"乙级"资质等级的单位。

本案的特殊之处在于两原告实行联合设计且资质等级不同。关于联合设计的资格认定，在《建筑法》施行之前，这种资格认定要求是比较宽松的，即当其资质等级不同时，以级别高的一方为主，并由其对工程质量负责。但在《建筑法》施行后，则从严要求。根据《建筑法》第 27 条第 2 款的规定，两个以上不同资质等级的单位实行联合共同承包的，应当按照资质等级低的单位的业务许可范围承揽工程。这在审判工作中应予以注意。

第七章 建筑法律制度

第一节 建筑法概述

一、建筑法概念及立法目的

（一）建筑法的概念

建筑法是指调整建筑活动的法律规范的总称。建筑活动是指各类房屋及其附属设施的建造和与其配套的线路、管道、设备的安装活动。

建筑法有狭义和广义之分。狭义的建筑法系指 1997 年 11 月 1 日由第八届全国人民代表大会常务委员会第二十八次会议通过的，于 1998 年 3 月 1 日起施行、2011 年修改的《中华人民共和国建筑法》（以下简称《建筑法》）。该法是调整我国建筑活动的基本法律，共 8 章，85 条。它以规范建筑市场行为为出发点，以建筑工程质量和安全为主线，规范了总则、建筑许可、建筑工程发包与承包、建筑工程监理、建筑安全生产管理、建筑工程质量管理、法律责任、附则等内容，并确定了建筑活动中的一些基本法律制度。广义的建筑法，除《建筑法》之外，还包括所有调整建筑活动的法律规范性文件。这些法律规范分布在我国的宪法、法律、行政法规、部门规章、地方性法规、地方规章以及国际惯例之中。由这些不同层次的法律调整建筑活动所组成的法律规范即是广义的建筑法。更为广义的建筑法是指调整建设工程活动的法律规范的总称。

（二）建筑法的立法目的

《建筑法》第 1 条规定："为了加强对建筑活动的监督管理，维护建筑市场秩序，保证建筑工程的质量和安全，促进建筑业健康发展，制定本法。"此条即规定了我国《建筑法》的立法目的。

1. 加强对建筑活动的监督管理

建筑活动是一个由多方主体参加的活动。没有统一的建筑活动行为规范和基本的活动程序，没有对建筑活动各方主体的管理和监督，建筑活动就是无序的。为保障建筑活动的正常、有序进行，就必须加强对建筑活动的监督管理。

2. 维护建筑市场秩序

建筑市场作为社会主义市场经济的组成部分，需要确定与社会主义市场经济相适应的新的市场秩序。但是，在新的管理体制转轨过程中，建筑市场中旧的经济秩序打破后，新的经济秩序尚未完全建立起来，以致造成某些混乱现象。制定《建筑法》就要从根本上解决建筑市场混乱状况，确立与社会主义市场经济相适应的建筑市场管理，以维护建筑市场的秩序。

3. 保证建筑工程的质量与安全

建筑工程质量与安全，是建筑活动永恒的主题，无论是过去、现在还是将来，只要有建筑活动的存在，就有建筑工程的质量和安全问题。

《建筑法》以建筑工程质量与安全为主线，作出了一些重要规定：

（1）要求建筑活动应当确保建筑工程质量和安全，符合国家的建筑工程安全标准；

（2）建筑工程的质量与安全应当贯彻建筑活动的全过程，进行全过程的监督管理；

（3）建筑活动的各个阶段、各个环节，都要保证质量和安全；

（4）明确建筑活动各有关方面在保证建筑工程质量与安全中的责任。

4. 促进建筑业健康发展

建筑业是国民经济的重要物质生产部门，是国家重要支柱产业之一。建筑活动的管理水平、效果、效益，直接影响到我国固定资产投资的效果和效益，从而影响到国民经济的健康发展。为了保证建筑业在经济和社会发展中的地位和作用，同时也是为了解决建筑业发展中存在的问题，迫切需要制定《建筑法》，以促进建筑业健康发展。

二、建设工程法

（一）建设工程法的概念

建设工程法即规范建设工程的法律规范，它是调整工程勘察设计、土木工程施工、线路管道设备安装等建设活动中发生的建设管理及建设协作的法律规范的总称。建设工程法以《建筑法》为基础，同时还应包括《建设工程质量管理条例》《建设工程勘察设计管理条例》等法规及相应的规章。

（二）建设工程法的调整范围

1. 建设工程行政管理关系

建设工程行政管理关系是指建设工程的计划、组织、调控、监督等关系。具体规范工程项目建设程序、建设工程招投标、建设工程投资、建设质量监督、建筑市场、建设工程监理、建设工程合同管理等内容。此外，国家还要通过财政、金融、审计、会计、统计、物价、税收等监督、管理、规范建设工程活动。

2. 建设工程平等主体的协作关系

建设工程平等主体的协作关系主要体现在建设工程合同的签订与履行中。如勘察设计单位与业主的工程合同关系，建筑安装企业与业主的工程合同关系，以及业主、勘察设计单位、建筑安装企业、监理单位在建设活动中相互间协作关系，还有围绕建筑材料供应、建筑设备租赁发生的往来关系等。建设工程主体内部的协作关系、内部承包合同关系也是建设工程平等主体的协作关系，但具有内部行政性的特征。

（三）建设工程行政执法

1. 建设工程行政执法的概念

建设工程行政执法是指国家建设行政主管部门在本部门的职能权限内，运用或执行关于建设工程行政管理方面的法律、法规、规章和规范性文件的具体行政行为。

2. 建设工程行政执法的特征

（1）建设工程行政执法内容广泛。建设工程行政执法内容包括：施工、安装管理执法；建设工程勘察、设计管理执法；建设工程监理执法；建设工程招投标管理执法；建设工程质量管理执法；建设工程标准、定额管理执法；建筑市场管理执法等。

（2）建设工程行政执法专业性强。建设行政主管部门除了直接依据建设工程法律、法规和规章及规范性文件执法外，还要依据一些专业技术标准、技术规范、技术规程和专门的建设工程专业机构（如勘察院、设计院、规划院、质量监督站、质量检测站、技术鉴定机构等），运用科学手段得出科学结论及准确数据进行执法。

（3）建设工程行政执法包括建设工程行政检查、建设工程行政处理、建设工程行政处罚和建设工程行政强制执行等方式。

第二节　建筑工程许可

一、建筑工程许可制度

（一）建筑工程许可的规范

建设单位必须在建设工程立项批准后，工程发包前，向建设行政主管部门或其授权的部门办理报建登记手续。未办理报建登记手续的工程，不得发包，不得签订工程合同。新建、扩建、改建的建设工程，建设单位必须在开工前向建设行政主管部门或其授权的部门申请领取建设工程施工许可证。未领取施工许可证的，不得开工。已经开工的，必须立即停止，办理施工许可证手续。否则由此引起的经济损失由建设单位承担责任，并视违法情节，对建设单位作出相应处罚。《建筑法》第7条规定："建筑工程开工前，建设单位应当按照国家有关规定向工程所在地县级以上人民政府建设行政主管部门申请领取施工许可证；但是，国务院建设行政主管部门确定的限额以下的小型工程除外。"

（二）申请建筑工程许可的条件及法律后果

1. 申请建筑工程许可证的条件

（1）已经办理该建筑工程用地批准手续；

（2）依法应当办理建设工程规划许可证的，已经取得建设工程规划许可证；

（3）需要拆迁的，其拆迁进度符合施工要求；

（4）已经确定建筑施工企业；

（5）有满足施工需要的资金安排、施工图纸及技术资料；

（6）有保证工程质量和安全的具体措施。

建设行政主管部门应当自收到申请之日起七日内，对符合条件的申请颁发施工许可证。

根据《建筑法》，住建部于2014年10月25日施行了《建筑工程施工许可管理办法》，明确规定必须具备下述条件，才可以领取施工许可证：

建设单位申请领取施工许可证，应当具备下列条件，并提交相应的证明文件：

（1）依法应当办理用地批准手续的，已经办理该建筑工程用地批准手续。

（2）在城市、镇规划区的建筑工程，已经取得建设工程规划许可证。

（3）施工场地已经基本具备施工条件，需要征收房屋的，其进度符合施工要求。

（4）已经确定施工企业。按照规定应当招标的工程没有招标，应当公开招标的工程没有公开招标，或者肢解发包工程，以及将工程发包给不具备相应资质条件的企业的，所确定的施工企业无效。

（5）有满足施工需要的技术资料，施工图设计文件已按规定审查合格。

（6）有保证工程质量和安全的具体措施。施工企业编制的施工组织设计中有根据建筑工程特点制定的相应质量、安全技术措施。建立工程质量安全责任制并落实到人。专业性较强的工程项目编制了专项质量、安全施工组织设计，并按照规定办理了工程质量、安全监督手续。

（7）按照规定应当委托监理的工程已委托监理。

（8）建设资金已经落实。建设工期不足一年的，到位资金原则上不得少于工程合同价的50%，建设工期超过一年的，到位资金原则上不得少于工程合同价的30%。建设单位应当提供本单位截至申请之日无拖欠工程款情形的承诺书或者能够表明其无拖欠工程款情形的其他材料，以及银行出具的到位资金证明，有条件的可以实行银行付款保函或者其他第三方担保。

（9）法律、行政法规规定的其他条件。

县级以上地方人民政府住房城乡建设主管部门不得违反法律法规规定，增设办理施工许可证的其他条件。

2. 领取建筑工程许可证的法律后果

（1）建设单位应当自领取施工许可证之日起三个月内开工。因故不能按期开工的，应当向发证机关申请延期；延期以两次为限，每次不超过三个月。既不开工又不申请延期或者超过延期时限的，施工许可证自行废止。

（2）在建的建筑工程因故中止施工的，建设单位应当自中止施工之日起一个月内，向发证机关报告，并按照规定做好建筑工程的维护管理工作。建筑工程恢复施工时，应当向发证机关报告；中止施工满一年的工程恢复施工前，建设单位应当报发证机关核验施工许可证。

（3）按照国务院有关规定批准开工报告的建筑工程，因故不能按期开工或者中止施工的，应当及时向批准机关报告情况，因故不能按期开工超过六个月的，应当重新办理开工报告的批准手续。

二、建筑工程从业者资格

（一）国家对建筑工程从业者实行资格管理

从事建筑工程活动的企业或单位，应当向工商行政管理部门申请设立登记，并由建设行政主管部门审查，颁发资格证书。从事建筑工程活动的人员，要通过国家任职资格考试、考核，由建设行政主管部门注册并颁发资格证书。

（二）国家规范的建筑工程从业者

1. 建筑工程从业的经济组织

建筑工程从业的经济组织包括：建筑施工企业、勘察、设计单位和工程监理单位，以及法律、法规规定的其他企业或单位（如工程招标代理机构、工程造价咨询机构等）。以上组织应具备下列条件：

（1）有符合国家规定的注册资本；

（2）有与其从事的建筑活动相适应的具有法定执业资格的专业技术人员；

（3）有从事相关建筑活动所应有的技术装备；

（4）法律、行政法规规定的其他条件。

2. 建筑工程的从业人员

建筑工程的从业人员主要包括：注册建筑师、注册结构工程师、注册监理工程师、注册工程造价师注册、建造师、注册咨询工程师、注册估价师以及法律、法规规定的其他人员。

3. 建筑工程从业者资格证件的管理

建筑工程从业者资格证件，严禁出卖、转让、出借、涂改、伪造。违反上述规定的，将视具体情节，追究法律责任。建筑工程从业者资格的具体管理办法，由国务院建设行政主管部门另行规定。

第三节　建设工程监理

一、建设工程监理制度概述

建设工程监理，是指具有相应资质的监理单位受工程项目业主的委托，依据国家有关法律、法规，经建设主管部门批准的工程项目建设文件，建设工程委托监理合同及其他建设工程合同，对工程建设实施的专业化监督管理。

实行建设工程监理制度是我国工程建设与国际惯例接轨的一项重要工作，也是我国建设领域中管理体制改革的重大举措。我国于 1988 年开始推行建设工程监理制度。经过二十年的摸索总结，我国《建筑法》第 31～35 条以法律的形式正式确立了该项制度，《建设工程质量管理条例》还规定了工程业主的质量责任和义务。其他有关建设工程监理制度的规定包括建设部和国家计委发布的《建设工程监理范围和规模标准规定》《工程监理企业资质管理规定》以及《建设工程监理规范》（GB/T 50319—2013）等。

二、建设工程监理的作用

（一）有利于提高建设工程投资决策科学化水平

在建设单位委托工程监理实施全方位全过程监理的条件下，监理单位可以派出具备资质的监理工程师为建设单位提供全过程的咨询、监理工作，有利于提高投资项目决策的科学化水平，避免项目投资决策失误，也为实现建设工程投资综合效益最大化打下了良好的基础。

（二）有利于规范工程建设参与各方的建设活动

在建设工程实施过程中，工程监理企业可依据委托监理合同和有关的建设工程合同对承建单位的建设行为进行监督管理。由于这种约束机制贯穿于工程建设的全过程，所以可以最有效地规范各承建单位的建设行为，最大限度地避免不当建设行为的发生。

要发挥相应的约束作用，需要工程监理企业规范自身的行为并接受政府的监督管理。

三、建设工程监理的性质

（一）服务性

工程监理企业既不直接进行设计，也不直接进行施工，更不参与承包商的利润分成，而是利用自己的知识、技能、经验、信息以及必要的试验、检测手段为建设单位提供管理活动。

建设工程监理的服务对象是建设单位。监理服务是按照委托监理合同的规定进行的，是受法律约束和保护的。

（二）科学性

工程监理企业应当由组织管理能力强、工程建设经验丰富的人员担任领导；应当有足够数量的、有丰富管理经验和应变能力的监理工程师组成的骨干队伍；要有一套健全的管理制度和现代化的管理手段；要掌握先进的管理理论、方法和手段；要积累足够的技术、经济资料和数据；要有科学的工作态度和严谨的工作作风，要实事求是、创造性地开展工作。这一切决定了监理工作的科学性。

（三）独立性

工程监理单位应当严格地按照有关法律、法规、规章、工程建设文件、工程建设技术标准、建设工程委托监理合同、有关的建设工程合同等规定实施监理。在监理过程中，监理单位与承建单位不得有隶属关系和其他利害关系。在开展监理的过程中，必须建立自己的组织，按照自己的工作计划、程序、流程、方法、手段独立开展工作。

（四）公正性

公正性是社会公认的职业道德准则，是监理工程师能够长期生存和发展的基本职业道德准则。在开展建设工程监理的过程中，工程监理应该客观公正地对待建设单位和承建单位。特别是当这两方发生利益冲突或者矛盾时，工程监理企业应该以事实为依据，以法律和有关合同为准绳，在维护建设单位合法权益时，不损害承建单位的合法权益。

四、我国实行强制监理的范围

《建设工程质量管理条例》第12条对必须实行监理的建设工程作出了原则规定。建设部根据该条例，于2001年1月17日颁布了《建设工程监理范围和规模标准规定》，明确必须实行监理的建设工程项目具体范围和规模标准。这些必须实行监理的建设工程项目是：

（一）国家重点建设工程

国家重点建设工程，是指依据《国家重点建设项目管理办法》所确定的对国民经济和社会发展有重大影响的骨干项目。

（二）大中型公用事业工程

大中型公用事业工程，是指项目总投资额在3000万元以上的下列工程项目：

1. 供水、供电、供气、供热等市政工程项目；

2. 科技、教育、文化等项目；

3. 体育、旅游、商业等项目；

4. 卫生、社会福利等项目；

5. 其他公用事业项目。

（三）成片开发建设的住宅小区工程

成片开发建设的住宅小区工程，其建筑面积在5万平方米以上的，必须实行监理；5万平方米以下的住宅建设工程，可以实行监理；具体范围和规模标准，由省、自治区、直辖市人民政府建设行政主管部门规定。为了保证住宅质量，对高层住宅及地基、结构复杂的多层住宅应当实行监理。

（四）利用外国政府或者国际组织贷款、援助资金的工程

1. 使用世界银行、亚洲开发银行等国际组织贷款资金的项目；

2. 使用国外政府及其机构贷款资金的项目；

3. 使用国际组织或者国外政府援助资金的项目。

（五）国家规定必须实行监理的其他工程

1. 项目总投资额在 3000 万元以上关系社会公共利益、公众安全的下列基础设施项目：

（1）煤炭、石油、化工、天然气、电力、新能源等项目；

（2）铁路、公路、管道、水运、民航以及其他交通运输业等项目；

（3）邮政、电信枢纽、通信、信息网络等项目；

（4）防洪、灌溉、排涝、发电、引（供）水、滩涂治理、水资源保护、水土保持等水利建设项目；

（5）道路、桥梁、地铁和轻轨交通、污水排放及处理、垃圾处理、地下管道、公共停车场等城市基础设施项目；

（6）生态环境保护项目；

（7）其他基础设施项目。

2. 学校、影剧院、体育场馆项目。

五、工程建设监理的内容和依据

（一）工程建设监理的内容

工程监理的主要内容可以概括为："三控制、两管理、一协调"。

三控制是指建设工程监理对建设工程的投资、工期和质量进行控制。

两管理是指建设工程监理对建设工程进行的合同管理、信息管理。

一协调是指建设工程监理要协调好与有关单位的工作关系。

（二）工程建设监理的依据

1. 有关法律、行政法规、规章以及标准、规范。

2. 有关工程建设文件。

3. 建设单位委托监理合同以及有关的建设工程合同。

六、工程监理单位的资质许可制度

国家对工程监理单位实行资质许可制度。《建设工程质量管理条例》第 34 条第 1 款规定："工程监理单位应当依法取得相应等级的资质证书，并在其资质等级许可的范围内承担工程监理业务。"同时，该条还规定："禁止工程监理单位超越本单位资质等级许可的范围或者以其他工程监理单位的名义承担工程监理业务。禁止工程监理单位允许其他单位或者个人以本单位的名义承担工程监理业务。工程监理单位不得转让工程监理业务。"这与对勘察、设计、施工单位的规定是一样的。

根据《中华人民共和国建筑法》《建设工程质量管理条例》，住建部于 2016 年 9 月颁布了住建部令第 158 号《工程监理企业资质管理规定》，规定工程监理企业应当按照其拥有的注册资本、专业技术人员和工程监理业绩等资质条件申请资质，经审查合格，取得

相应等级的资质证书后，方可在其资质等级许可的范围内从事工程监理活动。工程监理企业的资质等级分为甲级、乙级和丙级，并按照工程性质和技术特点划分为若干工程类别。

七、工程监理单位的选择与合同的签订

（一）工程监理单位的选择

项目法人一般通过招标投标方式择优选定监理单位。

（二）工程建设监理合同的签订

监理单位承担监理业务，应当与项目法人签订书面建设工程监理合同。工程建设监理合同的主要条款包括监理的范围和内容、双方的权利和义务、监理费的计取与支付、违约责任、双方约定的其他事项。

监理费从工程概算中列支，并核减建设单位的管理费。

八、建设工程监理合同

（一）建设工程监理合同的类型

如果将工程建设划分为建设前期（投资决策咨询）、设计阶段、施工招标阶段、施工阶段等几个阶段，监理合同也可分为这样几类。当然，业主既可委托一个监理单位承担所有阶段的监理业务，也可分别委托几个监理单位承担。

1. 建设前期监理合同

在这类监理合同中，监理单位主要从事建设项目的可行性研究并参与设计任务书的编制。

2. 设计监理合同

在这类监理合同中，监理单位的监理内容是：审查或评选设计方案，审查设计实施文件；选择勘察、设计单位，代签或参与签订勘察、设计合同或监督合同的实施；代编或代审概、预算等。

3. 招标监理合同

在这类监理合同中，监理单位的监理内容是：准备招标文件，代理招标、评标、决标，与中标单位商签工程承包合同。

4. 施工监理合同

在这类监理合同中，监理单位的监理内容是：审查工程计划和施工方案；监督施工单位严格按规范、标准施工，审查技术变更；控制工程进度和质量；检查安全防护设施；检测原材料和构配件质量；认定工程质量和数量；验收工程和签发付款凭证；审查工程价款；整理合同文件和技术档案；提出竣工报告；处理质量事故等。

（二）建设工程委托监理合同（示范文本）简介

2012年3月27日建设部、国家工商行政管理局联合发布了《建设工程监理合同（示范文本）》（GF—2012—0202），原《建设工程委托监理合同》（GF—2002—0202）示范文本同时废止。示范文本由以下三部分组成：

第一部分是协议书，包括工程概况、组成合同的文件、总监理工程师、签约酬金、期限、双方承诺、合同订立。

第二部分是通用条件，包括（1）定义与解释；（2）监理人义务；（3）委托人义务；（4）违约责任；（5）委托支付权利；（6）合同生效、变更、暂停、解除与终止；（7）争议解决；（8）其他、变更与终止。

第三部分是专用条件。专用条件是各个工程项目根据自己的个性和所处的自然和社会环境，由业主和监理单位协商一致后进行填写。双方如果认为需要，还可在其中增加约定的补充条款和修正条款，它是《建设工程监理合同》的重要组成部分。

九、监理单位的职责和工作程序

（一）监理单位的职责

监理单位是建筑市场的主体之一，建设监理是一种高智能的有偿技术服务。监理单位与项目法人之间是委托与被委托的合同关系；与被监理单位是监理与被监理的关系。监理单位应当按照核准的经营范围承接工程建设监理业务。

监理单位应当按照"公正、独立、自主"的原则开展建设监理工作，公平维护项目法人和被监理单位的合法权益。监理单位不得转让监理业务。监理单位不得承包工程，不得经营建筑材料、构配件和建筑机械、设备。监理单位在监理过程中因过错造成重大经济损失的，应承担一定的经济和法律责任。

监理工程师实行注册制度。监理工程师不得在政府机构、设备制造、材料供应单位兼职，不得是施工、设备制造和材料、构配件供应单位的合伙经营者。

（二）建设工程监理程序

建设工程监理工作按照下列程序进行：

1. 总监理工程师组织有关专业工程监理工程师编写监理规划；
2. 根据需要和规定，在监理规划的基础上由相关的专业监理工程师编写监理细则；
3. 根据监理规划和监理细则，规范化开展监理工作；
4. 监理工作结束后，项目监理机构应向建设单位提交监理档案并做出监理工作总结。

第四节　建筑法律制度案例

案例 1

再审申请人（一审原告、二审上诉人）：××建设集团有限公司（以下简称：甲公司）

被申请人（一审被告、二审上诉人）：××有限公司（以下简称：乙公司）

一、基本案情

2012 年 10 月 1 日，乙公司与海南省三亚市原河东区东岸村委会（以下简称：东岸村委会）签订《土地租赁合同》，约定乙公司租用海南省三亚市迎宾路北侧东岸村委会约 30 亩土地，项目立项、规划报建、土地平整、地质勘探、图纸设计、土建施工和装饰装修等均由乙公司负责。该土地至今仍为集体土地，所有权人为东岸村委会第一村民小组、第二村民小组。2012 年 11 月 6 日，乙公司与甲建设公司签订施工合同约定：甲建设公司承包施工位于海南省三亚迎宾路东岸村委会中控规 YCZ-47-1 地块上的居然之家三亚店项目（下称涉案工程），总承包"三通一平"、土建、水电、安装、装修及所有配套工程的施工。

该工程立项批准文号三土环资地（2011）1235 号，暂定施工建筑面积为 9 万平方米左右，合同总价款暂定人民币贰亿伍仟万元。开工日期暂定为 2012 年 11 月 20 日（具体按甲方开工令和施工许可证为准），施工工期 700 天，工程质量标准为合格。2013 年 12 月 10 日，甲建设公司向乙公司发《告知函》，称其已派出邱副总与乙公司联系加快项目进展，并在工程现场租赁房子作为临时办公场所，派遣现场管理人员已停驻长达 6 个月；现发现有其他施工人员进场施工，故要求乙公司就有关施工问题进行相互协商。如乙公司另签订施工合同，应承担违约责任。2013 年 12 月 15 日，乙公司复函称，因施工合同未经招标程序，为无效合同，乙公司不予履行。2014 年 1 月 8 日，乙公司发函要求甲建设公司前来正式洽商解除施工合同，同意按实际情况和合同约定承担相应责任。2014 年 1 月 11 日，甲建设公司回函称因为涉案工程已作大量投入而不同意解除合同，乙公司单方允许其他施工队进场已构成违约，应当按照合同中约定承担一切责任，并将相关的投入及损失结算单交乙公司。该结算单显示租赁办公生活区费用 2.985 万元，办公生活用品全套设施费用 3.28 万元，人员差旅费 3.2 万元，支付管理人员工资 277 万元，支付施工班组违约金 300 万元，支付施工合同履约金 500 万元、施工合同违约金 750 万元和合理利润 2000 万元，共计 3836.465 万元。

二、案件审理

甲建设公司诉讼请求：1. 乙公司继续履行施工合同；2. 按合同约定乙公司承担合同履约金 500 万元；3. 按合同约定乙公司另以合同总价 2.5 亿的 3%，承担违约金 750 万元；4. 乙公司赔偿各项损失 586.46 万元；5. 乙公司按 2.5 亿的 8%，赔偿预期利润 2000万元；6. 乙公司承担本案一切诉讼费和律师费用。

此案件一审判决结果为：（一）乙公司须于本判决发生法律效力之日起十日内向甲公司支付赔偿款 588680 元；（二）驳回甲公司其他诉讼请求。本案案件受理费 233623 元，由甲公司负担 220000 元，由乙公司负担 13623 元。甲公司与乙公司均不服一审判决，上诉至海南省高级人民法院，二审判决结果为"驳回上诉，维持原判"。甲公司不服海南省高级人民法院对此案的判决结果，向最高人民法院申请再审。

再审法院认为：本案的争议焦点在于《建设工程施工总承包合同》是否有效问题。（一）案涉建设项目用途违反法律禁止性规定。根据《中华人民共和国土地管理法》第六十三条关于"农民集体所有的土地的使用权不得出让、转让或者出租用于非农业建设；但是，符合土地利用总体规划并依法取得建设用地的企业，因破产、兼并等情形致使土地使用权依法发生转移的除外"的规定，乙公司不得租用三亚市河东区东岸村委会第一村民小组和第二村民小组名下的集体所有土地用于"居然之家三亚店"这一明显不属于农业用途的项目，为该项目建设而所签订的《建设工程施工总承包合同》亦无法律依据、不受法律保护。（二）《建设工程施工总承包合同》不具备合法要件。根据《中华人民共和国城乡规划法》第四十一条第一款关于"在乡、村庄规划区内进行乡镇企业、乡村公共设施和公益事业建设的，建设单位或者个人应当向乡、镇人民政府提出申请，由乡、镇人民政府报城市、县人民政府城乡规划主管部门核发乡村建设规划许可证"、第四款关于"建设单位或者个人在取得乡村建设规划许可证后，方可办理用地审批手续"的规定，使用集体所有土地的建设单位必须取得建设规划许可证并持证办理用地审批手续。《中华人民共和国建筑法》第七条第一款关于"建筑工程开工前，建设单位应当按照国家有关规定向工程所在地县级以上人民政府建设行政主管部门申请领取施工许可证；但是，国务院建设行政主管部门确定的限额以下的小型工程除外"以及第八条第一、第二项关于"申请领取施工许可证，应当具备下列条件：（一）已经办理该建筑工程用地批准手续；（二）在城市规划区的建筑工程，已经取得规划许可证；……"的规定，建设单位开工前在取得规划许可证并已办理用地批准手续的情况下还必须取得施工许可证。而二审法院已经查明，乙公司作为发包方与甲建设公司签订《建设工程施工总承包合同》时，案涉建设项目所需土地使用权仍登记在案外人三亚市河东区东岸村委会第一村民小组和第二村民小组名下，乙公司未能取得该地块土地使用权，亦未取得建筑工程规划许可证并办理报建手续，属于典型的"三无"工程。由于此类建设项目违反了《中华人民共和国土地管理法》《中华人民共和国城乡规划法》以及《中华人民共和国建筑法》相关强制性规定，逃避了国家对规划体系、建筑工程质量等重大事项的监管，直接危害社会的公共安全、危及不特定公众的生命财产权益，故原审法院在查明案涉建设项目为"三无"工程的情况下作出《建设工程施工总承包合同》为无效合同的认定，符合杜绝违法建筑、保护国家和公共利益的司法政策考量。甲公司虽主张本案不具有合同无效的事由，但并未提交充分的事实根据予以证明，法律依据亦有不足，故其关于《建设工程施工总承包合同》合法有效的主张不能成立。（三）《建设工程施工总承包合同》无效的法律后果问题。由于该合同无效、自始对甲公司与乙公司无约束力，根据《中华人民共和国合同法》第八条关于"依法成立的合同，对当事人具有法律约束力。当事人应当按照约定履行自己的义务，不得擅自变更或者解除合同。依法成立的合同，受法律保护"的规定，甲公司不得请求乙公司继续履行不受法律保护的《建设工程施工总承包合同》。至于甲公司基于对该合同的信赖做了相应准备工作所形成的损失如何承担问题，原审法院认定乙公司对《建设工程施工总承包合同》无效应承担全部过错责任并根据《中华人民共和国合同法》第五十八条关于"合同无效或者被撤销后，因该合同取得的财产，应当予以返还；不能返还或者没有必要返还的，应当折价补偿。有过错的一方应当赔偿对方因此所受到的损失，双方都有过错的，应当各自承担相应的责任"的规定，判令其承担甲公司的相应损失符合法律规定、并无不当。甲公司主张乙公司还应承担违约责任的主张因无法律依据而不能成立。综上，再审法院裁定"驳回甲集团有限公司的再审申请。"

三、案例评析

根据《建筑法》第八条的规定，取得施工许可证的前提是取得土地使用权证、建设用地规划许可证、建设工程规划许可证，因此工程建设项目施工必须具备上述证件。2019年2月1日实施的《最高人民法院关于审理建设工程施工合同纠纷案件适用法律问题的解释（二）》第二条规定："当事人以发包人未取得建设工程规划许可证等规划审批手续为由，请求确认建设工程施工合同无效的，人民法院应予支持，但发包人在起诉前取得建设工程规划许可证等规划审批手续的除外。发包人能够办理审批手续而未办理，并以未办理审批手续为由请求确认建设工程施工合同无效的，人民法院不予支持。"因取得建设工程规划许可证是进行合法建设的前提，未取得建设工程规划许可证即进行建设或者未按照建设工程规划许可证的规定进行建设是法律明确禁止的行为，故根据《合同法》第五十二条规定，以该建设行为为主要合同内容的《建设工程施工合同》应当认定无效。

案例 2

上诉人（原审被告）：××建设集团有限公司（以下简称：甲公司）

被上诉人（原审原告）：张某

原审被告：××发展有限公司（以下简称：乙公司）

一、基本案情

通过招投标，2011 年 5 月 15 日，乙公司与甲公司签订《云南省绿汁江雨果水电站发电引水隧洞工程施工合同书》（以下简称《施工合同书》），乙公司将其建设的云南省绿汁江雨果水电站发电引水隧道 C3 标段工程发包给湖南水电集团进行施工。

2011 年 5 月 25 日，甲公司与张某签订《内部承包合同》，将向乙公司承包的全部工程项目及工作内容转包给张某施工，并任命张某为项目经理。合同签订后，张某向乙公司交付了 50 万元投标保证金和 440 万元履约保证金，并于 2011 年 5 月 27 日进入现场以甲公司的名义进行实际施工。

施工过程中，2012 年 6 月 16 日，张某以甲公司云南雨果水电站引水隧洞 C3 标工程项目部名义向监理单位和建设单位报送了《人员误工、机械闲置事实确认报告》及附件，请求确认因乙公司施工图纸不到位、施工电源未接通、材料不到位、工程进度款未按时支付等原因给施工方造成的人员误工及机械闲置损失，监理单位湖南通源项目管理公司雨果水电站监理部监理工程师对张某申报的人员及机械损失情况进行了审核，并签署了按合同文件和峨山会议精神办理的意见，建设单位乙公司的代表也对张某申报的人员及机械损失情况进行了审核，并签署了按合同及招标文件和峨山会议精神办理的意见，三方还就人员误工和机械台时损失签署了《签证单》，根据各方确认的《项目部人员工资表》《机械设备闲置台时汇总表》，张某自 2011 年 5 月 27 日至 2012 年 5 月 15 日因乙公司施工图纸不到位、施工电源未接通、材料不到位等原因造成的人员误工及机械闲置损失为 2374905 元。

2014 年 4 月 2 日，张某与甲公司签订了《绿汁江雨果水电站发电引水隧洞 C3 标内部承包合同解除协议》（以下简称《解除协议》），约定：合同解除前雨果水电站发电引水隧道 C3 标工程张某承担施工期内一切民事事务及经济债权、债务，甲公司不负任何责任，必须与新承接人向甲公司承诺并明确相关事项。

2016 年 1 月 25 日，张某与甲公司对张某完成的项目进行对账结算，张某完成结算产值 15264237 元，税金 491508.43 元，质保金 4579271.1 元，管理费 50 万元，已付工程款 6369432.5 元，已付材料款 4758504.22 元。双方进行对账后，甲公司认为张某施工的工程尚未验收，因此，没有向张某支付尚欠的工程款 3144791.85 元，也没有向张某退还尚欠的履约保证金 90 万元，乙公司也没有向张某支付人员误工及机械闲置损失 2374905 元。

二、案件审理

张某向一审法院提出诉讼请求：1. 判决甲公司和乙公司向张某连带支付工程余款 3144791.85 元、窝工损失 7865121 元，以及上述款项的利息（自 2014 年 4 月 3 日至款项付清之日止，按同期银行贷款利率计算）；2. 判决甲公司和乙公司向张某连带退还履约保证金 90 万元及利息（自 2014 年 4 月 3 日至款项付清之日止按同期银行贷款利率计算）；3. 本案诉讼费由甲公司和乙公司负担。

一审法院判决：一、由被告甲公司于本判决生效后十日内向原告张某支付工程款

3144791.85 元；二、由被告甲公司于本判决生效后十日内向原告张某退还履约保证金 900000 元；三、由被告乙公司于本判决生效后十日内向原告张某赔偿人员误工及机械闲置损失 2374905 元，被告甲公司承担连带责任；四、驳回原告张某的其他诉讼请求。

甲公司不服一审判决，向云南省高级人民法院提起上诉，其上诉请求：1. 撤销一审判决第一项、第三项，改判驳回张某支付工程款 3144791.85 元，人员误工及机械闲置损失 2374905 元的诉讼请求。2. 一、二审全部诉讼费用及鉴定费由张某承担。

二审法院认为，经过招投标，2011 年 5 月 15 日，甲公司作为承包人与发包人乙公司签订《施工合同书》，由乙公司将云南省绿汁江雨果水电站发电引水隧洞工程承包给甲公司建设。该合同是双方真实意思的表示，且内容并未违反相关法律、法规的强制性规定，合法有效。2011 年 5 月 25 日，甲公司与张某签订《内部承包合同》，将其承包的全部工程转包给张某施工。2014 年 4 月 2 日，甲公司与张某签订《解除协议》，双方同意解除《内部承包合同》。作为自然人，张某并不具备相应的施工资质，根据《最高人民法院关于审理建设工程施工合同纠纷案件适用法律问题的解释》第一条关于"建设工程施工合同具有下列情形之一的，应当根据合同法第五十二条第（五）项的规定，认定无效：（一）承包人未取得建筑施工企业资质或者超越资质等级"的规定，甲公司与张某签订的《内部承包合同》和《解除协议》均为无效合同。关于甲公司应否向张某支付人员误工及机械闲置损失 2374905 元的问题，经过庭审中的质证及二审法院查明的事实，二审法院认为，基于合同相对性，张某的损失应由甲公司承担赔偿责任。同时，张某提交的上述证据能够证明损失的产生是乙公司的原因造成，且乙公司对损失已进行了确认，故作为建设方的乙公司应对张某主张的损失承担连带赔偿责任。

三、案例评析

《建筑法》第二十六条规定："承包建筑工程的单位应当持有依法取得的资质证书，并在其资质等级许可的业务范围内承揽工程。禁止建筑施工企业超越本企业资质等级许可的业务范围或者以任何形式用其他建筑施工企业的名义承揽工程。禁止建筑施工企业以任何形式允许其他单位或者个人使用本企业的资质证书、营业执照，以本企业的名义承揽工程。"《最高人民法院关于审理建设工程施工合同纠纷案件适用法律问题的解释》第一条规定："建设工程施工合同具有下列情形之一的，应当根据合同法第五十二条第（五）项的规定，认定无效：（一）承包人未取得建筑施工企业资质或者超越资质等级的；（二）没有资质的实际施工人借用有资质的建筑施工企业名义的；（三）建设工程必须进行招标而未招标或者中标无效的。"据此，在建设工程施工合同中，如果建筑施工企业不具备相应资质，所订立的合同是无效的。合同被认定为无效后的基本处理原则是相互返还，不能返还或者没有必要返还的，应当折价补偿。有过错的一方应当赔偿对方因此所受到的损失，双方都有过错的，应当各自承担相应的责任。

第八章　工程质量法律制度

第一节　工程质量法概述

一、工程质量的概念

（一）工程质量的狭义和广义两种含义

为了正确把握工程质量的内涵，我们必须理解工程质量狭义和广义这两种含义。

狭义的工程质量是指工程符合业主需要而具备的使用功能。这一概念强调的是工程的实体质量，如基础是否坚固，主体结构是否安全以及通风、采光是否合理等。

广义的工程质量不仅包括工程的实体质量，还包括形成实体质量的工作质量。工作质量是指参与工程的建设者，为了保证工程实体质量所从事工作的水平和完善程度，包括社会工作质量，如社会调查、市场预测、质量回访和保修服务等；生产过程工作质量，如管理工作质量、技术工作质量和后勤工作质量等。工作质量直接决定了实体质量，工程实体质量的好坏是决策、计划、勘察、设计、施工等单位各方面、各环节工作质量的综合反映。

因此，我们须从广义上理解工程质量的概念，而不能仅仅把认识停留在工程的实体质量上。过去对工程质量的管理通常是一种事后的行为，楼倒人伤才想起应该追究有关方面的工程质量责任，这时即使对责任主体依法惩处，也无法挽回已经造成的经济损失。但如果在工程质量形成过程中就对参建单位的建设活动进行规范化管理，就可以将工程质量隐患消灭在萌芽状态。这样虽然看上去加大了工作量，但却可以有效地解决工程质量问题，这是我们广大建设行政管理人员值得注意的地方。

我们把广义上的工程质量按其形成的各个阶段作进一步分解，具体内容如表1所示。

工程建设各阶段的质量内涵　　　　　　　　　　　　表1

工程项目质量形成的各个阶段	工程项目质量在各阶段的内涵	合同环境下满足需要的主要规定
决策阶段	可行性研究	国家的发展规划或业主的需求
设计阶段	1. 功能、使用价值的满足程度； 2. 工程设计的安全、可靠性； 3. 自然及社会环境的适应性； 4. 工程概、预算的经济性； 5. 设计进度的时间性	工程建设勘察、设计合同及有关法律、法规、强制性标准
施工阶段	1. 功能、使用价值的实现程度； 2. 工程的安全、可靠性； 3. 自然及社会环境的适应性； 4. 工程造价的控制状况； 5. 施工进度的时间性	工程建设施工合同及有关法律、法规、强制性标准

续表

工程项目质量形成的各个阶段	工程项目质量在各阶段的内涵	合同环境下满足需要的主要规定
保修阶段	保持或恢复原使用功能的能力	工程建设施工合同及有关法律、法规、强制性标准

（二）工程质量的特点

与一般的产品质量相比较，工程质量具有如下一些特点：

1. 影响因素多，质量变动大

决策、设计、材料、机械、环境、施工工艺、管理制度以及参建人员素质等均直接或间接地影响工程质量。工程项目建设不像一般工业产品的生产那样有固定的生产流水线，有规范化的生产工艺和完善的检测技术，有成套的生产设备和稳定的生产环境。工程质量波动较大，这是与受影响因素多的特点相一致的。

2. 隐蔽性强，终检局限大

工程项目在施工过程中，由于工序交接多，若不及时检查发现其存在的质量问题，事后表面上质量尽管很好，但这时可能混凝土已经失去了强度，钢筋已经被锈蚀得完全失去了作用……诸如此类的工程质量问题在终检时是很难通过肉眼判断出来的，有时即使用上检测工具，也不一定能发现问题。

3. 对社会环境影响大

与工程规划、设计、施工质量的好坏有密切联系的不仅仅是使用者，而是整个社会。工程质量不仅直接影响人民群众的生产生活，而且还影响着社会可持续发展的环境，特别是有关绿化、"三废"和噪声等方面的问题。

（三）工程建设各阶段对工程质量形成的影响

工程项目具有周期长的特点，工程质量不是在旦夕之间形成的。人们常常对设计和施工阶段比较重视，殊不知，工程建设各阶段紧密衔接，互相制约影响，所以工程建设的每一阶段均对工程质量的形成产生十分重要的影响。

1. 可行性研究对工程质量的影响

可行性研究是决定工程建设成败与否的首要条件。当前，各类公共工程和国有单位投资的工程，是由政府批准立项的，不少项目筹划过程的规范性和科学性较差。有的工程立项建议滞后，工程上了再立项；有的工程可行性研究不从客观实际出发，马虎粗糙，工程是否可行完全取决于首长意志；有的项目资金、原材料、设备不落实，借资上项目，垫资先开工，迫使设计单位降低设计标准，施工单位偷工减料……凡此种种，工程质量难以得到保证。

2. 勘察、设计阶段对工程质量的影响

工程勘察、设计阶段是影响工程质量的关键环节。地质勘察工作的内容、深度和可靠程度，将决定工程设计方案能否正确考虑场地的地层构造、岩土的性质、不良地质现象及地下水位等工程地质条件。地质勘察失控会直接产生工程质量隐患，如果依据不合格的地质勘察报告进行设计，那么设计质量到底怎样就可想而知了。

工程设计采用什么样的平面布置和空间形式，选用什么样的结构类型，使用什么样的材料、构配件及设备等，都直接关系到工程主体结构的安全可靠。从我国目前的实际情况来看，设计不规范的现象还很严重，如不执行强制性设计标准和安全标准，或设计不符合抗震强度要求等。至于有些工程无证设计，盲目套用设计图纸，或违反设计规范等引发的工程质量问题后果更为严重。国务院于 2000 年 1 月 30 日发布实施的《建设工程质量管理条例（2017 修订）》（以下简称《质量条例》）确立了施工图设计文件审查批准制度，就是为了强化设计质量的监督管理。

3. 施工阶段对工程质量的影响

工程的施工阶段是影响工程质量的决定性环节。工程项目只有通过施工阶段才能成为实实在在存在的东西，施工阶段直接影响工程的最终质量。在我国工程实践中，违反施工顺序、不按图施工、施工技术不当以及偷工减料等影响工程质量的事例不胜枚举。《质量条例》以行政法规的形式正式确立了建设工程质量监督制度，施工阶段的质量是工程质量监督机构的工作重点。

4. 竣工验收和交付使用阶段对工程质量的影响

竣工验收和交付使用阶段是影响工程质量的重要环节。在工程竣工验收阶段，建设单位组织设计、施工、监理等有关单位对施工阶段的质量进行最终检验，以考核质量目标是否符合设计阶段的质量要求。这一阶段是工程建设向交付使用转移的必要环节，体现了工程质量水平的最终结果。《质量条例》确立了竣工验收备案制度，这是政府加强工程质量管理，防止不合格工程流向社会的一个重要手段。

在交付使用阶段，首先要做好工程的保护工作。如果保护不当，使工程受到破损、污染等损害，那么设计和施工阶段的工作再出色，也只能是前功尽弃。现实生活中，极易出现管理真空的是用户的装修行为。很多用户不懂工程质量方面的知识，为达到装修效果盲目破坏工程主体结构，往往导致十分危险的质量隐患，直接影响了工程的使用寿命。

二、工程质量监督管理制度

（一）政府监督工程质量是一种国际惯例

工程质量责任重大，关系到社会公众的利益和公共安全。因此，无论是在发达国家，还是在发展中国家，均强调政府对工程质量进行监督管理。

大多数发达国家和地区政府的建设行政主管部门都把制定并执行住宅、城市、交通、环境建设等建设工程质量管理的法规作为主要任务，同时把大型项目和政府投资项目作为监督管理的重点。与其完善的市场经济体制相适应，这些国家和地区的政府都非常重视各种学会和行业协会的作用，对专业人士实行注册制度，依据法律、法规实行项目许可制度、市场准入制度、设计文件审核制度、质量体系认证制度、竣工验收许可证制度等。对建设工程质量进行全方位、全过程的管理是这些国家和地区的政府的通常做法。

政府有关部门对工程质量进行必要的监督检查，也是国际惯例。美国各个城市市政当局都设有工程质量监督管理部门，对辖区内各类公共投资工程和私人投资工程进行强制性监督检查；新加坡政府主管部门——建屋发展局在每个工地派驻工程监督员，负责对建设工程质量进行监督管理；德国各州政府建设主管部门委托或授权国家认可的质量监督审查公司（由质量监督工程师组成），代表政府对所有新建工程和涉及结构安全的改建工程的质量进行强制性监督审查。这些发达国家和地区的政府质量监督检查，包括施工图设计审查和施工过程的检查，一般委托给有关机构进行。

（二）我国的建设工程质量监督管理制度

为了确保工程质量，确保公共安全，保护人民群众的生命和财产安全，我国政府大力加强工程质量的监督管理。《建设工程质量管理条例》用专门一章来规定政府对建设工程质量的监督管理，主要内容包括建设工程质量管理职责、范围的划分，质量监督管理的实施机构和有权采取的强制性措施，建设工程竣工验收备案制度，建设工程质量事故报告制度等规定。

近几年来，工程质量事故时有发生，特别是重庆綦江大桥、河南焦作天堂歌舞厅等恶性事故，在社会上引起了强烈的反响。对此，党中央、国务院领导十分重视，江泽民同志和朱镕基同志等领导同志都曾对此做过专门的批示和讲话。血的教训警示人们，一定要加强工程建设全过程的管理，一定要把工程建设和使用过程中的质量、安全隐患消灭在萌芽状态。

政府质量监督作为一项制度，以法规的形式在《质量条例》中加以明确，强调了工程质量必须实行政府监督管理。《质量条例》对加强工程质量监督管理的一系列重大问题做出了明确的规定：一是对业主的行为进行了严格规范。二是对建设单位、勘察设计单位、施工单位和监理单位的质量责任及其在实际工作中容易出问题的重要环节做出了明确的规定，依法追究责任。今后，政府对工程质量的监督管理主要以保证工程使用安全和环境质量为主要目的，以法律、法规和强制性标准为依据，以地基基础、主体结构、环境质量和与此有关的工程建设各方主体的质量行为为主要内容，以施工许可制度和竣工验收备案制度为主要手段。

以上是对政府质量监督行为的界定。政府的任务就是以法律、法规和强制性标准为依据，以政府认可的第三方强制监督为主要方式，这和过去相比，是一个重大的变化。广大建设行政管理人员必须深入理解《质量条例》的规定，牢牢把握建设工程质量监督管理制度的实质，及时转变观念，迅速地调整实施工程质量监督管理的方式方法，使这项重要的管理制度得到真正的贯彻执行。

进一步讲，建设工程质量监督管理制度具有以下几个特点：第一，具有权威性，建设工程质量监督体现的是国家意志，任何单位和个人从事工程建设活动都应当服从这种监督管理。第二，具有强制性，这种监督是由国家的强制力来保证的，任何单位和个人不服从这种监督管理都将受到法律的制裁。第三，具有综合性，这种监督管理并不局限于某一个阶段或某一个方面，而是贯穿于建设活动的全过程，并适用于建设单位、勘察单位、设计单位、施工单位、工程建设监理单位。

第二节 工程质量管理法律规范

一、我国工程质量管理法律规范体系

如前所述，今后政府实施的工程质量监督管理以法律、法规和强制性标准为依据，以政府认可的第三方强制监督为主要方式。建设行政管理部门今后应把工作重点放在对有关工程质量的法律、法规和强制性标准执行情况的监督检查上，这无疑对广大建设行政管理

人员提出了更高的要求。

（一）我国工程质量管理法律规范的基本形式

1. 法律——《中华人民共和国建筑法》（以下简称《建筑法》）

广义上的法律泛指一切规范性文件，这里的法律是狭义上的，是指由全国人大及其常委会制定和变动的规范性文件，如《中华人民共和国刑法》《中华人民共和国合同法》等。《建筑法》是法律当中的一种。

《建筑法》于1997年11月1日经第八届全国人大常委会第二十八次会议审议通过，自1998年3月1日起施行。《建筑法》第六章规范了建筑工程质量管理，包括建筑工程的质量要求、质量义务和质量管理制度。第七章规范了建筑工程质量责任。《建筑法》是我国社会主义市场经济法律体系中的重要法律，对于加强建筑活动的监督管理，维护建筑市场秩序，保证建筑工程的质量和安全，促进建筑业的健康发展，具有重要意义。

2. 行政法规——《建设工程质量管理条例》

行政法规是由最高国家行政机关国务院依法制定和变动的，有关行政管理和行政事项的规范性文件。我国行政法规的名称规定为"条例""规定""办法"，《建设工程质量管理条例》就是一种行政法规。

《建设工程质量管理条例》于2000年1月10经国务院第25次常务会议通过，自1月30日发布实施。2017年10月7日修订《质量条例》以参与建筑活动各方主体为主线，分别规定了建设单位、勘察单位、设计单位、施工单位、工程监理单位的质量责任和义务，确立了建设工程质量保修制度，工程质量监督管理制度等内容。《质量条例》对违法行为的种类和相应处罚做出了原则规定，同时，完善了责任追究制度，加大了处罚力度。《质量条例》的发布施行，对于强化政府质量监督，规范建设工程各方主体的质量责任和义务，维护建筑市场秩序，全面提高建设工程质量，具有重要意义。

3. 技术法规

严格讲，我国目前还没有真正意义上的工程建设技术法规，正如当时的建设部俞正声部长谈到的："组织编制技术法规，取代现行的强制性标准，这是将来改革的方向。"《工程建设标准强制性条文》虽然是技术法规的过渡成果，但《质量条例》确立了其法律地位，已经成为工程质量管理法律规范体系中重要的一部分。

4. 地方性法规、自治法规

这两类都是由地方国家权力机关制定的规范性文件。

地方性法规是由省、自治区、直辖市、省级政府所在地的市、经国务院批准的较大市的人大及其常委会制定和修改的，效力不超过本行政区域范围，作为地方司法依据之一的规范性文件。我国的地方性法规，一般采用"条例""规则""规定""办法"等名称，《北京市建设工程质量条例》等，都是有关工程质量管理的地方性法规。

自治法规是民族自治地方的权力机关所制定的特殊的地方规范性文件，即自治条例和单行条例的总称。自治条例是民族自治地方根据自治权制定的综合性法律规范，单行条例是根据自治权制定的调整某一方面事项的规范性文件。

5. 行政规章

行政规章是有关行政机关依法制定的事关行政管理的规范性文件的总称，分为部门规章和政府规章两种。

部门规章是国务院所属部委根据行政法规、决定、命令，在本部门的权限内，所发布的各种行政性的规范性文件。有关工程质量管理的部门规章很多，如《建筑工程施工许可管理办法》《房屋建筑工程质量保修办法》等。

地方政府规章是有权制定地方性法规的地方人民政府，根据法律、行政法规及相应的地方性法规，制定的规范性文件。

（二）我国工程质量管理法律规范性文件的适用

在具体工作中，我们经常遇到这样的难题，对于同一个问题，这个条例可能这样规定，那个规章可能那样规定，常常使人无所适从，不知该依据哪一个规范性文件。这涉及一个法律适用的问题，根据《中华人民共和国立法法》（以下简称《立法法》）的有关规定，我们对这个问题加以解释：

1. 法律的效力高于行政法规、地方性法规、规章。这就是说，在规范工程质量管理方面，《建筑法》具有最高的法律效力，任何行政法规、地方性法规、规章都不得与《建筑法》相抵触。

2. 行政法规的效力高于地方性法规、规章。《建设工程质量管理条例》的法律效力仅次于《建筑法》，其效力要高于地方性法规（如《北京市建设工程质量条例》《深圳经济特区建设工程质量条例》等），也高于建设部及有关部委发布的部门规章（如《建设工程质量管理办法》《房屋建筑工程质量保修办法》等）。

3. 地方性法规的效力高于本级和下级地方政府规章。省、自治区人民政府制定的规章的效力高于本行政区域内较大的市的人民政府制定的规章。

4. 部门规章之间、部门规章与地方政府规章之间具有同等的效力，在各自的权限范围内施行。

5. 同一机关制定的规范性文件，特别规定与一般规定不一致的，适用特别规定；新的规定与旧的规定不一致的，适用新的规定。

6. 法律、行政法规、地方性法规、自治条例和单行条例、规章不溯及既往，但为了更好地保护公民、法人和其他组织的权益而作的特别规定除外。

7. 法律之间对同一事项的新的一般规定与旧的特别规定不一致，不能确定如何使用时，由全国人民代表大会常务委员会裁决。行政法规之间对同一事项新的一般规定与旧的特别规定不一致，不能确定如何适用时，由国务院裁决。

8. 地方性法规、规章之间不一致时，由有关机关依照下列规定的权限裁决：

（1）同一机关制定的新的一般规定与旧的特别规定不一致时，由制定机关裁决；

（2）地方性法规与部门规章之间对同一事项的规定不一致，不能确定如何适用时，由国务院提出意见，国务院认为应当适用地方性法规的，应当决定在该地方适用地方性法规的规定；认为应当适用政府规章的，应当提请全国人民代表大会常务委员会裁决；

（3）部门规章之间、部门规章与地方政府规章之间对同一事项的规定不一致时，由国务院裁决。

关于法律适用的问题，是建设行政管理人员在具体工作中经常遇到的问题。我国的《立法法》对此有详细的规定，限于篇幅我们在这里不做更深入的介绍，但希望读者能仔细学习《立法法》第五章适用与备案的有关内容，这可以帮助我们有效地解决实践中碰到的各种规范性文件相互之间矛盾冲突的问题。

二、工程质量管理法律规范的调整对象和适用范围

在对我国工程质量法律规范已经有一个整体认识的基础上，我们结合《建筑法》和《建设工程质量管理条例》，对工程质量管理法律规范的调整对象和适用范围作进一步的理解。

（一）工程质量管理法律规范的调整对象

任何法律都是调整一定社会关系的，《建筑法》《建设工程质量管理条例》等调整两种社会关系：

1. 调整国家主管机关与建设单位、勘察单位、设计单位、施工单位、监理单位之间的工程质量监督管理关系。这是纵向的工程质量管理。

2. 调整建设工程活动中有关主体之间的民事关系，包括建设单位与勘察、设计单位之间的勘察设计合同关系，建设单位与施工单位之间的施工合同关系，建设单位与监理单位之间的建设监理委托合同等。这是横向的工程质量管理。

（二）建设工程的范围

1. 建筑活动

《建筑法》规定建筑活动是指各类房屋建筑及其附属设施的建造和与其配套的线路、管道、设备的安装活动。根据以上规定，建筑活动的范围包括三部分：

（1）各类房屋的建筑；

（2）房屋附属设施的建造，如围墙、烟囱等；

（3）与房屋配套的线路（如电器线路、通信线路）的安装、管道（给排水管道、暖气通风管道）的安装和设备（电梯、空调等）的安装。

《建筑法》规定的建筑活动范围虽然较窄，但在第81条规定："本法关于施工许可、建筑施工企业资质审查和建筑工程发包、承包、禁止转包，以及建筑工程监理、建筑工程安全和质量管理的规定，适用于其他专业建筑工程的建筑活动，具体办法由国务院规定。"

2. 建设工程

在《建设工程质量管理条例》中，建设工程是指土木工程、建筑工程、线路管道、设备安装工程及装修工程。

（1）土木工程包括矿山、铁路、公路、隧道、桥梁、堤坝、电站、码头、飞机场、运动场、营造林、海洋平台等工程；

（2）建筑工程是指房屋建筑工程，即有顶盖、梁柱墙壁、基础以及能够形成内部空间，满足人们生产、生活、公共活动的工程实体，包括厂房、剧院、旅馆、商店、学校、医院和住宅等工程；

（3）线路、管道和设备安装工程包括电力、通信线路、石油、燃气、给水、排水、供热等管道系统和各类机械设备、装置的安装活动；

（4）装修工程包括对建筑物内外进行美化和增加使用功能的工程建设活动。

（三）工程质量责任主体的范围

1. 建设行政主管部门及铁路、交通、水利等有关部门

行政管理人员渎职、腐败，是造成重大恶性工程质量事故的首要原因。为此，国务院办公厅在《关于加强基础设施工程质量管理的通知》中强调，建立和落实工程质量领导责

任制，并进一步明确了各级、各类领导以及行政管理人员的质量责任。

2. 建设单位

建设单位，是建设工程的投资人，也称"业主"。建设单位是工程建设过程的总负责方，拥有确定建设项目的规模、功能、外观、选用材料设备、按照国家法律法规选择承包单位的权力。建设单位可以是法人或自然人，包括房地产开发商。

3. 勘察、设计单位

勘察单位是指对地形、地质及水文等要素进行测绘、勘探、测试及综合评定，并提供可行性评价与建设工程所需勘察成果资料的单位。设计单位是指按照现行技术标准对建设工程项目进行综合性设计及技术经济分析，并提供建设工程施工依据的设计文件和图纸的单位。

4. 施工单位

施工单位指经过建设行政主管部门的资质审查，从事建设工程施工承包的单位。按照承包方式不同，可分为总承包单位和专业承包单位。

5. 工程监理单位

工程监理单位是指经过建设行政主管部门的资质审查，受建设单位委托，依据法律法规以及有关技术标准、设计文件和承包合同，在建设单位的委托范围内对建设工程进行监督管理的单位。工程监理单位可以是具有法人资格的监理公司、监理事务所，也可以是兼营监理业务的工程技术、科学研究及建设工程咨询的单位。

6. 设备材料供应商

设备材料供应商是指提供构成建筑工程实体的设备和材料的企业。不仅仅指设备材料生产商，还包括设备材料经销商。

建设工程项目，具有投资大、规模大、建设周期长、生产环节多、参与方多、影响质量形成的因素多等特点，不论是哪个主体出了问题，都会导致质量缺陷，甚至重大质量事故的产生。例如，如果建设单位将工程发包给不具备相应资质等级的单位，或指使施工单位使用不合格的建筑材料、构配件和设备；勘察单位提供的水文地质资料不准确，设计单位计算错误，设备选型不准；施工单位不按图施工；工程监理单位不严格进行隐蔽工程检查等，都会造成工程质量缺陷，甚至重大质量事故。因此，工程质量管理最基本的原则和方法就是建立健全质量责任制度。

（四）地域适用范围和时间效力

1. 地域适用范围

地域适用范围是指法律在什么地域内适用。根据《建筑法》和《建设工程质量管理条例》的有关规定，我国工程质量管理法律规范适用于在中华人民共和国境内从事的工程建设活动。对于工程建设活动来讲，无论投资主体是谁，也无论建设工程项目的种类怎样，只要在中华人民共和国境内实施，都要遵守我国的工程质量管理法律规范。另一方面，工程质量管理法律规范不适用境外从事的工程建设活动，如中国的建筑施工企业在国外承包的建设工程项目，不适用《建筑法》和《建设工程质量管理条例》，只能适用当地的有效法律。

2. 时间效力

时间效力是指法律在什么时间发生效力。在我国工程质量管理法律规范体系范围内，法律生效时间主要有两种：

（1）自公布之日起生效。例如，《建设工程质量管理条例》规定，"本条例自公布之日起施行"，也就是从 2000 年 1 月 30 日国务院总理以第 279 号令签发起生效。

（2）公布后经过一段时间开始生效。例如，《建筑法》于 1997 年 11 月 1 日公布，但在第 85 条规定，"本法自 1998 年 3 月 1 日起施行。"《建筑法》没有规定自公布之日起施行，主要是考虑留有一段准备时间，用来学习和宣传法律，以保证该法的顺利实施。

我国的法律规范不具有溯及力，换句话说，新发布的规范性文件对其生效之日以前的事没有法律效力。比如，在 1998 年 3 月 1 日前发生的有关建筑活动方面的事件，不适用《建筑法》的规定；同样，2000 年 1 月 30 日前发生的有关建设工程的质量事件，也不适用《建设工程质量管理条例》的规定。法律的时间效力问题关系到我们在具体工作中能否准确适用法律，所以对这方面的法律知识应有所了解。

第三节   工程质量管理责任和义务

一、建设单位质量责任和义务

建设单位作为建设工程的投资人，在整个建设活动中居于主导地位。因此，要确保建设工程质量，首先就要对建设单位的行为进行规范，对其质量责任予以明确。

长期以来，对建设单位的管理一直是监督管理的薄弱环节，因建设单位行为不规范，直接或间接导致工程出现问题的情况屡屡发生。我国工程质量法律规范在规定建设单位质量责任和义务上，主要有以下几方面：

（一）建设单位应当将工程发包给具有相应资质等级的单位，不得将工程肢解发包

1. 承包单位应具备的条件

建设活动不同于一般的经济活动，从业单位素质的高低直接影响着工程质量。因此，从事建设活动的单位必须符合严格的资质条件。资质等级反映了企业从事某项工作的资格和能力，是国家对建设市场准入管理的重要手段。

2. 禁止肢解发包

肢解发包是指建设单位将应当由一个承包单位完成的建设工程分解成若干部分发包给不同的承包单位的行为。在我国建设市场中有一些建设单位利用肢解发包工程为手段进行不正当交易行为，不仅导致了某些个人的贪污犯罪，同时也危害了公共安全，因此，《建筑法》和《建设工程质量管理条例》禁止建设单位将建设工程肢解发包。

（二）建设单位应当依法对工程建设项目的勘察、设计、施工、监理以及与工程建设有关的重要设备、材料等的采购进行招标

根据《招标投标法》有关强制招标的规定，在我国境内进行下列工程建设项目的勘察、设计、施工、监理以及与工程建设有关的重要设备、材料等的采购，必须进行招标（详见本书第三章第二节）。

（三）建设单位不得对承包单位的建设活动进行不合理干预

1. 建设单位不得迫使承包方以低于成本的价格竞标，不得任意压缩合理工期

这一规定对保证工程质量至关重要。实际工作中，不少建设单位一味强调降低成本，

压级压价，如要求甲级设计单位按乙级资质取费，一级施工企业按二级资质取费，或迫使投标方互相压价，最终承包单位以低于其成本的价格中标。而中标的单位在承包工程后，为了减少开支，降低成本，不得不偷工减料、以次充好、粗制滥造，致使工程出现质量问题。

合理工期是指在正常建设条件下，采取科学合理的施工工艺和管理方法，以现行的建设行政主管部门颁布的工期定额为基础，结合项目建设的具体情况，而确定的工期。建设单位不能为了早日发挥项目的效益，迫使承包单位赶工期。实际工作中，盲目赶工期，简化程序，不按规程操作，导致建设项目出问题的情况很多，这是应该制止的。

2. 建设单位不得明示或暗示设计单位或施工单位违反工程建设强制性标准

强制性标准是保证工程结构安全可靠的基础性要求，违反了这类标准，必然会给工程带来重大质量隐患。在实践中，一些建设单位为了自身的经济利益，明示或暗示承包单位违反强制性标准的要求，降低了工程质量的标准，这种行为必须坚决制止。

3. 建设单位不得明示或暗示施工单位使用不合格的建筑材料、建筑构配件和设备

不合格的建筑材料、建筑构配件和设备是导致工程质量事故的直接因素，建设单位明示或暗示施工单位使用不合格的建筑材料、建筑构配件和设备，是一种严重的违法行为，必须予以制止。

（四）对必须实行监理的工程，建设单位应当委托具有相应资质等级的工程监理单位进行监理

从我国目前的实际情况来看，我国尚不具备全面实行监理制度的条件。建设部根据《质量条例》，于2001年1月17日颁布了86号令《建设工程监理范围和规模标准规定》，明确了必须实行监理的具体范围和规模标准。这些必须实行监理的工程项目主要集中在国家重点建设工程、大中型公用事业工程、成片开发建设的住宅小区工程、利用外国政府或者国际组织贷款、援助资金的工程项目。此外，还有国家规定必须实行监理的其他工程，主要指总投资额在3000万元以上关系社会公共利益、公众安全的基础设施项目。

（五）建设单位在领取施工许可证或者开工报告之前，应当按照国家有关规定办理工程质量监督手续

施工许可制度是《建筑法》确立的一项制度，必须申请领取施工许可证的建筑工程未取得施工许可证的，一律不得开工。《建筑工程施工许可管理办法》（1999年10月15日建设部令第71号发布）对该项制度的实施进行了详细的规定。

建设单位在领取施工许可证开工报告之前，应按照国家有关规定，到工程质量监督机构办理工程质量监督手续，并应提供以下文件和资料：

1. 工程规划许可证；
2. 设计单位资质等级证书；
3. 监理单位资质等级证书，监理合同及《工程项目监理登记表》；
4. 施工单位资质等级证书及营业执照副本；
5. 工程勘察设计文件；
6. 中标通知书及施工承包合同等。

工程质量监督管理机构收到上述文件和资料后，进行审查，符合规定的，办理工程质量监督注册手续，签发监督通知书。

建设单位办理工程质量监督手续是法定程序，不办理监督手续的，县级以上建设行政主管部门和其他专业部门不发施工许可证，工程不得开工。

（六）涉及建筑主体和承重结构变动的装修工程，建设单位要有设计方案

现实生活中，有一些装修工程，为了满足特定的使用目的，要对结构主体和承重结构进行改动。建设单位在没有设计方案的前提下擅自施工，必然给工程带来质量隐患，后果是十分严重的。为此，《建筑法》《建设工程质量管理条例》均规定，建设单位应当在施工前委托设计单位或者具有相应资质等级的其他设计单位提出设计方案；没有设计方案的，不得施工。

（七）建设单位应按照国家有关规定组织竣工验收，建设工程验收合格的，方可交付使用

工程项目的竣工验收是施工全过程的最后一道程序，是全面考核投资效益、检验设计和施工质量的重要环节。建设工程完成后，承包单位应当按照国家竣工验收有关规定，向建设单位提供完整的竣工资料和竣工验收报告。建设单位收到竣工验收报告后，应及时组织设计、施工、工程监理等单位进行竣工验收。竣工验收应当具备下列条件：

1. 完成建设工程设计和合同约定的各项内容；
2. 有完整的技术档案和施工管理资料；
3. 有工程使用的主要建筑材料、建筑构配件和设备的进场试验报告；
4. 有勘察、设计、施工、工程监理等单位分别签署的质量合格文件；
5. 由施工单位签署的工程保修书。

建设工程经验收合格的，才可交付使用。如果建设单位为提前获得经济效益，在工程未经验收或验收不合格的情况下即将工程交付使用，由此所发生的质量问题，建设单位要承担责任。《质量条例》确立了竣工验收备案制度，这是加强政府监督管理，防止不合格工程流向社会的重要手段。

二、勘察、设计单位的质量责任和义务

（一）勘察、设计单位应当依法取得相应资质等级的证书，并在其资质等级许可的范围内承揽工程，不得转包或违法分包所承揽的工程

勘察、设计单位的资质等级反映其从事某项勘察、设计工作的资格和能力，是国家对勘察、设计市场准入管理的重要手段。勘察、设计单位只有具备了相应的资质条件，才有能力保证勘察、设计的质量。超越资质等级许可的范围承揽工程，也就超越了其勘察、设计的能力，因而无法保证其勘察、设计的质量。为此，《质量条例》规定，"禁止勘察、设计单位超越其资质等级许可的范围或者以其他勘察、设计单位的名义承揽工程。禁止勘察、设计单位允许其他单位或者个人以本单位的名义承揽工程。"

转包是指承包人将其承包的全部建设工程又发包给第三人。转包容易造成承包人压价转包，建设资金流失，使最终用于勘察、设计的费用大为降低以至于影响勘察、设计的质量；同时，承包人转包违背了发包人的意志，损害了发包人的利益，所以法律对转包行为予以禁止。

分包是指承包人将其承包工程的一部分或某几部分再发包给其他承包人，与其签订承包合同下的分包合同。勘察、设计单位的违法分包主要是指将勘察、设计业务分包给不具

备相应资质条件的单位，或勘察、设计单位作为分包单位又将其承包的工程再分包。上述违法分包的行为易造成责任不清以及因中间环节过多而使实际用于勘察、设计的费用减少，最终影响勘察、设计的质量。因此，法律对违法分包的行为也予以禁止。

（二）勘察、设计单位必须按照工程建设强制性标准进行勘察、设计，注册执业人员应当在设计文件上签字，对设计文件负责

工程建设强制性标准是保证工程质量，满足对工程安全、卫生、环保等方面要求的最低标准。因此在勘察、设计中必须严格执行。

我国目前对勘察、设计行业已实现了建筑师和结构工程师的个人执业注册制度，并规定注册建筑师、注册结构工程师必须在规定的执业范围内对本人负责的工程设计文件，实施签字盖章制度。注册建筑师、注册结构工程师作为设计单位完成设计的主要技术人员，其工作质量直接影响设计的质量，因此应对设计文件负责。

此外，建设行政主管部门正会同有关部门准备对岩土工程师实行执业注册制度，勘察、设计行业其他有关专业的个人执业注册制度也将逐步建立。

（三）设计单位应当根据勘察成果文件进行建设工程设计

勘察成果文件是设计的基础资料，是设计的依据。因此，先勘察后设计是工程建设程序的要求。但是，由于工期紧迫和建设单位的利益驱动，目前违背基建程序的做法时有发生。在勘察、设计质量检查中发现，不少工程存在先设计、后勘察的现象，甚至仅参考附近场地的勘察资料而不进行勘察，这些都会造成严重的质量隐患和质量事故。因此，设计单位应当根据相应的勘察成果文件进行建设工程设计。

（四）除有特殊要求的建筑材料、专用设备、工艺生产线等外，设计单位不得指定生产厂、供应商

设计单位有在设计文件中注明所选用的建筑材料、建筑构配件和设备的规格、型号、性能等技术指标的权利和义务。但设计单位如果滥用这项权利，会限制建设单位和施工单位在材料采购上的自主权，同时也限制了其他建筑材料、建筑构配件和设备厂商的平等竞争权，妨碍了公平竞争。此外，指定产品往往会和腐败行为相联系，收受回扣后设计单位常常难以对产品的质量和性能有正确的评价，这无疑会对工程质量产生负面影响。

鉴于以上原因，《建筑法》和《建设工程质量管理条例》均规定，除有特殊要求的建筑材料、专用设备、工艺生产线等外，设计单位不得指定生产厂、供应商。这里的"特殊要求"通常是指根据设计要求，所选产品的性能或规格只有某个厂家能够生产或加工，必须在设计文件中注明方可进行下一步的设计和采购工作。在通用产品能满足工程质量要求的前提下，设计单位不可故意选用特殊要求的产品。

三、施工单位的质量责任和义务

施工阶段是建设工程实体质量的形成阶段，勘察、设计工作质量均要在这一阶段得以实现。施工单位是建设市场的重要责任主体之一，它的能力和行为对建设工程的施工质量起关键性作用。由于施工阶段涉及的责任主体多，生产环节多，时间长，影响质量稳定的因素多，协调管理难度较大，因此，施工阶段的质量责任制度显得尤为重要。

（一）施工单位应当依法取得相应资质等级的证书，并在其资质等级许可的范围内承揽工程

施工单位的资质等级，是施工单位建设业绩、人员素质、管理水平、资金数量、技术装备等综合能力的体现，反映了该施工单位从事某项施工工作的资格和能力，是国家对建筑市场准入管理的重要手段。《建筑业企业资质管理规定》对此做出了明确的规定。

施工单位必须在其资质等级许可的范围内承揽工程，禁止以其他施工单位名义承揽工程和允许其他单位或个人以本单位的名义承揽工程。在实践中，一些施工单位因自身资质条件不符合招标项目所要求的资质条件，会采取种种欺骗手段取得发包方的信任，其中包括借用其他施工单位的资质证书，以其他施工单位的名义承揽工程等手段进行违法承包活动。这些施工单位一旦拿到工程，一般要向出借方交纳一大笔管理费，就只有靠偷工减料、以次充好等非法手段赚取利润。这样一来，必然会给工程带来质量隐患。因此，必须明令禁止这种行为，无论是"出借方"还是"借用方"都将受到法律的处罚。

（二）施工单位不得转包或违法分包工程

1. 转包

转包的最主要特点是转包人只从受转包方收取管理费，而不对工程进行施工和管理。建设单位对受转包人的管理缺乏法律依据，受转包人的行为不受承包合同的约束。后者为了非法赢利，不择手段。《建筑法》和《合同法》都明令禁止承包单位将其承包的全部工程转包给他人，同时也禁止承包单位将其承包的工程肢解以后，以分包的名义分别转包给他人。

2. 违法分包

正常的总分包施工经营方式是建设活动自身的客观需要，但工程实践中，有许多违法分包的行为，表现在：

（1）总承包单位将建设工程分包给不具备相应资质条件的单位；

（2）建设工程总承包合同中未有约定，又未经建设单位认可，承包单位将其承包的部分工程交由其他单位完成；

（3）施工总承包单位将建设工程主体结构的施工分包给其他单位；

（4）分包单位将其承包的建设工程再分包。

上述行为均是《建筑法》《建设工程质量管理条例》明令禁止的。

（三）总承包单位与分包单位对分包工程的质量承担连带责任

对于实行工程施工总承包的，无论质量问题是由总承包单位造成的，还是由分包单位造成的，均由总承包单位负全面的质量责任。另一方面，总承包单位与分包单位对分包工程的质量承担连带责任。依据这种责任，对于分包工程发生的质量责任，建设单位或其他受害人既可以向分包单位请求赔偿全部损失，也可以向总承包单位请求赔偿损失。在总承包单位承担责任后，可以依法按分包合同的约定，向分包单位追偿。

（四）施工单位必须按照工程设计图纸和施工技术标准施工，不得擅自修改工程设计，不得偷工减料

按工程设计图纸施工，是保证工程实现设计意图的前提，也是明确划分设计、施工单位质量责任的前提。施工过程中，如果施工单位不按图施工或不经原设计单位同意，就擅自修改工程设计，其直接的后果，往往违反了原设计的意图，影响工程的质量。间接后果是在原设计有缺陷或出现工程质量事故的情况下，混淆了设计、施工单位各自应负的质量责任。所以按图施工，不擅自修改工程设计，是施工单位保证工程质量的最基本要求。

（五）施工单位必须按照工程设计要求、施工技术标准和合同约定，对建筑材料、建筑构配件、设备和商品混凝土进行检验，未经检验或检验不合格的，不得使用

材料、构配件、设备及商品混凝土检验制度，是施工单位质量保证体系的重要组成部分，是保障建设工程质量的重要内容。施工中要按工程设计要求、施工技术标准和合同约定，对建筑材料、建筑构配件、设备和商品混凝土进行检验。检验工作要按规定的范围和要求进行，按现行的标准、规定的数量、频率、取样方法进行检验。检验的结果要按规定的格式形成书面记录，并由有关专业人员签字。未经检验或检验不合格的，不得使用；使用在工程上的，要追究批准使用人的责任。

（六）施工人员对涉及结构安全的试块、试件以及有关材料，应在建设单位或工程监理单位监督下现场取样，并送具有相应资质等级的质量检测单位进行检测

在工程施工过程中，为了控制工程总体或相应部位的施工质量，一般要依据有关技术标准，用特定的方法对用于工程的材料或构件抽取一定数量的样品，进行检测或试验，并根据其结果来判断其所代表部位的质量。这是控制和判断工程质量所采取的重要技术措施。试块和试件的真实性和代表性，是保证这一措施有效的前提条件。为此，建设工程施工检测，应实行有见证取样和送检制度，即施工单位在建设单位或监理单位见证下取样，送至具有相应资质的质量检测单位进行检测。有见证取样可以保证取样的方法、数量、频率、规格等符合标准的要求，防止假试块、假试件和假试验报告的出现。

检测单位的资质，是保证试块、试件检测、试验质量的前提条件。具有相应资质等级的质量检测单位是指必须经省级以上建设行政主管部门进行资质审查和有关部门质量认证的工程质量检测单位。从事建筑材料和制品等试验工作的施工企业、混凝土预制构件和商品混凝土生产企业、科研单位、大专院校对外服务的工程试验室以及工程质量检测机构，均应按有关规定，取得资质证书。

（七）建设工程实行质量保修制度，承包单位应履行保修义务

建设工程质量保修制度是指建设工程在办理竣工验收手续后，在规定的保修期限内，因勘察、设计、施工、材料等原因造成的质量缺陷，应当由施工承包单位负责维修、返工或更换，由责任单位负责赔偿损失。建设工程实行质量保修制度是落实建设工程质量责任的重要措施。《建筑法》《建设工程质量管理条例》《房屋建筑工程质量保修办法》（2000年6月30日建设部令第80号发布）对该项制度的规定主要有以下几方面内容：

1. 建设工程承包单位在向建设单位提交竣工验收报告时，应当向建设单位出具质量保修书。质量保修书中应当明确建设工程的保修范围、保修期限和保修责任等。保修范围和正常使用条件下的最低保修期限为：

（1）基础设施工程、房屋建筑的地基基础工程和主体结构工程，为设计文件规定的该工程的合理使用年限；

（2）屋面防水工程、有防水要求的卫生间、房间和外墙面的防渗漏，为5年；

（3）供热与供冷系统，为2个采暖期、供冷期；

（4）电气管线、给排水管道、设备安装和装修工程，为2年。

其他项目的保修期限由发包方与承包方约定。建设工程的保修期，自竣工验收合格之日起计算。因使用不当或者第三方造成的质量缺陷，以及不可抗力造成的质量缺陷，不属于法律规定的保修范围。

2. 建设工程在保修范围和保修期限内发生质量问题的，施工单位应当履行保修义务，并对造成的损失承担赔偿责任。

对在保修期限内和保修范围内发生的质量问题，一般应先由建设单位组织勘察、设计、施工等单位分析质量问题的原因，确定维修方案，由施工单位负责维修。但当问题较严重复杂时，不管是什么原因造成的，只要是在保修范围内，均先由施工单位履行保修义务，不得推诿扯皮。对于保修费用，则由质量缺陷的责任方承担。

四、工程监理单位的质量责任和义务

（一）工程监理单位应当依法取得相应资质等级的证书，并在其资质等级许可的范围内承担工程监理业务，不得转让工程监理业务

这方面的规定与对勘察、设计、施工单位的规定是相同的，这里不再赘述。

（二）工程监理单位不得与被监理工程的施工承包单位以及建筑材料、建筑构配件和设备供应单位有隶属关系或者其他利害关系

由于工程监理单位与被监理工程的施工承包单位以及建筑材料、建筑构配件和设备供应单位之间是一种监督与被监督的关系，为了保证工程监理单位能客观、公正地执行监理任务，工程监理单位不得与被监理工程的施工承包单位以及建筑材料、建筑构配件和设备供应单位有隶属关系或者其他利害关系。这里的隶属关系是指工程监理单位与被监理工程的施工承包单位以及建筑材料、建筑构配件和设备供应单位有行政上下级关系等。其他利害关系，是指工程监理单位与被监理工程的施工承包单位以及建筑材料、建筑构配件和设备供应单位之间存在的可能直接影响监理单位工作公正性的经济或其他利益关系，如参股、联营等关系。工程监理单位与被监理工程的施工承包单位以及建筑材料、建筑构配件和设备供应单位有隶属关系或者其他利害关系的，不得承担该项建设工程的监理业务。

（三）工程监理单位应当依照法律、法规以及有关技术标准、设计文件和建设工程承包合同，代表建设单位对施工质量实施监理，并对施工质量承担监理责任

监理单位对施工质量承担监理责任，主要有违法责任和违约责任两个方面。根据《建筑法》和《建设工程质量管理条例》对监理单位违法责任的规定，工程监理单位与建设单位或者施工单位串通、弄虚作假，降低工程质量的，或者将不合格的建设工程、建筑材料、建筑构配件和设备按照合格签字的，承担连带赔偿责任。如果监理单位在责任期内，不按照监理合同约定履行监理职责，给建设单位或者其他单位造成损失的，属违约责任，应当向建设单位赔偿。

五、建筑材料、构配件生产及设备供应单位的质量责任和义务

《质量条例》并没有专门设置"建筑材料、构配件生产及设备供应单位的质量责任和义务"一章，但根据《中华人民共和国产品质量法》（2018 修正）的有关规定，建筑材料、构配件生产及设备供应单位主要有以下几方面的质量责任和义务：

（一）建筑材料、构配件生产及设备供应单位的基本要求

建筑材料、构配件生产及设备供应单位必须具备相应的生产条件、技术装备和质量保证体系，具备必要的检测人员和设备，把好产品看样、订货、储存、运输和核验的质量关。

（二）建筑材料、构配件及设备质量应当符合的要求

（1）符合国家或行业现行有关技术标准规定的合格标准和设计要求；

（2）符合在建筑材料、构配件及设备或其包装上注明采用的标准，符合以建筑材料、构配件及设备说明、实物样品等方式表明的质量状况。

（三）建筑材料、构配件及设备或者其包装上的标识应当符合的要求

（1）有产品质量检验合格证明；

（2）有中文标明的产品名称、生产厂名和厂址；

（3）产品包装和商标样式符合国家有关规定和标准要求；

（4）设备应有产品详细的使用说明书，电气设备还应附有线路图；

（5）实施生产许可证或使用产品质量认证标志的产品，应有许可证或质量认证的编号、批准日期和有效期限。

（四）建筑材料、构配件生产及设备供应单位其他的质量责任和义务

建筑材料、构配件生产及设备供应单位不得生产国家明令淘汰的产品，不得伪造产地，不得伪造或冒用他人的厂名、厂址，不得伪造或冒用认证标志等质量标志，不得掺杂、掺假，不得以假充真、以次充好，不得以不合格产品冒充合格产品等。

第四节　工程质量监督管理

一、工程质量监督管理部门

（一）建设行政主管部门及有关专业部门

我国实行国务院建设行政主管部门统一监督管理，各专业部门按照国务院确定的职责分别对其管理范围内的专业工程进行监督管理。根据国务院批准的"三定"方案的规定，建设部是负责全国建设行政管理的职能部门，铁路、交通、水利等有关部门分别对专业建设工程进行监督管理。县级以上人民政府建设行政主管部门在本行政区域内实行建设工程质量监督管理，专业部门按其职责对本专业建设工程质量实行监督管理。

这种管理体制明确了政府各部门的职责，职权划分清晰，权力与职责一致，谁管理谁负责，有利于对建设工程质量实施监督管理。

（二）工程质量监督机构

对建设工程质量进行监督管理的主要是各级政府建设行政主管部门和其他有关部门。但是，建设工程周期长，环节多，工程质量监督工作是一项专业性强且有十分复杂的工作，政府部门不可能有庞大的编制亲自进行日常检查工作，这就需要委托由政府认可的第三方，即具有独立法人资格的单位来代行工程质量监督职能。也就是说，建设工程质量的监督管理职责可以由建设行政主管部门或者其他有关部门委托的工程质量监督机构承担。

工程质量监督机构是指经建设行政主管部门或其他有关部门考核，具有法人独立资格的单位。它受政府建设行政主管部门或有关专业部门的委托，对建设工程质量具体实施监督管理，并对委托的政府有关部门负责。《质量条例》规定从事房屋建筑工程和市政基础设施工程质量监督的机构，必须按照国家有关规定经国务院建设行政主管部门或者省、自治区、直辖市人民政府建设行政主管部门考核；从事专业建设工程质量监督的机构，必须

按照国家有关规定经国务院有关部门或者省、自治区、直辖市人民政府有关部门考核。经考核合格后，方可实施质量监督。工程质量监督机构必须拥有一定数量的质量监督工程师，有满足工程质量监督检查工作需要的工具和设备。有关工程质量监督机构的资格、工程质量监督工程师管理办法，目前正由建设部制定。

二、工程质量监督管理职责

（一）各级建设行政主管部门的基本职责

1. 国务院建设行政主管部门的基本职责

《质量条例》规定，国务院建设行政主管部门和国务院铁路、交通、水利等有关部门应当加强对有关建设工程质量的法律、法规和强制性标准执行情况的监督检查。

国务院建设行政主管部门在建设工程质量监督方面履行下列职责：

（1）贯彻国家有关建设工程质量的法律、法规、政策，制定建设工程质量监督的有关规定和实施细则；

（2）指导全国建设工程质量监督工作；

（3）制定工程质量监督机构和质量监督工程师的资格标准、考核审批和管理办法；

（4）组织全国建设工程质量检查等。

2. 县级以上地方人民政府建设行政主管部门的基本职责

《质量条例》规定，县级以上地方人民政府建设行政主管部门和其他有关部门应当加强对有关建设工程质量的法律、法规和强制性标准执行情况的监督检查。

（1）根据有关规定，省、自治区、直辖市建设行政主管部门履行下列建设工程质量方面的职责：

1）贯彻国家有关建设工程质量的法律、法规、政策，制定本地区建设工程质量监督工作的有关规定和实施细则；

2）对本地区市、区、县质量监督机构考核、认定；

3）组织对工程质量监督工程师和监督员的考核；

4）组织对本地区建设工程质量的检查工作等。

（2）各级城市、地、区、县建设行政主管部门的职责：

1）贯彻国家和地方有关建设工程质量的法律、法规、政策；

2）委托质量监督机构具体实施工程质量监督；

3）在工程竣工验收后，接受质量监督机构报送的工程质量监督报告和建设单位竣工验收的有关资料，办理备案手续；

4）对上报的需实施行政处罚的报告进行审核，并依法对工程建设有关主体实施行政处罚。

3. 建设行政主管部门履行监督检查职责时有权采取的措施

《质量条例》规定，县级以上人民政府建设行政主管部门和其他有关部门履行监督检查职责时，有权采取下列措施：

（1）要求被检查的单位提供有关工程质量的文件和资料；

（2）进入被检查单位的施工现场进行检查；

（3）发现有影响工程质量的问题时，责令改正。

（二）工程质量监督机构的基本职责

1. 办理建设单位工程建设项目报监手续，收取监督费；

2. 依照国家有关法律、法规和工程建设强制性标准，对建设工程的地基基础、主体结构及相关的建筑材料、构配件、商品混凝土的质量进行检查；

3. 对于被检查实体质量有关的工程建设参与各方主体的质量行为及工程质量文件进行检查，发现工程质量问题时，有权采取局部暂停施工等强制性措施，直到问题得到改正；

4. 对建设单位组织的竣工验收程序实施监督，察看其验收程序是否合法，资料是否齐全，实体质量是否存有严重缺陷；

5. 工程竣工后，应向委托的政府有关部门报送工程质量监督报告；

6. 对需要实施行政处罚的，报告委托的政府部门进行行政处罚。

三、工程竣工验收备案制度

《质量条例》确立了建设工程竣工验收备案制度。该项制度是加强政府监督管理，防止不合格工程流向社会的一个重要手段。结合《质量条例》和《房屋建筑工程和市政基础设施工程竣工验收规定》（2013 年 12 月 2 日住建部令第 171 号发布）的有关规定，建设单位应当在工程竣工验收合格后的 15 日到县级以上人民政府建设行政主管部门或其他有关部门备案。建设单位办理工程竣工验收备案应提交以下材料：

1. 工程竣工验收备案表；

2. 工程竣工验收报告。竣工验收报告应当包括工程报建日期，施工许可证号，施工图设计文件审查意见，勘察、设计、施工、工程监理等单位分别签署的质量合格文件及验收人员签署的竣工验收原始文件，市政基础设施的有关质量检测和功能性试验资料以及备案机关认为需要提供的有关资料；

3. 法律、行政法规规定应当由规划、公安消防、环保等部门出具的认可文件或者准许使用文件；

4. 施工单位签署的工程质量保修书；

5. 法规、规章规定必须提供的其他文件。

6. 商品住宅还应当提交《住宅质量保证书》和《住宅使用说明书》。

建设行政主管部门或其他有关部门收到建设单位的竣工验收备案文件后，依据质量监督机构的监督报告，发现建设单位在竣工验收过程中有违反国家有关建设工程质量管理规定行为的，责令停止使用，重新组织竣工验收后，再办理竣工验收备案。建设单位有下列违法行为的，要按照有关规定予以行政处罚：

1. 在工程竣工验收合格之日起 15 日内未办理工程竣工验收备案；

2. 在重新组织竣工验收前擅自使用工程；

3. 采用虚假证明文件办理竣工验收备案。

四、工程质量事故报告制度

工程质量事故报告制度是《质量条例》确立的一项重要制度。建设工程发生质量事故后，有关单位应当在 24 小时内向当地建设行政主管部门和其他有关部门报告。对重大质量事故,事故发生地的建设行政主管部门和其他有关部门应当按照事故类别和等级向当地人民政府和上级建设行政主管部门和其他有关部门报告。事故发生后隐瞒不报、谎报、故意拖延报告期限的、故意破坏现场的、阻碍调查工作正常进行的、无正当理由拒绝调查组查询或者拒绝提供与事故有关情况、资料的,以及提供伪证的,由其所在单位或上级主管部门按有关规定给予行政处分;构成犯罪的,由司法机关依法追究刑事责任。

五、工程质量检举、控告、投诉制度

《建筑法》与《建设工程质量管理条例》均明确,任何单位和个人对建设工程的质量事故、质量缺陷都有权检举、控告、投诉。工程质量检举、控告、投诉制度是为了更好地发挥群众监督和社会舆论监督的作用,是保证建设工程质量的一项有效措施。

《建设工程质量投诉处理暂行规定》(1997年4月2日建设部发布)对该项制度的实施做出了规定。

（一）工程质量投诉的范围

工程质量投诉,是指公民、法人和其他组织通过信函、电话、来访等形式反映工程质量问题的活动。凡是新建、改建、扩建的各类建筑安装、市政、公用、装饰装修等建设工程,在保修期内和建设过程中发生的工程质量问题,均属投诉范围。对超过保修期,在使用过程中发生的工程质量问题,由产权单位或有关部门处理。

（二）负责工程质量投诉管理工作的部门及其职责

1. 建设部负责全国建设工程质量投诉管理工作。国务院各有关主管部门的工程质量投诉受理工作,由各部门根据具体情况指定专门机构负责。省、自治区、直辖市建设行政主管部门指定专门机构,负责受理工程质量的投诉。

建设部对工程质量投诉管理工作的主要职责是:

(1) 制订工程质量投诉处理的有关规定和办法;

(2) 对各省、自治区、直辖市和国务院有关部门的投诉处理工作进行指导、督促;

(3) 受理全国范围内有重大影响的工程质量投诉。

2. 各省、自治区、直辖市建设行政主管部门和国务院各有关主管部门对工程质量投诉管理工作的主要职责是:

(1) 贯彻国家有关建设工程质量方面的方针、政策和法律、法规、规章,制订本地区、本部门的工程质量投诉处理的有关规定和办法;

(2) 组织、协调和督促本地区、本部门的工程质量投诉处理工作;

(3) 受理本地区、本部门范围内的工程质量投诉。

市(地)、县建委(建设局)的工程质量投诉管理机构和职责,由省、自治区、直辖市建设行政主管部门或地方人民政府确定。

（三）投诉处理机构的职责和义务

(1) 投诉处理机构要督促工程质量责任方,按照有关规定,认真处理好用户的工程质量投诉。要做好投诉登记工作。

(2) 对需要几个部门共同处理的投诉,投诉处理机构要主动与有关部门协商,在政府的统一领导和协调下,有关部门各司其职,协同处理。

（3）建设部批转各地区、各部门处理的工程质量投诉材料，各地区、各部门的投诉处理机构应在三个月内将调查和处理情况报建设部。

省级投诉处理机构受理的工程质量投诉，按照属地解决的原则，交由工程所在地的投诉处理机构处理，并要求报告处理结果。对于严重的工程质量问题可派人协助有关方面调查处理。

市、县级投诉处理机构受理的工程质量投诉，原则上应直接派人或与有关部门共同调查处理，不得层层转批。

（4）对于投诉的工程质量问题，投诉处理机构要本着实事求是的原则，对合理的要求，要及时妥善处理；暂时解决不了的，要向投诉人做出解释，并责成工程质量责任方限期解决；对不合理的要求，要做出说明，经说明后仍坚持无理要求的，应给予批评教育。对注明联系地址和联系人姓名的投诉，要将处理的情况通知投诉人。

（5）在处理工程质量投诉过程中，不得将工程质量投诉中涉及的检举、揭发、控告材料及有关情况，透露或者转送给被检举、揭发、控告的人员和单位。任何组织和个人不得压制、打击报复、迫害投诉人。

（6）各级建设行政主管部门要把处理工程质量投诉作为工程质量监督管理工作的重要内容抓好。对在工程质量投诉处理工作中做出成绩的单位和个人，要给予表彰。对在处理投诉工作中不履行职责、敷衍、推诿、拖延的单位及人员，要给予批评教育。

第五节　工程质量法律制度案例

案例1

上诉人（一审被告、反诉原告）：××投资有限公司（以下简称：甲公司）

被上诉人（一审原告、反诉被告）：××集团有限公司（以下简称：乙公司）

一、基本案情

2013年4月20日，乙公司青海分公司与邓某签订《工程施工内部承包协议书》，约定："邓某对朗悦新天地工程进行施工，承包范围按建设单位的招标文件、施工合同及相关补充协议执行；材料供应及工程款支付等执行公司与建设单位签订的合同及补充协议的有关规定；乙公司青海分公司计取工程总造价4.5%的管理费，邓某交纳质量、安全及税务稽查保证金1%等内容。"

2013年6月29日，乙公司中标案涉工程，中标价为91452265.26元。2013年7月3日，甲公司与乙公司签订《建设工程施工合同》。2013年8月15日，甲公司与乙公司就案涉工程再次签订《建设工程施工合同》。合同履行过程中，因甲公司未按约定支付工程进度款及退还交纳的履约保证金，双方于2014年8月21日签订《补充协议》，重新约定甲公司付款时间并约定违约责任。

案涉工程于2015年7月17日主体分部经验收合格，监理（建设）单位江苏华通工程管理有限公司青海分公司最后在地基与基础分部工程验收记录中签字盖章确认日期为2015年11月，同月乙公司撤场。案涉工程于2017年11月26日交付业主使用。

乙公司向一审法院起诉请求甲公司支付剩余工程款及违约金。

甲公司反诉请求判令乙公司赔付就消防蓄水池、外立面线条不合格工程（未按设计图纸要求施工）及部分缺陷工程进行整改、修复发生的费用。

二、案件审理

一审法院经审理认为：

因案涉工程已交付使用，根据《最高人民法院关于审理建设工程施工合同纠纷案件适用法律问题的解释》第十三条"建设工程未经竣工验收，发包人擅自使用后，又以使用部分质量不符合约定为由主张权利的，不予支持"之规定，对甲公司主张乙公司赔付就消防蓄水池、外立面线条不合格工程及部分缺陷工程进行整改修复发生的费用 1164969.78 元的诉求，一审法院不予支持。

甲公司不服青海省高级人民法院（2018）青民初 62 号民事判决，向最高人民法院提起上诉。

二审法院认为：

关于甲公司主张乙公司赔付消防蓄水池、外立面线条工程不合格及部分工程缺陷而进行整改修复发生的费用 1164969.78 元应否予以支持的问题。

根据《最高人民法院关于审理建设工程施工合同纠纷案件适用法律问题的解释》第十三条"建设工程未经竣工验收，发包人擅自使用后，又以使用部分质量不符合约定为由主张权利的，不予支持；但承包人应当在建设工程的合理使用寿命内对地基基础工程和主体结构质量承担民事责任"之规定，甲公司于 2017 年 11 月将案涉工程交付业主使用，交付使用后的工程质量风险责任（除地基基础工程和主体结构外）已转移至甲公司，现甲公司又以使用部分质量不符合约定为由主张权利，一审判决不予支持，于法有据，本院予以确认。

三、案例评析

关于工程质量的责任划分是本案审理当中的一个争议焦点。根据《最高人民法院关于审理建设工程施工合同纠纷案件适用法律问题的解释》第十三条"建设工程未经竣工验收，发包人擅自使用后，又以使用部分质量不符合约定为由主张权利的，不予支持；但承包人应当在建设工程的合理使用寿命内对地基基础工程和主体结构质量承担民事责任"，本工程未经验收前已由发包人交给业主使用，且发包人所主张的"消防蓄水池、外立面线条工程不合格及部分工程缺陷"非地基基础工程和主体结构工程，因此发包人不得就此部分再要求赔偿。

案例 2

再审申请人（一审被告、二审被上诉人）：大邑县三合堰灌区水利站

被申请人（一审原告、二审上诉人）：××包装彩印厂（以下简称：甲彩印厂）

被申请人（一审被告、二审上诉人）：××建筑有限公司（以下简称：乙公司）

一、基本案情

为解决大邑县晋原镇老龙堰、三口堰两渠道下游灌区的内涝，2013 年 9 月，三合堰水利站向大邑县发展和改革局提出《大邑县三台堰灌区水利站关于老龙堰、三口堰分水渠工程立项的申请》，同年 10 月 15 日，大邑县发展和改革局以大发改投〔2013〕118 号文件予以批复。2014 年 2 月，三台堰水利站作为发包方、四川某工程项目管理有限公司作

为招标代理机构在四川省公共资源交易服务中心网站、四川省公共资源交易信息网上发布大邑县晋原镇老龙堰、三口堰分水渠工程（以下简称"分水渠工程"）《招标公告》。2014年3月17日，乙公司中标。2014年3月26日，三合堰水利站作为委托人与监理人四川某建设管理有限公司签订《合同协议书》一份，监理工程内容：新建老龙堰、三口堰分水渠工程项目1773米；2014年4月2日，三合堰水利站（发包人）与乙公司（承包人）签订《施工合同》（一式五份）及《安全生产合同》一份，其内容为：签约合同价2236598元，施工期60日。分通用合同条款和专用合同条款。设立监理人，发包人按合同条款向承包人提供图纸，该通用条款9.2.7条约定"由于承包人原因在施工场地内及其毗邻地带造成的第三者人员伤亡和财产损失，由承包人负责赔偿"；第9.43条："承包人应按照批准的施工环保措施有计划有序地堆放和处理施工废弃物，避免对环境造成破坏。因承包人任意堆放或弃置施工废料造成妨碍公共交通、影响城镇居民生活、降低河流行洪能力、危及居民安全、破坏周边环境，或者影响其他承包人施工等后果的，承包人应承担责任"9.44条："承包人应按合同约定采取有效措施，对施工开挖的边坡及时进行支护，维护排水设施，并进行水土保护，避免因施工造成的地质灾害。"等内容。

合同签订后，乙公司进场施工。2014年7月，因分水渠工程与大邑大道和成温邛高速互通立交发生冲突需调整渠线，但短期内工业区企业围墙无法拆除，致渠道不能完全按施工图进行建设，分水渠工程经相关部门及县政府审批，于2014年8月11日最终完成变更。期间该工程处于停工状态。停工时，乙公司未将该分水渠新开挖覆土及时清除，且未对该分水渠设置疏通排放口，导致该分水渠形成了一个汇水区域。

该分水渠工程西北邻大邑县三口堰，东面邻大邑县，南邻海特尔彩印厂。2014年7月31日凌晨3时起大邑县地区开始降雨，6时起雨量急增，7时雨量增至最大一小时雨量达42.2mm。因雨量过大，加之上游汇入该分水渠的水流量过大，导致雨水汇入该分水渠形成围堰。8时39分许，大量水流溢出该分水渠，并涌向与之相邻的甲彩印厂，导致甲彩印厂围墙倒塌，水流直接流向甲彩印厂的办公区域和生产区域，导致甲彩印厂被淹，办公物资、设备及生产物资、设备等受损。

2014年8月1日，四川省成都市律政公证处依甲彩印厂申请对甲彩印厂被淹后的厂区内外现状以摄像方式进行了证据保全，并于2014年8月13日出具《公证书》。2014年8月1日，甲彩印厂与某钢构公司共同单方委托中节能公司对甲彩印厂及某钢构公司周边围墙在2014年7月31日发生倒塌的原因进行鉴定。2014年8月12日，该公司作出鉴定结论：甲彩印厂及某钢构公司倒塌围墙原因为新开挖沟渠改变原有地貌，形成汇水区域，且该沟渠与厂区围墙距离较近同时无疏通排放功能，在上游汇入该沟渠水流量过大情况下抬高水位形成围堰，A~B段（甲彩印厂）围墙在侧向水压力作用下产生倾覆倒塌，倒塌后的大量水流随即冲击C~D段（某钢构公司）围墙，导致倒塌。受甲彩印厂委托，2014年9月22日，宏涛公司出具宏价评〔2014〕076号《关于对成都甲彩印厂因水灾造成财物损失的价格评估报告》，对甲彩印厂因2014年7月31日水灾造成的财务损失价值进行了评估，结论为评估标的物价值为2987998元。

包含甲彩印厂在内的工业园区地处老龙堰、三口堰下游的低洼地带，每逢雨季该工业园区内诸多企业常年内涝。分水渠工程的项目主管单位为大邑县水务局。事故发生后大邑县水务局积极派员到现场组织排险。

二、案件审理

一审法院认为：乙公司与三台堰水利站签订的《施工合同》，内容真实合法，依法应受法律保护。乙公司在分水渠施工过程中，因工程需要重新调整渠线的客观原因而停工。但乙公司承包的分水渠工程是用于排水，施工期间正值雨季，乙公司在停工时未及时将新开挖的分水渠覆土清除且未修建相应的疏通渠道，违反了《中华人民共和国建筑法》第三十九条"建筑施工企业应当在施工现场采取维护安全，防范危险、预防火灾等措施；有条件的，应当对施工现场实行封闭管理。施工现场对毗邻的建筑物、构筑物和特殊作业环境可能造成损害的，建筑施工企业应当采取安全防护措施。"以及《建设工程安全生产管理条例》第二十八条第二款"施工单位应当根据不同施工阶段和周围环境及季节、气候的变化，在施工现场采取相应的安全施工措施。施工现场暂时停止施工的，施工单位应当做好现场防护……"中施工单位应尽安全防护措施的法定义务，存在过失。乙公司在施工过程中未尽到安全防护措施与甲彩印厂的围墙倒塌之间存在一定因果关系，故依照《中华人民共和国侵权责任法》第六条"行为人因过错侵害他人民事权益，应当承担侵权责任。"的规定，乙公司应当对甲彩印厂在此次事故中所遭受的损失承担相应的赔偿责任。

乙公司与甲彩印厂不服一审法院判决向高县人民法院提起上诉。

二审法院认为：三合堰水利站与乙公司签订的《施工合同》及《安全生产合同》中约定，三合堰水利站作为发包人应检查承包人乙公司的安全工作实施，组织承包人和有关单位进行安全查检；应组织对乙公司施工现场安全生产检查，监督乙公司及时处理发现的各种安全隐患。案涉工程停工时正值雨季，且修建案涉工程的目的即为解决大邑县晋原镇老龙堰、三口堰两渠道下游灌区的内涝，三合堰水利站明知雨季到来，就应根据《施工合同》及《安全生产合同》的约定，组织对乙公司的施工现场进行安全生产检查，监督乙公司及时处理安全隐患，三合堰水利站未对施工现场进行安全生产检查，未监督乙公司及时处理安全隐患，存在一定的过错，对甲彩印厂在事故中的损失应承担相应的赔偿责任。甲彩印厂上诉认为三合堰水利站未履行监督职责应承担责任的理由成立，本院予以支持，一审法院认为三合堰水利站不应承担责任错误，本院予以纠正。

三合堰水利站向最高人民法院申请再审。

再审法院认为：本案的争议焦点有二：一是原判决认定的基本事实是否缺乏证据证明；二是原判决适用法律是否错误。

原判决认定的基本事实是否缺乏证据证明。

关于三合堰水利站是否承担赔偿责任的问题。造成本案事故的原因有二：一是乙公司新开挖沟渠改变原有地貌、形成汇水区域，无疏通排放功能；二是上游汇入该沟渠的水流流量过大。三合堰水利站是案涉分水渠工程项目的发包方，根据其与乙公司签订的《安全生产合同》的约定，三合堰水利站应当组织对乙公司施工现场进行安全生产检查，监督乙公司及时发现处理各种安全隐患。本案中，三合堰水利站在案涉分水渠工程施工过程中，未充分履行安全生产监管职责，未及时发现乙公司未依法施工的事实，存在一定过错，三合堰水利站应当对案涉事故的发生承担一部分责任。三合堰水利站认为其没有实施任何侵权行为，无任何过错，不应当承担赔偿责任的理由，无事实和法律依据，本院不予支持。

关于三合堰水利站承担赔偿责任比例如何确定的问题。原审法院在综合考虑暴雨天气原因以及各方当事人的过错原因、评估报告所依据的原始资料未能提供、甲彩印厂未交出受损财产残值等情况的基础上，酌情认定三合堰水利站承担 295238.8 元的赔偿责任并无不当。三合堰水利站关于甲彩印厂主张的损害无证据证明应当予以驳回其诉讼请求的申请再审事由与事实不符，本院不予支持。

三、案例评析

根据《中华人民共和国侵权责任法》第六条第一款规定，"行为人因过错侵害他人民事权益，应当承担侵权责任"。本案中，三合堰水利站在案涉分水渠工程施工过程中，未充分履行安全生产监管职责，未及时发现乙公司未依法施工的事实，存在一定过错，三合堰水利站应当对案涉事故的发生承担相应责任。根据《建设工程安全生产管理条例》第二十八条第二款"施工单位应当根据不同施工阶段和周围环境及季节、气候的变化，在施工现场采取相应的安全施工措施。施工现场暂时停止施工的，施工单位应当做好现场防护……"施工单位应尽安全防护措施的法定义务，存在过失。乙公司在施工过程中未尽到安全防护措施与甲彩印厂的围墙倒塌之间存在一定因果关系，乙公司应当对甲彩印厂在此次事故中所遭受的损失承担相应的赔偿责任。

第九章 工程安全法律制度

第一节 工程安全管理概述

一、工程安全管理方针

（一）安全管理的概念

安全管理是指管理者运用行政、经济、法律、法规、技术等各种手段，发挥决策、教育、组织、监察、指挥等各种职能，对人、物、环境等各种被管理对象施加影响和控制，排除不安全因素，以达到安全目的的活动。

安全管理的中心问题是保护生产活动中劳动者的安全与健康，保证生产顺利进行。

（二）工程安全管理的概念

工程安全管理是指对建设活动过程中所涉及的安全进行的管理，包括建设行政主管部门对建设活动中的安全问题所进行的行业管理和从事建设活动的主体对自己建设活动的安全生产所进行的企业管理。

从事建设活动的主体所进行的安全生产管理包括建设单位对安全生产的管理，设计单位对安全生产的管理，施工单位对建设工程安全生产的管理等。

（三）工程安全管理与《中华人民共和国安全生产法（2014修正）》的关系

《中华人民共和国安全生产法》规定："在中华人民共和国领域内从事生产经营活动的单位的安全生产，适用本法；有关法律、行政法规对消防安全和道路交通安全、铁路交通安全、水上交通安全、民用航空安全另有规定的除外。"

所以，工程安全管理属于《中华人民共和国安全生产法》调整范围。

（四）工程安全管理方针

《中华人民共和国安全生产法》规定安全生产管理，坚持安全第一、预防为主的方针。同时，《中华人民共和国建筑法》（以下简称为《建筑法》）第36条规定："建筑工程安全生产管理必须坚持安全第一、预防为主的方针，建立健全安全生产的责任制度和群防群治制度。"确立了建筑工程安全管理必须坚持的方针。

所谓坚持安全第一、预防为主的方针，是指将建设工程安全管理放到第一位，采取有效措施控制不安全因素的发展与扩大，把可能发生的事故，消灭在萌芽状态。安全第一是从保护和发展生产力的角度，表明在生产范围内安全与生产的关系，肯定安全在建筑生产活动中的首要位置和重要性。预防为主是指在建筑生产活动中，针对建筑生产的特点，对生产要素采取管理措施，有效地控制不安全因素的发展与扩大，把可能发生的事故消灭在萌芽状态，以保证生产活动中人的安全与健康。安全第一，预防为主的方针，体现了国家对在建筑工程安全生产过程中"以人为本"，保护劳动者权利、保护社会生产力、保护建筑生产的高度重视。

二、安全生产管理体制

完善安全管理体制，建立健全安全管理制度、安全管理机构和安全生产责任制是安全管理的重要内容，也是实现安全生产目标管理的组织保证。我国的安全生产管理体制是"企业负责、行业管理、国家监察、群众监督、劳动者遵章守纪"。

企业负责。即工程建设企业应认真贯彻执行劳动保护和安全生产的政策、法令和规章制度，要对本企业的劳动保护和安全生产负责。

行业管理。即行业主管部门应根据"管生产必须管安全的原则"，管理本行业的安全生产工作，建立安全管理机构，配备安全技术干部，组织贯彻执行国家安全生产方针、政策、法规；制定行业的安全规章制度和安全规范标准；对本行业安全生产工作进行计划、组织、监督、检查和考核。建设部工程质量安全监督与行业发展司负责全国建筑行业的安全生产工作。

国家监察。即由劳动部门按照国务院要求实施国家劳动安全监察。国家监察是一种执法监察，主要是监察国家法规政策的执行情况，预防和纠正违反法规政策的偏差。它不干预企事业内部执行法规政策的方法、措施和步骤等具体事务，不能代替行业管理部门日常管理和安全检查。

群众（工会组织）监督。保护职工的安全健康是工会的职责。工会对危害职工安全健康的现象有抵制、纠正以至控告的权利。这是一种自下而上的群众监督。这种监督与国家安全监察和行政管理是相辅相成的。

劳动者遵章守纪。从发生原因来看，事故大都与职工的违章行为有直接关系。因此，劳动者在生产过程中应该自觉遵守安全生产规章制度和劳动纪律，严格执行安全技术操作规程，不违章操作。劳动者遵章守纪也是减少事故，实现安全生产的重要保证。

三、工程安全管理基本制度

（一）《中华人民共和国安全生产法》中明确的安全生产基本制度

《安全生产法》确定了我国安全生产的基本法律制度：

1. 安全生产监督管理制度

《安全生产法》中提供了四种监督途径，即工会民主监督、社会舆论监督、公众举报监督和社区服务监督。通过这些监督途径，将使许多安全隐患及时得以发现，也将使许多安全管理工作中的不足得以改善。同时，《安全生产法》也明确了监督管理人员的权利和义务，这也将有利于监督工作的顺利进行。

2. 生产经营单位安全保障制度

在《安全生产法》中明确了生产经营单位必须做好安全生产的保证工作，既要在安全生产条件上、技术上符合生产经营的要求，也要在组织管理上建立健全安全生产责任并将其有效落实。

3. 从业人员安全生产权利义务制度

在《安全生产法》中，不仅在明确了从业人员为保证安全生产所应尽的义务，也明确了从业人员进行安全生产所享有的权利。这样，在正面强调从业人员应该为安全生产尽职尽责的同时，赋予从业人员的权利也从另一方面有效保障了安全生产管理工作的有效开展。

4. 生产经营单位负责人安全责任制度

在《建筑法》中已经强调了安全生产责任制，这是从组织管理的角度采取的重要措施。在《安全生产法》中，更强调了单位负责人的安全责任。因为，一切安全管理，归根到底是对人的管理，只有生产经营单位的负责人真正认识到安全管理的重要性并认真落实安全管理的各项工作，安全管理工作才有可能真正有效进行。

5. 安全生产责任追究制度

违法必究是我国法律的基本原则，任何单位或个人违反了我国的法律，都将受到法律的制裁。所以，《安全生产法》中明确了对违反该法的单位和个人的法律责任。这一点，与《建筑法》中规定的基本原则是一致的。

6. 事故应急救援和处理制度

在安全事故中，经常伴随着生命财产的抢救，如果没有应急的救援措施和科学合理的处理制度，人民的生命财产安全和公民的正当权利将无法得到保障。同时，正确处理安全事故也可以起到警醒世人、教育员工的作用，所以，健全事故应急救援和处理制度是十分重要的。

（二）《中华人民共和国建筑法》中明确的安全生产基本制度

1. 安全生产责任制度

安全生产责任制度是建筑生产中最基本的安全管理制度，是所有安全规章制度的核心。安全生产责任制度是指将各种不同的安全责任落实到负责有安全管理责任的人员和具体岗位人员身上的一种制度。这一制度是"安全第一、预防为主"方针的具体体现，是建筑安全生产的基本制度。在建筑活动中，只有明确安全责任，分工负责，才能形成完整有效的安全管理体系，激发每个人的安全责任感，严格执行建筑工程安全的法律、法规和安全规程、技术规范，防患于未然，减少和杜绝建筑工程事故，为建筑工程的生产创造一个良好的环境。安全责任制的主要内容包括：一是从事建筑活动主体的负责人的责任制。比如，建筑施工企业的法定代表人要对本企业的安全负主要的安全责任。二是从事建筑活动主体的职能机构或职能处室负责人及其工作人员的安全生产责任制。比如，建筑企业根据需要设置的安全处室或者专职安全人员要对安全负责。三是岗位人员的安全生产责任制。岗位人员必须对安全负责。从事特种作业的安全人员必须进行培训，经过考试合格后方能上岗作业。

2. 群防群治制度

群防群治制度是职工群众进行预防和治理安全的一种制度。这一制度也是"安全第一、预防为主"的具体体现，同时也是群众路线在安全工作中的具体体现，是企业进行民主管理的重要内容。这一制度要求建筑企业职工在施工中应当遵守有关生产的法律、法规和建筑行业安全规章、规程，不得违章作业；对于危及生命安全和身体健康的行为有权提出批评、检举和控告。

3. 安全生产教育培训制度

安全生产教育培训制度是对广大建筑企业职工进行安全教育培训，提高安全意识，增加安全知识和技能的制度。安全生产，人人有责。只有通过对广大职工进行安全教育、培训，才能使广大职工真正认识到安全生产的重要性、必要性，才能使广大职工掌握更多更有效的安全生产的科学技术知识，牢固树立安全第一的思想，自觉遵守各项安全生产和规章制度。分析许多建筑安全事故，一个重要的原因就是有关人员安全意识不强，安全技能不够，这些都是没有搞好安全教育培训工作的后果。

4. 安全生产检查制度

安全生产检查制度是上级管理部门或企业自身对安全生产状况进行定期或不定期检查的制度。通过检查可以发现问题，查出隐患，从而采取有效措施，堵塞漏洞，把事故消灭在发生之前，做到防患于未然，是"预防为主"的具体体现。通过检查，还可总结出好的经验加以推广，为进一步搞好安全工作打下基础。安全检查制度是安全生产的保障。

5. 伤亡事故处理报告制度

施工中发生事故时，建筑企业应当采取紧急措施减少人员伤亡和事故损失，并按照国家有关规定及时向有关部门报告的制度。事故处理必须遵循一定的程序，做到三不放过（事故原因不清不放过、事故责任者和群众没有受到教育不放过、没有防范措施不放过）。通过对事故的严格处理，可以总结出教训，为制定规程、规章提供第一手素材，做到亡羊补牢。

6. 安全责任追究制度

《建筑法》第七章法律责任中，规定建设单位、设计单位、施工单位、监理单位，由于没有履行职责造成人员伤亡和事故损失的，视情节给予相应处理；情节严重的，责令停业整顿，降低资质等级或吊销资质证书；构成犯罪的，依法追究刑事责任。

第二节　工程安全责任

一、建设单位的安全责任

（一）建设单位应当向施工单位提供有关资料

《建设工程安全生产管理条例》第 6 条规定："建设单位应当向施工单位提供施工现场及毗邻区域内供水、排水、供电、供气、供热、通信、广播电视等地下管线资料，气象和水文观测资料，相邻建筑物和构筑物、地下工程的有关资料，并保证资料的真实、准确、完整。

建设单位因建设工程需要，向有关部门或者单位查询前款规定的资料时，有关部门或者单位应当及时提供。"

（二）不得向有关单位提出影响安全生产的违法要求

《建设工程安全生产管理条例》第 7 条规定："建设单位不得对勘察、设计、施工、工程监理等单位提出不符合建设工程安全生产法律、法规和强制性标准规定的要求，不得压缩合同约定的工期。"

（三）建设单位应当保证安全生产投入

《建设工程安全生产管理条例》第 8 条规定："建设单位在编制工程概算时，应当确定建设工程安全作业环境及安全施工措施所需费用。"

（四）不得明示或暗示施工单位使用不符合安全施工要求的物资

《建设工程安全生产管理条例》第9条规定："建设单位不得明示或者暗示施工单位购买、租赁、使用不符合安全施工要求的安全防护用具、机械设备、施工机具及配件、消防设施和器材。"

（五）办理施工许可证或开工报告时应当报送安全施工措施

《建设工程安全生产管理条例》第10条规定："建设单位在申请领取施工许可证时，应当提供建设工程有关安全施工措施的资料。

依法批准开工报告的建设工程，建设单位应当自开工报告批准指日起15日内，将保证安全施工的措施报送建设工程所在地的县级以上人民政府建设行政主管部门或者其他有关部门备案。"

（六）应当将拆除工程发包给具有相应资质的施工单位

《建设工程安全生产管理条例》第11条规定："建设单位应当将拆除工程发包给具有相应资质等级的施工单位。

建设单位应当在拆除工程施工15日前，将下列资料报送建设工程所在地的县级以上地方人民政府主管部门或者其他有关部门备案。

1. 施工单位资质等级证明；

2. 拟拆除建筑物、构筑物及可能危及毗邻建筑的说明；

3. 拆除施工组织方案；

4. 堆放、清除废弃物的措施。"

实施爆破作业的，还应当遵守国家有关民用爆炸物品管理的规定。根据《民用爆炸物品安全管理条例》第27条的规定，使用爆破器材的建设单位，必须经上级主管部门审查同意，并持说明使用爆破器材的地点、品名、数量、用途、四邻距离的文件和安全操作规程，向所在地县、市公安局申请领取《爆炸物品使用许可证》，方准使用。根据《民用爆炸物品安全管理条例》第35条的规定："在城市、风景名胜区和重要工程设施附近实施爆破作业的，应当向爆破作业所在地设区的市级人民政府公安机关提出申请，提交《爆破作业单位许可证》和具有相应资质的安全评估企业出具的爆破设计、施工方案评估报告。受理申请的公安机关应当自受理申请之日起20日内对提交的有关材料进行审查，对符合条件的，作出批准的决定；对不符合条件的，作出不予批准的决定，并书面向申请人说明理由。

实施前款规定的爆破作业，应当由具有相应资质的安全监理企业进行监理，由爆破作业所在地县级人民政府公安机关负责组织实施安全警戒。"

二、勘察、设计单位的安全责任

（一）勘察单位的安全责任

根据《建设工程安全生产管理条例》第12条的规定，勘察单位的安全责任包括：

1. 勘察单位应当按照法律、法规和工程建设强制性标准进行勘察，提供的勘察文件应当真实、准确，满足建设工程安全生产的需要。

2. 勘察单位在勘察作业时，应当严格按照操作规程，采取措施保证各类管线、设施和周边建筑物、构筑物的安全。

（二）设计单位的安全责任

《建筑法》第37条对设计单位的安全责任有明确规定："建筑工程设计应符合按照国

家规定制定的建筑安全规程和技术规范，保证工程的安全性能。"

根据《建设工程安全生产管理条例》第13条的规定，设计单位的安全责任包括：

1. 设计单位应当按照法律、法规和工程建设强制性标准进行设计，防止因设计不合理导致安全生产事故的发生。

2. 设计单位应当考虑施工安全操作和防护的需要，对涉及施工安全的重点部位和环节在设计文件中注明，并对防范安全生产事故提出指导意见。

3. 采用新结构、新材料、新工艺的建设工程和特殊结构的建设工程，设计单位应当在设计中提出保障施工作业人员安全和预防生产安全事故的措施建议。

4. 设计单位和注册建筑师等注册执业人员应当对其设计负责。

建筑工程设计是建设工程的重要环节，工程设计质量的优劣直接影响建设活动和建筑产品的安全。为此，勘察单位应提供建设工程所需的全面、准确的地质、测量和水文等资料。这里所说的建筑工程设计，是指各类房屋建筑、构筑物及其附属设施、线路管道、设备等的设计活动。一般应根据建设工程项目的功能性要求，考虑投资、材料、环境、气候、水文地质结构等提供图纸等设计文件。

所谓保证工程的安全性能，是指设计单位应当按照建设工程安全标准进行设计，保证其符合按照国家规定制定的建筑安全规程和技术规范。建筑工程的安全性能，包括两层含义：在建造过程中的安全，主要指建造者的安全；建成后的使用安全，主要指建筑物的安全。所谓建筑安全规程，是指在建筑活动中为了消除导致人身伤亡或者造成设备、财产破坏以及危害环境而由有关部门制定的具体技术要求和实施程序的统一规定。所谓建筑技术规范，是指由有关部门制定的对设计、施工等技术事项所作的统一规定，技术规范是标准的一种形式。需要说明的是，这里对于建筑安全规程和技术规范的制定提出了要求，即建筑安全规程和技术规范必须"按照国家规定"制定。所谓按照国家规定制定，是指制定建筑安全规程和技术规范时必须符合国家规定的原则，不得同国家规定相抵触；抵触的无效。这里国家规定包括全国人大及其常委会通过的法律、国务院制定的行政法规、行业部门制定的行政规章等。

三、工程监理单位的安全责任

（一）安全技术措施及专项施工方案审查义务

《建设工程安全生产管理条例》第14条第1款规定："工程监理单位应当审查施工组织设计中的安全技术措施或者专项施工方案是否符合工程建设强制性标准。"

（二）安全生产事故隐患报告义务

《建设工程安全生产管理条例》第14条第2款规定："工程监理单位在实施监理过程中，发现存在安全事故隐患的，应当要求施工单位整改；情况严重的，应当要求施工单位暂时停止施工，并及时报告建设单位。施工单位拒不整改或者不停止施工的，工程监理单位应当及时向有关主管部门报告。"

（三）应当承担监理责任

工程监理单位和监理工程师应当按照法律、法规和工程建设强制性标准实施监理，并对建设工程安全生产承担监理责任。

四、建设工程物资供应单位的安全责任

（一）机械设备和配件供应单位的安全责任

《建设工程安全生产管理条例》第 15 条规定："为建设工程提供机械设备和配件的单位，应当按照安全施工的要求配备齐全有效的保险、限位等安全设施和装置。"

（二）机械设备、施工机具和配件出租单位的安全责任

《建设工程安全生产管理条例》第 16 条规定："出租的机械设备和施工工具及配件，应当具有生产（制造）许可证，产品合格证。

出租单位应当对出租的机械设备和施工工具及配件的安全性能进行检测，在签订租赁协议时，应当出具检测合格证明。

禁止出租检测不合格的机械设备和施工工具及配件。"

（三）起重机械和自升式架设设施的安全管理

1. 在施工现场安装、拆卸施工起重机械和整体提升脚手架、模板等自升式架设设施，必须由具有相应资质的单位承担。

2. 安装、拆卸施工起重机械和整体提升脚手架、模板等自升式架设设施，应当编制拆装方案、指定安全施工措施，并由专业技术人员现场监督。

3. 施工起重机械和整体提升脚手架、模板等自升式架设设施安装完毕后，安装单位应当自检，出具自检合格证明，并向施工单位进行安全使用说明，办理验收手续并签字。

4. 施工起重机械和整体提升脚手架、模板等自升式架设设施的使用达到国家规定的检验检测期限的，必须经具有专业资质的检验检测机构检测。经检测不合格的，不得继续使用。

5. 检验检测机构对检测合格的施工起重机械和整体提升脚手架、模板等自升式架设设施，应当出具安全合格证明文件，并对检测结果负责。

五、施工单位的安全责任

（一）施工单位应当具备的安全生产资质条件

《建设工程安全生产管理条例》第 20 条规定："施工单位从事建设工程的新建、扩建和拆除等活动，应当具备国家规定的注册资本、专业技术人员、技术装备和安全生产等条件，依法取得相应等级的资质证书，并在其资质等级许可的范围内承揽工程。"

（二）施工总承包单位与分包单位安全责任的划分

《建设工程安全生产管理条例》第 24 条规定："建设工程实行施工总承包的，由总承包单位对施工现场的安全生产负总责。

总承包单位应当自行完成建设工程主体结构的施工。

总承包单位依法将建设工程分包给其他单位的，分包合同中应当明确各自的安全生产方面的权利、义务。总承包单位和分包单位对分包工程的安全生产承担连带责任。

分包单位应当接受总承包单位的安全生产管理，分包单位不服从管理导致生产安全事故的，由分包单位承担主要责任。"

（三）施工单位安全生产责任制度

《建设工程安全生产管理条例》第 21 条规定："施工单位主要负责人依法对本单位的

安全生产工作全面负责。施工单位应当建立健全安全生产责任制度和安全生产教育培训制度，制定安全生产规章制度和操作规程，保证本单位安全生产条件所需资金的投入，对所承担建设工程进行定期和专项安全检查，并做好安全检查记录。"

施工单位的项目负责人应当由取得相应执业资格的人员担任，对建设工程项目的安全施工负责，落实安全生产责任制度、安全生产规章制度和操作规程，确保安全生产费用的有效使用，并根据工程的特点组织制定安全施工措施，消除安全事故隐患，及时、如实报告生产安全事故。

（四）施工单位安全生产基本保障措施

1. 安全生产费用应当专款专用

《建设工程安全生产管理条例》第 22 条规定："施工单位对列入建设工程概算的安全作业环境及安全施工措施所需费用，应当用于施工安全防护用具及设施的采购和更新、安全施工措施的落实、安全生产条件的改善，不得挪作他用。"

2. 安全生产管理机构及人员的设置

《建设工程安全生产管理条例》第 23 条规定："施工单位应当设立安全生产管理机构，配备专职安全生产管理人员。

专职安全生产管理人员负责对安全生产进行现场监督检查。发现安全事故隐患，应当及时向项目负责人和安全生产管理机构报告；对违章指挥、违章操作的，应当立即制止。"

3. 编制安全技术措施及专项施工方案的规定

《建设工程安全生产管理条例》第 26 条规定："施工单位应当在施工组织设计中编制安全技术措施和施工现场临时用电方案，对下列达到一定规模的危险性较大的分部分项工程编制专项施工方案，并附具安全验算结果，经施工单位技术负责人、总监理工程师签字后实施，由专职安全生产管理人员进行现场监督：

（1）基坑支护与降水工程；

（2）土方开挖工程；

（3）模板工程；

（4）起重吊装工程；

（5）脚手架工程；

（6）拆除、爆破工程；

（7）国务院建设行政主管部门或者其他有关部门规定的其他危险性较大的工程。"

对上述工程中涉及深基坑、地下暗挖工程、高大模板工程的专项施工方案，施工单位还应当组织专家进行论证、审查。

施工单位还应当根据施工阶段和周围环境及季节、气候的变化，在施工现场采取相应的安全施工措施。施工现场暂时停止施工的，施工单位应当做好现场防护，所需费用由责任方承担，或按照合同约定执行。

4. 对安全施工技术要求的交底

《建设工程安全生产管理条例》第 27 条规定："建设工程施工前，施工单位负责项目管理的技术人员应当对有关安全施工的技术要求向施工作业班组、作业人员做出详细说明，并由双方签字确认。"

5. 危险部位安全警示标志的设置

《建设工程安全生产管理条例》第 28 条第 1 款规定："施工单位应当在施工现场入口处、施工起重机械、临时用电设施、脚手架、出入通道口、楼梯口、电梯井口、孔洞口、桥梁口、隧道口、基坑边沿、爆破物及有害危险气体和液体存放处等危险部位，设置明显的安全警示标志。安全警示标志必须符合国家标准。"

6. 对施工现场生活区、作业环境的要求

《建设工程安全生产管理条例》第 29 条规定："施工单位应当将施工现场的办公、生活区与作业区分开设置，并保持安全距离；办公、生活区的选址应当符合安全性要求。职工的膳食、饮水、休息场所等应当符合卫生标准。施工单位不得在尚未竣工的建筑物内设置员工集体宿舍。"

7. 环境污染防护措施

《建设工程安全生产管理条例》第 30 条规定："施工但对因建设工程施工可能造成损害的毗邻建筑物、构筑物和地下管线等，应当采取专项保护措施。

施工单位应当遵守有关环境保护法律、法规的规定，在施工现场采取措施，防止或减少粉尘、废气、废水、固体废物、噪声、振动和施工照明对人和环境的危害和污染。"

8. 消防安全保障措施

消防安全是建设工程安全生产管理的重要组成部分，是施工单位现场安全生产管理的工作重点之一。《建设工程安全生产管理条例》第 31 条规定："施工单位应当在施工现场建立消防安全责任制度，确定消防安全责任人，制定用火、用电、使用易燃易爆材料等各项消防安全管理制度和操作规程，设置消防通道、消防水源，配备消防设施和灭火器材，并在施工现场入口处设置明显标志。"

除了施工单位的消防安全责任外，《中华人民共和国消防法》还对建设单位、设计单位的消防安全责任作了具体规定，包括：

（1）按照国家工程建筑消防技术标准需要进行消防设计的建筑工程，设计单位应当按照国家工程建筑消防技术标准进行设计，建设单位应当将建筑工程的消防设计图纸及有关资料报送公安消防机构审核；未经审核或者经审核不合格的，建设行政主管部门不得发给施工许可证，建设单位不得施工。

（2）经公安消防机构审核的建筑工程消防设计需要变更的，应当报经原审核的公安消防机构核准；未经核准的，任何单位、个人不得变更。

（3）按照国家工程建筑消防技术标准进行消防设计的建筑工程竣工时，必须经公安消防机构进行消防验收；未经验收或者经验收不合格的，不得投入使用。

（4）建筑构件和建筑材料的防火性能必须符合国家标准或者行业标准。公共场所室内装修、装饰根据国家工程建筑消防技术标准的规定，应当使用不燃、难燃材料的，必须选用依照产品质量法的规定确定的检验机构检验合格的材料。

9. 劳动安全管理规定

《建设工程安全生产管理条例》第 32 条规定："施工单位应当向作业人员提供安全防护用具和安全防护服装，并书面告知危险岗位的操作规程和违章操作的危害。

作业人员有权对施工现场的作业条件、作业程序和作业方式中存在的安全问题提出批评、检举和控告，有权拒绝违章指挥和强令冒险作业。

在施工中发生危及人身安全的紧急情况时，作业人员有权立即停止作业或者在采取必要的应急措施后撤离危险区域。"

第 33 规定："作业人员应当遵守安全施工的强制性标准、规章制度和操作规程，正确使用安全防护用具、机械设备等。"

第 38 条规定："施工单位应当为施工现场从事危险作业的人员办理意外伤害保险。

意外伤害保险费由施工单位支付。实行施工总承包的，由总承包单位支付意外伤害保险费。意外伤害保险期限自建设工程开工之日起至竣工验收合格止。"

10. 安全防护用具及机械设备、施工机具的安全管理

《建设工程安全生产管理条例》第 34 条规定："施工单位采购、租赁的安全防护用具、机械设备、施工机具及配件，应当具有生产（制造）许可证、产品合格证，并在进入施工现场前进行查验。

施工现场的安全防护用具、机械设备、施工机具及配件必须由专人管理，定期进行检查、维修和保养，建立相应的资料档案，并按照国家有关规定及时报废。"

《建设工程安全生产管理条例》第 35 条规定："施工单位在使用施工起重机械和整体提升脚手架、模板等自升式架设设施前，应当组织有关单位进行验收，也可以委托具有相应资质的检验检测机构进行验收；使用承租的机械设备和施工机具及配件的，由施工总承包单位、分包单位、出租单位和安装单位共同进行验收。验收合格的方可使用。"

（五）安全教育培训制度

1. 特种作业人员培训和持证上岗

《建设工程安全生产管理条例》第 25 条规定："垂直运输机械作业人员、安装拆卸工、爆破作业人员、起重信号工、登高架设作业人员等特种作业人员，必须按照国家有关规定经过专门的安全作业培训，并取得特种作业操作资格证书后，方可上岗作业。"

2. 安全管理人员和作业人员的安全教育培训和考核

《建设工程安全生产管理条例》第 36 条规定："施工单位的主要负责人、项目负责人、专职安全生产管理人员应当经建设行政主管部门或者其他有关部门考核合格后方可任职。

施工单位应当对管理人员和作业人员每年至少进行一次安全生产教育培训，其教育培训情况记入个人工作档案。安全生产教育培训考核不合格的人员，不得上岗。"

3. 作业人员进入新岗位、新工地或采用新技术时的上岗教育培训

《建设工程安全生产管理条例》第 37 条规定："作业人员进入新的岗位或者新的施工现场前，应当接受安全生产教育培训。未经教育培训或者教育培训考核不合格的人员，不得上岗作业。

施工单位在采用新技术、新工艺、新设备、新材料时，应当对作业人员进行相应的安全生产教育培训。"

第三节　工程安全生产的行政监督管理

一、建设工程安全生产的行政监督管理的分级管理

（一）建设工程安全生产的行政监督管理的概念

建设工程安全生产的行政监督管理，是指各级人民政府建设行政主管部门及其授权的

建设工程安全生产监督机构，对建设工程安全生产所实施的行政监督管理。

（二）建设工程安全生产的行政监督的分级管理

我国现行对建设工程（含土木工程、建筑工程、线路管道和设备安装工程）安全生产的行政监督管理是分级进行的，建设行政主管部门因级别不同具有的管理职责也不完全相同。

国务院建设行政主管部门负责建设工程安全生产的统一监督管理，并依法接受国家安全生产综合管理部门的指导和监督。国务院铁道、交通、水利等有关部门按照国务院规定职责分工，负责有关专业建设工程安全生产的监督管理。

县级以上地方人民政府建设行政主管部门负责本行政区域内的建设工程安全生产管理。县级以上地方人民政府交通、水利等有关部门在各自的职责范围内，负责本行政区域内的专业建设工程安全生产的监督管理。县级以上地方人民政府建设行政主管部门和地方人民政府交通、水利等有关部门应当设立建设工程安全监督机构负责建设工程安全生产的日常监督管理工作。

二、国务院建设行政主管部门的职责

国务院建设行政主管部门主管全国建设工程安全生产的行业监督管理工作。其主要职责是：

1. 贯彻执行国家有关安全生产的法规和方针、政策，起草或者制定建筑安全生产管理的法规和标准；

2. 统一监督管理全国工程建设方面的安全生产工作，完善建筑安全生产的组织保证体系；

3. 制定建筑安全生产管理的中、长期规划和近期目标，组织建筑安全生产技术的开发与推广应用；

4. 指导和监督检查省、自治区、直辖市人民政府建设行政主管部门开展建筑安全生产的行业监督管理工作；

5. 统计全国建筑职工因工伤亡人数，掌握并发布全国建筑安全生产动态；

6. 负责对申报资质等级一级企业和国家一、二级企业以及国家和部级先进建筑企业进行安全资格审查或者审批，行使安全生产否决权；

7. 组织全国建筑安全生产检查，总结交流建筑安全生产管理经验，并表彰先进；

8. 检查和监督工程建设重大事故的调查处理，组织或者参与工程建设特别重大事故的调查。

三、县级以上地方人民政府建设行政主管部门的职责

县级以上地方人民政府建设行政主管部门负责本行政区域建筑安全生产的行业监督管理工作。其主要职责是：

1. 贯彻执行国家和地方有关安全生产的法规、标准和方针、政策，起草或者制定本行政区域建筑安全生产管理的实施细则或者实施办法；

2. 制定本行政区域建筑安全生产管理的中、长期规划和近期目标，组织建筑安全生产技术的开发与推广应用；

3. 建立健全安全生产的监督管理体系，制定本行政区域建筑安全生产监督管理工作制度，组织落实各级领导分工负责的建筑安全生产责任制；

4. 负责本行政区域建筑职工因工伤亡的统计和上报工作，掌握和发布本行政区域建筑安全生产动态；

5. 负责对申报晋升企业资质等级、企业升级和报评先进企业的安全资格进行审查或者审批，行使安全生产否决权；

6. 组织或者参与本行政区域工程建设中人身伤亡事故的调查处理工作，并依照有关规定上报重大伤亡事故；

7. 组织开展本行政区域建筑安全生产检查，总结交流建筑安全生产管理经验，并表彰先进；

8. 监督检查施工现场、构配件生产车间等安全管理和防护措施，纠正违章指挥和违章作业；

9. 组织开展本行政区域建筑企业安全生产管理人员、作业人员的安全生产教育、培训、考核及发证工作，监督检查建筑企业对安全技术措施费的提取和使用。

10. 领导和管理建筑安全生产监督机构的工作。

四、安全生产的四种监督方式

《安全生产法》中明确了四种监督方式：

1. 工会民主监督。即工会有权对建设项目的安全设施与主体工程同时设计、同时施工、同时投入生产和使用的情况进行监督，提出意见。

2. 社会舆论监督。即新闻、出版、广播、电影、电视等单位有对违反安全生产法律、法规的行为进行舆论监督的权利。

3. 公众举报监督。即任何单位或者个人对事故隐患或者安全生产违法行为，均有权向负有安全生产监督管理职责的部门报告或者举报。

4. 社区报告监督。即居民委员会、村民委员会发现其所在区域内的生产经营单位存在事故隐患或者安全生产违法行为时，有权向当地人民政府或者有关部门报告。

五、安全监督检查人员职权

1. 现场调查取证权。即安全生产监督检查人员可以进入生产经营单位进行现场调查，单位不得拒绝，有权向被检查单位调阅资料，向有关人员（负责人、管理人员、技术人员）了解情况。

2. 现场处理权。即对安全生产违法作业当场纠正权；对现场检查出的隐患，责令限期改正、停产停业或停止使用的职权；责令紧急避险权和依法行政处罚权。

3. 查封、扣押行政强制措施权。其对象是安全设施、设备、器材、仪表等；依据是不符合国家或行业安全标准；条件是必须按程序办事、有足够证据、经部门负责人批准、通知被查单位负责人到场、登记记录等，并必须在15日内作出决定。

六、安全监督检查人员义务

1. 审查、验收禁止收取费用。

2．禁止要求被审查、验收的单位购买指定产品。

3．必须遵循忠于职守、坚持原则、秉公执法的执法原则。

4．监督检查时须出示有效的监督执法证件。

5．对检查单位的技术秘密、业务秘密尽到保密之义务。

七、建筑安全生产监督机构的职责

建筑安全生产监督机构根据同级人民政府建设行政主管部门的授权，依据有关的法规、标准，对本行政区域内建筑安全生产实施监督管理。其职责如下：

1．贯彻执行党和国家的安全生产方针、政策和决议。

2．监察各工地对国家、建设部、省、市政府公布的安全法规、标准、规章制度、办法和安全技术措施的执行情况。

3．总结、推广建筑施工安全科学管理、先进安全装置、措施等经验，并及时给以奖励。

4．制止违章指挥和违章作业行为，对情节严重者按处罚条例给以经济处罚，对隐患严重的现场或机械、电气设备等，及时签发停工指令，并提出改进措施。

5．参加建筑行业重大伤亡事故的调查处理，对造成死亡1人，重伤3人，直接经济损失5万元以上的重大事故主要负责者，有权向检察院、法院提出控诉，追究刑事责任。

6．对建筑施工队伍负责人、安全检查员、特种作业人员，进行安全教育培训、考核发证工作。

7．参加建筑施工企业新建、扩建、改建和挖潜、革新、改造工程项目设计和竣工验收工作，负责安全卫生设施"三同时"（安全卫生设施同时设计同时验收同时使用）的审查工作。

8．及时召开安全施工或重大伤亡事故现场会议。

第四节　建设工程重大安全事故的处理

重大安全事故，是指因违反有关建设工程安全的法律、法规和强制性标准，造成人身伤亡或者重大经济损失的事故。

一、建设工程伤亡事故的分类

根据生产安全事故（以下简称事故）造成的人员伤亡或者直接经济损失，事故一般分为以下等级：

（1）特别重大事故，是指造成30人以上死亡，或者100人以上重伤（包括急性工业中毒，下同），或者1亿元以上直接经济损失的事故；

（2）重大事故，是指造成10人以上30人以下死亡，或者50人以上100人以下重伤，或者5000万元以上1亿元以下直接经济损失的事故；

（3）较大事故，是指造成3人以上10人以下死亡，或者10人以上50人以下重伤，或者1000万元以上5000万元以下直接经济损失的事故；

（4）一般事故，是指造成3人以下死亡，或者10人以下重伤，或者1000万元以下直接经济损失的事故。

国务院安全生产监督管理部门可以会同国务院有关部门，制定事故等级划分的补充性规定。

本条第一款所称的"以上"包括本数，所称的"以下"不包括本数。

二、施工伤亡事故处理程序

（一）事故报告

1. 生产经营单位发生生产安全事故后，事故现场有关人员应当立即报告本单位负责人。

2. 负有安全生产监督管理职责的部门接到事故报告后，应当立即按照国家有关规定上报事故情况。负有安全生产监督管理职责的部门和有关地方人民政府对事故情况不得隐瞒不报、谎报或者拖延不报。

其中，特大事故报告应包括以下内容：

（1）事故发生的时间、地点、单位；

（2）事故的简单经过、伤亡人数、直接经济损失的初步统计；

（3）事故发生原因的初步判断；

（4）事故发生采取的措施及事故控制情况；

（5）事故报告单位。

特大事故发生单位所在地方人民政府接到特大事故报告后，应当立即通知公安部门、人民检察院和工会。特大事故发生后，省、自治区、直辖市人民政府应当按照国家有关规定迅速、如实发布事故信息。

（二）迅速抢救伤员、保护事故现场

1. 安全生产责任事故应急救援体系

（1）县级以上地方各级人民政府应当组织有关部门制定本行政区域内特大生产安全事故应急救援预案，建立应急救援体系。

（2）危险物品的生产、经营、储存单位以及矿山、建筑施工单位应当建立应急救援组织；生产经营规模较小，可以不建立应急救援组织的，应当指定兼职的应急救援人员。

（3）危险物品的生产、经营、储存单位以及矿山、建筑施工单位应当配备必要的应急救援器材、设备，并进行经常性维护、保养，保证正常运转。

2. 抢救行动的实施

有关地方人民政府和负有安全生产监督管理职责的部门的负责人接到重大生产安全事故报告后，应当立即赶到事故现场，组织事故抢救。

事故发生后，现场人员要有组织，统一指挥。首先抢救伤亡和排除险情，尽量制止事故蔓延扩大。同时注意，为了事故调查分析的需要，应保护好事故现场。如因抢救伤亡和排除险情而必须移动现场的构件时，还应准确作出标记，最好拍出不同角度的照片，为事故调查提供可靠的原始事故现场。特大事故发生后，有关地方人民政府应当迅速组织救护，有关部门应当服从指挥、调度，参加或者配合救助，将事故损失降到最小限度。

（三）事故调查

1. 事故调查组

　　企业接到事故报告后，经理、主管经理、业务部领导和有关人员应立即赶赴现场组织抢救，并迅速组织调查组开展调查。

　　（1）发生人员轻伤、重伤事故，由企业负责人或指定的人员组织施工生产、技术、安全、劳资、工会等有关人员组成事故调查组进行调查。

　　（2）死亡事故由企业主管部门会同现场所在市（或区）劳动部门、公安部门、人民检察院、工会组成事故调查组进行调查。

　　（3）重大伤亡事故应按企业的隶属关系，由省、自治区、直辖市企业主管部门或国务院有关主管部门，公安、监察、检察部门、工会组成事故调查组进行调查。也可邀请有关专家和技术人员参加。

　　（4）特大事故发生后，按照事故发生单位的隶属关系，由省、自治区、直辖市人民政府或者国务院归口管理部门组织特大事故调查组，负责事故的调查工作；涉及军民两个方面的特大事故，组织事故调查的单位应当邀请军队派员参加事故的调查工作；国务院认为应当由国务院调查的特大事故，由国务院或者国务院授权的部门组织成立事故调查组；特大事故调查组应当根据所发生事故的具体情况，由事故发生单位的归口管理部门、公安部门、监察部门、计划综合部门、劳动部门等单位派员组成，并应当邀请人民检察机关和工会派员参加；特大事故调查组根据调查工作的需要，可以选聘其他部门或者单位的人员参加，也可以聘请有关专家进行技术鉴定和财产损失评估。

　　（5）有关县（市、区）、市（地、州）和省、自治区、直辖市人民政府及政府有关部门应当配合、协助事故调查，不得以任何方式阻碍、干涉事故调查。

　　2. 事故调查组成员。事故调查组成员应符合下列条件：

　　（1）具有事故调查所需要的某一方面的专长；

　　（2）与所发生的事故没有直接的利害关系。

　　3. 事故调查组的职责。事故调查组的职责是：

　　（1）调查事故发生的原因、过程和人员伤亡、经济损失的情况；

　　（2）确定事故责任者；

　　（3）提出事故处理意见和防范措施的建议；

　　（4）写出事故调查报告。

　　4. 事故调查组的权力

　　事故调查组有权向发生事故的企业和有关单位、有关人员了解有关情况和索取有关资料，任何单位和个人不得拒绝。

　　5. 特大事故调查的时间要求

　　特大事故调查工作应当自事故发生之日至 60 日内完成，并由调查组提出调查报告；遇有特殊情况的，经调查组提出并报国家安全生产监督管理机构批准后，可以适当延长时间。

　　（四）现场勘察

　　调查组成立后，应立即对事故现场进行勘察。现场勘察是项技术性很强的工作，它涉及广泛的科学技术知识和实践经验，因此勘察必须及时、全面、细致、准确、客观地反映原始面貌，其勘察的主要内容有：

　　1. 做出笔录。笔录的内容包括：

　　（1）发生事故的时间、地点、气象等；

（2）现场勘察人员的姓名、单位、职务；

（3）现场勘察起止时间、勘察过程；

（4）能量逸散所造成的破坏情况、状态、程度；

（5）设施设备损坏或异常情况及事故发生前后的位置；

（6）事故发生前的劳动组合，现场人员的具体位置和行动；

（7）重要物证的特征、位置及检验情况等。

2. 实物拍照。实物拍照包括：

（1）方位拍照：反映事故现场周围环境中的位置；

（2）全面拍照：反映事故现场各部位之间的联系；

（3）中心拍照：反映事故现场的中心情况；

（4）细目拍照：揭示事故直接原因的痕迹物、致害物等；

（5）人体拍照：反映伤亡者主要受伤和造成伤害的部位。

3. 现场绘图。根据事故的类别和规模以及调查工作的需要应绘制出下列示意图：

（1）建筑物平面图、剖面图；

（2）事故发生时人员位置及疏散（活动）图；

（3）破坏物立体图或展开图；

（4）涉及范围图；

（5）设备或工、器具构造图等。

（五）事故调查分析及结论

1. 安全生产责任事故调查处理的要求

（1）事故调查处理应当按照实事求是、尊重科学的原则，及时、准确地查清事故原因，查明事故性质和责任，总结事故教训，提出整改措施，并对事故责任者提出处理意见。事故调查和处理的具体办法由国务院制定。

（2）生产经营单位发生生产安全事故，经调查确定为责任事故的，除了应当查明事故单位的责任并依法予以追究外，还应当查明对安全生产的有关事项负有审查批准和监督职责的行政部门的责任，对有失职、渎职行为的，追究法律责任。

（3）任何单位和个人不得阻挠和干涉对事故的依法调查处理。

（4）县级以上地方各级人民政府负责安全生产监督管理的部门应当定期统计分析本行政区域内发生生产安全事故的情况，并定期向社会公布。

2. 事故调查的步骤和要求

（1）通过详细的调查，查明事故发生的经过。弄清事故的各种产生因素，如人、物、生产和技术管理、生产和社会环境、机械设备的状态等方面的问题，经过认真、客观、全面、细致、准确的分析，确定事故的性质和责任。

（2）事故分析时，首先整理和仔细阅读调查材料，按 GB 6411—86 标准附录 A，对受伤部位、受伤性质、起因物、致害物、伤害方法、不安全行为和不安全状态等七项内容进行分析。

（3）事故原因分析时，应根据调查所确认的事实，从直接原因入手，逐步深入到间接原因。通过对原因的分析，确定出事故的直接责任者和领导责任者，根据在事故发生中的作用找出主要责任者。

（4）确定事故性质。工地发生伤亡事故的性质通常可分为责任事故、非责任事故和破坏事故。事故的性质确定后，也就可以采取不同的处理方法和手段了。

（5）根据事故发生的原因，找出防止发生类似事故的具体措施，并应定人、定时间、定标准，完成措施的全部内容。

3. 事故调查结论

事故调查组在查明事故情况以后，如果对事故的分析和事故责任者的处理不能取得一致的意见，劳动部门有权提出结论性意见；如仍有不同意见，应当报上级劳动部门或者有关部门；仍不能达成一致意见的，报同级人民政府裁决，但不得超过事故处理工作时限。

三、施工伤亡事故处理

1. 事故调查组提出的事故处理意见和防范措施建议，由发生事故的企业及其主管部门负责处理。

2. 因忽视安全生产、违章指挥、违章作业、玩忽职守或者发现事故隐患、危害情况而不采取有效措施以致造成伤亡事故的，由企业主管部门或者企业按照国家有关规定，对企业负责人和直接责任人员给予行政处分；构成犯罪的，由司法机关依法追究刑事责任。

3. 违反规定，在伤亡事故发生后隐瞒不报、谎报、故意延迟不报、故意破坏事故现场，或者无正当理由，拒绝接受调查以及拒绝提供有关情况和资料的，由有关部门按照国家有关规定，对有关单位负责人和直接责任人员给予行政处分；构成犯罪的，由司法机关依法追究刑事责任。

4. 在调查、处理伤亡事故中玩忽职守、徇私舞弊或者打击报复的，由其所在单位按照国家有关规定给予行政处分；构成犯罪的，由司法机关依法追究刑事责任。

5. 伤亡事故处理工作应当在 90 日内结案，特殊情况不得不超过 180 日。伤亡事故处理结案后，应当公开宣布处理结果。对于特大安全事故，省、自治区、直辖市人民政府应当自调查报告提交之日起 30 日内，对有关责任人作出处理决定；必要时，国务院可以对特大安全事故的有关责任人员作出处理。

6. 建设部对事故的审理和结案的要求

（1）事故调查处理结论报出后，须经当地有关有审批权限的机关审批后方能结案。并要求伤亡事故处理工作在 90 日内结案，特殊情况也不得超过 180 日。

（2）对事故责任者的处理，应根据事故情节轻重、各种损失大小、责任轻重加以区分，予以严肃处理。

（3）清理资料进行专案存档。事故调查和处理资料是用鲜血和教训换来的，是对职工进行教育的宝贵资料，也是伤亡人员和受到处罚人员的历史资料，因此应完整保存。

（4）存档的主要内容有：职工伤亡事故登记表；职工重伤、死亡事故调查报告书、现场勘察资料记录、图纸、照片等；技术鉴定和实验报告；物证、人证调查材料；医疗部门对伤亡者的诊断及影印件；事故调查组的调查报告；企业或主管部门对其事故所作的结案申请报告；受理人员的检查材料。

第五节 工程安全法律制度案例

案例 1

上诉人（原审原告）：鄂尔多斯市××化工有限公司（以下简称：甲公司）

被上诉人（原审被告）：徐州××钢结构建设有限公司（以下简称：乙公司）

被上诉人（原审被告）：上海同济××建设机器人有限公司（以下简称：丙公司）

被上诉人（原审被告）：徐州××钢结构安装有限公司（以下简称：丁公司）

原审第三人：北京××工程管理有限公司（以下简称：戊公司）

一、基本案情

2009 年 5 月，经过招投标手续，乙公司中标"储煤棚及附属设施工程"。乙公司投标文件确定的储煤棚网架安装方案为"从四个角同时开始，采用逐层安装、交圈，条块拼装、吊装配合空中散装"。

2009 年 8 月 1 日，甲公司（发包人）与乙公司（承包人）签订《建设工程施工承包合同》。

2009 年 12 月 27 日，浙大建筑设计院向乙公司发送了"鄂尔多斯超级穹顶施工方案"。2009 年 12 月，乙公司编制的施工组织设计（施工方案）中储煤棚网架安装方案为"地面分区折叠拼装，整体提升，局部散装补杆施工工艺"。

2010 年 3 月 20 日，乙公司（发包方）与丁公司（分包方）签订《工程劳务分包合同书》，乙公司将储煤棚网架结构工程劳务施工分包给丁公司。

2010 年 4 月 21 日，乙公司（委托人，甲方）与丙公司（受托人，乙方）签订了《技术服务合同》，乙公司委托丙公司对鑫聚源札萨克镇物流园区储煤棚网壳进行液压提升技术服务。2010 年 6 月，丙公司编制了《鄂尔多斯煤棚网架钢结构液压提升施工方案》。2010 年 6 月 11 日，甲公司与乙公司的会议纪要明确，由于变更施工方案本身增加的铰支座、铰关节费用 84.8 万元和丙公司整体提升费用 90 万元由甲公司承担，网架安装用的支撑塔架、整体提升用的提升塔架 498.5 万元扣除乙公司原投标报价措施费 100 万元，余下398.5 万元双方各承担百分之五十，工程完工后由乙公司回收。2010 年 8 月 16 日，建设单位甲公司、施工单位乙公司和监理单位戊公司对已经完工的储煤棚网架杆件进行抽查，并出具《鑫聚源储煤棚网架杆件质量检查报告》。

2010 年 9 月 29 日 17 时，钢结构网架在提升过程中发生坍塌。

2011 年 3 月 25 日，鄂尔多斯市人民政府作出鄂府函〔2011〕50 号《批复》，《批复》同意事故调查报告的责任认定：1. 丙公司对该起事故的发生负有直接管理责任；2. 甲公司在该起事故中负有主要管理责任；3. 戊公司在该起事故中未认真履行监理责任，负有监理不力的责任；4. 乙公司在该起事故中负有施工组织管理不善的责任；5. 浙大建筑设计院对提升过程中的安全技术指导监控不力，在该起事故中负有技术指导责任；6. 丁公司在该起事故中负有管理不力的责任；7. 管委会在该起事故中负有管理责任；8. 伊金霍洛旗有关行政主管部门在该起事故中负有管理责任。《批复》同意事故调查报告对伤亡人员和直接经济损失的认定，直接经济损失为 3200 万元。

甲公司诉乙公司由于自身原因没有交付合同约定的工程，同时违反合同约定的"对案涉项目施工现场的安全生产、文明施工等全权负责，不允许出现任何安全、质量事故，否则造成一切后果均由乙公司承担"的约定。

二、案件评析

根据《建设工程安全生产管理条例》第二十六条规定："施工单位应当在施工组织设计中编制安全技术措施和施工现场临时用电方案，对下列达到一定规模的危险性较大的分部分项工程编制专项施工方案，并附具安全验算结果，经施工单位技术负责人、总监理工程师签字后实施，由专职安全生产管理人员进行现场监督：……（四）起重吊装工程；……对前款所列工程中涉及深基坑、地下暗挖工程、高大模板工程的专项施工方案，施工单位还应当组织专家进行论证、审查。本条第一款规定的达到一定规模的危险性较大工程的标准，由国务院建设行政主管部门会同国务院其他有关部门制定。"《危险性较大的分部分项工程安全管理办法》第三条规定："本办法所称危险性较大的分部分项工程是指建筑工程在施工过程中存在的、可能导致作业人员群死群伤或造成重大不良社会影响的分部分项工程。"乙公司在负有按照国家法律、法规、规范、标准、操作规程等规定要求组织施工，并确保安全生产的合同义务及法定义务的情况下，未就丙公司提交的《鄂尔多斯煤棚网架钢结构液压提升施工方案》组织专项方案论证。而根据《批复》及《报告》的内容，提升工程施工方案存在漏洞，是造成案涉事故的直接原因。乙公司作为该工程的施工单位，违反相关法律规定和合同约定，未尽到安全生产责任，已构成违约，应当承担相应民事责任。

案例 2

再审申请人（一审原告、二审上诉人）：××财产保险股份有限公司某市分公司（以下简称：甲公司）

被申请人（一审被告、二审被上诉人）：××安装工程有限公司（以下简称：乙公司）

一、基本案情

2012年8月22日，某公司（甲方）与安装公司第四分公司第六项目部（乙方）签订《安全协议书》，该协议书第三条第2项约定："乙方施工前，必须经站（厂、库）安全监督对施工人员进行安全教育，未进行安全教育工程项目不得施工"；第5项约定："甲方的安全防护器材必须配置到位，安全措施得力，否则将不得开工作业；施工中因违章操作等原因造成意外的人身伤害或事故损失应由乙方负责"；第9项约定："若乙方违反本责任书之上述有关约定，不按安全技术要求，甲方有权制止乙方施工，乙方对该行为给甲方造成的经济损失应当予以赔偿"；第11项约定："因甲方大部分是边生产边施工项目，甲方必须移除或者排除所有易燃、易爆危险源，乙方再进行施工。如甲方未解决安全隐患而造成的人员及财产安全事故，由甲方负责。如因乙方违章施工造成的人员及财产安全事故，由乙方负责"。

2012年9月10日下午3时10分许，该公司酯化车间甲液废水罐内有很多液体流出，该公司工作人员正在堵漏，约一分钟后发生爆炸燃烧，导致安装公司工作人员廖某等人受伤及该公司厂房、机器设备等严重损毁。

井冈山经济技术开发区公安消防大队经现场勘查，作出并公开消火认字〔2012〕第

0001 号《火灾事故认定书》。该《火灾事故认定书》分析火灾成因为：酯化车间甲液（DMF）废水灌发生物料泄漏，泄漏未被及时发现并妥善处置，泄漏出来的大量甲液（DMF）废水产生可燃蒸汽与空气混合形成爆炸性混合气体，遇到点火源发生爆燃引起火灾。

2013 年 7 月 25 日，安装公司员工廖某向江西省吉安县人民法院提起诉讼，要求该公司赔偿其因案涉火灾所造成的人身损害。2014 年 10 月 9 日，江西省吉安市中级人民法院作出（2014）吉中民一终字第 312 号民事判决，认为该公司系易燃易爆等高度危险物的占有人和使用人，应对廖某的人身损害后果承担赔偿责任；安装公司明知施工区域存在易燃易爆危险源，未取得安全动火证而带火作业，且未对廖某进行安全生产教育和岗前培训，具有过错，应对廖某的人身损害后果承担一定的赔偿责任；廖某作为成年人、缺乏对危害发生的高度注意，没有采取避防措施，存在重大过失，可以减轻该公司的责任。该判决结合该案实际情况和当事人的过错程度，确定该公司、安装公司、廖某对廖某人身损害后果各承担 50％、30％、20％的责任。

甲公司吉安市分公司作为保险人向廖某赔偿后主张对安装公司的代为求偿权。

二、案件评析

根据《中华人民共和国保险法》第六十条第一款"因第三者对保险标的的损害而造成保险事故的，保险人自向被保险人赔偿保险金之日起，在赔偿金额范围内代位行使被保险人对第三者请求赔偿的权利"的规定，人保吉安分公司对安装公司行使代位求偿权的前提条件是安装公司对本案保险事故即火灾事故的发生存在过错。最高人民法院认为人保吉安分公司在不能提交证据证明安装公司在本案中存在违章施工行为且该违章施工行为是案涉火灾发生的直接原因的情形下，主张安装公司应对新琪安公司承担违约责任，缺乏事实依据。至于安装公司未对其员工廖某进行安全教育，是安装公司对廖某因案涉火灾事故发生所造成的损失应当承担责任的原因，与本案火灾发生以及该公司因此造成的损失无法律上的关联。原审判决基于现有证据不能证明安装公司对于本案火灾事故的发生有过错，基于现有证据安装公司也不具有应当对该公司承担赔偿责任的违约情形，因此最高人民法院认定人保吉安分公司主张安装公司应当承担侵权损害赔偿责任及违约损害赔偿责任均不能成立。

在工程的安全责任事故中，应区分导致事故的直接原因和次要原因，按比例承担侵权责任。

第十章 工程建设标准化法律制度

第一节 概述

工程建设标准化是在建设领域有效地实行科学管理、强化政府宏观调控的基础和手段，积极推行工程建设标准化，对规范建设市场行为，促进建设工程技术进步，保证工程质量，加快建设速度，节约原料、能源，合理使用建设资金，保护人身健康和人民生命财产安全，提高投资效益，都具有重要的作用。1988 年、1989 年相继批准发布的《中华人民共和国标准化法》（2017 修订）和《标准化法实施条例》，不仅使我国标准化工作进入了依法管理的轨道，同时也极大地促进了标准化工作的开展。

《标准化法》规定：标准化工作的任务是制定标准、实施标准和对标准的实施进行监督。标准是标准化工作的前提和基础，标准化工作是围绕标准而开展的。工程建设标准就是在建设领域内对各类建设工程的勘察、规划、设计、施工、安装、验收以及管理、维护加固等活动所制定的标准。它以科学、技术和实践经验的综合成果为基础，经有关各方协商一致，由主管机构批准，以特定形式发布，作为建设领域共同遵守的准则和技术依据。

一、标准的构成及其主要内容

标准一般由前引部分、正文部分和补充部分，每一部分又都由若干内容构成。同时，每一项标准均同时有其相对应的条文说明。前引部分由封面、扉页、发布通知、前言、目次组成。正文部分由总则、术语和符号、技术内容组成。补充部分由附录、用词和用语说明组成。条文说明一般独立成册或与标准正文合订出版。

1. 前引部分

（1）封面。国家标准、行业标准、地方标准的封面格式应当符合《工程建设标准出版印刷规定》。封面上应写明标准的编号（行业标准、地方标准还应写明标准的备案号）、标准的分类号、标准名称（包括英文标准名称），标准的发布日期、实施日期，标准的发布机关等。

标准的名称，一般要由标准对象的名称、表明标准用途的术语和标准的类别属名三部分构成，例如：建筑制图标准、构筑物抗震设计规范等。对于反映标准用途术语较多时，往往采用"技术"一词概括，如适用于设计、施工、验收等的屋面工程技术规范、土工合成材料应用技术规范等。

（2）扉页。一般包括标准名称、编号、主编部门（或单位）、批准部门、施行日期、出版单位以及出版年份和地点。

（3）发布通知或公告。每一项国家标准、行业标准、地方标准在批准发布时，主管部门均印发专门通知或公告，主要确定的事项包括确定标准的属性（强制或推荐）或应当强制执行的内容，确定标准的实施日期，指定标准的出版单位（以往也包括标准的委托解释单位），通知或公告的印发日期即标准的发布日期。

（4）前言。前言是标准编制和管理需要交代的事项。其内容包括：制订（修订）标准的依据、简述标准的主要技术内容、对修订标准尚需简述主要内容的变更情况、批准部门委托负责标准具体解释单位的名称及地址、标准的主编单位、参加单位以及主要起草人名单等。

（5）目次。每一项国家标准、行业标准、地方标准均设立目次，其主要内容包括：标准的章、节、附录、附加说明的名称，以及起始页码。

（6）标准名称。标准名称一般由标准化对象的名称和所规定的技术特征两部分组成，既能够简短明确反映标准化主题，又能区别于其他标准。

2. 正文部分

（1）总则。标准的总则是编制或执行标准的总原则，一般包括四个方面的内容，即：制订标准的目的、标准的适用范围、标准的共性要求以及与相关标准的关系。

制定标准的目的是指制订本标准的宗旨或出发点，一般概括地阐述制订该标准的理由、依据和要达到的目的或结果。

标准的适用范围是本标准规定的技术内容，在何种情况或条件下才能适用，当适用范围中仍然包括有不适用的情况或条件时，还进一步规定有不适用的范围。标准的适用范围和不适用范围直接涉及标准的实施，标准的具体技术规定都是围绕着这一范围做出规定的。

标准的共性要求是涉及整个标准的原则要求，或是与大部分章、节有关的基本要求，当内容较多时，往往独立成章。

与相关标准的关系，一般采用"……除应符合本标准（规范或规程）外，尚应符合国家现行的有关标准（强制性标准）的规定"典型用语来表述。

（2）术语、符号、代号。标准中采用的术语，当现行标准中尚无统一规定，且需要给出定义或含义时，一般独立成章，集中列出。当只需要列出术语或者符号、代号时，一般不分节，章名也只表示是术语或者符号、代号。

（3）技术内容。根据各个标准的结构特点和需要，列出该项目中应遵循的最低要求或取值范围以及应达到的功能特性，如技术要求、测试方法、检验规则等。

其编写要求包括：标准条文中应规定需要遵循的准则和达到的技术要求以及采取的技术措施，不得叙述其目的或理由；标准条文中，定性和定量应准确，并应有充分的依据；纳入标准的技术内容，应成熟且行之有效。凡能用文字阐述的，一般不用图作规定；标准之间不得相互抵触，相关的标准应协调一致。不得将其他标准的正文作为本标准的正文和附录。标准的构成应合理，层次划分应清楚，编排格式应符合统一要求；标准的技术内容应准确无误，文字表达应简练明确、通俗易懂、逻辑严谨、不得模棱两可；表示严格程度的用词应准确；同一术语、符号或代号应表达同一概念，同一概念应始终采用统一术语、符号或代号；公式应只给出最后的表达式，不应列出推导过程。在公式符号的解释中，可包括简单的参数取值规定，但不得做出其他技术性要求。

3. 补充部分

（1）附录。根据需要，一项标准可由若干个附录组成。标准的附录是标准技术内容的一个组成部分，与标准的正文具有同等的法律效力，只是该部分内容过多，以附录形式编写便于阅读和查阅。

（2）用词和用语说明。由于工程建设标准的综合性、政策性很强，其技术内容相对比较复杂，要求执行的严格程度也不尽相同。为了区别对待，使标准执行者准确把握规定的严格程度，工程建设标准都采用了区分不同严格程度的专门用词、用语，而且每一项标准中都要专门列入该附录。目前，标准的用词和用语一般分为四种情况：

1）表示很严格，非这样不可的用词：正面词采用"必须"，反面词采用"严禁"。

2）表示严格，在正常情况下均应这样做的用词：正面词采用"应"，反面词采用"不应"或"不得"。

3）表示允许稍有选择，在条件许可时首先应这样做的用词：正面词采用"宜"，反面词采用"不宜"。

4）表示有选择，在一定条件下可以这样做的用词：采用"可"。

4. 条文说明

编写工程建设标准的同时，要求同时编写标准的条文说明。其目的是为了工程建设勘察、设计、施工和监督部门和单位的工程技术人员，正确理解和准确把握标准条文规定的意图。编写条文说明一般在标准征求意见阶段进行，其要求一般包括：

（1）按条文顺序逐条加以说明，对不言自明的条文可以不说明，几个条文也可放在一起加以说明。

（2）说明的内容主要包括三个方面，即：标准条文规定的目的、主要的依据以及在执行中注意的事项。

（3）条文说明不具备与正文同等的法律效力，因此，不得写入对标准条文做补充性规定的内容，或对条文规定加以引申，或对条文的规定在某种程度上加以否定等。随着我国社会主义市场经济体制的发展，人们的标准化意识不断增强，依照标准的规定保护自身的合法权益越来越受到人们的重视，在已经遇到的许多纠纷处理中，因为条文说明与条文规定不一致，而要求给予法院明确解释的案例已有多起，直接的原因就在于这条要求在标准编制中没有得到很好的贯彻。

（4）不得写入涉及技术保密的内容和保密工程项目的名称、厂名等。

（5）修订的标准、原条文说明应做相应的修改。修改的条文说明中应对新旧条文进行对比，指出原标准条文进行修改的必要性和依据，未修改的条文根据需要可以重新进行说明。

二、工程建设标准的分类

工程建设标准涉及工程建设领域的各个方面，标准的数量多、内容综合性强、相互间都有很强的协调和相关关系。科学、合理地对工程建设标准进行分类，对了解和掌握工程建设标准的内在联系，研究工程建设标准的内在规律，确定工程建设标准间相互的依存和制约关系具有重要的意义。

对工程建设标准的分类，从不同的角度出发，有许多种不同的分类方式。习惯用的方法主要有：阶段分类法、层次分类法、属性分类法、性质分类法、对象分类法五种。

1. 阶段分类法

阶段分类法是根据基本建设的程序，按照每一项工程建设标准的服务阶段，将其划分为不同阶段的标准。习惯上，通常把基本建设程序划分为两个大的阶段：

（1）决策阶段。即可行性研究和计划任务书阶段。这个阶段，工程项目建设的可行性和可能性，正处在经济的、技术的和效益等的比较和分析论证之中，为这个阶段服务的标准，称为决策阶段的标准。例如：《中小学校建设标准》（DBJ08—12—1990）等，这类标准，主要规定特定工程项目的建设规模、项目构成、投资估算指标等内容，是确定特定工程项目是否具备建设条件或建设该特定工程项目需要具体条件等。

（2）实施阶段。即：从工程项目的勘察、规划、设计、施工到竣工验收、交付使用阶段。这个阶段，主要是如何实施工程项目的建设，保证工程项目建设做到技术先进、经济合理、安全适用，为这个阶段服务的标准，称为实施阶段的标准。例如：《中小学校建设标准》（DBJ08—12—1990）等，这类标准，主要针对拟建项目的勘察、规划、设计、施工、验收以及使用维护等阶段的技术要求，做出相应的规定，是工程建设各阶段的具体技术依据和准则。

目前，工程建设标准的范围界定为实施阶段所需要的各种标准，而对于决策阶段的标准，并没有纳入标准化管理的范畴。

2. 层次分类法

层次分类法是按照每一项工程建设标准的使用范围，即标准的覆盖面，将其划分为不同层次的分类方法。这种层次关系，过去人们又把它称为标准的级别。根据这种分类方法，工程建设标准可以划分为企业标准、地方标准、行业标准、国家标准、国际区域性标准和国际标准等。在某一企业使用的标准为企业标准；在某一地方行政区域使用的标准为地方标准；在全国某一行业使用的标准为行业标准；在全国范围使用的标准为国家标准；可以在国际某一区域使用的标准为国际区域性标准，如欧共体标准等；由国际标准化组织、国际电工委员会制定或认可的，可以在各成员国使用的标准为国际标准。

由于世界各国的条件不同，对工程建设标准层次的划分也不完全相同。根据我国发布的标准化的法律和行政法规，工程建设标准划分为国家标准、行业标准、地方标准和企业标准四个层次。

3. 属性分类法

属性分类法是按照每一项工程建设标准的法律属性，将其划分为不同法律属性标准的分类方法。这种分类方法，一般不适用于企业标准。所谓法律属性，是指标准本身是否具有法律上的强制作用。按照这种分类方法，工程建设标准划分为强制性标准和推荐性标准，强制性标准必须执行，推荐性标准自愿采用。属性分类法，在国外几乎不存在，因为在他们的概念里，标准就是标准，除法规引用的标准或标准的某些条款外，都是自愿采用的标准，没有强制之说。实际上，这只是标准的作用不同而已，国外的标准绝大部分不具有强制的约束性，但是对技术上的强制性要求，他们都有另外的强制执行的法规，一般称为技术法规。这些技术法规被排除在标准的范畴以外。而我国过去长期实行的是单一的计划经济体制，标准一统技术领域，技术法规也被融合到了标准之中。可以说，按属性对工程建设标准进行分类，是现阶段我国标准化工作的特殊需要。

4. 性质分类法

性质分类法是按照每一项标准的内容，将其划分为不同性质标准的分类方法。根据这种分类方法，工程建设标准一般划分为技术标准、经济标准和管理标准。

技术标准是指工程建设中需要协调统一的技术要求所制订的标准，技术要求一般包括工程的质量特性、采用的技术措施和方法等；经济标准是指工程建设中针对经济方面需要协调统一的事项所制订的标准，用以规定或衡量工程的经济性能和造价等，例如工程概算、预算定额、工程造价指标、投资估算定额等；管理标准是指管理机构行使其管理职能而制订的具有特定管理功能的标准，例如：《建设工程施工合同（示范文本）》（GF—2013—0201）。管理标准根据其功能的不同，又可以细分为一般管理标准和岗位工作标准。

5. 对象分类法

对象分类法是指按照每一项工程建设标准的标准化对象，将其进行分类的方法。就工程建设标准化的对象来看，种类相当多，而且标准化的方法也不尽相同，无法用一个固定的尺度进行划分。在工程建设标准化领域，人们通常采用的有两种方法，一是按标准对象的专业属性进行分类，这种分类方法，目前一般应用在确立标准体系方面。二是按标准对象本身的特性进行分类，一般分为基础标准、方法标准、安全、卫生和环境保护标准、综合性标准、质量标准等。

（1）基础标准。它是指在一定范围内作为其他标准制订、执行的基础，而普遍使用，并具有广泛指导意义的标准。基础标准一般包括：A. 技术语言标准，例如术语、符号、代号标准、制图方法标准等；B. 互换配合标准，例如：建筑模数标准；C. 技术通用标准，即对技术工作和标准化工作规定的需要共同遵守的标准，例如工程结构可靠度设计统一标准等。

（2）方法标准。它是指以工程建设中的试验、检验、分析、抽样、评定、计算、统计、测定、作业等方法为对象制定的标准。例如《土工试验方法标准》（GB/T 50123—2019）《普通混凝土力学性能试验方法标准》（GB/T 50081—2002）《厅堂混响时间测量标准》（GB/T 50076—2013）《钢结构工程施工质量验收规范》（GB 50205—2001）等。方法标准是实施工程建设标准的重要手段，对于推广先进方法，保证工程建设标准执行结果的准确一致，具有重要的作用。

（3）安全、卫生和环境保护的标准。它是指工程建设中为保护人体健康、人身和财产的安全，保护环境等而制订的标准。一般包括"三废"排放、防止噪声、抗震、防火、防爆、防振等方面，例如《建筑抗震设计规范》（GB 50011—2010）《生活饮用水卫生标准》（GB 5749—2006）《建筑设计防火规范》（GB 50016—2014）《民用建筑工程室内环境污染控制规范》（GB 50325—2010）等。

（4）质量标准。它是指为保证工程建设各环节最终成果的质量，以技术上需要确定的方法、参数、指标等为对象而制订的标准。例如设计方案优化条件、工程施工中允许的偏差、勘察报告的内容和深度等。在工程建设标准中，单独的质量标准所占的比重比较小，但它作为标准的一个类别，将会随着工程建设标准化工作的深入发展和标准体系的改革而变得更加显著，例如建筑工程质量验收系列标准等。

（5）综合性标准。它是指以上几类标准的两种或若干种的内容为对象而制订的标准。综合性标准在工程建设标准中所占的比重比较大，一般来说勘察、规划、设计、施工及验收等方面的标准规范，都属于综合性标准的范畴。例如《钢结构工程施工质量验收规范》（GB 50205—2001），其内容包括术语、材料、施工方法、施工质量要求、检验方法和要求等。其中，既有基础标准、方法标准的内容，又包括了质量保证方面的内容等。

三、工程建设标准的特点

工程建设标准的特点，取决于工程建设所具有的特殊性。主要包括工程建设活动的复杂性、工程本身的复杂性和重要性以及工程受自然环境、社会环境影响大的特性，因此，人们比较认同的工程建设标准的特点有三个，即综合性强、政策性强、受自然环境影响大。

1. 综合性强

工程建设综合性强的特点主要反映在两个方面：

（1）工程建设标准的内容多数是综合性的。例如《建筑设计防火规范》（GB 50016—2014），其内容不仅包括了民用建筑设计的各个方面应当采取的防火安全措施，而且也包括了各类工业建筑中应当采取的一系列安全防火措施。在制订标准时，需要就各个不同领域的科学技术成果和经验教训，进行综合分析，具体分解，并需要保证标准的综合成果达到安全可靠的目的。又如《民用建筑工程室内环境污染控制规范》（GB 50325—2010），其适用范围是新建、改建、扩建的民用建筑工程和装修工程，在制订该规范时，不仅要同时反映出民用建筑工程和装修工程在新建、改建、扩建方面的特点和技术要求，而且要同时反映出民用建筑工程和装修工程在新建、改建、扩建过程中的勘察、设计、施工、验收以及检验等不同环节的特点和技术要求。民用建筑工程包括的类型很多，如住宅、办公楼、医院病房楼、商场、车站等，由于其使用功能、使用对象、通风条件、人员停留时间等诸多方面不尽相同，因此，在确定控制指标时，需要做到区别对待。同时，要实现控制的最终目标，除了对建设工程过程进行控制以外，还需要对建筑材料、装修材料的污染物含量进行控制等。只有在这诸多的方面都得以综合反映，才能实现标准的制定目标。可以说，工程建设标准绝大部分都需要应用各领域的科技成果，经过综合分析，才能制订出来。

（2）制订工程建设标准需要考虑的因素是综合性的。这些因素不仅包括了技术条件，而且也包括经济条件和管理水平。有的人抱怨某些工程建设标准技术水平低，许多先进的科学技术成果或国外的成功经验没有纳入到标准中来，根源就在于忘了我国的国情，没有认真分析我国的经济承受能力和管理水平是否适应。仍以《民用建筑工程室内环境污染控制规范》（GB 50325—2010）为例，技术水平定高了，应当说对减少室内环境污染有利，但市场上能否有足够的高标准的建筑材料和装修材料满足实际工程的需要；即使部分工程能够在市场上采购到相应的高标准的建筑材料和装修材料，投资者、使用者的经济条件能否承受得了；目前的施工条件、检验手段等能否满足要求等。这就需要进行综合分析，全面衡量，统筹兼顾，以求在可能的条件下获取最佳的效果。可以说，经济、技术、安全、管理等诸多现实因素相互制约的结果，也是造成工程建设标准综合性强的一个重要原因，而不综合考虑这些因素，工程建设标准也就很难在实际中得到有效贯彻执行。

2. 政策性强

主要原因有以下五个方面：

（1）工程建设的投资量大，我国每年用于基本建设的投资约占国家财政总支出的百分之三十，其中大部分用于工程建设，因此各项技术标准的制订应十分慎重，需要适应相应阶段国家的经济条件。例如对民用住宅建筑的标准稍加提高，即使每平方米造价增加几元钱，年投资就会增加几千亿元。控制投资是政策性很强的事项，工程建设技术标准首先要控制恰当。

（2）工程建设要消耗大量的资源（包括各种原材料和能源、土地等），直接影响到环境保护、生态平衡和国民经济的可持续发展，标准的水平需要适度控制，不允许任意不恰当地提高标准。

（3）工程建设直接关系到人民生命财产的安全、关系到人体健康和公共利益，但安全、健康和公共利益也并非越高越好，还需要考虑经济上的合理性和可能性。安全、健康和公共利益以合理为度，工程建设标准对安全、健康、公共利益与经济之间的关系进行了统筹兼顾。

（4）工程建设标准化的效益，尤其是强制性标准的效益，不能单纯着眼于经济效益，还必须考虑社会效益。例如有关抗震、防火、防爆、环境保护、改善人民生活和劳动条件等方面的各种技术标准，首先是为了获得社会效益。

（5）工程建设要考虑百年大计。任何一项工程使用年限绝不只是三、五年，而是少则几十年，多则百年以上。因此，工程建设技术标准在工程的质量、设计的基准等方面，需要考虑这一因素，并提出相应的措施或技术要求。

3. 受自然环境影响大

标准是科学技术和实践经验的综合成果，必须结合国情来制订，符合具体的自然环境条件和现阶段的经济实力、科学技术水平。在一般情况下，对工程建设方面的国际标准或国外先进标准的直接引进采用是应该争取的，这样有利于与国际接轨，但实际上国际通用的工程建设技术标准为数有限。从我国现行的工程建设技术标准状况来看，都是考虑了幅员辽阔的因素。首先在技术标准的分级上设置了地方标准一级，充分体现了对自然环境条件影响的重视；同时，针对一些特殊的自然条件，专门制订了相应的技术标准，如黄土地区、冻土地区以及膨胀土地区的建筑技术规范等。

四、工程建设标准的作用

现代建筑业是建立在以技术为主体的基础上的社会化大生产，它不仅有复杂的机械设备和配套系统，而且建筑材料及其性能也十分复杂，工程作为产品的制造过程从勘察设计到竣工验收都具有高度的科学性和技术性。标准作为贯穿科研、设计、生产、材料流通和使用各个环节的纽带和桥梁，具有以下作用：

1. 确保工程的安全性、经济性和适用性

安全与经济，是基本建设中政策性、技术性很强的两个重要因素。从某种意义上讲，它们又是一对关系到建设速度和投资效益的矛盾，处理不当，就会给国家和人民的生命财产造成严重的损失。为此，必须以合理地保证工程质量来处理好这一对矛盾。如何做到既能保证安全和质量，又不浪费投资，制定一系列的标准规范就是很重要的一个条件。因为，按现行的规定，经一定程序批准发布的标准规范，具有技术性质，设计、施工必须遵守。而且，标准规范是在国家方针、政策指导下制定的，它根据工程实践经验和科学试验数据，结合国情进行综合分析，提出科学、合理的安全度要求。在此基础上按工程的使用功能和重要性，划分安全等级，据此作出相应的规定。这样，就基本可以做到各项工程建设在一定的投资条件下，既保证安全，达到预期的建设目的，又不会有过高的安全要求，增加过多的投资。此外，制定标准规范还要考虑国家的国力和资源条件，通过平衡需要和可能，制定合适的标准。为了保证工程质量，还要通过优选的办法，在兼顾安全、通用、经济的前提下，合理统一各种功能参数和技术指标，使工程建设的经济性、合理性得到进一步保证。

2. 保证和提高工程建设的质量

在工程建设领域内，拥有各种专业的各级工程技术人员，他们分布在某一部门、某一单位内，人员级配是不平衡的，也就是说从事工程建设的具体勘察、规划、设计、施工单位，他们的技术力量是有差别的；即使以某一个专业单位而言，技术力量也是不平衡的。由此，一个工程、一项设计或施工的水平，将取决于承担任务的科技人员的水平，这是客观的普遍情况。但工程建设不允许在质量上出现过大的差别，造成投资浪费、影响功能要求或甚至影响到工程的安全。工程建设标准化的作用，可以避免这种不允许的差别。工程建设标准化系列中，有关专业的标准规范为相应专业的工程技术人员，提供了必要的规定。例如结构方面的设计规范，内容包括荷载、结构构造要求和相应的结构计算模型的确定、内力计算方法、截面设计方法和具体公式等规定，只要设计人员认真执行，就可以保证工程质量。标准规范的功能对于任何人都是相同的，从这层意思来讲，标准化可以普遍提高工程质量。同时，根据标准化的工作方法，每一项工程建设标准规范的判定，都是在掌握大量实践经验的基础上开展的，并且都进行了若干试验验证，是具备高度科学性的产物。同时在批准颁发之前，都经过广泛的征求意见和全国性或专业性审查会，鉴定把关。因此，它具备了保证工程质量的牢靠基础，这是一个普遍性的问题。

3. 合理利用资源，节约原材料

如何利用资源、挖掘材料潜力、开发新的品种、搞好工业废料的利用，以及控制原料和能源的消耗等，已成为保证基本建设、持续发展亟待解决的重要课题。在这方面，工程建设标准化可以起到极为重要的作用。首先，国家可以运用标准规范的法制地位，按照现行经济和技术政策制度约束性的条款，限制短缺物资、资源的开发使用，鼓励和指导采用代替材料；二是根据科学技术发展情况，以每一时期的最佳工艺和设计、施工方法，指导采用新材料和充分挖掘材料功能潜力；三是以先进可靠的设计理论和择优方法，统一材料设计指标和结构功能参数，在保证使用和安全的条件下，降低材料和能源消耗。

4. 促进科研成果转化和新技术的推广应用

标准规范应用于工程实践，必须具有指导作用，保证工程获得最佳经济效益和社会效益。因此，标准规范必须建立在生产和科学技术发展的基础上，保持其先进性和科学性。科研成果和新技术一旦为标准规范肯定和采纳，必然在相应范围内产生巨大的影响，促进科研成果和新技术得到普遍的推广和广泛应用，尤其是在我国社会主义市场经济体制的条件下，科学技术新成果一旦纳入标准，都具有了相应的法定地位，除强制要求执行的以外，只要没有更好的技术措施，都应当自动地得到应用。此外，标准规范纳入科研成果和新技术，一般都进行了以择优为核心的统一、协调和简化工作，使科研成果和新技术更臻于完善。并且在标准规范实施过程中，通过信息反馈，提供给相应的科研部门进一步研究参考，这又反过来促进科学技术的发展。

5. 保证建设工程发挥社会效益

在基本建设中，有为数不少的工程，在发挥其功能的同时，也带来了污染环境的公害；还有一些工程需要考虑防灾（防火、防爆、防震等），以保障国家、人民财富和生命安全。我国政府为了保护人民健康、保障国家、人民生命财产安全和保持生态平衡，除了在相应工程建设中增加投资或拨专款进行有关的治理外，主要还在于通过工程建设标准化工作的途径，做好治本工作。多年来，有关部门通过调查研究和科学试验，制订发布了这方面的专门标准，例如防震、防火、防爆等标准规范。另外，在其他的专业标准规范中，凡涉及这方面的问题，也规定了专门的要求。由于这方面的标准规范都属于强制性，在工程建设中要严格执行，因此，这些标准规范的发布和实施，对防止公害、保障社会效益起到了重要作用。近年来，为了方便残疾人、老年人、节约能源、保护环境，组织制订了一系列有益于公众利益的标准规范，使标准规范在保障社会效益方面作用更加明显。

五、现行工程建设标准的体制及存在问题

1. 我国现行工程建设标准的体制

工程建设标准体制是与国家的经济体制相适应的，我国在 1988 年《中华人民共和国标准化法》（以下简称《标准化法》）发布实施以前，工程建设标准体制一直沿用的是单一的强制性标准体制，即标准一经批准发布就是技术法规，就必须严格贯彻执行。为了适应我国的经济体制改革，1988 年推行的《标准化法》规定了我国的标准体制为强制性标准与推荐性标准相结合的标准体制。现行工程建设标准的体制就是依照《标准化法》的规定实行工程建设强制性与推荐性相结合的标准体制。

（1）工程建设强制性标准与推荐性标准的划分原则。《标准化法》规定：保障人体健康、人身与财产安全的标准和法律、行政法规规定强制执行的标准是强制性标准，其他标准是推荐性标准。由于工程建设标准的综合性很强，强制性内容和非强制性内容混编在一起的状况，很难按照《标准化法》的划分原则来确定某项标准的强制性或推荐性，实践中采用了结合工程建设标准的实际情况，确定工程建设强制性标准与推荐性标准的划分，主要包括以下几点：

1）对工程建设勘察、规划、设计、施工（包括安装）及验收等的一般质量要求而制订的标准，划分为推荐性标准。

2）对工程建设的术语、符号、代号和工程制图而制订的标准，划分为推荐性标准。

3）对工程建设的试验、测试及评定等方法而制订的标准，划分为推荐性标准。

4）对工程建设的信息技术要求而制订的标准，划分为推荐性标准。

5）对工程建设强制性标准制订范围以外的其他技术要求而制订的标准，划分为推荐性标准。

6）其余标准仍保留作为强制性标准。

（2）工程建设强制性标准与推荐性标准的现状。

1）国家标准：现行和在编的国家标准总数近 400 项，其中 256 项为强制性标准、86 项改为推荐性国家标准。由于在标准的制订、修订计划中，严格按照这一体制实施，初步形成了强制性国家标准与推荐性国家标准相结合的标准体制。

2）行业标准：现行和在编的行业标准总数约为 2800 余项，由于认识上的原因，不同行业之间差别很大，存在着两个极端，即个别行业的标准全部为强制性标准，而有的行业，其标准全部划分为推荐性标准。

3）地方标准：现行和在编的地方标准总数近 1000 项，个别地方已经形成了强制性与推荐性相结合的标准体制。

2. 工程建设标准化工作中的主要问题

工程建设标准化工作通过几十年的不断发展，虽然取得了很大的成绩，但是，随着我国经济体制改革的不断深入，市场经济运行机制的逐步建立，工程建设标准化工作中一些长期存在的问题，日益显露出来；一些在新形势下产生的矛盾也对工程建设标准化工作提出了挑战。在由计划经济体制向社会主义市场经济体制转变过程中，工程建设标准化工作的改革模式，有的已经不能适应社会主义市场经济体制的需要，到了必须进一步改革的时候了。综合起来，这些问题和矛盾主要表现在以下几个方面：

（1）关于工程建设标准体制问题。工程建设标准由单一的强制性标准体制向强制性与推荐性标准体制过渡，一直是近十几年来工程建设标准化工作改革的热点和难点。围绕着工程建设标准体制的改革，我国的工程建设标准化工作者进行了大量的调查研究，采取了一系列的改革措施。然而，由于受长期的计划经济体制下形成的固有模式的影响，这项改革困难重重、步履艰难。应当说，工程建设标准由单一的强制性标准体制向强制性与推荐性标准体制过渡，到目前为止仍然没有完结。标准在强制性与推荐性的划分上，在一定意义上讲是形式上的，与真正把强制性标准中的那些不属于安全、卫生、环境保护和重要质量要求的内容分离出来的总体要求，还存在很大的差距，还有大量的工作要做。

（2）关于工程建设标准的内容、结构问题。工程建设标准划分为国家标准、行业标准、地方标准和企业标准四级，其中，国家标准、行业标准、地方标准由政府组织制定，在规定的领域或行政区域内实施。按照标准化的有关法律、法规规定，这三类标准互为补充，协调配套，从而形成国家的、行业的、地方的对工程建设技术实现宏观有效的调控运行机制。但从目前的实际情况来看，工程建设行业标准、地方标准却在项目上、内容上与国家标准重复交叉，行业标准之间以及地方标准与行业标准之间，同样存在重复制订、内容交叉、矛盾的问题。同时，从现行的工程建设国家标准、行业标准、地方标准的内容来看，大量的属于导则、指南、手册、参考资料的内容混杂在的强制性标准之中，不仅增加了标准规范编制工作的难度，而且也造成在实际工作中执行标准的难度。

（3）关于工程建设标准的制订、修订问题。工程建设标准制订周期长的问题比较普遍，对尽快把先进的生产建设经验和科学技术成果转化为生产力，充分发挥标准化的效益等，造成了不利影响。实际上，这个问题的存在，反映了工程建设标准编制工作中的一些深层次问题，具体包括：

1）编制单位对标准化工作的态度。随着经济体制改革的深入，科研事业单位企业化后同国有企业一样走向了市场，并追求经济效益。标准化工作作为一项有益于国家、有益于全社会的基础性工作，即便是国家指令性的一项工作，对没有摆脱经济困扰、需要付出、努力参与市场竞争的企业而言，要花费一定的人力、物力和财力来承担和完成标准编制任务，是需要有很大的决心、精神和远见卓识的。

2）标准编制工作的经费。长期以来，编制标准的经费不足，一直是困扰工程建设标准化工作发展的难题，虽然国家每年都为这项工作投入一定的经费支持，但由于缺乏固定的渠道和数额有限，导致了标准编制计划的不确定性。难以保证制订和修订标准的工作及时和到位。

3）标准编制人员的积极性。标准的编制工作历来是一项软任务，标准质量的优劣、技术水平的高低，在很大程度上取决于标准编制人员的水平和责任心。由于全社会对标准的地位和作用没有放在应有的高度去认识和重视，标准主编单位或参编单位对参与标准编制人员的待遇不高，标准化工作的激励机制弱，标准编制过程协调难度大等原因，导致了标准编制人员的积极性下降。

（4）工程建设标准的实施监督不力，强制性标准得不到强制执行。

六、我国工程建设标准体制改革的目标

为了更好地发挥科学技术和建设实践经验的综合成果在工程建设中的重要作用，以促进建设业的技术进步和保证建设工程的质量，同时满足WTO运行规则的要求。建立工程建设技术法规与技术标准相结合的体制是工程建设标准体制改革的目标，也是工程建设标准化工作深入发展的重要举措。

目前，工程建设标准化工作所存在的多种矛盾和问题，最主要是反映在工程建设标准化工作与我国当前建立和完善社会主义经济体制不相适应。实际上，无论是工程建设标准的内容结构问题、制订与修订问题、信息服务问题，还是工程建设标准的实施监督问题等，都与工程建设标准的体制有关。例如工程建设标准的实施监督问题。近些年建设工程中出现的许多重大质量和安全事故，基本上都是因为没有执行强制性标准造成的。2003年初，国务院正式发布了《建设工程质量管理条例》，明确规定未执行强制性技术标准就是违法，就要受到相应的处罚，而且对不执行强制性技术标准也做出了严厉的处罚规定，建设部相继制定并颁布了《实施工程建设强制性标准监督规定》，这些法规、规章的实施，将有力地推动工程建设标准实施监督工作的开展，保证工程建设强制性标准规范的实施和监督。但是，随之而来的是这些法规所规定的内容的落实问题。现行工程建设强制性与推荐性相结合的标准体制，是有计划的商品经济体制的产物，是标准体制改革的中间环节。因此，必须对现行工程建设标准的体制进行彻底的改革，借鉴国外发达国家的经验和WTO的有关规定，逐步建立适应我国社会主义市场经济体制的工程建设技术法规与技术标准体制，已经成为工程建设标准化发展的必然趋势。

住建部已经把初步建立我国工程建设技术法规与技术标准相结合的体制，作为"十五"计划的重要工作之一。2000年组织编制的《工程建设标准强制性条文》已推动这项改革向前迈出了关键的一步。根据目前的研究成果，未来我国工程建设技术法规与技术标准，可以大致描述如下：

工程建设技术法规：由政府建设主管部门批准发布，在其管辖的区域之内强制执行，执行情况受政府建设主管部门监督。其内容是对工程建设有直接关系的工程质量、安全、卫生以及环境保护、公众利益，政府需要控制的技术要求所作的规定。

技术标准：由政府认可的标准化机构组织制定和发布，由参与建设的各方主体自愿采用。其内容是被工程实践证明的、正确有效的技术要求或方法。

第二节　工程建设标准的实施与监督

一、实施工程建设标准的一般程序

实施标准的程序通常分为五个阶段，即计划、准备、实施、检查和总结。

1. 计划阶段

工程建设企业的标准化主管部门在收到新颁布的国家标准、行业标准、地方标准和本企业制订颁布的有关标准后，就要组织标准化专（兼）职人员进行学习，理解其内容和实质，弄清新旧标准之间的关系，结合本企业的实际情况，分析实施中可能遇到的问题和困难，确定实施方案和计划。在制定计划时应考虑标准的实施方式、标准实施工作的组织安排及对标准实施后的经济效果进行预测分析。

2. 准备阶段

准备工作是实施标准的最重要的环节，这一环节常常被忽视，以致在实施中发生问题时难以应付，甚至产生半途停止实施的现象。准备工作主要有四个方面，即思想准备、组织准备、技术准备和物质条件准备。实践证明，准备阶段的工作做得扎实细致，实施阶段就能比较顺利地进行，即使出现问题，也能有准备地去组织解决。

3. 实施阶段

实施，就是把标准规定的内容在生产、流通、使用等领域中加以执行。执行就是采取行动，把标准中所规定的内容在技术活动中加以实现。对于建筑企业来说，执行就是要在工程施工中认真按照国家标准、行业标准、地方标准的规定，严格组织施工，把各项技术标准具体落实到单位工程上，落实到分部分项工程上，对工程质量进行预控，推行"三工序"管理（即检查上工序、保证本工序、服务下工序），严格执行工序或分项工程质量检查验收——用标准来控制工序质量；用工序质量来保证分项工程质量；用分项工程质量来保证分部工程质量，用分部工程质量来保证单位工程质量。标准实施中出现的各种情况，应及时反映到企业标准化主管部门，不得私自改变标准，降低标准水平。

4. 检查阶段

在实施过程中应加强检查。企业标准化管理部门及各级专、兼职标准化人员、有关部门、生产单位应随时深入与实施标准有关的各环节，看其是否严格执行标准的各项规定，是否按标准规划、勘察、设计、施工及验收，工程质量是否达到了标准规定的技术要求，对产品标准实施情况的检查还看计量、检验、包装、标志等是否符合标准。检查，包括图样、技术文件审查和实物检查两个方面。前者应按国家有关标准化审查管理办法执行。后者由企业检验、计量部门或委托有关质量检测中心进行全面检测，发现问题，查明原因，限期改进。处理不了的问题要及时向上级标准化机构报告。

5. 总结阶段

总结包括实施标准中技术上的总结，方法上的总结，以及各种文件、资料的归纳、整理、立卷归档，包括对下一步工作提出意见和建议等。在标准实施过程中，对成功的经验和存在的问题都要做好详细的记录，为总结提供第一手资料，也为标准的修订提供可靠的素材。

二、工程建设标准实施监督的方式

1. 国家、行业、地方有计划地安排对工程建设标准的实施情况进行监督。

2. 根据检举揭发和需要对工程建设标准的实施进行监督。

3. 结合以下工作对工程建设标准的实施进行监督：

（1）对企业采用国际标准和国外先进标准的验证确认；

（2）对企业研制的工程建设新技术、新工艺、新设备、新材料、新产品、改进产品、技术改造、技术引进和设备进口等按规定进行的标准化审查；

（3）企业标准化水平考核、质量体系和检验体系、计量测量试验设备体系的审核、认证；

（4）企业产品标准备案情况的检查；

（5）创优工程认证。

4. 按有关法律、法规的规定对工程建设标准的实施进行监督，如对工程质量检查和工程建设的安全检查等。

5. 工程建设企业自我监督。

三、工程建设标准化技术执法

（一）技术执法的概念

工程建设标准化技术执法是以《标准化法》《建筑法》《标准化法实施条例》和国家有关工程建设的法律法规和监督检查办法为依据，以国家工程建设各级行政主管部门及其工程质量监督机构为主体，对工程项目建设实施监督检查的一种管理制度。

对工程建设标准实施监督检查，是指对工程建设强制性国家标准、行业标准、地方标准的贯彻实施所进行的监督检查。涉及安全的重要的推荐性标准的实施也应进行监督检查。

因此，对标准实施监督检查属于技术执法检查，也即是在建设工程系统内具有国家质量技术监督性质的行政执法。一是由质量技术监督部门授权的建筑材料质量监督技术机构对建筑用产品的质量监督，二是由建设部门设置的工程建设质量监督机构对建筑工程的质量监督。

工程建设标准技术执法检查的对象应包括工程项目建设实施的全过程。从事工程建设活动的部门、单位和个人，必须执行强制性标准。对不符合强制性标准的建筑工业产品、工程勘察成果报告和规划、设计文件不得批准和使用；不按标准施工、质量达不到合格标准的工程，不得验收。

（二）监督机构与职责

由于对标准实施监督检查属技术执法检查，就必然要实行统一领导、统一组织、分类分级的管理制度。

1. 国务院工程建设行政主管部门负责全国工程建设标准实施监督检查工作。

（1）负责建立监督检查管理制度；

（2）制定强制性国家标准实施监督检查的项目计划；

（3）组织协调强制性国家标准的重点监督检查工作；

（4）通报实施监督检查结果；

（5）对标准实施监督检查人员进行管理。

2. 各省、自治区、直辖市工程建设主管部门负责本行政区域管辖的工程建设项目的标准实施监督检查综合组织与协调工作。

（1）制定本行政区内工程建设标准实施监督检查工作的年度计划；

（2）负责本行政区内工程建设标准实施监督检查工作的组织落实；

（3）负责提出分管范围内工程建设标准实施监督检查工作的总结报告和建议，并定期向国务院工程建设行政主管部门报告。

3. 各市、地、县工程建设行政主管部门和有关行政主管部门，按同级人民政府规定的职能分工负责本行政区域内的工程建设标准实施监督检查工作。

4. 各级工程建设行政主管部门负责本行政区域的标准实施监督，并作好工作协调及归口管理。

5. 国务院各行政管理部门在省、市、自治区区域内的工程建设项目的标准实施监督检查原则由各部承办，当地工程建设标准化职能部门可以参与。

（三）监督检查

1. 工程建设标准实施监督检查的内容

（1）工程项目的建设、勘察、规划、设计、施工安装及验收等有关的文件和要求是否符合强制性标准的规定；

（2）已建工程的质量和安全是否符合强制性标准的规定；

（3）工程中采用的标准设计、计算机软件、手册和指南等是否符合强制性标准的规定。

2. 工程建设标准实施监督检查的方式

工程建设标准实施监督检查应当根据具体情况采用自查、抽查和重点检查的检查方式，并应当符合下列规定：

（1）各有关单位结合工程建设项目的实际情况进行自查；

（2）各部门或地方工程建设行政主管部门每年定期选择项目进行抽查；

（3）国务院工程建设行政主管部门可选择强制性国家标准进行重点检查；

（4）抽查的总结报告，应当在每年年底前上报国务院工程建设行政主管部门；

（5）国务院工程建设行政主管部门应当向有关部门通报监督检查的结果。

3. 各级主管部门成立标准实施监督检查工作组

工作组应当符合下列规定：

（1）工作组要本着精干、高效的原则，由有经验的行政管理人员和专家组成；

（2）工作组成员应当熟悉国家有关法律、法规和工程建设标准化工作；

（3）工作组成立后，应当拟定检查工作大纲及具体操作程序，并应当根据检查内容编写检查手册，同时指定工作组负责人，负责组织汇总、归纳并完成检查报告。

4. 工程建设标准实施监督检查报告

实施监督检查报告应包括下列内容：

（1）工程建设标准实施的全面情况；

（2）各个单位对标准实施进行自检的情况；

（3）对重要技术内容贯彻实施的说明；

（4）对工程建设标准化工作的意见和建议；

（5）对标准实施监督的处理意见及建议。

第三节　工程建设强制性标准

一、《工程建设标准强制性条文》2013 版概述

（一）《强制性条文》制订背景

我国《建设工程质量管理条例》第 44 条规定："国务院建设行政主管部门和国务院铁路、交通、水利等有关部门应当加强对有关建设工程质量的法律、法规和强制性标准执行情况的监督检查。"同时该条例对违反强制性标准的建设活动各方责任主体给予较为严厉的处罚。

《建设工程质量管理条例》将强制性标准与法律、法规并列起来，使得强制性标准在效力上与法律、法规等同，从而确立了强制性标准具有法规文件的属性，也就是说强制性标准本身虽然不是法规，但条例赋予了其法律效力。

各级建设行政主管对实施强制性标准具有监督检查的职责，国务院铁路、交通、水利等有关行政主管部门对实施工程建设强制性标准有监督检查的职责。《标准化法》规定了标准化工作的三大任务，即制订标准、实施标准、对标准实施的监督，但长期以来对标准的实施监督一直是薄弱环节。

从事建设活动各方应当严格执行强制性标准，将执行标准作为保证工程质量的重要措施。工程建设中发生的质量事故或安全事故大都是违反标准的规定，特别是强制性标准的规定。如果严格按照标准、规范、规程去执行，在正常设计、正常施工、正常使用的条件下，工程的安全和质量是能够得到保证的，就绝对不会出现建筑质量不符合标准的现象。

工程建设各项活动中，对标准规范的执行情况，都是在工程出现事故和隐患以后，才按照是否执行标准规范来进行判定，违反了强制性标准才给予处罚。执行强制性标准必须要有事前的监控手段，这就是标准上升到法律文件，通过质量管理条例这一确定的基本点和出发点，保证工程质量必须要依靠强制性标准。

（二）《强制性条文》编制原则

《强制性条文》的编制按以下原则进行：

1. 依据我国有关标准化的法律、行政法规的规定，《强制性条文》中所有条款必须是直接涉及工程建设安全、卫生、环保和其他公众利益的、必须严格执行的强制性条款。同时，要考虑到保护资源、节约投资、提高经济效益和社会效益。

2. 具体编制采取在现行工程建设强制性标准中直接摘录章、节、条的内容或编号的方式，按照工程分类、内容联系和逻辑关系，排列汇总。

3. 强制性条款的摘录采取从严的原则，必须体现强制性的最高程度，对强制性标准的实施监督具有较强的可操作性。

4. 现行标准、规范、规程中，明确为"必须"执行的条款，大部分应是摘录的内容；明确为"应"执行的条款，应从严摘录；明确为"宜""可"执行的条款，一般不摘录。其反面用词同等对待。

5. 摘录条文中一般不引用标准，避免标准套标准，以有利于实施。

（三）《强制性条文》编制细节说明

1. 《强制性条文》共分 15 个部分，各部分统一定名为《工程建设标准强制性条文》×××部分（如房屋建筑部分）。

2. 各部分由批准发布通知、前言、目录、正文 4 个内容构成。

3. 正文按照篇、章、节、条、款、项层次划分；被摘录的条文首先列出被摘录标准的编号，经过局部修订的条文同时列出公告号，然后列出被摘录条文原编号和条款内容。

4. 条文摘录遵照下列规定

（1）各篇之间内容不得重复和矛盾；同一篇中，条文内容不得重复和矛盾；

（2）摘录条文内容一致或相近时，择优选一摘录；

（3）摘录条文内容中有文字错误时可以改正。

（四）《强制性条文》使用与管理

1. 《强制性条文》的使用

《强制性条文》的内容是摘录现行工程建设标准中直接涉及人民生命财产安全、人身健康、环境保护和其他公众利益的规定，同时也包括保护资源、节约投资、提高经济效益和社会效益等政策要求。因此，《强制性条文》必须得到坚决、有效的贯彻执行。《强制性条文》作为国务院《建设工程质量管理条例》的配套文件，它将是工程建设强制性标准实施监督的依据。《强制性条文》发布后，被摘录的现行工程建设标准继续有效。对设计、施工人员来说，《强制性条文》是设计或施工时必须绝对遵守的技术法规，是技术条文的重中之重；对监理人员来说，《强制性条文》是实施工程监理时首先要进行监理的内容；对政府监督人员来说，是重要的、可操作的处罚依据。

2. 《强制性条文》的管理

《强制性条文》发布后，每年将修订和补充一至二次，并经一定的组织和按一定的程序进行。每一部分《强制性条文》发布后，均成立相应的管理委员会，其成员由有关技术专家、学者、研究人员、管理人员以及相关的标准编制组主要成员组成。委员会设立秘书处，挂靠在《强制性条文》相应部分的主编单位，负责日常管理工作。管理委员会的机构设置和人员组成，经有关部门协商后，报建设部标准定额司批准和聘任。委员会负责《强制性条文》相应部分的解释、意见收集、技术咨询、汇总申报需要修订的强制性条款并组织委员会委员进行集中审查，提出修订条款的报批稿，报建设行政主管部门批准。新制定和修订的工程建设国家标准在报送报批稿时，工程建设行业标准在备案时，均应同时报送相应《强制性条文》中需要修改和补充的条文。

（五）《工程建设标准强制性条文》实施的意义

1. 《工程建设标准强制性条文》是贯彻《建设工程质量管理条例》的一项重大举措

国务院发布的《建设工程质量管理条例》，对于加强工程质量管理的一系列重大问题做出了明确规定，其中一个重要的内容就是对执行工程建设强制性标准做出了严格的规定。

过去，我们发布了很多标准，有强制性的也有推荐性的，很多建设环节往往没有执行，这方面的例子很多。比如：残疾人通道，许多建筑物就没有执行标准。标准规定超过六层的住宅要设电梯，多数城市也不执行，有的搞到九层还不设电梯。《质量条例》第56条规定，建设单位明示或者暗示设计单位或者施工单位违反工程建设强制性标准，降低工程质量的，责令改正，处20万元以上50万元以下的罚款；第63条规定，勘察单位、设计单位未按照工程建设强制性标准进行勘察、设计的，责令改正，处20万元以上30万元以下的罚款；第64条规定，施工单位不按照技术标准施工的，责令改正，处合同价款2%以上4%以下的罚款。

《工程建设标准强制性条文》以现行的强制性国家标准和行业标准为基础，编制了包括城乡规划、城市建设、房屋建筑、工业建筑、水利工程、电力工程、信息工程、水运工程、公路工程、铁道工程、石油和化工建设工程、矿山工程、人防工程、广播电影电视工程和民航机场工程在内的 15 部分内容。《强制性条文》的贯彻实施，必将推动《建设工程质量管理条例》的全面落实。

2.《工程建设标准强制性条文》是推进工程建设标准体制改革的关键

我国现行的工程建设标准体制是强制性与推荐性相结合的标准体制。这一体制的确立，是《标准化法》所规定的。工程建设标准化是国家、行业和地方政府从技术控制的角度，为建筑市场提供运行规则的一项基础性工作，对引导和规范建筑市场行为具有重要的作用。因此，尽快建立起适应社会主义市场经济要求的工程建设标准管理体制，势在必行。

《工程建设标准强制性条文》启动了工程建设标准体制的改革，是工程建设标准体制改革从研究、探索到具体实施所迈出的关键性一步。随着《强制性条文》内容的不断完善，将逐步形成与国际惯例接轨的我国工程建设技术法规基本体系。

3. 贯彻《工程建设标准强制性条文》是保证和提高工程质量的重要环节

建设部在发布《强制性条文》的通知中，明确规定了《强制性条文》的地位和作用。关键内容有两点：一是明确了《强制性条文》是参与建设活动各方执行工程建设强制性标准和政府对执行情况实施监督的依据；二是明确了列入《强制性条文》的所有条款都必须严格执行，就是说，有一个条文不执行就要处罚，造成工程质量事故，必然要追究相应的责任。

4.《工程建设标准强制性条文》是按《建设工程质量管理条例》实行处罚的依据

2000 年 1 月 30 日，国务院发布了《建设工程质量管理条例》（第 279 号令），这是国务院在市场经济条件下建立新的建设工程质量监督管理制度所做出的重大决定，为强化建设工程质量管理、保证工程质量提供了法律武器。《条例》中规定，不执行工程建设强制性技术标准就是违法，就要给予相应的处罚。这是迄今为止，国家对不执行强制性技术标准做出的最为严格的规定。如上所述，我国现行的强制性标准由于数量过多，内容混杂，违反一个不重要的条款就是违反强制性标准，以这样的标准作为处罚依据，必然造成处罚过多，政府不该管的也管了，受罚者心不服，处罚者理不直，处罚的尺度难以把握。因此，为了更好地贯彻《条例》中有关强制性标准实施监督的规定，真正体现处罚的目的，罚得准、惩得狠，把真正的强制性条款摘出来是客观的需要，是必须要走的一步。《强制性条文》就是按《建设工程质量管理条例》进行处罚的操作依据。

二、强制性标准的范围和强制性条文的主体

（一）强制性标准的范围

《中华人民共和国标准化法》（以下简称《标准化法》）第七条规定，国家标准、行业标准分为强制性标准和推荐性标准。保障人体健康，人身、财产安全的标准和法律、行政法规规定强制执行的标准是强制性标准，其他标准是推荐性标准。根据这一规定，1992 年 12 月 30 日颁布的建设部部长令 24 号《工程建设国家标准管理办法》，对强制性标准的范围界定为下述几个方面：（1）工程建设勘察、规划、设计、施工（包括安装）及验收等通用的综合标准和重要的通用的质量标准；（2）工程建设通用的有关安全、卫生和环境保护的标准；（3）工程建设重要的通用的术语、符号、代号、量与单位、建筑模数和制图方法标准；（4）工程建设重要的通用的试验、检验和评定方法等标准；（5）工程建设重要的通用的信息技术标准；（6）国家需要控制的其他工程建设通用的标准。但按照上述规定所确定的强制性标准进行范围较宽，主要表现如下：

1. 在实践上，1988 年的《标准化法》颁布以前，我国的标准体制实行的是单一标准体制，即标准一经颁布就是技术法规，应当严格执行。《标准化法》对标准的体制确立了强制性标准与推荐性标准相结合的体制。

2. 在理论上，按照《工程建设国家标准管理办法》规定的六个方面，一些基础标准，如术语、符号、量和单位、模数和制图方面的标准属于基础标准，这类标准应该得到执行，但是这类标准并不直接与安全有关，即使违反也不会直接造成安全隐患；其中"重要的"标准规范应当划分为强制性标准，如何来掌握重要与否，受人的主观因素影响大，难以达到统一的尺度。

3. 在执行标准上，多年来工程建设标准规范建立了一套严格程度用词，严格程度用词是建立在对标准规范执行程度上确立的，即使是强制性标准在具体内容上，标准规范中也采用"宜、不宜、可"的用词，表明是允许选择的。这样就出现了在强制性标准中有许多推荐使用的条文，执行起来较困难。

4. 在标准体制发展上，我国在计划经济体制时期，标准采用的是单一标准体制；20世纪 80 年代有计划的商品经济时期，采用的强制性标准与推荐性标准相结合的体制；在社会主义市场经济体制时期，标准的体制应当进行改革，才能适应发展。

强制性标准的范围过宽，不该强制执行要求强制执行，造成的结果是标准得不到有效的贯彻，这是因为：一方面，强制性标准的范围过宽，对执行者来讲，要求严格，可能是大家都难以做到，"法不责众"起不到法律的威严作用。另一方面，要求强制的标准范围过宽，同时又严格要求执行，而标准规范的发展是需要人们不断积累经验和不断发展科学技术，不断发展会对标准规范原来的规定进行突破，标准规范才能得到发展。

（二）强制性条文的范围

对于强制性标准的范围，《标准化法》是有规定的。在《标准化法》没有进行修改以前，我们要维护法律的权威性，不能轻易更改法律的规定。强制性标准的范围涉及标准体制问题，国际上多数国家按照世界贸易组织（WTO）的技术法规和技术标准构成技术文件，我国标准体制改革正在逐步向国际惯例靠拢。

世界贸易组织制定的"技术贸易壁垒协定"，对技术法规给出的范围为：国家安全、防止欺骗、保护人体健康和安全、保护动植物的生命和健康、保护环境。

国际通行的技术法规与本规定的强制性条文在法律属性上是相近的，因此，它所确立的范围为"质量、安全、卫生及环境保护"和"公共利益"。

三、工程建设强制性标准的监督管理

建设部于 2000 年 8 月 25 日批准发布《实施工程建设强制性标准监督规定》标志着实施工程建设强制性标准的监督有法可依、有章可循了。《实施工程建设强制性标准监督规定》的出台对整个工程建设标准化工作具有重要的意义：第一，落实了标准化工作的三大任务，即制订标准、实施标准和对标准实施的监督；第二，规划了标准体制改革的方向；第三，对违反强制性标准的处罚有了明确、具体的规定。

（一）制订标准的必要性

工程建设标准化是我国基本建设中一项重要的基础性工作。近 20 年来，我国的经济体制经历了一个不断深化改革的过程，尤其是在建立和完善我国社会主义市场经济体制的过程中，建设市场的形成对工程建设标准化工作，提出了新的和更高的要求。工程建设标准化工作在党的改革开放政策的指引下，经过了专家们多年来的努力，各类工程建设标准的数量已达到 3400 项，基本上解决了工程建设领域标准规范的有无问题，满足了各行业、各环节工程建设的实际需要。在新的形势下，围绕以规范建设市场行为，促进技术进步，提升传统产业，强化标准规范的实施力度，确保建设工程的质量和安全，为逐步形成有效的政府对工程建设技术的宏观调控机制，已经成为工程建设标准化工作的中心任务。

标准规范批准发布后，如果不能在实际工作中得以贯彻执行，就只能是一纸空文，标准规范的作用将难以发挥。对于标准规范的实施，《标准化法》《建筑法》《消防法》《人民防空法》《中华人民共和国节约能源法》等法律和法规有着专门的规定和要求。作为政府部门，加强标准规范实施的监督管理，有着非常重要的意义。建设部是全国工程建设标准化的综合管理部门，组织制定《工程建设标准实施监督规定》，推动标准规范实施监督工作的开展，规范这项工作的执行，是十分必要的，其主要原因有：

1. 按照《标准化法》的规定，标准化工作的任务包括制订标准、实施标准和对标准实施的监督。过去，各级工程建设标准化管理部门的主要力量在于制订标准，标准的实施主要靠从事工程建设活动单位和个人的自觉性；而对于实施标准的监督，则一直是一个薄弱环节。

2. 1998 年国务院制订的建设部"三定"方案，明确了对标准实施进行监督是建设部的一项重要行政职能。早在 1997 年召开的"全国工程建设标准定额工作会议"上，就已经提出了要加强标准定额的实施监督工作，并要求各级建设行政主管部门将这项工作纳入工程建设标准化的日常工作之中。

3. 按照工程建设标准的立法体系，第一层次是《中华人民共和国标准化法》（1988 年颁布）；第二层次是《中华人民共和国标准化法实施条例》（1990 年颁布）、《建设工程质量管理条例》（2000 年颁布）；第三层次是《工程建设国家标准管理办法》（1992 年颁布）、《工程程建设行业标准管理办法》（1992 年颁布）和《工程建设标准实施监督规定》等。《工程建设标准实施监督规定》是工程建设标准化法规建设中的一个组成部分。

4. 当前，工程建设的质量和安全受到了党中央、国务院领导以及建设部领导的高度重视，受到了从事工程建设活动各有关方面以及人民群众的广泛关注。一些工程建设中发生的质量事故或安全事故，虽然呈现的结果是多种多样的，但其原因都是违反标准的规定，特别是强制性标准的规定。反过来，如果严格按照标准、规范、规程去执行，工程的安全和质量是能够得到保证的，就绝对不会出现桥垮屋塌的现象，这一点已成为广大工程技术人员的共识，并且被大量的工程实例所证明。

（二）制订标准的目的

1. 完善标准化的任务。《中华人民共和国标准化法》规定，制订标准、组织实施标准和对标准的实施进行监督是标准化工作的总任务。这一规定充分体现了标准化的全过程，完整地反映了标准化的基本定义。应注意的是这三项任务是对整个标准化工作而言，并非对某一机构而言。制订标准是标准化工作的重要组成部分，《标准化法》对各级各类标准的制订作了明确的规定；组织实施标准是标准制订部门、使用标准的部门和企业将标准贯彻到建设活动中去的过程，它是标准制订部门、使用标准的部门和企业的共同任务；对实施标准的监督应当是对贯彻标准的全过程进行的，并在标准化管理部门的指导下进行。

2.贯彻落实《建设工程质量管理条例》的需要。2000年3月国务院颁布了《建设工程质量管理条例》，该条例对工程建设领域意义重大，不仅对违法行为进行重罚外，还在制度建设方面有新的突破。第一是明确了参与建设活动各方的责任主体，并对工程竣工后实行备案制度；第二是对设计阶段实行审查制度；第三是对执行强制性标准实行监督检查制度。这三个制度的建立，其内容都直接涉及标准化工作制度的创新。要建立实施强制性标准监督制度，就应当有一个规范这种行为的法规，而在实施工程建设标准监督方面却一直没有专门的规定。

3.按照《建设工程质量管理条例》的要求，规范实施工程建设强制性标准是监督活动的需要。当前，违反标准规范，只有造成后果以后，才能依据标准的规定按照有关法规进行处罚。而一旦造成后果以后，其影响较大，不仅涉及投资，还涉及安全等一系列的问题，一般单位或者个人是难以挽回损失的，因此应当从以事后处罚为主改为事前控制和过程控制为主，事后处罚为辅。这就需要参与建设活动各方主体，在基本建设活动程序过程中受到应有的监督。《实施工程建设强制性标准监督规定》从强制性标准的要求出发，规定了实施工程建设强制性标准监督应该遵循的原则和程序。

（三）监督检查的内容

根据《实施工程建设强制性标准监督规定》的内容的规定：有关审查机关、审查单位和监督机构，应当对下列几个方面进行强制性标准的监督检查：

1.应对建设单位、设计单位、施工单位和监理单位是否组织有关工程技术人员对工程建设强制性标准的学习和考核进行监督检查。对未能按期组织学习和考核的单位应予以批评，并应责令其采取措施，达到熟悉掌握标准的目的；对未经学习和考核的技术人员，不得参与勘察、设计、施工、监理、审查和监督等工作。

2.应对本行政区域内的建设工程项目，根据各建设工程项目实施的不同阶段，分别对其规划、勘察、设计、施工、验收等阶段监督检查，对一般工程的重点环节或重点工程项目，应加大监督检查的力度。对发现违反强制性标准的工程，应按《建设工程质量管理条例》和本规定的罚则进行处理。

3.对建设工程项目采用的建筑材料、设备，必须按强制性标准的规定进行进场验收，以符合合同约定和设计要求。建设单位不得明示或暗示施工单位使用不合格的建筑材料、建筑构配件和设备；设计单位对设计文件选用的建筑材料、建筑构配件和设备，不得指定生产厂、供应商；施工单位不得滥用或错误使用建筑材料、建筑构配件和设备。

4.在建设工程项目的整个建设过程中，严格执行工程建设强制性标准，确保工程项目的工期和质量，建设单位作为责任主体，负责对工程建设各个环节的综合管理工作。因此，必须规范建设单位的行为。建设单位不得明示或暗示设计、施工单位违反工程建设强制性标准，任意压缩工期、降低工程质量；勘察、设计单位应遵照工程建设强制性标准和有关技术标准进行工程的勘察和设计，施工图设计文件未经审查批准的，不得使用；施工单位应按工程设计图纸和工程建设强制性标准及有关技术标准进行施工，不得擅自修改工程设计，不得偷工减料。工程监理单位对施工质量实施监督，并对施工质量承担监督责任。

5. 为了便于工程设计和施工的实施，社会上编制了各专业工程的导则、指南、手册、计算机软件等，它们为工程设计和施工提供了具体、辅助的操作方法和手段，但是，它们应遵照而不得擅自修改工程建设强制性标准和有关技术标准中的有关规定。凡有擅自修改工程建设强制性标准有关规定的，设计与施工单位应禁止使用，并应通报有关管理部门。负责组织出版导则、指南、手册、计算机软件等的部门和单位，应提请工程建设标准的批准部门或有关部门进行技术论证和审查。

（四）监督检查职责和监督检查方式

工程建设标准批准部门对工程项目执行强制性标准情况进行监督检查是法律赋予的职责。根据《建设工程质量管理条例》和建设部"三定"方案，工程建设标准批准部门除了具有组织编写、审查、批准、发布工程建设强制性标准的职能外，还应当对标准的执行情况进行监督检查。

监督检查方式有三种，即重点检查、抽查和专项检查。

1. 重点检查。一般是指对于某项重点工程，或工程中某些重点内容进行的检查。这种检查通常有较强的针对性，检查的重点与目的比较明确。比如，为了掌握世界银行贷款项目的工程质量状况，就可以对所有利用世界银行贷款建设的工程项目进行检查；为了了解近期以来工程结构的安全状况，可以对去年某月某日后开工的工程结构施工质量进行重点检查；为了确保小学校舍建设质量，可以开展对全国小学教学楼施工质量的重点检查，等等。

2. 抽查。一般指采用随机方法，在全体工程或某类工程中抽取一定数量进行检查，即统计理论中从母体中抽取样本进行检查。这些被抽查的工程项目应该具有一定的代表性。这样检查的目的，不仅是了解被查工程执行强制性标准的情况，还要借此了解未检查到的其他工程在这方面的情况。实际上，建设部不定期组织的全国工程质量大检查就是一种比较典型的全国性的工程建设强制性标准贯彻执行情况的大抽查。

3. 专项检查。是指对建设项目在某个方面或某个专项执行强制性标准情况进行的检查。目的是查明某个专项内容执行强制性标准情况以及存在的问题等。

以上三种检查方式，实际上是最常用也是最有效的检查方式。需注意的是，无论哪种方式的检查，均应以检查强制性标准的执行情况为主线。

四、工程建设强制性标准执法检查

工程建设标准批准部门应当对工程项目执行强制性标准情况进行监督检查。监督检查可以采取重点检查、抽查和专项检查的方式。

强制性标准监督检查的内容包括：

有关工程技术人员是否熟悉、掌握强制性标准；工程项目的规划、勘察、设计、施工、验收等是否符合强制性标准的规定；工程项目采用的材料、设备是否符合强制性标准的规定；工程项目的安全、质量是否符合强制性标准的规定；工程中采用的导则、指南、手册、计算机软件的内容是否符合强制性标准的规定。工程技术人员应当参加有关工程建设强制性标准的培训，并可以计入继续教育学时。任何单位和个人对违反工程建设强制性标准的行为有权向建设行政主管部门或者有关部门检举、控告、投诉。

五、不符合强制性标准规定的处理

按照建设部《实施工程建设强制性标准监督规定》，工程建设中拟采用的新技术、新工艺、新材料，不符合现行强制性标准规定的，应当由拟采用单位提请建设单位组织专题技术论证，报批准标准的建设行政主管部门或者国务院有关主管部门审定；工程建设中采用国际标准或者国外标准，现行强制性标准未作规定的，建设单位应当向国务院建设行政主管部门或者国务院有关行政主管部门备案。

不符合现行强制性标准规定的与现行强制性标准未作规定的是不一样的。对于新技术、新工艺、新材料不符合现行强制性标准规定的，是指现行强制性标准（实质是强制性条文）中已经有明确的规定或者限制，而新技术、新工艺、新材料达不到这些要求或者超过其限制条件，这时如果现行强制性标准中未作规定，则不受建设部《实施工程建设强制性标准监督规定》的约束；对于国际标准或者国外标准的规定，现行强制性标准未作规定，采纳时应当办理备案程序，此时应当由采纳单位自负其责，但是，如果国际标准或者国外标准的规定不符合现行强制性标准规定，则不允许采用，这时国际标准或者国外标准的规定属于新技术、新工艺、新材料的范畴，则应该按照新技术、新工艺、新材料的约束进行办理审批程序。

1. 科学技术是推动标准化发展的动力。人们的生产实践活动都需要运用科学技术，依照对客观规律的认识，掌握了科学技术和实践经验，去制定一套生产建设活动的技术守则，以指导、制约人们的活动，从而避免因违反客观事物规律受到惩罚或经济损失，同时也是准确评价劳动成果，公正解决贸易纠纷的尺度，通过标准来指导生产建设，促进工程质量、效益的提高，科学技术成为标准的重要组成部分，也是推动标准化发展的动力。

标准是以实践经验的总结和科学技术的发展为基础的，它不是某项科学技术研究成果，也不是单纯的实践经验总结，而必须是体现两者有机结合的综合成果。实践经验需要科学的归纳、分析、提炼，才能具有普遍的指导意义；科学技术研究成果必须通过实践检验才能确认其客观实际的可靠程度。因此，任何一项新技术、新工艺，新材料要纳入到标准中，必须具备：①技术鉴定；②通过一定范围内的试行；③按照标准的制定提炼加工。

标准与科学技术发展密切相连，标准应当与科学技术发展同步，适时将科学技术纳入到标准中去。科技进步是提高标准制订质量的关键环节。反过来，如果新技术、新工艺、新材料得不到推行，就难以获取实践的检验，也不能验证其正确性，纳入到标准中也会不可靠，为此，给出适当的条件允许其发展，是建立标准与科学技术桥梁的重要机制。

2. 层次的界限。在本条的规定中，分出了两个层次的界限：①不符合现行强制性标准规定的；②现行强制性标准未作规定的。这两者的情况是不一样的，对于新技术、新工艺、新材料不符合现行强制性标准规定的，是指现行强制性标准（实质是强制性条文）中已经有明确的规定或者限制，而新技术、新工艺、新材料达不到这些要求或者超过其限制条件，这时如果现行强制性标准中未作规定，则不受本规定的约束；对于国际标准或者国外标准的规定，现行强制性标准未作规定，采纳时应当办理备案程序，此时应当由采纳单位自负其责，但是，如果国际标准或者国外标准的规定不符合现行强制性标准规定，则不允许采用，这时国际标准或者国外标准的规定属于新技术、新工艺、新材料的范畴，则应该按照新技术、新工艺、新材料的约束进行办理审批程序。

需要说明的是建设部在 2002 年颁布的第 111 号部长令《超限高层建筑工程抗震设防管理规定》规定，超限高层建筑工程是指超出现行有关技术标准所规定的适用高度、高宽比限值或体型规则性要求的高层建筑工程，也就是指有关抗震方面强制性标准没有作出规定的，应当按照第 111 号令执行。对于强制性标准明确做出规定的，而不符合时，应当按照本规定执行。

3. 国际标准和国外标准。积极采用国际标准和国外先进标准是我国标准化工作的原则。国际标准是指国际标准化组织 ISO 和国际电工委员会 IEC 所制定的标准，以及 ISO 确认并公布的其他国际组织制定的标准。

国外标准是指未经 ISO 确认并公布的其他国际组织的标准、发达国家的国家标准、区域性组织的标准、国际上有权威的团体和企业（公司）标准中的标准。

由于国际标准和国外标准制订的条件不尽相同，在我国对此类标准实施时，如果工程中所采用的国际标准和国外标准，规定的内容不涉及强制性标准的内容，一般在双方约定或者合同中采用即可，如果涉及强制性标准的内容，即与安全、卫生、环境保护和公共利益有关，此时在执行标准上涉及国家主权的完整问题，因此，应纳入标准实施的监督范畴。

4. 程序。无论是采用新技术、新工艺、新材料还是采用国际标准或者国外标准，首先是建设项目的建设单位组织论证决定是否采用，然后按照项目的管理权限通过负责实施强制性标准监督的建设行政主管部门或者其他有关行政部门，根据标准的具体规定向标准的批准部门提出。国务院建设行政主管部门、国务院有关部门和各省级建设行政主管分别作为国家标准和行业标准的批准部门，根据技术论证的结果确定是否同意。

第四节　工程建设标准化法律制度案例

案例 1

再审申请人（一审被告、反诉原告，二审上诉人）：辽宁××建设集团有限公司（以下简称：甲公司）

被申请人（一审原告、反诉被告，二审被上诉人）：北京××地基基础工程有限公司（以下简称：乙公司）

一、基本案情

2011 年，甲公司承建了葫芦岛市南票煤矿棚户区住宅楼的土建、装饰、采暖、给排水、电气施工等工程施工并与葫芦岛市南票煤矿棚户区改造办公室（以下简称棚户区改造办公室）签订《建设工程施工合同》。甲公司将 43 栋住宅楼的桩基础工程交由乙公司施工。2011 年 7 月 13 日，发包方（甲方）甲公司与承包方（乙方）乙公司签订《专业承包工程施工合同》。

2011 年 8 月 22 日，因无法保证桩基础施工质量，乙公司发文给甲公司和监理部门。并于 8 月 26 日再次向监理部门发往工作联系单表示由于地质特殊为确保工程质量，建议换填土的楼桩基础施工，将长螺旋钻孔压灌桩改为预应力混凝土管桩，请上级领导慎重决策。甲公司没有对此予以回应。2011 年 9 月份施工完成。棚户区改造办公室将本工程各单体结构的压灌桩基础委托锦州衡基检测有限公司进行检验，检验结论为部分桩基存在轻微缺陷或较重缺陷，需进行适当补强处理。2012年3月22日，甲公司第一项目经理部为甲方与乙公司俞胜为乙方双方签订《协议书》，乙公司进行了补强。2012年5月，辽宁省建筑设计研究院岩土工程公司出具《南票·渔山新区G区钻孔压灌桩基础事故补强加固咨询报告》"结论及建议"部分指出："南票渔山新区G区建筑处于复杂的地质条件下，采用压灌桩基础普遍出现较严重的桩身缺陷是较难避免的。"乙公司申请支付工程款。

二、案例评析

在施工前，南票区棚改办出具的专家《论证意见》指出，案涉桩基础工程可以采用预应力管桩和混凝土压灌注桩（即长螺旋钻孔灌注桩）两种施工工艺。《专业承包工程施工合同》中约定的施工工艺是按照设计单位出具的设计图纸，仅要求采用长螺旋钻孔灌注桩一种施工工艺。在施工过程中，乙公司按照甲公司提供的图纸进行施工期间，发现由于地质情况的特殊性，桩基础施工存在地下水位高、淤泥层较深且呈流态、桩端进入持力层深度很难满足设计上要求等无法保证桩的工程质量问题，及时向甲公司出具工作联系函反映施工中遇到的问题，以请求解决方案。但是，甲公司对施工中发生的关系到工程质量的重大问题，既未对工作联系函作出回应，亦未提出修改设计方案。在案涉工程整改过程中，甲公司依据《咨询报告》中"补强加固处理意见"采用预应力管桩施工工艺对案涉工程进行了补强加固，使桩基础质量达到合格标准。根据以上情形，最高人民法院认定甲公司在案涉工程地质条件下仅采用长螺旋钻孔灌注桩一种施工工艺可能无法正常施工的情形是有预见的，甲公司提供的设计有缺陷，应承担过错责任。

建设单位提供的设计有缺陷、不符合强制性标准的应当依法承担责任。

案例2

1. 江苏省泰兴市鼓楼北路1号商住楼

该工程建筑面积5461m²，六层砖混结构，一层为商业用房，二至六层为住宅。由泰兴市城镇建设开发总公司开发建设，丹徒区建筑设计研究院勘察队进行岩土工程勘察，泰兴市建筑设计院设计，泰兴市新市建筑安装工程有限公司施工，泰兴市工程建设监理有限公司监理。在检查中专家发现，在这项工程中勘察地质结构的方法、判定建筑物场地类别的方法都是错误的。其一层结构设计方案不合理，抗震构造柱有漏设，构造柱箍筋相当一部分弯钩不符合规范要求（135°），砌筑砂浆饱满度不够。必须对结构方案、抗震构造、受力计算进行全面审核后，提出相应的处理方案，消除结构隐患。

2. 湖北武汉佳园19号楼

该工程为七层砖混结构。由武汉房地产开发集团股份有限公司开发建设，湖北省地质勘察基础工程公司勘察，武汉华太建筑设计工程有限公司设计，福建惠安建筑工程发展公司武汉分公司施工。该工程勘察报告无钻孔柱状图，违反《岩土工程勘察规范》的规定。勘察报告中夯扩桩参数违反《建筑桩基技术规范》的规定。施工中混凝土的养护、内外墙留槎处理、砌体洞口的处理、三层柱C-4轴强度、部分砌体拉结筋等多方面违反工程建设标准强制性条文。

3. 浙江省杭州市拱西小区浙麻小学

该工程建筑面积7162m²，五层框架结构。由拱宸桥旧城改造国道指挥部建设，煤炭工业部杭州建筑设计研究院设计，浙江省化工地质勘察院勘察，杭州明康建设监理有限公司监理，杭州广天建筑安装有限公司施工。该工程桩基持力层是第 5 层黏土夹粉质黏土，层面起伏较大，勘察单位没有按规范要求加密勘探孔；第 2 层土 11 个土样大部分为粉质黏土，仅 1 个土样为黏质粉土，勘察报告却竟将该层确定为黏质粉土，严重违反了《岩土工程勘察规范》（GB 50021—2001）的规定。施工质量问题也很严重，混凝土柱多处烂根，部分混凝土柱钢筋表面锈蚀严重；个别混凝土梁移位 3cm，使上部墙体部分悬空。经混凝土回弹仪测试，二层框架混凝土强度只达到原设计强度等级 C25 的 71.2％和 84.8％。抽测二层楼面板，设计板厚 110mm，实测两点板厚分别为 104mm、100mm，违反了《混凝土结构工程施工质量验收规范》（GB 50204—2002），完全是粗制滥造。

4. 湖南省岳阳市华泰小区 2 号住宅楼

该工程建筑面积 3484m²，六层砖混结构。由岳阳纸业集团华泰木材公司建设，湖南水文地质基础工程勘察院勘察，岳阳造纸厂造纸设计研究所设计，岳阳工程公司施工。经查，勘察单位对场地类别判定依据不足；对第 2 层土的认识、评价不合理，导致结论错误。检查中还发现，预应力多孔楼板存在大量蜂窝、多处露筋严重。还发现设计单位无房屋设计资质，属无证设计。

5. 山东省章丘市阜村煤矿机关 18 号宿舍

该工程建筑面积 5680m²，六层砖混结构。由淄博矿务局建设，章丘建筑设计院设计，章丘明水二建施工，章丘市监理公司监理。该工程设计前未做场地勘察，利用距拟建建筑物分别为 40m 和 50m 的两份勘察报告提供的地基承载力进行设计。

6. 甘肃省兰州市解放门立交桥

该工程造价 7940 万元，结构类型为单跨 20m 混凝土桥。由兰州市城建投资公司建设，兰州市城市建设设计院勘察设计，兰州沿河工程监理有限公司监理，兰州市市政工程总公司施工。检查中发现，该工程初勘报告提示可能存在地质断裂带，需要进行详勘，但建设单位未委托有关勘察单位进行详细勘察，设计单位仅依据初勘报告进行结构设计，违反了《建设工程质量管理条例》的规定。

7. 新疆克拉玛依家佳乐超市

该工程建筑面积 19645m²，为框架结构。由克拉玛依市供销社建设，新疆时代石油工程有限公司勘察，克拉玛依市建筑规划设计院设计，克拉玛依市监理公司监理，克拉玛依市三联工程建设有限责任公司施工。该工程二层一框架柱主筋严重偏位，且竖向 500mm 长度内无箍筋（设计箍筋间距为 200mm）；底层框架柱设计强度为 C30，现场回弹强度普遍偏低；一层柱（400m×400m）根部（300mm 处）预留 110mm×110mm 方洞，没有结构设计确认；该工程有局部地下独立工程，设计单位未进行抗浮计算。

8. 河南省郑州市西三环郑上路立交桥

该工程长 43.7km，另有 5 座桥，工程总造价 14 亿元。由郑州市环城路工程指挥项目部建设，铁道部隧道工程局勘测设计院勘察设计，郑州新开源工程监理咨询公司监理，河南第五建筑工程公司施工。该工程勘察钻孔孔数、孔深都达不到规范要求，未采用现场静载荷载试验确定单桩承载力，违反《建筑桩基技术规范》（JGJ 94—2008）。33m 后张法 T 形梁端部锚头下端碎裂，违反《市政桥梁工程质量检验评定标准》（CJJ 1—2008）。

第十一章　工程建设风险防范制度

第一节　工程建设保险制度

一、工程建设保险概述

（一）工程建设保险的概念

工程建设保险，是指业主或承包商为了工程建设项目顺利完成而对工程建设中可能产生的人身伤害或财产损失，而向保险公司投保以化解风险的行为。业主或承包商与保险公司订立的保险合同，即为工程建设保险合同。

（二）工程建设的各种风险

工程建设一般都具有投资规模大、建设周期长、技术要求复杂、涉及面广等特点。正是由于这些特点，使得建筑业成为一种高风险的行业。工程建设领域的风险主要有以下几方面：

1. 建筑风险

指工程建设中由于人为的或自然的原因，而影响工程建设顺利完成的风险，包括设计失误、工艺不善、原材料缺陷、施工人员伤亡、第三者财产的损毁或人身伤亡、自然灾害等。

2. 市场风险

与发达国家和地区的建筑市场相比，我国的建筑市场发展得还很不成熟。不成熟的市场带来的一个突出的问题是信用，业主是否能够保证按期支付工程款，承包商是否能够保证质量、按期完工，对于承包合同双方当事人都是未知的，这是市场所带来的风险。

3. 政治风险

稳定的政治环境，会对工程建设产生有利的影响，反之，将会给市场主体带来顾虑和阻力，加大工程建设的风险。

4. 法律风险

一般涉外工程承发包合同中，都会有"法律变更"或"新法适用"的条款。两个国家关于建筑、外汇管理、税收管理、公司制度等方面的法律、法规和规章的办法和修订都将直接影响到建筑市场各方的权利义务，从而进一步影响其根本利益。现在，我国的建筑市场主体也愈发关注法律规定对其自身的影响。

（三）工程建设保险的作用

对上述种种风险，如不采取有效措施加以防范，不仅会大大影响工程建设项目的顺利进行，而且可能使有关当事人遭到巨大的损失，甚至破产。因此，在工程建设领域开展工程保险，是防范工程建设风险的必然要求。工程建设保险的作用体现在预防风险和补偿风险损失两方面：

1. 预防风险

引进工程建设保险意味着将保险公司引进工程建设领域。保险公司从商业利益角度出发，为了减轻或避免风险的产生，必将对工程的施工、设备的安装进行必要的监督，并针对投保的项目、投保人的资质、信誉进行全面的审查和监督，从而有效的减少和避免风险的发生，这是在风险产生之前对风险进行预防的一种措施。

2. 补偿风险损失

在保险事故发生后，保险公司积极理赔，使投保人由此而产生的损失和费用降至最低，这又是一种在风险发生后对风险损失进行补偿的机制。

这种预防风险和补偿风险损失相结合的保险机制，能够有效地保证工程建设项目的顺利进行。

（四）国内外实施工程建设保险的情况

工程保险按是否具有强制性分为两大类，强制保险和自愿保险。强制保险系工程所在国政府以法规明文规定承包商必须办理的保险。自愿保险是承包商根据自身利益的需要，自愿购买的保险。这种保险虽非强行规定，但对承包商转移风险很有必要。

1. 国内方面

我国对于工程建设保险的有关规定很薄弱，尤其是在强制性保险方面。除《建筑法》2011 年修订引用内容规定建筑施工企业必须为从事危险作业的职工办理意外伤害保险属强制保险外，《工程建设施工合同示范文本》也规定了保险内容。但是，该条款不够详细，缺乏操作性，再加上示范文本强制性不够，工程保险在实际操作中会大打折扣。

2. 国际方面

强制性工程保险是一种国际惯例。在英国，未投保工程险的建设项目将无法获得银行的贷款，因为对于贷款银行来说，未投保工程险的建设项目，一旦发生损失或意外风险，银行的贷款安全将无法保证。另外，法国还规定了十年责任险，作为承包商的强制性义务，要求承包商在工程验收前必须向政府指定的保险公司投保，否则工程不予验收。

除了通过标准合同文本来规定工程中的保险要求外，市场机制的作用客观上使业主和承包商必须投保工程保险。支付对于工程投资来说少量的工程保险费，在风险频繁的工程建设中，一旦遇到事故或意外损失，就能够获得明确的保障，这种国际上通过长期实践积累的保障风险的方法，我们完全应当在市场条件下借鉴和引用。

（五）工程建设保险的种类

除强制保险与自愿保险的分类方式外，《中华人民共和国保险法》（以下简称《保险法》）2015 年修订了引用内容把保险种类分为人身保险和财产保险。自该法施行以来，在工程建设方面，我国已尝试过人身保险中的意外伤害保险、财产保险中的建筑工程一切险和安装工程一切险。《保险法》第 91 条第 1 款第 1 项规定："财产保险业务，包括财产损失保险、责任保险、信用保险等保险业务。"

1. 意外伤害险

意外伤害险，是指被保险人在保险有效期间，因遭遇非本意的、外来的、突然的意外事故，致使其身体蒙受伤害而残疾或死亡时，保险人依照合同规定给付保险金的保险。《建筑法》第 48 条规定："建筑施工企业必须为从事危险作业的职工办理意外伤害保险，支付保险费。"

2. 建筑工程一切险及安装工程一切险

建筑工程一切险及安装工程一切险是以建筑或安装工程中的各种财产和第三者的经济赔偿责任为保险标的的保险。这两类保险的特殊性在于保险公司可以在一份保单内对所有参加该项工程的有关各方都给予所需要的保障，换言之，即在工程进行期间，对这项工程承担一定风险的有关各方，均可作为被保险人之一。

建筑工程一切险一般都同时承保建筑工程第三者责任险，即指在该工程的保险期内，因发生意外事故所造成的依法应由被保险人负责的工地上及邻近地区的第三者的人身伤亡、疾病、财产损失，以及被保险人因此所支出的费用。本节将在后面重点对建筑工程一切险及安装工程一切险进行介绍。

3. 职业责任险

职业责任险是指承保专业技术人员因工作疏忽、过失所造成的合同一方或他人的人身伤害或财产损失的经济赔偿责任的保险。工程建设标的额巨大、风险因素多，建筑事故造成损害往往数额巨大，而责任主体的偿付能力相对有限，这就有必要借助保险来转移职业责任风险。在工程建设领域，这类保险对勘察、设计、监理单位尤为重要。

4. 信用保险

信用保险是以在商品赊销和信用放款中的债务人的信用作为保险标的，在债务人未能履行债务而使债权人招致损失时，由保险人向被保险人即债权人提供风险保障的保险。信用保险是随着商业信用、银行信用的普遍化以及道德风险的频繁而产生的，在工程建设领域得到越来越广泛的应用。

二、建筑工程一切险

建筑工程一切险承保各类民用、工业和公用事业建筑工程项目，包括道路、水坝、桥梁、港埠等，在建造过程中因自然灾害或意外事故而引起的一切损失。

建筑工程一切险往往还加保第三者责任险，即保险人在承保某建筑工程的同时，还对该工程在保险期限内因发生意外事故造成的依法应由被保险人负责的工地及邻近地区的第三者的人身伤亡、疾病或财产损失，以及被保险人因此而支付的诉讼费用和事先经保险人书面同意支付的其他费用，负赔偿责任。

（一）建筑工程一切险的投保人与被保险人

1. 建筑工程一切险的投保人

根据《保险法》，投保人是指与保险人订立保险合同，并按照保险合同负有支付保险费义务的人。

建筑工程一切险多数由承包商负责投保，如果承包商因故未办理或拒不办理投保或拒不投保，业主可代为投保，费用由承包商负担。如果总承包商未曾对分包工程购买保险的话，负责该分包工程的分包商也应办理其承担的分包任务的保险。

2. 建筑工程一切险的被保险人

被保险人是指其财产或者人身受保险合同保障，享有保险金请求权的人，投保人可以为被保险人。

在工程保险中，除投保人外，保险公司可以在一张保险单上对所有参加该项工程的有关各方都给予所需的保险。即凡在工程进行期间，对这项工程承担一定风险的有关各方，均可作为被保险人。

建筑工程一切险的被保险人可以包括：

（1）业主；

（2）总承包商；

（3）分包商；

（4）业主聘用的监理工程师；

（5）与工程有密切关系的单位或个人，如贷款银行或投资人等。

凡有一方以上被保险人存在时，均须由投保人负责交纳保险费，并应及时通知保险公司有关保险标的在保险期内的任何变动。

由于工程建设的被保险人不止一家，而且各家被保险人各为其本身的权益以及义务而向保险公司投保。为了避免相互之间追偿责任，大部分保险单都加贴共保交叉责任条款。根据这一条款，每一被保险人如同各自有一张单独的保单，其责任部分的损失就可以获得相应赔偿。如果各个被保险人发生相互之间的责任事故，每一责任的被保险人都可以在保单项下获得赔偿。这样，这些事故造成的损失，都可以由出保单的公司负责赔偿。无须根据责任在相互之间进行追偿。

（二）建筑工程一切险的承保范围

1. 建筑工程一切险适用范围

建筑工程一切险适用于所有房屋工程和公共工程，尤其是：

（1）住宅、商业用房、医院、学校、剧院；

（2）工业厂房、电站；

（3）公路、铁路、飞机场；

（4）桥梁、船闸、大坝、隧道、排灌工程、水渠及港埠等。

2. 建筑工程一切险承保的内容

（1）工程本身。指由总承包商和分包商为履行合同而实施的全部工程。包括：预备工程，如土方、水准测量；临时工程，如引水、保护堤；全部存放于工地，为施工所必需的材料。

包括安装工程的建设项目，如果建筑部分占主导地位的话，也就是说，如果机器、设施或钢结构的价格及安装费用低于整个工程造价的50%，亦应投保建筑工程一切险。如果安装费用高于工程造价的50%，则应投保安装工程一切险。

（2）施工用设施和设备。包括活动房、存料库、配料棚、搅拌站、脚手架，水电供应及其他类似设施。

（3）施工机具。包括大型陆上运输和施工机械、吊车及不能在公路上行驶的工地用车辆，不管这些机具属承包商所有还是其租赁物资。

（4）场地清理费。这是指在发生灾害事故后场地上产生了大量的残砾，为清理工地现场而必须支付的一笔费用。

（5）第三者责任。系指在保险期内，对因工程意外事故造成的、依法应由被保险人负责的工地上及邻近地区的第三者人身伤亡、疾病或财产损失，以及被保险人因此而支付的诉讼费用和事先经保险公司书面同意支付的其他费用等赔偿责任。但是，被保险人的职工的人身伤亡和财产损失应予除外（属于意外伤害保险）。

（6）工地内现有的建筑物。指不在承保的工程范围内的、所有人或承包人所有的工地内已有的建筑物或财产。

（7）由被保险人看管或监护的停放于工地的财产。

3. 建筑工程一切险承保危险与损害

建筑工程一切险承保的危险与损害涉及面很广，凡保险单中列举的除外情况之外的一切事故损失全在保险范围内，尤其是下述原因造成的损失：

（1）火灾、爆炸、雷击、飞机坠毁及灭火或其他救助所造成的损失；

（2）海啸、洪水、潮水、水灾、地震、暴雨、风暴、雪崩、地崩、山崩、冻灾、冰雹及其他自然灾害；

（3）一般性盗窃和抢劫；

（4）由于工人、技术人员缺乏经验、疏忽、过失、恶意行为或无能力等导致的施工拙劣而造成的损失；

（5）其他意外事件。

建筑材料在工地范围内的运输过程中遭受的损失和破坏，以及施工设备和机具在装卸时发生的损失等亦可纳入工程险的承保范围。

（三）建筑工程一切险的除外责任

按照国际惯例，属于除外的情况通常有以下诸种：

1. 由于军事行动、战争或其他类似事件，以及罢工、骚动、民众运动或当局命令停工等情况造成的损失（有些国家规定投保罢工骚乱险）；

2. 因被保险人的严重失职或蓄意破坏而造成的损失；

3. 因原子核裂变而造成的损失；

4. 由于合同罚款及其他非实质性损失；

5. 因施工机具本身原因即无外界原因情况下造成的损失（但因这些损失而导致的建筑事故则不属除外情况）；

6. 因设计错误（结构缺陷）而造成的损失；

7. 因纠正或修复工程差错（例如因使用有缺陷或非标准材料而导致的差错）而增加的支出。

（四）建筑工程一切险的保险期和保险金额

1. 建筑工程一切险的保险期

建筑工程一切险自工程开工之日或在开工之前工程用料卸放于工地之日开始生效，两者以先发生者为准。开工日包括打地基在内（如果地基亦在保险范围内）。施工机具保险自其卸放于工地之日起生效。

保险终止日应为工程竣工验收之日或者保险单上列出的终止日。同样，两者也以先发生者为准。实践中，建筑工程一切险的保险终止常有三种情况：

（1）保险标的工程中有一部分先验收或投入使用，则自该验收或投入使用日起，自动终止该部分的保险责任，但保险单中应注明这种部分保险责任自动终止条款。

（2）含安装工程项目的建筑工程一切险的保险单，通常要规定试车期，一般为一个月。

（3）工程验收后一般还有一个质量保修期，《建设工程质量管理条例》对最低保修期限作出了规定。大多数情况下，建筑工程一切险的承保期可以包括为期一年的质量保证期（不超过质量保修期），但需加缴一定的保险费。质量保证期的保险合同自工程临时验收或投入使用之日起生效，直到规定的保证期满终止。

2. 建筑工程一切险的保险金额

保险金额是指保险人承担赔偿或者给付保险金责任的最高限额。保险金额不得超过保险标的的保险价值，超过保险价值的，超过的部分无效。

建筑工程一切险的保险金额按照不同的保险标的确定：

（1）工程造价，即建成该项工程的总价值，包括设计费、建筑所需材料设备费、施工费（人工费和施工设备费）、运杂费、保险费、税款以及其他有关费用在内。如有临时工程，还应注明临时工程部分的保险金额。

（2）施工机具和设备及临时工程。这些物资一般是承包商的财产，其价值不包括在承包工程合同的价格中，应另列专项投保。这类物资的投保金额一般按重置价值，即按重新换置同一牌号、型号、规格、性能或类似型号、规格、性能的机器、设备及装置的价格，包括出厂价、运费、关税、安装费及其他必要的费用计算重置价值。

（3）安装工程项目。建筑工程一切险范围内承保的安装工程，一般是附带部分。其保险金额一般不超过整个工程项目保险金额的 20％。如果保险金额超过 20％，则应按安装工程费率计算保险费。如超过 50％，则应按安装工程险另行投保。

（4）场地清理费。按工程的具体情况由保险公司与投保人协商确定。场地残物的清理不仅限于合同标的工程，而且包括工程的邻近地区和业主的原有财产存放区。场地清理的保险金额一般不超过工程总保额的 5％（大型工程）或 10％（中小工程）。

（5）第三者责任险的投保金额。根据在工程期间万一发生意外事故时，对工地现场和邻近地区的第三者可能造成的最大损害情况确定。

（五）建筑工程一切险的免赔额

工程保险还有一个特点，就是保险公司要求投保人根据其不同的损失，自负一定的责任。这笔由被保险人承担的损失额称为免赔额。工程本身的免赔额为保险金额的 0.5％～2％；施工机具设备等的免赔额为保险金额的 5％；第三者责任险中财产损失的免赔额为每次事故赔偿限额的 1％～2％，但人身伤害没有免赔额。

保险人向被保险人支付为修复保险标的遭受损失所需的费用时，必须扣除免赔额。支付的赔偿额极限相当于保险总额，但不超过保险合同中规定的每次事故的保险极限之和或整个保险期内发生的全部事故的总保险极限。

（六）建筑工程一切险的保险费率

建筑工程一切险的保险费率通常要根据风险的大小确定。它由五个分项费率组成：

1. 建筑工程一切险的保险费率的组成

（1）业主提供的物料及项目、安装工程项目、场地清理费、工地内现存的建筑物、业主或承包人在工地的其他财产等为一个总的费率，规定整个工期一次性费率。

（2）施工用机器、装置及设备为单独的年度费率，因为它们流动性大，一般为短期使用，旧机器多，损耗大，小事故多。因此，此项费率高于第（1）项费率。如保期不足一年，按短期费率计收保费。

（3）第三者责任险费率，按整个工期一次性费率计取。

（4）保证性费率，按整个工期一次性费率计取。

（5）各种附加保障增收费率或保费，也按整个工期一次性费率计取。

对于大型复杂的工程项目，可根据上述分类分别开具费率；对于一般性的工程项目，为方便起见，也可将上述（1）（3）（4）（5）项合并成整个工程的平均一次性费率。对于上述第（2）项，在任何情况下都必须单独以年费率为基础开价承保，不得与总的平均一次性费率混在一起。

2. 建筑工程一切险的保险费率的制定依据

建筑工程一切险没有固定的费率表，其具体费率系根据以下因素结合参考费率表制定：

（1）风险性质（气候影响和地质构造数据，如地震、洪水或水灾等）；

（2）工程本身的危险程度，工程的性质及建筑高度，工程的技术特征及所用的材料，工程的建造方法等。

（3）工地及邻近地区的自然地理条件，有无特别危险源存在；

（4）巨灾的可能性，最大可能损失程度及工地现场管理和安全条件；

（5）工期（包括试车期）的长短及施工季节，保证期长短及其责任的大小；

（6）承包人及其他与工程有直接关系的各方的资信、技术水平及经验；

（7）同类工程及以往的损失记录；

（8）免赔额的高低及特种危险的赔偿限额。

工程保险往往有免赔额和赔偿限额的规定。这是对被保险人自己应负责任的规定。如果免赔额高、赔偿限额低，则意味着被保险人承担的责任大，则保险费率就应相应降低；如果免赔额低、赔偿限额高，则保险费率应相应提高。

3. 保险费的交纳

建筑工程一切险因保险期较长，保费数额大，可分期交纳保费，但出单后必须立即交纳第一期保费，而最后一笔保费必须在工程完工前半年交清。

如果在保险期内工程不能完工，保险可以延期，不过投保人须交纳补充保险费。延展期的补充保险费只能在原始保险单规定的逾期日前几天确定，以便保险人能及时准确地了解各种情况。

（七）签订建筑工程一切险合同要点

1. 注意事项

（1）一般不宜使用委托人，应当由承包商亲自办理。

（2）建筑工程的名称一定要填写合同中指定的全称，不得缩写；地点一定要填写工程的详细地址及范围，因为保险公司对工地以外的损失如无特别加批是不予负责的。

（3）要写明保险期、试车期或质量保证期。

（4）保险金额、免赔额、费率、保费均应根据保险价值具体确定。工程结束以后根据工程最终建造价调整保额。若最终价额超过原始价额的5%，应出具批单调整，原费率按日比例增加或退还。

2. 提交材料

（1）投保单；

（2）工程承包合同；

（3）承包金额明细表；

（4）工程设计文件；

（5）工程进度表；

（6）工地地质报告；

（7）施工平面图。

3. 保险人的现场查看记录

保险人在了解并掌握上述资料的基础上，应向投保人或其设计人了解核实，并对以下重点环节作出现场查勘记录：

（1）工地的位置，包括地势及周围环境，例如邻近建筑物及人口分布状况，是否江、河、湖及道路和运输条件等；

（2）安装项目及设备情况；

（3）工地内有无现成建筑物或其他财产及其位置、状况等；

（4）储存物资的库场状况、位置、运输距离及方式等；

（5）工地的管理状况及安全保卫措施，例如防水、防火、防盗措施等。

4. 协商确定承保内容

承保人应与投保人进一步协商以明确以下承保内容：

（1）建筑工程项目及其总金额；

（2）物资损失部分的免赔额及特种危险赔偿限额；

（3）是否投保安装项目及其名称、价值和试车期等；

（4）是否投保施工机具设备及其种类、使用时间、重置价值等；

（5）是否投保场地清理费及现成建筑物及其保额；

（6）是否加保维修期保险及期限长短和责任范围；

（7）是否投保第三者责任险及其赔偿限额和免赔额；

（8）是否需要一些特别保障及条件、费率等。

三、安装工程一切险

（一）安装工程一切险的概念和特点

1. 安装工程一切险的概念

安装工程一切险属于技术险种，其目的在于为各种机器的安装及钢结构工程的实施提供尽可能全面的专门保险。

由于工业化在世界范围内取得的进展，安装工程一切险在经济生活中占据着越来越重要的位置。目前，在国际工程承包领域，工程发包人都要求承包人投保安装工程一切险，在很多国家和地区，这种险是强制性的。

安装工程一切险主要适用于安装各种工厂用的机器、设备、储油罐、钢结构、起重机、吊车以及包含机械工程因素的各种工程建设。

2. 安装工程一切险的特点

安装工程一切险与建筑工程一切险有着重要的区别：

（1）建筑工程保险的标的从开工以后逐步增加，保险额也逐步提高，而安装工程一切险的保险标的一开始就存放于工地，保险公司一开始就承担着全部货价的风险，风险比较集中。在机器安装好之后，试车、考核所带来的危险以及在试车过程中发生机器损坏的危险是相当大的，这些危险在建筑工程险部分是没有的。

（2）在一般情况下，自然灾害造成建筑工程一切险的保险标的损失的可能性较大，而安装工程一切险的保险标的多数是建筑物内安装及设备（石化、桥梁、钢结构建筑物等除外），受自然灾害（洪水、台风、暴雨等）损失的可能性较小，受人为事故损失的可能性较大，这就要督促被保险人加强现场安全操作管理，严格执行安全操作规程。

（3）安装工程在交接前必须经过试车考核，而在试车期内，任何潜在的因素都可能造成损失，损失率要占安装工期内的总损失的一半以上。由于风险集中，试车期的安装工程一切险的保险费率通常占整个工期的保费的三分之一左右，而且对旧机器设备不承担赔付责任。

总的来讲，安装工程一切险的风险较大，保险费率也要高于建筑工程一切险。

（二）安装工程一切险的投保人与被保险人

和建筑工程一切险一样，安装工程一切险应由承包商投保，业主只是在承包商未投保的情况下代其投保，费用由承包商承担。承包商办理了投保手续并交纳了保费后即成为被保险人。安装工程一切险的被保险人除承包商外还包括：

（1）业主；

（2）制造商或供应商；

（3）技术咨询顾问；

（4）安装工程的信贷机构；

（5）待安装构件的买受人等。

（三）安装工程一切险的责任范围及除外责任

1. 安装工程一切险的保险标的

（1）安装的机器及安装费，包括安装工程合同内要安装的机器、设备、装置、物料、基础工程（如地基、座基等）以及为安装工程所需的各种临时设施（如水电、照明、通信设备等）等。

（2）安装工程使用的承包人的机器、设备。

（3）附带投保的土木建筑工程项目，指厂房、仓库、办公楼、宿舍、码头、桥梁等。这些项目一般不在安装合同以内，但可在安装险内附带投保：如果土木建筑工程项目不超过总价的 20%，整个项目按安装工程一切险投保；介于 20% 和 50% 之间，该部分项目按建筑工程一切险投保；若超过 50%，整个项目按建筑工程一切险投保。

安装工程一切险也可以根据投保人的要求附加第三者责任险，这与建筑工程一切险是相同的。

2. 安装工程一切险承保的危险和损失

安装工程一切险承保的危险和损害除包括建筑工程一切险中规定的内容外，还包括：

（1）短路、过电压、电弧所造成的损失；

（2）超压、压力不足和离心力引起的断裂所造成的损失；

（3）其他意外事故，如因进入异物或因安装地点的运输而引起的意外事件等。

3. 安装工程一切险的除外责任

安装工程一切险的除外情况主要有以下几种。

（1）由结构、材料或在车间制作方面的错误导致的损失；

（2）因被保险人或其派遣人员蓄意破坏或欺诈行为而造成的损失；

（3）因功力或效益不足而招致合同罚款或其他非实质性损失；

（4）由战争或其他类似事件，民众运动或因当局命令而造成的损失；

（5）因罢工和骚乱而造成的损失（但有些国家却不视为除外情况）；

（6）由原子核裂化或核辐射造成的损失等。

（四）安装工程一切险的保险期限

1. 安装工程一切险的保险责任的开始和终止

安装工程一切险的保险责任，自投保工程的动工日（如果包括土建任务的话）或第一批被保险项目卸至施工地点时（以先发生为准），即行开始。其保险责任的终止日可以是安装完毕验收通过之日或保险物所列明的终止日，这两个日期同样以先发生者为准。安装工程一切险的保险责任也可以展延至为期一年的维修期满日。

在征得保险人同意后，安装工程一切险的保险期限可以延长，但应在保险单上加批并增收保费。

2. 试车考核期

安装工程一切险的保险期内，一般应包括一个试车考核期。考核期的长短应根据工程合同上的规定来决定。对考核期的保险责任一般不超过 3 个月，若超过 3 个月，应另行加收费用。安装工程一切险对于旧机器设备不负考核期的保险责任，也不承担其维修期的保险责任。如果同一张保险单同时还承保其他新的项目，则保险单仅对新设备的保险责任有效。

3. 关于安装工程一切险的保险期限应注意的问题

（1）部分工程验收移交或实际投入使用。这种情况下，保险责任自验收移交或投入适用之日即行终止，但保单上须有相应的附加条款或批文。

（2）试车考核期的保险责任期（一般定为三个月），系指连续时间，而不是断续累计时间。

（3）维修期应从实际完工验收或投入使用之日起算，不能机械地按合同规定的竣工日起算。

（五）安装工程一切险的保险金额的组成

安装工程一切险的保险金额包括物质损失和第三者责任两大部分。

如果投保的安装工程包括土建部分，其保额应为安装完成时的总价值（包括运费、安装费、关税等）；若不包括土建部分，则设备购货合同价和安装合同价加各种费用之和为保额；安装建筑用机器、设备、装置应按安装价值确定保额。通常对物质标的部分的保额先按安装工程完工时的估定总价值暂定，到工程完工时再根据最后建成价格调整。第三者责任的赔偿限额按危险程度由保险双方商定。

（六）安装工程一切险的保险额的具体确定办法

1. 安装工程项目

安装工程项目，是安装工程一切险的主要保险项目，包括被安装的机器设备、装置、物料、基础工程（地基、机座）以及工程所需的各种临时设施如水、电、照明、通讯等。安装工程一切险的承保标的大致有三种类型：

（1）新建工厂、矿山或某一车间生产线安装的成套设备；

（2）单独的大型机械装置，如发电机组、锅炉、巨型吊车、传送装置的组装工程；

（3）各种钢结构建筑物，例如储油罐、桥梁、电视发射塔之类的安装和管道、电缆敷设等。

安装工程项目的保险金额视承包方式而定:

(1) 采用总承包方式,保险金额为该项目的合同总价;

(2) 由业主引进设备,承包人负责安装并培训,保险金额为 CIF 价加国内运费和保险费及关税、安装费(人工、材料)、可能的专利、人员培训及备品,备件等费用的总和。

2. 土木建筑工程项目

土木建筑工程项目指新建、扩建厂矿必须有的工程项目,如厂房、仓库、道路、水塔、办公楼、宿舍等。其保险金额应为该工程项目建成的价格,包括勘察设计费、人工费、机械费、材料费、运杂费、税款及其他相关费用。如果这些项目已包括在一揽子承包合同价内,不必另行投保,但应加以说明。

3. 场地清理费

指发生承保危险所致的损失后为清理工地现场所支付的费用。此项费用的保额由被保险人自定并单独投保,不包括在合同价内。大型工程的场地清理费一般不超过总价的5%,小型工程一般不超过 10%。

4. 工程业主或承包人在工地上的其他财产

指上述三项以外的可保标的,大致包括安装施工用机具设备,工地内现存财产,其他可保财产。

(1) 施工机具设备一般不包括在承包工程合同价内,因此列入本项投保。这项保险金额应按重置价值,即重新换置同一型号、同种性能规格或类似性能规格和型号的机器、设备的价格,包括出厂价、运费、关税、机具本身的安装费及其他必要的费用在内。

(2) 工地内现成财产指不包括在承包工程范围内,工程业主或承包人所有的或其保管的工地内已有的建筑物或财产。这笔保险金额可由保险双方商订,但最高不得超过该项现存财产的实际价值。

(3) 其他可保财产指不能包括在上述四项范围之内的可保财产,其保险金额由双方商定。

以上四项保额之和构成物质损失总保险金额。

5. 第三者责任险的保险金额

第三者责任部分的赔偿限额应根据责任风险大小的具体情况来考虑,没有统一的规定,通常有两种情况:

(1) 只规定每次事故赔偿限额,不分项,也无累计限额;

(2) 先规定每次事故中各分项限额,各项相加构成每次事故的总限额,最后算出并规定一个保险期内的累计赔偿限额。

当风险不大时,可采用第一种办法;当风险较大时,则应当采用第二种。

四、工程建设保险的理赔

保险作用的充分发挥具体落实在理赔上。理赔是指保险的赔偿处理,它是被保险人享受保险权益和保险人履行承保责任的具体体现。理赔是发挥保险作用的重要体现,因为通过理赔可以使灾害损失得到经济补偿,有利于恢复生产和安定生活。理赔又是加强防灾措施的依据,因为在理赔过程中,还能够从中发现问题,总结经验教训,作为今后防灾防损的参考。

（一）建筑工程一切险

1. 责任期间和责任范围

承保建筑工程一切险的保险公司的责任期间在保险单中都有明确规定，通常为自投保工程动工或被保险物品被卸至建筑工地时起，直至建筑工程经验收时终止。保险的最晚终止期应不超过保单中所列明的终止日期。保险期间如需扩展，必须事先获得保险公司同意。建筑工程一切险的责任范围如前所述。

2. 赔偿条件及争议仲裁

（1）索赔时必须提供必要的有效证明，作为索赔的依据。证明文件应能证明索赔对象及索赔人的索赔资格；证明索赔理由能够成立且属于理赔人的责任范围和责任期间。通常情况下，这些证明文件为保单、工程承包合同、事故照片及事故检验人的鉴定报告及各具体险别的保单中所规定的证明文件。

（2）保险公司的赔款以恢复投保项目受损前的状态为限，受损项目的残值应予扣除。

（3）赔款可以现金支付，也可以重置受损项目或予以修理代替之。总赔款金额不得超过保单规定的保险金额。

（4）一个项目同时由多家保险公司承保，则理赔的保险公司仅负责按比例分担赔偿的责任。

如果被保险人因索赔事宜同保险公司发生争议，通常情况下先进行协商解决，如果协商达不成协议，可申请仲裁或向法院提出诉讼。通常情况下，仲裁与诉讼应在被告方所在地。如果事先另有协议，则按协议处理。

3. 第三者责任险的赔偿

建筑工程一切险中还包括一项附加条款，第三者责任险。

第三者责任险的责任期间与一切险一样。不过，其责任范围仅限于赔偿保险标的工程的工地及邻近地区的第三者因工程实施而蒙受人身伤亡、疾病或财产损失等项责任，这些损失必须是依法应由被保险人负责。这一责任范围还包括赔偿被保险人因此而支付的诉讼费用和事先经保险人书面同意支付的其他费用，但不能超过保单列明的赔偿限额。

（二）安装工程一切险

安装工程一切险的责任范围与建筑工程一切险基本一样，只是增加了对安装工程常碰到的电气事故（如超负荷、超电压、碰线、电弧、走电、短路、大气放电等）造成的损失负赔偿责任。另外，由于承包商的安装人员因技术不善引起的事故也可成为向保险公司索赔的理由。

在免赔责任方面，除建筑工程一切险中所提及事项外，安装工程一切险的免赔责任还包括免赔由电气事故所造成的电气设备或电气用具本身的损失。

关于责任期间，原则上也是规定自投保工程动工之日起直至工程验收之日终止。但是，如果合同中有试车、考核规定，则试车、考核阶段应以保单中规定的期限为准。如果被保险项目本身是旧产品，则试车开始时，责任即告终止。安装工程一切险的最晚终止期应不超过保单中所列明的终止日期。若需扩展期间，必须事先获得保险公司的书面同意。

安装工程一切险的索赔条件及出现争议时的仲裁地点同建筑工程一切险一样。

安装工程一切险也有一项附加条款，即安装工程第三者责任险，其具体内容及索赔事项与工程建设第三者责任险一样，故不赘述。

第二节 工程建设担保制度

一、工程建设担保概述

（一）工程建设担保的概念

工程建设领域是一项风险很大的行业，工程建设合同当事人一方为避免因对方违约或其他违背诚实信用原则的行为而遭受损失，往往要求另一方当事人提供可靠的担保，以维护工程建设合同双方当事人的利益。这种担保即为工程建设担保（以下简称为工程担保），因此而签订的担保合同，即为工程担保合同。

（二）工程担保的种类

工程担保的种类有很多种，承包商在投标和履行合同过程中一般要提交三种工程担保：投标保证担保、履约担保、预付款担保。

1. 投标保证担保

它主要用于筛选投标人。投标保证担保要确保合格者投标以及中标者将签约和提供业主所要求的履约、预付款担保。

2. 履约担保

该项担保的目的在于保护业主的合法权益，促使承包商履行合同的约定，完成工程项目建设。一旦承包商违约，履约担保人要代为履约或赔偿。

3. 预付款担保

该种担保的目的在于保证承包商能够按合同规定进行施工，偿还业主已支付的全部预付金额。

除上述三种担保外，还有一种质量责任担保，该项担保是为了保证承包商在工程竣工后的一定时期内（缺陷责任期），负责工程质量的保修和维护。这种担保一般可包括在履约担保当中。

除上述几种由承包商提供的担保以外，我国还规定了业主工程款支付担保。《房屋建筑和市政基础设施工程施工招标投标管理办法》（建设部令第 89 号）第 47 条规定："招标文件要求中标人提交履约担保的，中标人应当提交。招标人应当同时向中标人提供工程款支付担保。"工程款支付担保的作用在于，通过对业主资信状况进行严格审查并落实各项反担保措施，确保工程费用及时支付到位；一旦业主违约，付款担保人将代为履约。上述对工程款支付担保的规定，对解决我国建筑市场上工程款拖欠现象具有特殊重要的意义。

此外，在国际工程承包中，还有诸如临时进口设备税收担保、免税工程进口物资税收担保等工程担保形式，这里不再一一介绍。

（三）工程担保与工程保险的区别和联系

工程担保人，可以为银行、保险公司或专业的工程担保公司。这与《保险法》规定的工程保险人只能为保险公司有着根本的不同。除此之外，两者的区别还表现在以下几方面：

1. 风险对象不同

工程担保面对的是"人祸"，即人为的违约责任；工程保险面对多是"天灾"，即意外事件、自然灾害等。

2. 风险方式不同

工程保险合同是在投保人和保险人之间签订的，风险转移给了保险人。工程担保当事人有三方：委托人、权利人和担保人。权利人是享受合同保障的人，是受益方。当委托人违约使权利人遭受经济损失时，权利人有权从工程担保人处获得补偿。这就与工程保险区别开来，保险是谁投保谁受益，而保证担保的投保人并不受益，受益的是第三方。最重要的在于，委托人并未将风险最终转移给工程担保人；而是以代理加反担保的方式将风险抵押给工程担保人。这也就是说，最终风险承担者仍是委托人自己。

3. 风险责任不同

依据担保法的规定，委托人对保证人为其向权利人支付的任何赔偿，有返还给保证人的义务；而依据保险法的规定，保险人赔付后是不能向投保人追偿的。

4. 风险选择不同

同样作为投保人，工程保险选择相对较小，只要投保人愿意，一般都可以被保险。工程担保则不同，它必须通过资信审查评估等手段选择有资格的委托人。因此，在发达国家，能够轻松地拿到保函，是有信誉、有实力的象征。也正因为这样，通过保证担保可以建立一种严格的建设市场准入制度。

必须指出的是，尽管工程担保和工程保险有着根本区别，但在工程实践中，却是常常在一起为工程建设发挥着保驾护航的重要作用。工程担保和保险是国际市场惯用的制度，我国工程担保和工程保险制度还处于探索时期。1998 年建设部将建立这个制度作为体制改革的重要内容，同年 7 月，我国首家专业化工程保证担保公司——长安保证担保公司挂牌成立。目前，该公司已与中国人民保险公司、国家开发银行、中国民生银行、华夏银行等多家单位展开合作，并已为国家大剧院、广州白云国际机场、中关村科技园区开发建设以及港口、国家粮库等一批重点工程提供了投标、履约、预付款和业主支付等保证担保产品。

（四）工程担保的作用

工程担保的作用，集中体现在规范建设市场行为、提高从业者素质上。目前，在我国建设市场中，市场主体履约意识薄弱，信誉观念淡薄，行为不规范，工程转包、挂靠、垫资施工、拖欠工程款、偷工减料、掺杂使假、以次充好的现象屡见不鲜，工程质量、安全事故时有发生，严重制约了建筑业的健康发展，单纯依靠行政手段已不能解决问题。而工程担保这种全新的经济手段，能让实力强、信誉好的担保人愿意为其担保或承保的建筑企业扩大市场份额，而令那些实力弱、信誉差、工程担保人不愿意替其担保的建筑企业缩减市场份额，进而将其逐出建设市场。显然，工程担保较之一般的行政手段优势明显，这种经济调整手段的作用在于通过一定的途径建立一种"守信者得到酬偿，失信者受到惩罚"的机制。

工程建设管理的最终目标是保证工程质量和施工安全，保证工程建设的顺利完成。由于工程担保引入了第三方保证，因此可为上述目标的实现提供更加有力的保障，进而提高整个建设行业的水平。

二、《担保法》的基本内容

《中华人民共和国担保法》（以下简称《担保法》）为推行工程担保制度提供了法律依据。该法规定的担保方式有五种，即保证、抵押、质押、留置和定金，这其中用于工程担保的主要是保证和定金。

（一）保证

1. 保证的概念

保证是指保证人和债权人约定，当债务人不履行债务时，保证人按照约定履行债务或承担责任的行为。保证具有以下法律特征：

（1）保证属于人的担保范畴，它不是用特定的财产提供担保，而是以保证人的信用和不特定的财产为他人债务提供担保；

（2）保证人必须是主合同以外的第三人，保证必须是债权人和债务人以外的第三人为他人债务所作的担保，债务人不得为自己的债务作保证；

（3）保证人应当具有代为清偿债务的能力，保证是保证人以其信用和不特定的财产来担保债务履行的，因此，设定保证关系时，保证人必须具有足以承担保证责任的财产；

（4）保证人和债权人可以在保证合同中约定保证方式，享有法律规定的权利，承担法律规定的义务。

2. 保证人

保证人须是具有代为清偿债务能力的人，既可以是法人，也可以是其他组织或公民。下列人不可以作保证人：

（1）国家机关不得作保证人，但经国务院批准为使用外国政府或国际经济组织贷款而进行的转贷除外；

（2）学校、幼儿园、医院等以公益为目的的事业单位、社会团体不得作保证人；

（3）企业法人的分支机构、职能部门不得作保证人，但有法人书面授权的，可在授权范围内提供保证。

3. 保证合同

保证人与债权人应当以书面形式订立保证合同。保证合同应包括以下内容：

（1）被保证的主债权种类、数量；

（2）债务人履行债务的期限；

（3）保证的方式；

（4）保证担保的范围；

（5）保证的期间；

（6）双方认为需要约定的其他事项。

4. 保证方式

保证的方式有两种：一种是一般保证，另一种是连带保证。保证方式没有约定或约定不明确的，按连带保证承担保证责任。

（1）一般保证。一般保证是指当事人在保证合同中约定，当债务人不履行债务时，由保证人承担保证责任的保证方式。一般保证的保证人在主合同纠纷未经审判或仲裁，并就债务人财产依法强制执行仍不能履行债务前，对债务人可以拒绝承担保证责任。

（2）连带保证。连带保证是指当事人在保证合同中约定保证人与债务人对债务承担连带责任的保证方式。连带责任保证的债务人在主合同规定的债务履行期届满没有履行债务的，债权人可以要求债务人履行债务，也可以要求保证人在其保证范围内承担保证责任。

5. 保证范围及保证期间

（1）保证范围。保证范围包括主债权及利息、违约金、损害赔偿金和实现债权的费用。保证合同另有约定的，按照约定。当事人对保证范围无约定或约定不明确的，保证人应对全部债务承担责任。

（2）保证期间。一般保证的担保人与债权人未约定保证期间的，保证期间为主债务履行期间届满之日起六个月。债权人未在合同约定的和法律规定的保证期间内主张权利（仲裁或诉讼），保证人免除保证责任；如债权人已主张权利的，保证期间适用于诉讼时效中断的规定。连带责任保证人与债权人未约定保证期间的，债权人有权自主债务履行期满之日起六个月内要求保证人承担保证责任。在合同约定或法律规定的保证期间内，债权人未要求保证人承担保证责任的，保证人免除保证责任。

（二）抵押

1. 抵押的概念

抵押是指债务人或第三人不转移对抵押财产的占有，将该财产作为债权的担保。当债务人不履行债务时，债权人有权依法以该财产折价或以拍卖、变卖该财产的价款优先受偿。

抵押具有以下法律特征：

（1）抵押权是一种他物权，抵押权是对他人所有物具有取得利益的权利，当债务人不履行债务时，债权人（抵押权人）有权依照法律以抵押物折价或者从变卖抵押物的价款中得到清偿；

（2）抵押权是一种从物权，抵押权将随着债权的发生而发生，随着债权的消灭而消灭；

（3）抵押权是一种对抵押物的优先受偿权，在以抵押物的折价受偿债务时，抵押权人的受偿权优先于其他债权人；

（4）抵押权具有追及力，当抵押人将抵押物擅自转让他人时，抵押权人可追及抵押物而行使权利。

2. 可以抵押的财产

根据《担保法》第 34 条的规定，下列财产可以抵押：

（1）抵押人所有的房屋和其他地上定着物；

（2）抵押人所有的机器、交通运输工具和其他财产；

（3）抵押人依法有权处分的国有土地使用权、房屋和其他地上定着物；

（4）抵押人依法有权处分的机器、交通运输工具和其他财产；

（5）抵押人依法承包并经发包方同意抵押的荒山、荒沟、荒丘、荒滩等荒地土地所有权；

（6）依法可以抵押的其他财产。

3. 禁止抵押的财产

《担保法》第 37 条规定，下列财产不得抵押：

（1）土地所有权；

（2）耕地、宅基地、自留地、自留山等集体所有的土地使用权；但第 34 条第五款的乡村企业厂房等建筑物抵押的除外；

（3）学校、幼儿园、医院等以公益为目的的事业单位、社会团体的教育设施、医疗设施和其他社会公益设施；

（4）所有权、使用权不明确或有争议的财产；

（5）依法被查封、扣押、监管的财产；

（6）依法不得抵押的其他财产。

以抵押作为履行合同的担保，还应依据有关法律、法规签订抵押合同并办理抵押登记。

4. 抵押合同

采用抵押方式担保时，抵押人和抵押权人应以书面形式订立抵押合同，法律规定应当办理抵押物登记的，抵押合同自登记之日起生效。抵押合同应包括如下内容：

（1）被担保的主债权种类、数额；

（2）债务人履行债务的期限；

（3）抵押物的名称、数量、质量、状况、所在地、所有权权属或者使用权权属；

（4）抵押担保的范围；

（5）当事人认为需要约定的其他事项。

（三）质押

1. 质押的概念

质押是指债务人或第三人将其动产或权利移交债权人手中占有，用以担保债权的履行，当债务人不能履行债务时，债权人依法有权就该动产或权利优先得到清偿的担保。质押包括动产质押和权利质押两种。

2. 动产质押

动产质押是指债务人或第三人将其动产移交债权人占有，将该动产作为债权的担保。债务人不履行债务时，债权人有权依照法律规定以该动产折价或以拍卖、变卖该动产的价款优先受偿。出质人和债权人应以书面形式订立质押合同。质押合同自质押物移交于质权人占有时生效。质押合同应当包括以下内容：

（1）被担保的主债权种类数额；

（2）债务人履行债务的期限；

（3）质押的名称、数量、质量、状况；

（4）质押担保的范围；

（5）质物移交的时间；

（6）当事人认为需要约定的其他事项。

3. 权利质押

权利质押是指出质人将其法定的可以质押的权利凭证交付质权人，以担保质权人的债权得以实现的法律行为。

（1）以汇票、支票、本票、债券、存款单、仓单、提单出质的，应当在合同的约定期限内将权利凭证交付质权人。质押合同自权利凭证交付之日起生效。

（2）以依法可以转让的股票出质的，出质人与质权人应订立书面合同，并向证券登记机构办理出质登记。质押合同自登记之日起生效。

（3）以依法可以转让的商标专用权、专利权、著作权中的财产权出质的，出质人与质权人应当订立书面合同，并向其管理部门办理出质登记。质押合同自登记之日起生效。

（四）留置

1. 留置的概念

留置是指债权人按照合同约定占有债务人的动产，债务人不按照合同约定的期限履行债务的，债权人有权依法留置该财产，以该财产折价或以拍卖、变卖该财产的价格优先受偿。留置具有如下法律特征：

（1）留置权是一种从权利；

（2）留置权属于他物权；

（3）留置权是一种法定担保方式，它依据法律规定而发生，而非以当事人之间的协议而成立。《担保法》第 84 条规定："因保管合同、运输合同、加工承揽合同发生的债权，债务人不履行债务的，债权人有留置权。"

2. 留置担保范围

留置担保范围包括主债权及利息、违约金、损害赔偿金、留置物保管费用和实现留置权的费用。

3. 留置的期限

留置的期限是指债权人与债务人应在合同中约定债权人留置财产后，债务人应在不少于两个月的期限内履行债务。债权人与债务人在合同中未约定的，债权人留置债务人财产后，应确定两个月以上的期限，通知债务人在该期限内履行债务。债务人逾期仍不履行的，债权人可与债务人协议以留置物折价，也可以依法拍卖、变卖留置物。留置物折价或拍卖、变卖后，其价款超过债权数额的部分归债务人所有，不足部分由债务人清偿。

（五）定金

1. 定金的概念

定金是指合同当事人一方为了证明合同成立及担保合同的履行，在合同中约定应给付对方一定数额的货币。合同履行后，定金或收回或抵作价款。给付定金的一方不履行合同，无权要求返还定金；收受定金的一方不履行合同的，应双倍返还定金。

2. 定金合同

定金应以书面形式约定。当事人在定金合同中应该约定交付定金的期限及数额。定金合同从实际交付定金之日起生效；定金数额最高不得超过主合同标的的 20％。

三、投标保证担保

投标保证担保，或投标保证金，属于投标文件中可以规定的内容的重要组成部分。所谓投标保证金，是指投标人向招标人出具的，以一定金额表示的投标责任担保。也就是说，投标人保证其投标被接受后对其投标书中规定的责任不得撤销或者反悔。否则，招标人将对投标保证金予以没收。从国外通行的做法看，投标保证金的数额一般为投标价的 2％左右。

（一）投标保证金的形式

投标保证金的形式有很多种，通常的做法有如下几种：

（1）交付现金。

（2）支票。这是由银行签章保证付款的支票。其过程一般是投标人开出支票，向付款银行申请保证付款，由银行在票面盖"保付"字样后，将支付票面所载金额，即保付金额从出票人，即投标人的存款账上划出，另行设立专户存储，以备随时支付。经银行保付的支票可以保证持票人一定能够收到款项。

（3）银行汇票。银行汇票是一种汇款凭证，由银行开出，交汇款人寄给异地收款人，异地收款人再凭银行汇票在当地银行兑汇款。

（4）不可撤销信用证。不可撤销信用证是付款人申请由银行出具的保证付款的凭证。由付款人银行向收款人银行发出函件，也由该行本身或者授权另一家银行，在符合规定的条件下，把一定款项付给函中指定的人。需要说明的是，该信用证开出后，在有效期限内不得随意撤销。

（5）银行保函。银行保函是由投标人申请银行开立的保证函，保证投标人在中标之前不撤销投标，中标后应当履行招标文件和中标人的投标文件规定的义务。如果投标人违反规定，开立保证函银行将担保赔偿招标人的损失。

（6）由保险公司或者担保公司出具投标保证书。投标保证书由担保人单独签署或者由投标人和担保人共同签署的承担支付一定金额的书面保证。

在这六种形式的投标保证金中，银行保函和投标保证书是最常用的。

（二）《世行采购指南》关于投标保证金的规定

《世行采购指南》为针对不负责的投标给借款人（招标人）提供合理的保护，可要求按照招标文件中的规定金额提交投标保证金，但是保证金的金额不宜太高，以免影响投标商的投标积极性。投标保证金应当根据投标商的意愿采用保付支票、信用证或者由信用好的银行出具保函等形式。应允许投标商提交由其选择的任何合格国家的银行直接出具的银行保函。投标保证金应当在投标有效期满后 28 天内一直有效，其目的是给借款人在需要索取保证金时，有足够的时间采取行动。一旦确定不能对其授予合同，应及时将投标保证金退还给落选的投标人。

世行贷款项目招标文件范本《土建工程国内竞争性文件》中，对投标保证金作出如下规定：

1. 投标人应提供一份不少于本须知前附表第 7 项所述金额的投标保证金，此保证金是投标书的一个组成部分。

2. 根据投标人的选择，投标保证金可以是由在中国注册并在中国经营的银行所开出的银行保函、保兑支票、银行汇票或现金支票。银行保函的格式应符合本招标文件第 5 章的格式要求或应采用业主可以接受的其他格式。银行保函的有效期应超出投标有效期 28 天。

3. 业主将拒绝未能按要求提交投标保证金的投标书。联营体提交的投标保证金应将联营体全部成员定义为投标人，并列出全部成员名单。

4. 未中标投标人的投标保证金将尽快退还，最迟不超过第 15.1 款规定的投标有效期期满后的 28 天（不计利息）。

5. 中标人的投标保证金，在中标人按要求提交了履约保证金并签署了合同协议书后，予以退还（不计利息）。

6. 如有下列情况，将没收投标保证金：

（1）投标人在投标有效期内撤回其投标书；

（2）投标人不接受按第 27 条规定对其投标价格的修正；

（3）中标人未能在规定期限内签署合同协议书或提交所要求的履约保证金。

四、履约担保

所谓履约担保，是指招标人在招标文件中规定的要求中标的投标人提交的保证履行合同义务的担保。

（一）履约担保的形式

履行担保一般有三种形式：银行保函、履约担保书和保留金。

1. 银行履约保函

银行履约保函是由商业银行开具的担保证明，通常为合同金额的 10% 左右。银行保函分为有条件的银行保函和无条件的银行保函。

（1）有条件的保函

有条件的保函是指下述情形：在投标人没有实施合同或者未履行合同义务时，由招标人或工程师机构出具证明说明情况，并由担保人对已执行合同部分和未执行部分加以鉴定，确认后才能收兑银行保函，由招标人得到保函中的款项。建筑行业通常偏向于这种形式的保函。

（2）无条件的银行保函

无条件的保函是指下述情形招标人不需要出具任何证明和理由。只要看到承包人违约，就可对银行保函进行收兑。

2. 履约担保书

履约担保书的担保方式是：当中标人在履行合同中违约时，开出担保书的担保公司或者保险公司用该项担保金去完成施工任务或者向招标人支付该项保证金。工程采购项目保证金提供担保形式的，其金额一般为合同价的 30%~50%。

承包商违约时，由工程担保人代为完成工程建设的担保方式，有利于工程建设的顺利进行，因此是我国工程担保制度探索和实践的重点内容。

3. 保留金

保留金是指在业主（工程师）根据合同的约定，每次支付工程进度款时扣除一定数目的款项，作为承包商完成其修补缺陷义务的保证。保留金一般为每次工程进度款的 10%，但总额一般应限制在合同总价款的 5%（通常最高不得超过 10%）。一般在工程移交时，业主（工程师）将保留金的一半支付给承包商；质量保修期（或"缺陷责任期满"）时，将剩下的一半支付给承包商。

需要说明的是，履约保证金额的大小取决于招标项目的类型与规模，但必须保证中标人违约时，招标人不受损失。在投标须知中，招标人要规定使用哪一种形式的履约担保。中标人应当按照招标文件中的规定提交履约担保。没有按照上述要求提交履约担保的招标人将把合同授予次低标者，并没收投标保证金。

（二）国际工程承包市场对履约担保的规定

国外也对履约担保多有规定，这主要体现在一些标准示范文本中。

1.《世行采购指南》

《世行采购指南》2.38 规定，工程的招标文件要求一定金额的保证金，其金额足以抵偿借款人（招标人）在承包商违约时所遭受的损失。该保证金应当按照借款人在招标文件中的规定以适当的格式和金额采用履约担保书或者银行保函形式提供。担保书或者银行保函的金额将根据提供保证金的类型和工程的性质和规模有所不同。该保证金的一部分应展期至工程竣工日之后，以覆盖截至借款人最终验收的缺陷责任期或维修期；另一种做法是，在合同规定从每次定期付款中扣留一定百分比作为保留金，直到最终验收为止。可允许承包人在临时验收后用等额保证金来代替保留金。

2. 世行贷款项目招标文件范本《土建工程国内竞争性文件》

1997 年经修订后的《土建工程国内竞争性文件》没有采用 FIDIC《土木工程施工合同条件》的通用条款，而是根据我国的实际情况制订了新的通用条款。该通用条款第 51 条是关于保证金（履约保证金）的规定：

（1）中标人应在接到中标通知书 14 天内按合同专用条款中规定的数额向业主提交履约保证金。缺陷责任期结束后 28 天履约保证金应保持有效，并应按本文件第 9 章规定的格式或业主可接受的其他格式由在中华人民共和国注册经营的银行开具。

（2）如果没有理由再需要履约保证金，在缺陷责任期结束后的 28 天内业主应将履约保证金退还给承包人。

（3）业主应将从保证金的开出机构所获得的索赔通知承包人。

（4）如果下述情况发生 42 天以上，则业主可从履约保证金中获得索赔：

① 项目监理指出承包人有违反合同的行为后，承包人仍继续该违反合同的行为；

② 承包人未将应支付给业主的款项支付给业主。

五、预付款担保

（一）预付款担保的概念和形式

工程建设合同签订以后，业主给承包人一定比例的预付款，一般为合同金额的 10%，但需由承包商的开户银行向业主出具预付款担保。其目的在于保证承包商能够按合同规定进行施工，偿还业主已支付的全部预付金额。如果承包商中途毁约，中止工程，使业主不能在规定期限内从应付工程款中扣除全部预付款，则业主作为保函的受益人有权凭预付款担保向银行索赔该保函的担保金额作为补偿。

预付款担保的担保金额通常与业主的预付款是等值的。预付款一般逐月从工程支付款中扣除，预付款担保的担保金额也相应逐月减少。承包商在施工期间，应当定期从业主处取得同意此保函减值的文件，并送交银行确认。承包商还清全部预付款后，业主应退还预付款担保，承包商将其退回银行注销，解除担保责任。

除银行保函以外，预付款担保也可以采用其他形式，但银行保函是最常见的形式。

（二）国际工程承包市场关于预付款担保的规定

1. 《世行采购指南》

《世行采购指南》第 2.35 规定，货物或土建工程合同签字后支付的人和动员预付款及类似的支出应参照这些支出的估算金额，并应在招标文件中予以规定。对其他预付款的支付金额和时间，比如为交运到现场用于土建工程的材料所作的材料预付款，也应有明确规定。招标文件应规定为预付款所需的任何保证金所应作的安排。

2. 《亚洲开发银行贷款采购准则》

《亚洲开发银行贷款采购准则》第 2.26 规定，建设项目合同应当预先支付一定数额，用于支付迁移费及为工程需要而将材料运到工地的费用。招标文件应规定每项预付金额基数，支付的时间和方法，所要求的资金种类以及承包商还款方式。对于预付的迁移费、所迁移的物品应在数量单中加以说明，预付款的支付仅限于这些物品。一般情况下，预付金额仅限于合同总额的 10％，至于配合工程需要所运的材料，预付款数量取决于工程的类型，在通常情况下可预付部分材料费。

第三节　工程建设风险防范法律制度案例

案例 1

再审申请人（一审被告、二审被上诉人）：某市人民政府

被申请人（一审原告、二审上诉人）：××集团第一工程有限公司（以下简称：甲公司）

一、基本案情

某市政府与甲公司签订《公路建设工程施工合同》第 4.4 条约定："工程质量保证金按结算价款的 3％预留，初验并在乙方将初验中所发现的质量问题处理后 15 日内返还给乙方 50％，余 50％在竣工验收一年后 15 日内返还……。"该工程交付使用时间及通车时间为 2009 年 10 月 25 日。按照施工合同约定，从 2009 年 10 月 25 日起，一年后 15 日内应返还质保金。双方在《补充协议》中约定：工程缺陷责任期为 2 年，保修期为 5 年，质保金为合同价款的 5％。

甲公司诉某市政府返还质保金。

二、案例评析

质保金应按照《补充协议》的约定于工程缺陷责任期届满后返还，即 2011 年 10 月 25 日前返还，不能按约返还应支付相应的利息损失。

建设工程质量保证金是指发包人与承包人在建设工程承包合同中约定，从应付的工程款中预留，用以保证承包人在缺陷责任期内对建设工程出现的缺陷进行维修的资金。根据《质保金管理办法》规定，缺陷责任期从工程通过竣工验收之日起计算，一般为 1 年，最长不超过 2 年，由发、承包双方在合同中约定。在缺陷责任期内，由施工人原因造成的缺陷，施工人应负责维修，并承担鉴定及维修费用。缺陷责任期届满，发包人应当返还质量保证金，并不能按约返还应支付相应的利息损失。

案例 2

再审申请人（一审被告、二审上诉人）：××建工集团有限公司（以下简称：甲公司）

被申请人（一审原告、二审被上诉人）：颜某

被申请人（一审被告、二审被上诉人）：刘某

一、基本案情

2010 年 11 月 10 日，颜某与刘某签订《保证借款合同》，约定刘某向颜某借款 4000 万元，借款用于流动资金周转，借款期限自 2010 年 11 月 10 日至 2011 年 5 月 8 日，按年利率 25.2％计息。鄂尔多斯某房地产有限公司、贾某作为保证人在《保证借款合同》中

签名盖章，为前述借款本息及实现债权费用等提供连带责任保证，保证期限自借款到期之日起顺延两年。同日，甲公司铜川项目部作为保证人与颜某签订《保证合同》，约定甲公司铜川项目部为前述借款本息及实现债权费用等提供连带责任保证，保证期间为二年，自借款合同履行期届满之日起计算。刘某在《保证合同》中签名捺印，并加盖甲公司铜川项目部印章。

2010年11月10日，颜某委托浙江某进出口有限公司通过网上银行向刘某账户转账交付借款本金4000万元。借款到期后，刘某未还款，颜某提起诉讼。原甲公司总公司以甲公司铜川项目部员工刘某私自伪造该公司印章与案外人陈某等签订借款担保合同并造成公司经济损失为由，向湖南省长沙市公安局天心分局报案，该局于2016年3月2日作出立案决定书，决定对刘某涉嫌伪造公司印章案立案侦查。浙江省高级人民法院判决甲公司铜川项目部承担《保证合同》无效后20%过错赔偿责任。甲公司铜川项目部申请再审。

二、案件评析

根据《最高人民法院关于适用〈中华人民共和国担保法〉若干问题的解释》第十七条第一款规定："企业法人的分支机构未经法人书面授权提供保证的，保证合同无效。因此给债权人造成损失的，应当根据担保法第五条第二款的规定处理。"《中华人民共和国担保法》第五条第二款规定："担保合同被确认无效后，债务人、担保人、债权人有过错的，应当根据其过错各自承担相应的民事责任。"首先，甲公司铜川项目部具有分支机构的基本特征，其在未经甲公司书面授权提供保证，该保证合同应属无效，但甲公司应当根据其过错承担相应的民事责任。其次，根据本案查明的事实，刘某作为甲公司铜川项目部技术负责人，由甲公司指派任命并负责项目部相关工作，刘某在任职期间以项目部名义从事民事活动，甲公司应当对其行为承担一定的责任。第三，从本案事实来看，刘某多次用该项目部公章进行民事行为，甲公司对此监管不力，应当负有责任。从另案纠纷来看，甲公司积极促成调解并承担相应责任，虽然在案件事实等方面存在差异，但原审法院综合考虑以此认定甲公司在本案中承担一定过错责任，并无不当。第四，二审法院改判甲公司承担20%的过错责任，即已经考虑到甲公司在本案过程中并没有主观恶意，亦不存在重大过失，故对甲公司的过错责任予以减轻。

第十二章 工程建设环境保护法律制度

第一节 工程建设环境保护法概述

环境保护法是调整环境保护中各社会关系的法律规范的总称，是指国家、政府部门根据发展经济，保护人民身体健康与财产安全，保护和改善环境需要而制定的一系列法律、法规、规章等。环保法规迅速成为一门新兴的独立法律分支，是和近几十年来世界很多国家和地区环境严重恶化，以致需要国家政府干预这种情况相联系的。

一、环境保护法的任务、目的与作用

（一）环境保护法的任务

根据我国《宪法》和《环境保护法》的规定，我国环境保护法有两项任务：

1. 保证合理地利用自然环境。自然资源也是自然环境的重要组成部分。

2. 保证防治环境污染与生态破坏，防治环境污染是指防治废水、废气、废渣、粉尘、垃圾、滥伐森林、破坏草原、破坏植物、乱采乱挖矿产资源、滥捕滥猎鱼类和动物等。

（二）环境保护法的目的

是为人民创造一个清洁、适宜的生活环境和劳动环境以及符合生态系统健全发展的生态环境，保护人民健康，促进经济发展提供法律上的保障。

（三）环境保护法的作用

环境保护法是保护人民健康，促进经济发展的法律武器；是推动我国环境法制建设的动力；是提高广大干部，群众环境意识和环保法制观念的好教材；是维护我国环境权益的有效工具；是促进环境保护的国际交流与合作，开展国际环境保护活动的有效手段。

二、环境保护法的基本原则

环境保护法的基本原则，是环境保护方针、政策在法律上的体现，是调整环境保护方面社会关系的指导规范，也是环境保护立法、司法、执法、守法必须遵循的准则，它反映了环保法的本质，并贯穿环境保护法制建设的全过程，具有十分重要的意义。

（一）经济建设与环境保护协调发展的原则

根据经济规律和生态规律的要求，环境保护法必须认真贯彻"经济建设、城市建设、环境建设同步规划、同步实施、同步发展的三同步方针"和"经济效益、环境效益、社会效益的三统一方针"。

（二）预防为主，防治结合的原则

预防为主的原则，就是"防患于未然"的原则。环境保护中预防污染不仅可以尽可能地提高原材料、能源的利用率，而且可以大大地减少污染物的产生量和排放量，减少二次污染的风险，减少末端治理负荷，节省环保投资和运行费用。"预防"是环境保护第一位

的工作。然而，根据目前的技术、经济条件，工业企业做到"零排放"也是很困难的，所以还必须与治理结合。

（三）污染者付费的原则

污染者付费的原则，通常也称为"谁污染，谁治理"、"谁开发，谁保护"原则，其基本思想是明确治理污染、保护环境的经济责任。

（四）政府对环境质量负责的原则

环境保护是一项涉及政治、经济、技术、社会各个方面的复杂而又艰巨的任务，是我国的基本国策，关系到国家和人民的长远利益，解决这种关乎全局、综合性很强的问题，是政府的重要职责之一。

（五）依靠群众保护环境的原则

环境质量的好坏关系到广大群众的切身利益，因此保护环境，不仅是公民的义务，也是公民的权利。

三、环境保护法的特点

环境保护法除了具有法律的一般特征外，还有以下特点：

1. 科学性

环保是以科学的生态规律与经济规律为依据的，它的体系原则、法律规律、管理制度都是从环境科学的研究成果和技术规范总结出来。

2. 综合性

环保法所调整的社会关系相当复杂，涉及面广、综合性强。既有基本法，又有单行法；既有实体法，又有程序法；而且涉及行政法、经济法、劳动法、民法、刑法等有关内容。

3. 区域性

我国是一个大国，区域差别很大，因此我国的环保法具有区域性特点。各省市可根据本地区制定相应的地方法规和地方标准，体现地区间的差异。

4. 奖励与惩罚相结合

我国的环保法不仅要对违法者给予惩罚，而且还要对保护资源、环境有功者给予奖励，做到赏罚分明。这是我国环保法区别于其他国家法律的一大特点。

四、环境保护法律、法规及标准

环境保护法是国家整个法律体系的重要组成部分，具有自身一套比较完整的体系。《中华人民共和国宪法》是我国的根本大法，它为制定环境保护基本法和专项法奠定了基础；新的《中华人民共和国刑法》（2017 修正）破坏环境资源保护罪增加了"破坏环境资源罪"的条款，使得违反国家环境保护规定的个人或集体都不只负有行政责任，而且还要负刑事责任。五个环境保护专项法为防治大气、水体、海洋、固体废物及噪声污染等制定了法规依据。环境保护工作涉及方方面面，特别是资源、能源的利用，因此资源法和其他有关的法也是环境保护法规体系的重要组成部分。

此外，还有地方环境保护法、环境保护行政法规、规章以及环境保护标准等。分述如下：

（一）宪法

《宪法》第 26 条规定："国家保护和改善生活环境和生态环境，防治污染和其他公害。国家鼓励植树造林，保护林木。"第 9 条第 2 款规定："国家保障自然资源的合理利用，保护珍贵的动物和植物，任何组织和个人必须合理地利用土地。"第 22 条规定："国家保护名胜古迹、珍贵文物和其他重要历史文化遗产。"第 5 条规定："一切国家机关和武装力量、各政党和各社会团体、各企业事业组织都必须遵守宪法和法律。一切违反宪法和法律的行为，必须予以追究。"宪法中所有这些规定，是我国环境保护法的法律依据和指导原则。

（二）刑法

《刑法》第六章第六节"破坏环境资源罪"中有 9 条规定，凡违反国家有关环境保护的规定，应负有相应的刑事责任。

（三）环境保护基本法

环境保护基本法指《中华人民共和国环境保护法》，它是环境保护领域的基本法律，是环境保护专项法的基本依据，它是由全国人大常务委员会批准颁布的。

（四）环境保护专项法

是针对特定的污染防治领域和特定的资源保护对象而制订的单项法律。目前已颁布了《大气污染防治法》《水污染防治法》《固体废弃物污染环境防治法》《海洋环境保护法》《环境噪声污染防治法》《环境影响评价法》五项，是由全国人大常委会批准颁布的。

（五）环境保护资源法和相关法

自然资源是人类赖以生存发展的条件，为了合理地开发、利用和保护自然资源，特制定了《森林法》《草原法》《煤炭法》《矿产资源法》《渔业法》《土地管理法》《水法》《水土保持法》和《野生动物保护法》等多部环境保护资源法；相关法指《城市规划法》《文物保护法》及《卫生防疫法》等与环境保护工作密切相关的法律。

（六）环境保护行政法规

由国务院组织制定并批准公布的，为实施环境保护法律或规范环境监督管理制度及程度而颁布的"条例""实施细则"，如《水污染防治法实施细则》《建设项目环境保护管理条例》等，目前已有 19 项。

（七）环境保护部门规章

是由国务院有关部门为加强环境保护工作而颁布的环境保护规范性文件，如国家环保局颁布的《建设项目环境影响评价文件分级审批规定》《建设项目竣工环境保护验收管理办法》《环境保护行政处罚办法》（2010 修订）等。

（八）环境保护地方性法规和地方政府规章

是指有立法权的地方权力机关——人民代表大会及其常委会和地方政府制定的环境保护规范性文件，是对国家环境保护法律、法规的补充和完善，它以解决本地区某一特定的环境问题为目标，具有较强的针对性和可操作性。

（九）环境标准

我国环境法规体系中的一个重要组成部分，也是环境法制管理的基础和重要依据。环境标准包括主要环境质量标准、污染物排放标准、基础标准、方法标准等，其中环境质量标准和污染物排放标准为强制性标准。

（十）国际环境保护公约

是中国政府为保护全球环境而签订的国际条约和议定书，是中国承担全球环保义务的承诺，根据《环境保护法》规定，国内环保法律与国际条约有不同规定时，应优先采用国际条约的规定（除我国保留条件的条款外）。

（十一）其他要求

其他要求指的是产业实施规范、与政府机构的协定、非法规性指南、污染物控制、国家关于重点治理三河（淮河、海河、辽河）、三湖（太湖、巢湖、滇池）和酸雨控制区、二氧化硫控制区、城市综合整治定量考核要求，以及旅游度假区、风景区、名胜古迹、文物保护区要求等。

第二节　我国的环境保护基本法及专项法

一、《中华人民共和国环境保护法》

1979 年，我国正式颁布了《中华人民共和国环境保护法》（试行），试行法使用了十年，对我国的环境保护工作起到了很大推动作用。1989 年，随着我国经济体制的改革步伐，为了适应新形势的需要，对《试行法》进行了修订，并于 1989 年 12 月颁布了《中华人民共和国环境保护法》（以下简称《环境保护法》）。2014 年进行了修订。该法共分 6 章 47 条，内容涉及我国环保工作的各个方面，内容广泛。这里，将主要内容概括如下：

1. 规定了我国环境保护的管理体制。在环保法中明确规定了国务院环境保护行政主管部门，国家海洋行政主管部门、港务监督、渔政、渔港监督、军队环境保护部门，土地、矿产、林业、农业、水利行政主管部门，各级公安、交通、铁道、民航管理部门，县以上人民政府以及环境保护行政主管部门，对保护和改善环境应负的责任和权力。

2. 环境的监督管理工作。在环保法中，把我国多年来行之有效的几项环境保护工作制度，以及近几年正在逐步推广实施的部分制度放到了环境保护监督管理工作的重要位置，这些制度主要有：

建设项目和资源开发项目实行的环境影响报告审批制度；在新建、扩建和改建工程中，防治污染的工程设施与主体工程同时设计、同时施工、同时投入使用的"三同时"制度；对排放污染超标的单位，征收排污费制度；污染物排放申报登记制度；对在重点保护区排放污染物超标的单位和对环境造成严重污染的单位限期治理的制度。此外，在环保法中还对环境保护的宣传教育、科研、规划、监测、污染事故报告等各项监督管理工作做了原则规定。

3. 对违反环保法，造成环境污染和生态破坏者所应负的民事、刑事、行政责任做了规定。

4. 对制定环境标准做了规定。在环保法中明确由国务院行政主管部门制定国家环境质量标准，对国家环境质量标准中未做规定的项目，可以制定地方环境质量标准。国家应根据环境质量标准和国家经济、技术条件制定国家污染物排放标准。对于国家污染物排放标准中未作规定的项目，可以制定地方污染物排放标准，已作规定的项目，可以制定严于国家污染物排放标准的地方污染物排放标准。地方污染物排放标准须报国务院行政主管部门备案。

5. 对保护自然环境与资源的法律规定。《环境保护法》第 29 条规定："国家在重点生态功能区、生态环境敏感区和脆弱区等区域划定生态保护红线，实行严格保护。"

6. 保护农业环境的法律规定。《环境保护法》第 33 条规定："各级人民政府应当加强对农业生态环境的保护，促进农业环境保护新技术的应用，加强对农业污染源的监测预防，统筹有关部门采取措施，防止土壤污染，土地沙化，盐渍化、贫瘠化、沼泽化、地面沉降以及和防治植被破坏、水土流失，水源枯竭，种源灭绝生态失调现象，推广植物病虫害的综合防治。"

二、《中华人民共和国水污染防治法》

2017 年十二届二十八次全国人大常委会对 1984 年公布的《中华人民共和国水污染防治法》（以下简称《水污染防治法》）做了修正，修正后的《水污染防治法》共八章 103 条。

（一）水环境的监督管理

《水污染防治法》第三章第 19 条至 31 条对水污染防治的监督管理规定如下：

第 19 条：新建、改建、扩建直接或者间接向水体排放污染物的建设项目和其他水上设施，应当依法进行环境影响评价。

建设单位在江河、湖泊新建、改建、扩建排污口的，应当取得水行政主管部门或者流域管理机构同意；涉及通航、渔业水域的，环境保护主管部门在审批环境影响评价文件时，应当征求交通、渔业主管部门的意见。

建设项目的水污染防治设施，应当与主体工程同时设计、同时施工、同时投入使用。水污染防治设施应当符合经批准或者备案的环境影响评价文件的要求。

第 20 条：国家对重点水污染物排放实施总量控制制度。

重点水污染物排放总量控制指标，由国务院环境保护主管部门在征求国务院有关部门和各省、自治区、直辖市人民政府意见后，会同国务院经济综合宏观调控部门报国务院批准并下达实施。

省、自治区、直辖市人民政府应当按照国务院的规定削减和控制本行政区域的重点水污染物排放总量。具体办法由国务院环境保护主管部门会同国务院有关部门规定。

省、自治区、直辖市人民政府可以根据本行政区域水环境质量状况和水污染防治工作的需要，对国家重点水污染物之外的其他水污染物排放实行总量控制。

对超过重点水污染物排放总量控制指标或者未完成水环境质量改善目标的地区，省级以上人民政府环境保护主管部门应当会同有关部门约谈该地区人民政府的主要负责人，并暂停审批新增重点水污染物排放总量的建设项目的环境影响评价文件。约谈情况应当向社会公开。

第 21 条：直接或者间接向水体排放工业废水和医疗污水以及其他按照规定应当取得排污许可证方可排放的废水、污水的企业事业单位和其他生产经营者，应当取得排污许可证；城镇污水集中处理设施的运营单位，也应当取得排污许可证。排污许可证应当明确排放水污染物的种类、浓度、总量和排放去向等要求。排污许可的具体办法由国务院规定。

禁止企业事业单位和其他生产经营者无排污许可证或者违反排污许可证的规定向水体排放前款规定的废水、污水。

第 22 条：向水体排放污染物的企业事业单位和其他生产经营者，应当按照法律、行政法规和国务院环境保护主管部门的规定设置排污口；在江河、湖泊设置排污口的，还应当遵守国务院水行政主管部门的规定。

第23条：实行排污许可管理的企业事业单位和其他生产经营者应当按照国家有关规定和监测规范，对所排放的水污染物自行监测，并保存原始监测记录。重点排污单位还应当安装水污染物排放自动监测设备，与环境保护主管部门的监控设备联网，并保证监测设备正常运行。具体办法由国务院环境保护主管部门规定。

应当安装水污染物排放自动监测设备的重点排污单位名录，由设区的市级以上地方人民政府环境保护主管部门根据本行政区域的环境容量、重点水污染物排放总量控制指标的要求以及排污单位排放水污染物的种类、数量和浓度等因素，商同级有关部门确定。

第24条：实行排污许可管理的企业事业单位和其他生产经营者应当对监测数据的真实性和准确性负责。

环境保护主管部门发现重点排污单位的水污染物排放自动监测设备传输数据异常，应当及时进行调查。

第25条：国家建立水环境质量监测和水污染物排放监测制度。国务院环境保护主管部门负责制定水环境监测规范，统一发布国家水环境状况信息，会同国务院水行政等部门组织监测网络，统一规划国家水环境质量监测站（点）的设置，建立监测数据共享机制，加强对水环境监测的管理。

第26条：国家确定的重要江河、湖泊流域的水资源保护工作机构负责监测其所在流域的省界水体的水环境质量状况，并将监测结果及时报国务院环境保护主管部门和国务院水行政主管部门；有经国务院批准成立的流域水资源保护领导机构的，应当将监测结果及时报告流域水资源保护领导机构。

第27条：国务院有关部门和县级以上地方人民政府开发、利用和调节、调度水资源时，应当统筹兼顾，维持江河的合理流量和湖泊、水库以及地下水体的合理水位，保障基本生态用水，维护水体的生态功能。

第28条：国务院环境保护主管部门应当会同国务院水行政等部门和有关省、自治区、直辖市人民政府，建立重要江河、湖泊的流域水环境保护联合协调机制，实行统一规划、统一标准、统一监测、统一的防治措施。

第29条：国务院环境保护主管部门和省、自治区、直辖市人民政府环境保护主管部门应当会同同级有关部门根据流域生态环境功能需要，明确流域生态环境保护要求，组织开展流域环境资源承载能力监测、评价，实施流域环境资源承载能力预警。

县级以上地方人民政府应当根据流域生态环境功能需要，组织开展江河、湖泊、湿地保护与修复，因地制宜建设人工湿地、水源涵养林、沿河沿湖植被缓冲带和隔离带等生态环境治理与保护工程，整治黑臭水体，提高流域环境资源承载能力。

从事开发建设活动，应当采取有效措施，维护流域生态环境功能，严守生态保护红线。

第30条：环境保护主管部门和其他依照本法规定行使监督管理权的部门，有权对管辖范围内的排污单位进行现场检查，被检查的单位应当如实反映情况，提供必要的资料。检察机关有义务为被检查的单位保守在检查中获取的商业秘密。

第31条：跨行政区域的水污染纠纷，由有关地方人民政府协商解决，或者由其共同的上级人民政府协调解决。

（二）水污染防治措施

《水污染防治法》第 32 条至 43 条对水污染防治的一般措施规定如下：

第 32 条：国务院环境保护主管部门应当会同国务院卫生主管部门，根据对公众健康和生态环境的危害和影响程度，公布有毒有害水污染物名录，实行风险管理。

排放前款规定名录中所列有毒有害水污染物的企业事业单位和其他生产经营者，应当对排污口和周边环境进行监测，评估环境风险，排查环境安全隐患，并公开有毒有害水污染物信息，采取有效措施防范环境风险。

第 33 条：禁止向水体排放油类、酸液、碱液或者剧毒废液。

禁止在水体清洗装贮过油类或者有毒污染物的车辆和容器。

第 34 条：禁止向水体排放、倾倒放射性固体废物或者含有高放射性和中放射性物质的废水。

向水体排放含低放射性物质的废水，应当符合国家有关放射性污染防治的规定和标准。

第 35 条：向水体排放含热废水，应当采取措施，保证水体的水温符合水环境质量标准。

第 36 条：含病原体的污水应当经过消毒处理；符合国家有关标准后，方可排放。

第 37 条：禁止向水体排放、倾倒工业废渣、城镇垃圾和其他废弃物。

禁止将含有汞、镉、砷、铬、铅、氰化物、黄磷等的可溶性剧毒废渣向水体排放、倾倒或者直接埋入地下。

存放可溶性剧毒废渣的场所，应当采取防水、防渗漏、防流失的措施。

第 38 条：禁止在江河、湖泊、运河、渠道、水库最高水位线以下的滩地和岸坡堆放、存储固体废弃物和其他污染物。

第 39 条：禁止利用渗井、渗坑、裂隙、溶洞，私设暗管，篡改、伪造监测数据，或者不正常运行水污染防治设施等逃避监管的方式排放水污染物。

第 40 条：化学品生产企业以及工业集聚区、矿山开采区、尾矿库、危险废物处置场、垃圾填埋场等的运营、管理单位，应当采取防渗漏等措施，并建设地下水水质监测井进行监测，防止地下水污染。

加油站等的地下油罐应当使用双层罐或者采取建造防渗池等其他有效措施，并进行防渗漏监测，防止地下水污染。

禁止利用无防渗漏措施的沟渠、坑塘等输送或者存贮含有毒污染物的废水、含病原体的污水和其他废弃物。

第 41 条：多层地下水的含水层水质差异大的，应当分层开采；对已受污染的潜水和承压水，不得混合开采。

第 42 条：兴建地下工程设施或者进行地下勘探、采矿等活动，应当采取防护性措施，防止地下水污染。

报废矿井、钻井或者取水井等，应当实施封井或者回填。

第 43 条：人工回灌补给地下水，不得恶化地下水质。

三、《中华人民共和国固体废物污染环境防治法》

《中华人民共和国固体废物污染环境防治法》（以下简称《固体废物污染环境防治法》）于 1995 年 10 月全国人大八届十六次常委会通过，分别于 2004、2013、2015、2016 年经过四次修订，本法共有 6 章 91 条。

（一）固体废物污染环境的防治

《固体废物污染环境防治法》第三章第 16 条至第 49 条做了详细规定，现概述如下：

1. 产生排放固体废物的单位和个人，应当采取措施防止或减少对环境的污染。

2. 收集、贮存、运输、利用、处置的单位和个人，要采取措施防止扬散、渗漏、流失、丢弃。

3. 产品应采用易回收的包装物，有关部门应加强对包装物的回收利用工作。

4. 转移固体废弃物，应向移出地的省环保部门报告，并应经接受地省环保部门的许可。

5. 禁止境外废物进境倾倒、堆放、处置。

6. 禁止进口不能用做原料的固体废物，限制进口可以用做原料的废物，确需进口的需经国家环境保护主管部门批准。

7. 推广防治固体废物污染的先进工艺设备，淘汰落后工艺设备，有关部门应公布限期淘汰目录，有关单位和个人必须在限期内停止生产、销售、进口或使用目录中规定的设备和停止采用目录中的工艺。被淘汰的工艺设备不得转给他人使用。

8. 企业事业单位应合理选择，利用原材料、能源，采用先进的工艺设备，减少工业固体废物的产生量。

9. 露天堆放冶炼渣、化工渣、燃煤灰渣、废物矿石、尾矿和其他固体废物，应设置专用场所并须符合环保标准。

10. 城市生活垃圾收集、贮存、运输应符合环境保护和环境卫生规定。

（二）危险废物污染防治

《固体废物污染环境防治法》第四章第 50 至第 66 条对危险废物污染防治做了特别的规定，概述如下：

第 50 条：危险废物污染环境的防治，适用本章规定；本章未作规定的，适用本法其他有关规定。

第 51 条：国务院环境保护行政主管部门应当会同国务院有关部门制定国家危险废物名录，规定统一的危险废物鉴别标准、鉴别方法和识别标志。

第 52 条：对危险废物的容器和包装物以及收集、贮存、运输、处置危险废物的设施、场所，必须设置危险废物识别标志。

第 53 条：产生危险废物的单位，必须按照国家有关规定制定危险废物管理计划，并向所在地县级以上地方人民政府环境保护行政主管部门申报危险废物的种类、产生量、流向、贮存、处置等有关资料。

前款所称危险废物管理计划应当包括减少危险废物产生量和危害性的措施以及危险废物贮存、利用、处置措施。危险废物管理计划应当报产生危险废物的单位所在地县级以上地方人民政府环境保护行政主管部门备案。

本条规定的申报事项或者危险废物管理计划内容有重大改变的，应当及时申报。

第 54 条：国务院环境保护行政主管部门会同国务院经济综合宏观调控部门组织编制危险废物集中处置设施、场所的建设规划，报国务院批准后实施。

县级以上地方人民政府应当依据危险废物集中处置设施、场所的建设规划组织建设危险废物集中处置设施、场所。

第 55 条：产生危险废物的单位，必须按照国家有关规定处置危险废物，不得擅自倾倒、堆放；不处置的，由所在地县级以上地方人民政府环境保护行政主管部门责令限期改正；逾期不处置或者处置不符合国家有关规定的，由所在地县级以上地方人民政府环境保护行政主管部门指定单位按照国家有关规定代为处置，处置费用由产生危险废物的单位承担。

第 56 条：以填埋方式处置危险废物不符合国务院环境保护行政主管部门规定的，应当缴纳危险废物排污费。危险废物排污费征收的具体办法由国务院规定。

危险废物排污费用于污染环境的防治，不得挪作他用。

第 57 条：从事收集、贮存、处置危险废物经营活动的单位，必须向县级以上人民政府环境保护行政主管部门申请领取经营许可证；从事利用危险废物经营活动的单位，必须向国务院环境保护行政主管部门或者省、自治区、直辖市人民政府环境保护行政主管部门申请领取经营许可证。具体管理办法由国务院规定。

禁止无经营许可证或者不按照经营许可证规定从事危险废物收集、贮存、利用、处置的经营活动。

禁止将危险废物提供或者委托给无经营许可证的单位从事收集、贮存、利用、处置的经营活动。

第 58 条：收集、贮存危险废物，必须按照危险废物特性分类进行。禁止混合收集、贮存、运输、处置性质不相容而未经安全性处置的危险废物。

贮存危险废物必须采取符合国家环境保护标准的防护措施，并不得超过一年；确需延长期限的，必须报经原批准经营许可证的环境保护行政主管部门批准；法律、行政法规另有规定的除外。

禁止将危险废物混入非危险废物中贮存。

第 59 条：转移危险废物的，必须按照国家有关规定填写危险废物转移联单。跨省、自治区、直辖市转移危险废物的，应当向危险废物移出地省、自治区、直辖市人民政府环境保护行政主管部门申请。移出地省、自治区、直辖市人民政府环境保护行政主管部门应当商经接受地省、自治区、直辖市人民政府环境保护行政主管部门同意后，方可批准转移该危险废物。未经批准的，不得转移。

转移危险废物途经移出地、接受地以外行政区域的，危险废物移出地设区的市级以上地方人民政府环境保护行政主管部门应当及时通知沿途经过的设区的市级以上地方人民政府环境保护行政主管部门。

第 60 条：运输危险废物，必须采取防止污染环境的措施，并遵守国家有关危险货物运输管理的规定。

禁止将危险废物与旅客在同一运输工具上载运。

第 61 条：收集、贮存、运输、处置危险废物的场所、设施、设备和容器、包装物及其他物品转作他用时，必须经过消除污染的处理，方可使用。

第62条：产生、收集、贮存、运输、利用、处置危险废物的单位，应当制定意外事故的防范措施和应急预案，并向所在地县级以上地方人民政府环境保护行政主管部门备案；环境保护行政主管部门应当进行检查。

第63条：因发生事故或者其他突发性事件，造成危险废物严重污染环境的单位，必须立即采取措施消除或者减轻对环境的污染危害，及时通报可能受到污染危害的单位和居民，并向所在地县级以上地方人民政府环境保护行政主管部门和有关部门报告，接受调查处理。

第64条：在发生或者有证据证明可能发生危险废物严重污染环境、威胁居民生命财产安全时，县级以上地方人民政府环境保护行政主管部门或者其他固体废物污染环境防治工作的监督管理部门必须立即向本级人民政府和上一级人民政府有关行政主管部门报告，由人民政府采取防止或者减轻危害的有效措施。有关人民政府可以根据需要责令停止导致或者可能导致环境污染事故的作业。

第65条：重点危险废物集中处置设施、场所的退役费用应当预提，列入投资概算或者经营成本。具体提取和管理办法，由国务院财政部门、价格主管部门会同国务院环境保护行政主管部门规定。

第66条：禁止经中华人民共和国过境转移危险废物。

四、《中华人民共和国环境噪声污染防治法（2018 修正）》

《中华人民共和国环境噪声污染防治法（2018 修正）》（以下简称《环境噪声污染防治法》）于 1996 年 10 月 29 日全国人大八届二十二次常委会通过，共八章 84 条。主要内容包括：

（一）工业与建筑施工噪声污染防治

《环境噪声污染防治法》第 22 条到第 30 条对防治工业建筑施工噪声污染做了规定，概述如下：

1. 在城市范围内向周围生活环境排入工业与建筑施工噪声的，应当符合国家规定的工业企业厂界和建筑施工场界环境噪声排放标准。

2. 产生环境噪声污染的工业企业，应当采取有效措施，减轻噪声对周围生活的影响。

3. 国务院有关部门要对产生噪声污染的工业设备，根据噪声环境保护要求和技术经济条件，逐步在产品的国家标准和行业标准中规定噪声限值。

4. 在城市市区范围内，建筑施工过程可能产生噪声污染，施工单位须在开工 15 日以前向所在地县以上环境行政主管部门申报该工程采取的环境噪声污染防治情况。

5. 在城市市区噪声敏感区域内，禁止夜间进行产生噪声污染的施工作业，但个别情况除外者，必须公告附近居民。

（二）交通运输噪声污染防治

《环境噪声污染防治法》第 31 条到第 40 条对防治交通运输噪声污染做了规定。

1. 禁止制造、销售或者进口超过规定的噪声限值的汽车。

2. 在市区范围内行驶的机动车的消声器和喇叭必须符合国家规定的要求，必须使用喇叭的，应控制音量。

3. 机动车和机动船在市内航道行驶，铁路机动车驶经或者进入市区、疗养区，必须按规定使用声响装置。

4. 城市公安机关可根据声环需要，划定禁止机动车行驶和禁鸣喇叭路段。

5. 民用航空器除起飞降落一般不得飞越城市上空。

（三）社会生活噪声污染防治

《中华人民共和国环境噪声污染防治法（2018 修正）》第 41 条到第 47 条对防治社会生活噪声污染做了规定。

1. 商业活动造成噪声污染，必须向县以上环保行政主管部门申报防治噪声污染设施情况，禁用高音喇叭招揽顾客。

2. 文化娱乐场所的边界噪声必须符合国家规定的标准，不符合规定的不发许可和营业执照。

3. 禁止单位和个人在噪声敏感区使用高音量广播。

4. 使用家用电器、乐器，应控制音量，避免对周围造成噪声污染。

第三节   建设项目环境保护制度

一、建设项目环境影响评价制度

环境影响评价，是指对规划和建设项目实施后可能造成的环境影响进行分析、预测和评估，提出预防或者减轻不良环境影响的对策和措施，进行跟踪监测的方法与制度。2002年 12 月 28 日全国人民代表大会常务委员会发布了《环境影响评价法》，以法律的形式确立了规划和建设项目的环境影响评价制度。关于建设项目的环境影响评价制度，该法主要规定了如下内容：

（一）对建设项目的环境影响评价实行分类管理

建设单位应当按照下列规定组织编制环境影响报告书、环境影响报告表或者填报环境影响登记表（以下统称：环境影响评价文件）：

1. 可能造成重大环境影响的，应当编制环境影响报告书，对产生的环境影响进行全面评价；

2. 可能造成轻度环境影响的，应当编制环境影响报告表，对产生的环境影响进行分析或者专项评价；

3. 对环境影响很小、不需要进行环境影响评价的，应当填报环境影响登记表。

（二）环境影响报告书的基本内容

建设项目的环境影响报告书应当包括下列内容：

1. 建设项目概况；

2. 建设项目周围环境现状；

3. 建设项目对环境可能造成影响的分析、预测和评估；

4. 建设项目环境保护措施及其技术、经济论证；

5. 建设项目对环境影响的经济损益分析；

6. 对建设项目实施环境监测的建议；

7. 环境影响评价的结论。

涉及水土保持的建设项目，还必须有经水行政主管部门审查同意的水土保持方案。

（三）建设项目环境影响评价机构

接受委托为建设项目环境影响评价提供技术服务的机构，应当经国务院环境保护行政主管部门考核审查合格后，颁发资质证书，按照资质证书规定的等级和评价范围，从事环境影响评价服务，并对评价结论负责。为建设项目环境影响评价提供技术服务的机构的资质条件和管理办法，由国务院环境保护行政主管部门制定。

国务院环境保护行政主管部门对已取得资质证书的为建设项目环境影响评价提供技术服务的机构的名单，应当予以公布。

为建设项目环境影响评价提供技术服务的机构，不得与负责审批建设项目环境影响评价文件的环境保护行政主管部门或者其他有关审批部门存在任何利益关系。

环境影响评价文件中的环境影响报告书或者环境影响报告表，应当由具有相应环境影响评价资质的机构编制。任何单位和个人不得为建设单位指定对其建设项目进行环境影响评价的机构。

（四）建设环境影响评价文件的审批管理

建设项目的环境影响评价文件，由建设单位按照国务院的规定报有审批权的环境保护行政主管部门审批；建设项目有行业主管部门的，其环境影响报告书或者环境影响报告表应当经行业主管部门预审后，报有审批权的环境保护行政主管部门审批。

审批部门应当自收到环境影响报告书之日起六十日内，收到环境影响报告表之日起三十日内，收到环境影响登记表之日起十五日内，分别作出审批决定并书面通知建设单位。

建设项目的环境影响评价文件经批准后，建设项目的性质、规模、地点、采用的生产工艺或者防治污染、防止生态破坏的措施发生重大变动的，建设单位应当重新报批建设项目的环境影响评价文件。

建设项目的环境影响评价文件自批准之日起超过五年，方决定该项目开工建设的，其环境影响评价文件应当报原审批部门重新审核；原审批部门应当自收到建设项目环境影响评价文件之日起十日内，将审核意见书面通知建设单位。

建设项目的环境影响评价文件未经法律规定的审批部门审查或者审查后未予批准的，该项目审批部门不得批准其建设，建设单位不得开工建设。建设项目建设过程中，建设单位应当同时实施环境影响报告书、环境影响报告表以及环境影响评价文件审批部门审批意见中提出的环境保护对策措施。

（五）环境影响的后评价和跟踪管理

在项目建设、运行过程中产生不符合经审批的环境影响评价文件的情形的，建设单位应当组织环境影响的后评价，采取改进措施，并报原环境影响评价文件审批部门和建设项目审批部门备案；原环境影响评价文件审批部门也可以责成建设单位进行环境影响的后评价，采取改进措施。

环境保护行政主管部门应当对建设项目投入生产或者使用后所产生的环境影响进行跟踪检查，对造成严重环境污染或者生态破坏的，应当查清原因、查明责任。对属于为建设项目环境影响评价提供技术服务的机构编制不实的环境影响评价文件的，或者属于审批部门工作人员失职、渎职，对依法不应批准的建设项目环境影响评价文件予以批准的，依法追究其法律责任。

二、"三同时"制度

所谓"三同时"制度，是指建设项目需要配套建设的环境保护设施，必须与主体工程同时设计、同时施工、同时投产使用。《建设项目环境保护管理条例》在"第三章环境保护设施建设"中，对"三同时"制度进行了规定。主要内容有：

1. 建设项目的初步设计，应当按照环境保护设计规范的要求，编制环境保护篇章，并依据经批准的建设项目环境影响报告书或者环境影响报告表，在环境保护篇章中落实防治环境污染和生态破坏的措施以及环境保护设施投资概算。

2. 建设项目的主体工程完工后，需要进行试生产的，其配套建设的环境保护设施必须与主体工程同时投入试运行。

3. 建设项目试生产期间，建设单位应当对环境保护设施运行情况和建设项目对环境的影响进行监测。

4. 建设项目竣工后，建设单位应当向审批该建设项目环境影响报告书、环境影响报告表或者环境影响登记表的环境保护行政主管部门，申请该建设项目需要配套建设的环境保护设施竣工验收。

5. 环境保护设施竣工验收，应当与主体工程竣工验收同时进行。需要进行试生产的建设项目，建设单位应当自建设项目投入试生产之日起3个月内，向审批该建设项目环境影响报告书、环境影响报告表或者环境影响登记表的环境保护行政主管部门，申请该建设项目需要配套建设的环境保护设施竣工验收。

6. 分期建设、分期投入生产或者使用的建设项目，其相应的环境保护设施应当分期验收。

7. 环境保护行政主管部门应当自收到环境保护设施竣工验收申请之日起30日内，完成验收。

8. 建设项目需要配套建设的环境保护设施经验收合格，该建设项目方可正式投入生产或者使用。

三、在建筑施工企业大力推行实施 ISO 14000 环境管理体系认证制度

ISO 14000 是 ISO 推出的第二个管理性系列标准。目前成员国 80 个，中国也是成员国之一。ISO/TC 207 是国际标准化组织于 1993 年 6 月成立的一个技术委员会，专门负责制定管理的国际标准及 ISO 14000 系列标准。ISO 14000 环境管理体系是一体化国际标准，旨在减少人类活动对环境造成的污染和破坏，实现可持续发展。ISO 14000 系列标准已有六个标准分别于 1996 年 9 月、10 月和 1997 年 6 月由国际标准化组织正式颁布。

环境管理体系是一个组织内全面管理体系的组成部分，它包括制定、实施、实现、评审和保持环境方针、目标等管理方面的内容。

环境管理体系是一项内部管理工具，旨在帮助组织实现自身设定的环境表现水平，并不断地改进环境行为，不断达到更新更高的高度。

ISO 14000 包括五大部分、17 个要素，五大部分是指：

1. 环境方针；

2. 规划；

3. 实施与运行；

4. 检查与纠正措施；

5. 管理评审。

这一环境管理体系模式遵循了传统的 PDCA 管理模式：规划（PLAN）、实施（DO）、检查（CHECK）、改进（ACTION），即规划出管理活动要达到的目的和遵循的原则；检查和发现问题，及时采取纠正措施，保证实施与实现过程不会偏离原有目标和原则，实现过程与结果的改进提高。环境管理体系特别强调持续改进，因此这一循环过程不是封闭的，是一个开环系统，不能在原有的水平上循环往复，停滞不前，应通过管理评审等手段提出新一轮要求与目标，实现环境绩效的改进与提高。

实施 ISO 14001 要求企业必须首先自觉遵守法律法规和其他要求、主动守法。因此，通过推广实施 ISO 14001，可使企业体提高自主守法意识，变被动守法为主动守法。如，防止污染、达标排放、环境影响评价、三同时、排污登记、排污收费、总量控制、目标责任制等。

第四节 工程建设环境保护法律制度案例

案例 1

再审申请人（一审原告，二审上诉人）：段某

再审申请人（一审被告，二审上诉人）：大连金普新区农业局

再审申请人（一审被告，二审上诉人）：大连金普新区登沙河街道办事处

被申请人（一审被告，二审上诉人）：甲建设集团有限公司

一、基本案情

由于旗杆河钢板闸开闸放水，河水在流经河道的过程中，被甲集团临时构筑且施工完成后未及时撤除的围堰挡住，水流改变方向最终灌入段某的海参圈，由于过量的淡水会降低海参圈海水的盐度，造成海参溃烂甚至死亡。

农业局及街道办事处认为二审判决认定本案案由为通海水域污染损害责任纠纷是错误的。本案中造成段某养殖参圈进入淡水的原因是水闸放水和围堰加高，该案属于普通的财产损害责任纠纷，二审判决要求农业局及街道办事处承担举证责任是错误的。

二、案例评析

根据《中华人民共和国侵权责任法》第六十六条规定："因污染环境发生纠纷，污染者应当就法律规定的不承担责任或者减轻责任的情形及其行为与损害之间不存在因果关系承担举证责任。"最高人民法院认为一、二审判决将案由确定为通海水域污染损害责任纠纷并无不当。农业局是橡胶坝工程的建设单位，其将工程发包给泰某集团，未能认真履行建设单位的应尽责任，对于本案事故的发生具有一定的责任。街道办事处系负责旗杆河钢板闸日常运行管理和维护的部门，其未举证证明尽到了审慎义务。农业局和街道办事处应承担相应的赔偿责任并无不当。

案例 2

再审申请人（一审原告、二审上诉人）：周某

被申请人（一审被告、二审被上诉人）：甲化工股份有限公司东北油气分公司

一、基本案情

周某承包公主岭市秦家屯镇佟家屯水库，在水库内养殖鱼类。2010年11月初至2011年2月，油气公司在周某承包的水库西南600m处钻井。期间，周某发现水库东北角冰层中有大量死鱼，遂委托环保部门进行现场监测，经公主岭市环境保护监测站测量，油气公司作业场界噪声等效值为68.1分贝，超过国标《工业企业厂界噪声排放标准》（GB 12348—2008）表1中的Ⅰ类环境噪声排放限值。周某认为油气公司钻井噪声严重影响鱼类冬眠生活，各种鱼类为躲避噪声大量涌向水库东北角，因密度过大供氧不足，致使鱼类大量死亡。周某向油气公司索赔，双方未能达成共识。

二审法院根据公主岭市环境保护监测站经现场监测，油气公司作业场界噪声等效值为68.1分贝，超过了《工业企业厂界噪声排放标准》（GB 12348－2008）表1中的Ⅰ类环境噪声排放限值（昼间55分贝，夜间45分贝），亦超过了《声环境质量标准》（GB 3096－2008）表1中的1类环境噪声排放限值（昼间室外值55分贝，夜间45分贝），又根据《侵权责任法》第六十六条的规定，油气公司作为噪声排放单位，应当就其钻井行为与鱼类死亡之间不存在因果关系承担举证责任。但周某在明知油气公司已经钻井，并且发现死鱼的情况下，却未能恰当地采取公证、评估和鉴定等有效的证据保全措施，导致目前无法准确认定损失的具体数额，因此，周某未能提供充分证据证明其损失的具体数额，应当承担举证不能的法律后果。

二、案例评析

最高人民法院认为，根据《中华人民共和国环境噪声污染防治法》第二条："本法所称环境噪声，是指在工业生产、建筑施工、交通运输和社会生活中所产生的干扰周围生活环境的声音。本法所称环境噪声污染，是指所产生的环境噪声超过国家规定的环境噪声排放标准，并干扰他人正常生活、工作和学习的现象"的规定，结合油气公司噪声超标的事实，适用《中华人民共和国侵权责任法》第六十六条规定，由油气公司作为噪声排放单位，应当就其钻井行为与鱼类死亡之间不存在因果关系承担举证责任。

周某为证明其所主张的690万元损失，周某提供了视听资料、损失估算材料、公主岭市秦家屯镇法律服务所出具的情况说明、刘某的证言等证据。上述证据虽能反映鱼池内存在鱼类死亡的现象，但并不足以证明死亡鱼类的具体数量、种类，不足以证明周某所主张的损失数额。周某在曾与油气公司就补偿进行协商并发现鱼类死亡的情况下，未能及时采取措施保全证据，致使本案不能确定实际损失数额，应当承担举证不能的不利后果。

根据《中华人民共和国民法通则》第一百二十四条规定"违反国家保护环境防止污染的规定，污染环境造成他人损害的，应当依法承担民事责任。"被侵权人应当注意及时固定证据才能依法获得赔偿。

案例3

一、基本案情

2001年1月2日江西省环保局收到举报信，反映奉新县某水泥有限公司违法生产，污染严重，对周围居民造成极大影响。1月2日省环境监理总队接到省环保局转来的举报信后，1月3日派人和奉新县环保局共赴现场检查。在检查过程中约见了某水泥公司的总

经理许某和投诉人，查明：某水泥有限公司是当地招商企业，由许某等人投资 200 余万元兴建，2000 年 5 月 3 日动工，2000 年 10 月 23 日投产，截止到 2001 年 1 月 3 日未办理环保审批手续，也未办理工商营业执照。奉新县环保局曾于 2000 年 5 月 18 日对该公司下达了停止建设通知书。该公司从事水泥半成品加工，从其他厂家购买水泥熟料进行加工，生产 425 号硅酸盐水泥。该公司的主要生产设备是一台直径 2.2m 的球磨，污染防治措施只有一套简易的布袋除尘装置。省环境监理总队建议责令江西瑞达水泥有限公司停止生产，按规定限期补办环保手续。

二、案件处理

江西省环保局认为江西某水泥公司的行为，违反了《中华人民共和国大气污染防治法》第 11 条的规定。根据《中华人民共和国大气污染防治法》第 47 条的规定，对某水泥厂作出如下行政处罚：

1. 责令江西某水泥厂立即停止生产；
2. 处 2 万元罚款。

三、案例分析

《建设项目环境保护管理条例》确立了"三同时"制度，即建设项目需要配套建设的环境保护设施，必须与主体工程同时设计、同时施工、同时投产使用。在本案中，某水泥厂违法该项制度，其结果是违反了《大气污染防治法》的有关规定，依法应当承担法律责任。

第十三章　企业法律制度

第一节　全民所有制工业企业法

一、全民所有制工业企业法概述

（一）全民所有制工业企业法的概念

全民所有制工业企业法，是调整全民所有制工业企业的经济关系的法律规范的总称。

（二）全民所有制工业企业法的基本原则

根据企业法和条例等有关法律、法规的规定，我国全民所有制工业企业法的基本原则有以下几项：

1. 两权分离的原则

企业的财产属于全民所有，国家依照所有权和经营权分离的原则授予企业经营管理权。国家财产所有权与经营权的分离，是指国家在保持其财产所有权的同时，把特定的国家财产的经营权授予全民所有制企业。

2. 政企职责分开的原则

政企职责分开，是指在政府同企业的关系上要按照自主经营、自主管理的原则，将经营管理权下放到企业，由各企业自己管理自己的事情，政府的责任是按照法律、法规的规定为企业提供服务并进行监督。这对于调动企业积极性，提高政府部门的办事效率是十分重要的。

3. 党政明确分工的原则

改善党的领导制度，划清党组织和国家政权的职能，理顺党组织与人民代表大会、政府、司法机关、群众团体、企事业单位和其他各种社会组织之间的关系，做到各司其职，并且逐步走向制度化，这是加强党的建设和领导的一个重要方面。企业法明确规定了党政分工的原则，确定了企业实行厂长负责制，党组织对企业的生产经营管理工作实行保证监督。这不仅解决了企业在生产指挥和管理上无人负责的问题，也加强和改善了党的领导，理顺了企业中的党政关系。

4. 民主管理原则

保证职工能够充分行使民主权利，发挥他们的积极性和创造性，是办好社会主义企业必须坚持的重要原则。

二、企业的设立、变更和终止

（一）企业的设立

根据《中华人民共和国企业法》第17条的规定，申请设立全民所有制工业企业必须具备以下各项条件：第一，产品为社会所需要；第二，有能源、原材料、交通运输的必要条件；第三，有自己的名称和生产经营场所；第四，有符合国家规定的资金；第五，有自己的组织机构；第六，有明确的经营范围；第七，法律、法规规定的其他条件。

（二）企业的变更

根据企业法和条例的有关规定，企业变更的形式有转产、停产整顿、合并、分立和企业其他重要事项的变更。

1. 转产

企业主导产品不符合国家产业政策，或者没有市场销路，积压严重，应当实行转产。企业为获取更大的经济效益，可以根据市场预测和自身条件，主动实行转产。

2. 停产整顿

企业经营性亏损严重的，可以自行申请整顿，政府主管部门也可以责令企业停产整顿。停产整顿期间企业应当停发奖金，要采取有效措施，保护企业财产。停产整顿期间一般不超过1年。

3. 合并（含兼并）

政府可以决定或者批准企业的合并。在全民所有制企业间的合并，可以采取资产无偿划拨的方式进行。合并各方经充分协商，签订合并协议。

企业可以自主决定兼并其他企业。企业兼并是一种有偿的合并形式。经兼并企业与债权人协商，可以订立分期偿还或者减免债务协议，财政部门和银行应给予适当的优惠政策。

4. 分立

经政府批准，企业可以分立，由一个企业分成两个或者两个以上的企业。

5. 企业其他重要事项的变更

是指企业法人改变名称、住所、经营场所、法定代表人、经济性质、经营范围、经营方式、注册资金、经营期限以及增设或者撤销分支机构。

企业的权利、义务不能因企业的变更而消失。在企业变更的情况下，原企业的权利、义务由变更后的企业享有或者承担。企业合并、分立时，必须依法清理债权、债务，合并、分立前企业的债权、债务由合并、分立后的企业享有和承担。

企业变更应依法到登记主管部门办理变更登记。

（三）企业的终止

根据企业法和条例的规定，企业因下列原因终止：

（1）违反法律、法规被责令撤销；

（2）政府主管部门依照法律、法规的规定决定解散；

（3）依法被宣告破产；

（4）其他原因。

企业解散，由政府主管部门指定的清算组进行清算。企业被宣告破产的，应当由人民法院组织有关机关和有关人员成立清算组进行清算。清算的内容包括两个方面：一是查清企业财产，核实债权、债务，并登记造册；二是受偿债权，清偿债务，依法处理剩余财产。

企业终止，应当向登记主管机关办理注销登记。

三、全民所有制工业企业的权利和义务

（一）全民所有制工业企业的权利

全民所有制工业企业的权利，从经营权的角度，根据企业法和条例的规定，主要包括下列 14 项权利：（1）生产经营决策权；（2）产品劳务定价权；（3）产品销售权；（4）物资采购权；（5）进出口权；（6）投资决策权；（7）留用资金支配权；（8）资产处置权；（9）联营、兼并权；（10）劳动用工权；（11）人事管理权；（12）工资、奖金分配权；（13）内部机构设置权；（14）拒绝摊派权。

（二）全民所有制工业企业的义务

1. 企业对国家的义务

企业对国家的义务主要有：第一，遵守法律、法规，坚持社会主义方向；第二，完成指令性计划；第三，降低产品成本，提高劳动生产率；第四，遵守财经纪律，依法缴纳税金、费用、利润；第五，维护生产秩序，保护国家财产。

2. 企业对社会的义务

企业对社会的义务主要有：第一，保证产品质量和服务质量；第二，履行依法订立的合同和协议；第三，防止污染和保护环境。

3. 企业对职工的义务

企业对职工的义务包括：第一，搞好职工教育、提高职工队伍素质；第二，支持职工开展科学技术活动和劳动竞赛；第三，实行安全生产和文明生产。

四、企业的内部领导制度

（一）厂长（经理）负责制

1. 厂长（经理）负责制的概念

厂长（经理）负责制是全民所有制工业企业的生产经营管理工作由厂长（经理）统一领导和全面负责的一种企业内部领导制度。它是一种同企业民主化管理相结合的企业首长负责制。

2. 厂长（经理）的产生

《企业法》第 44 条规定，除国务院另有规定外，厂长采取两种方式产生：一是政府主管部门委任或者招聘；二是企业职工代表大会选举。政府主管部门委任或者招聘的厂长人选，须征求职工代表的意见；职工代表大会选举的厂长，须报经政府主管部门批准。

3. 厂长的职权和职责

厂长是企业的法定代表人，在企业的生产经营管理工作中，厂长行使下列职权：第一，依照法律和国务院的规定，决定或者报请审查批准企业的各项计划；第二，决定企业行政机构的设置；第三，报请政府主管部门任免或者聘任、解聘副厂级行政领导干部，法律和国务院另有规定的除外；第四，任免或者聘任、解聘企业中层行政领导干部，法律另有规定的除外；第五，提出工资调整方案、奖金分配方案和重要的规章制度，提请职工代表大会审查同意；提出福利基金使用方案和其他有关职工生活福利的重大事项建议，提请职工代表大会审议决定；第六，依法奖惩职工。提请政府主管部门奖惩副厂级行政领导干部。

厂长必须依靠职工群众履行企业法规定的企业的各项义务,支持职工代表大会、工会和其他群众组织的工作,执行职工代表大会依法做出的决定。

(二) 企业的民主管理

1. 职工代表大会

职工代表大会是企业实行民主管理的基本形式,是职工行使民主权力的机构。职工代表大会的工作机构是企业的工会委员会,它负责职工代表大会的日常工作。

职工代表大会行使下列职权:第一,企业重大经营决策审议权;第二,企业重要制度的审查同意或者否决权;第三,重大生活福利事项审议决定权;第四,评议、监督企业的各级行政领导干部,提出奖励和任免的建议;第五,选举厂长权,选出的厂长要报政府主管部门批准。

职工代表大会至少每半年召开一次,每次会议必须有 2/3 以上的职工代表出席。职工代表大会进行选举和做出决议,必须经全体职工代表过半数通过。

2. 职工

职工是企业的主人,职工的合法权益受法律保护。根据企业法的规定,职工有下列权利:(1) 有参加企业民主管理,对企业的生产和工作提出意见和建议的权利。(2) 有依法享受劳动保护、劳动保险、休息、休假的权利。(3) 有向国家机关反映真实情况,对企业领导干部提出批评和控告的权利。(4) 女职工有按照国家规定,享受特殊劳动保护和劳动保险的权利。职工在享受上述权利的同时,也应当以国家主人翁的态度从事劳动,遵守纪律和规章制度,完成生产和工作任务。

第二节　集体所有制企业法

一、城镇集体所有制企业法

(一) 城镇集体所有制企业的概念

城镇集体所有制企业是在城镇区域内设立的、生产资料归劳动群众集体所有的企业(以下简称:城镇集体企业)。城镇集体企业必须在具备法定条件,通过法定程序后,取得法人资格,以其全部财产独立地承担民事责任。

(二) 城镇集体企业的设立、变更和终止

1. 企业的设立

申请设立城镇集体企业必须具备以下条件:第一,有企业名称、组织机构和企业章程;第二,有固定的生产经营场所、必要的设施并符合规定的安全卫生条件;第三,有符合国家规定并与其生产经营和服务规模相适应的资金数额和从业人员;第四,有明确的经营范围;第五,能够独立承担财产责任;第六,法律、法规规定的其他条件。

设立城镇集体企业应当经省、自治区、直辖市人民政府规定的审批部门批准,并依法经工商行政管理机关核准登记,领取《企业法人营业执照》,方可开始生产经营活动。

2. 企业的变更

企业的合并、分立、停业、迁移或者主要登记事项的变更,必须符合国家的有关规定,由企业提出申请,报经原审批部门批准,依法向原登记机关办理变更登记。

3. 企业的终止

根据《中华人民共和国城镇集体所有制企业条例》第 17 条规定，企业有下列原因之一的，应当予以终止：一是企业无法继续经营而申请解散，经原审批部门批准；二是依法被撤销；三是依法被宣告破产；四是其他原因。

企业终止，应当依法清算企业财产，还必须依法办理注销登记并公告。

（三）城镇集体企业的权利和义务

1. 企业的权利

企业在产供销方面的权利有：生产经营活动自主安排权、物资采购权、产品销售权、制定价格权、联合经营权。企业在人财物方面的权利包括：人事劳动管理权、财产所有权、拒绝摊派权、享受法定优惠权。

2. 企业的义务

企业的义务包括：依法缴纳税金的费用、加强财务管理、接受审计监督、保证产品质量和服务质量、依法履行合同、保护环境、维护职工合法权益、尊重职工民主管理权利。

（四）城镇集体企业的内部领导制度

1. 企业职工（代表）大会

职工（代表）大会是城镇集体企业实行民主管理的一种方式。职工（代表）大会行使以下六项权利：第一，制定、修改企业章程；第二，选举、罢免或者聘用、解聘厂长（经理）、副厂长；第三，审议厂长（经理）提交的各项议案，决定企业经营管理的重大问题；第四，审议并决定企业职工工资形式、工资调整方案、奖金和分红方案、职工住宅分配方案和其他有关职工生活福利的重大事项；第五，审议并决定企业职工奖惩办法和其他重要规章制度；第六，法律、法规和企业章程规定的其他职权。

职工（代表）大会代表由职工选举产生。职工（代表）大会依照章程规定定期召开，每年不得少于两次。职工（代表）大会可以设立常设机构，负责职工（代表）大会闭会期间的工作。

2. 企业的厂长（经理）

城镇集体企业实行"厂长（经理）负责制。"厂长（经理）是企业的法定代表人。厂长（经理）由企业职工（代表）大会选举或者招聘产生。由集体企业联合经济组织投资开办的集体企业，其厂长（经理）可以由该联合经济组织任免。投资主体多元化的集体企业，其中国家投资达到一定比例的，其厂长（经理）可以由上级管理部门按照国家有关规定任免。

厂长（经理）在法律规定的范围内行使领导和组织企业日常生产经营和行政工作的职权；履行执行本企业职工（代表）大会的决议；组织职工完成企业生产经营任务等职责。

二、乡镇企业法

（一）乡镇企业的概念

乡镇企业是指农村集体经济组织或者农民以投资为主，在乡镇（包括所辖村）举办的承担支援农业义务的各类企业。所谓农村集体经济组织或者农民投资为主，是指农村集体经济组织或者农民投资超过 50%，或者虽不足 50%，但能起到控股或者实际支配作用。

乡镇企业在城市设立的分支机构，或者农村集体经济组织在城市开办的并承担支援农业义务的企业，按照乡镇企业对待。

（二）乡镇企业的设立、变更和终止

1. 企业的设立

乡镇企业具备法人资格的，依法人设立条件登记设立，同时，应当向当地乡镇企业行政管理部门办理登记备案手续。

2. 企业的变更和终止

乡镇企业改变名称、住所或者分立、合并、停业、终止等，依法办理变更登记、注销登记，并应当报乡镇企业行政管理部门备案。

（三）乡镇企业的权利和义务

1. 企业的权利

乡镇企业依法实行独立核算、自主经营、自负盈亏。根据乡镇企业法的有关规定，乡镇企业有以下几项权利：

（1）企业财产权。

农村集体经济组织投资设立的乡镇企业，其企业财产权属于设立该企业的全体农民所有；农村集体经济组织与其他企业、组织或者个人共同投资设立的乡镇企业，其企业财产权按照出资份额属于投资者共有；农民合伙或者单独投资设立的乡镇企业，其企业财产权属于投资者所有；乡镇企业的合法财产不受侵犯。

（2）生产经营决策权。

任何组织或者个人不得违反法律、行政法规干预乡镇企业的生产经营。

（3）企业内部管理权。

企业可以决定自己的管理形式。但是在确定企业经营管理制度、企业负责人作出重大经营决策和决定职工工资、生活福利、劳动保护、劳动安全等重大问题时，应当听取职工或者工会的意见，实施情况要定期向职工公布，接受职工监督。

2. 企业的义务

乡镇企业的义务主要有：第一，按照市场经济需要和国家产业政策，合理调整产业结构和产品结构，加强技术改造，不断采用先进的技术、生产工艺和设备，提高企业经营管理水平；第二，严格控制，合理利用和节约使用土地；第三，应当依法合理开发和使用自然资源；第四，依法建立财务会计制度，加强财务管理，并依法建立健全统计制度、税务登记制度等；第五，应当保证产品质量；第六，必须遵守环境保护的法律、法规；第七，必须建立劳动保护和劳动安全的制度，并遵守相应的法规。

第三节　合伙企业法

一、合伙企业法概述

（一）合伙企业的概念

合伙企业是指依照合伙企业法在中国境内设立的由各合伙人订立合伙协议，共同出资、合伙经营、共享收益共担风险，并对合伙企业债务承担无限连带责任的营利性组织。

（二）合伙企业法的概念

合伙企业法是调整合伙企业组织及合伙企业行为的法律规范的总称。《中华人民共和国合伙企业法》（以下简称《合伙企业法》）由第八届全国人大常委会第二十四次会议于1997年2月23日通过，自1997年8月1日起施行，并于2007年修订。

二、合伙企业的设立

合伙企业的设立条件

《合伙企业法》第14条规定，设立合伙企业应具备下列条件：

1. 有两个以上的合伙人。合伙人人数以2人为最低限度，没有最高限制。合伙人应当为具有完全民事行为能力的人。法律、行政法规禁止从事营利性活动的人，如国家公务员不能做合伙人。法人不具有参加合伙企业的资格。

2. 有书面合伙协议。合伙协议应当载明下列事项：第一，合伙企业的名称和主要经营场所的地点。第二，合伙目的和合伙企业的经营范围。第三，全体合伙人的住所及其姓名。第四，合伙人出资的方式、数额和缴付出资的期限。第五，利润分配和亏损分担的办法。第六，合伙企业的事务执行。第七，入伙与退伙。第八，合伙企业的解散与清算。第九，违约责任。另外合伙协议还可以载明合伙企业的经营期限和合伙人争议的解决方式。

合伙协议一经订立就应当在当事人之间产生约束力。合伙协议生效后，全体合伙人可以在协商一致的基础上，予以修改或者补充。

3. 有各合伙人实际缴付的出资。合伙人可以用货币、实物、土地使用权、知识产权或者其他财产权利出资；经全体合伙人一致同意，合伙人也可以用劳务出资。对于非货币的出资，是否需要评估，由全体合伙人协商确定。合伙人出资数额的确定只能以实际缴付额为准，认缴而未实际缴付的，不得计入。

4. 有合伙企业的名称和生产经营场所。

5. 行政法规规定的其他条件。

三、合伙企业的内部关系

（一）合伙企业的财产

1. 合伙企业财产的构成

合伙企业存续期间，合伙人的出资和所有以合伙企业名义取得的收益构成合伙企业的财产。合伙企业财产由两部分构成：一是合伙人的出资；二是合伙企业的收益。

2. 合伙企业财产的管理

合伙企业的财产，归全体合伙人共同共有，因此，只能由全体合伙人共同管理和使用。在合伙企业存续期间，除非有法定事由，合伙人不得要求分割财产。这里的法定事由指合伙人退伙。

3. 合伙企业财产的转让

合伙企业存续期间，合伙人向合伙人以外的人转让其在合伙企业中的全部或者部分财产份额时，须经其他合伙人一致同意。合伙人之间转让在合伙企业中的全部或者部分财产份额时，应当通知其他合伙人。合伙人依法转让其财产份额的，在同等条件下，其他合伙人有优先受让的权利。

另外，为维护交易安全，《合伙企业法》第21条第2款规定："合伙人在合伙企业清算前私自转移或者处分合伙企业财产的，合伙企业不得以此对抗善意第三人。"

（二）合伙企业的事务执行

1. 管理参与权与事务授权

合伙企业的事务可以由全体合伙人共同执行，也可以由合伙协议约定或者全体合伙人决定，委托一名或者数名合伙人执行。但是，并非所有的合伙事务都可以由个别合伙人决定，根据《合伙企业法》第31条的规定："除合伙协议另有约定外，合伙企业的下列事项应当经全体合伙人一致同意：

（1）改变合伙企业的名称；

（2）改变合伙企业的经营范围、主要经营场所的地点；

（3）处分合伙企业的不动产；

（4）转让或者处分合伙企业的知识产权和其他财产权利；

（5）以合伙企业名义为他人提供担保；

（6）聘任合伙人以外的人担任合伙企业的经营管理人员。"

在委托事务执行人的情况下，其他合伙人不再执行合伙事务。

2. 知情权和监督权

无论是合伙人共同执行事务，还是委托个别合伙人执行事务，合伙人均有权随时了解有关合伙事务和合伙财产的一切情况，有权查阅账簿和其他业务文件。

在委托事务执行人的情况下，不执行事务的合伙人享有对事务执行人的监督权。事务执行人有义务向不参加事务执行的合伙人报告事务执行情况以及合伙企业经营情况和财务情况。

3. 异议权和撤销权

合伙协议约定或者经全体合伙人决定，合伙人分别执行合伙事务时，合伙人可以对其他合伙人执行的事务提出异议。提出异议时，应暂停该项事务的执行。如果发生争议，可以由全体合伙人共同决定。

被委托执行合伙企业事务的合伙人不按照合伙协议或者全体合伙人的决定执行事务的，其他合伙人可以决定撤销该委托。

4. 忠实义务

由于合伙企业具有"人合"的性质，信任关系对于合伙企业的存续意义很大，由此派生出一系列被称作"忠实义务"的行为准则。根据我国《合伙企业法》第32条的规定，具体包括以下三项：第一，竞业禁止。合伙人不得自营或者同他人合伙经营与本合伙企业相竞争的业务。合伙人也不能受他人委托，为他人经营与本合伙企业相竞争的业务。第二，交易禁止。合伙人非经合伙协议约定或者全体合伙人同意，不得同本合伙企业进行交易。第三，对其他损害行为的禁止。合伙人不得从事损害本合伙企业利益的活动。如玩忽职守、隐瞒真实情况、在事务执行中谋私利等。

（三）合伙企业的分配

合伙企业的利润和亏损，由合伙人依照合伙协议约定的比例分配和分担；合同协议未约定利润分配和亏损分担比例的，由各合伙人平均分配和分担。

四、合伙企业的外部关系

（一）合伙企业对外代表权

合伙人对外代表权的内容包括：

1. 合伙企业事务由合伙企业全体合伙人共同执行时，每个合伙人均可对外代表合伙企业。

2. 由合伙协议约定或者全体合伙人决定，委托一名或者数名合伙人执行合伙企业事务时，被委托的合伙人对外代表合伙企业。

3. 合伙企业对合伙人执行合伙企业事务以及对外代表合伙企业权利的限制，不得对抗善意第三人。

（二）合伙企业债务的承担

合伙企业债务，是指合伙企业以自己的名义对他人所负的，能以货币计量，需以资产或劳务偿付的债务。合伙企业的债务，是因合伙企业对第三人的合同行为或侵权行为而产生的，所以承担债务的主体是合伙企业，但承担债务的财产范围却是合伙企业财产与每个合伙人的个人财产。

五、入伙和退伙

（一）入伙

入伙是指在合伙企业存续期间，合伙人以外的第三人加入合伙企业并取得合伙人的地位，取得合伙人资格的法律行为。

根据《合伙企业法》第43条、第44条的规定。入伙应符合下列条件及程序：

（1）新合伙人入伙，以全体合伙人一致同意为条件；未获一致同意的，不能入伙。

（2）新合伙人入伙，应当订立书面入伙协议；入伙协议应当以原合伙协议为基础，对权利、义务、责任及其他相关事项作出规定；新合伙人入伙时，原合伙人应将合伙企业状况如实告知。

（3）在作出接纳入伙决定起15日内，向企业登记主管机关办理变更手续。

入伙的新合伙人与原合伙人，享有同等权利，承担同等责任。但是，入伙协议另有规定的从其规定。入伙的新合伙人对入伙前合伙企业的债务承担连带责任。

（二）退伙

1. 退伙的概念

退伙是指在合伙企业存续期间，合伙人退出合伙企业，从而丧失合伙人资格的法律行为。合伙人可因下列情形而退伙：第一，自愿退伙。又称声明退伙，是指合伙人按照自己的意愿退出合伙企业的退伙形式。第二，当然退伙。又称法定退伙，是指基于法律直接规定的事由，而使原合伙人丧失合伙人资格的退伙形式。第三，除名退伙。又称开除退伙。是指被除名人因其他合伙人的一致要求，而被强制退出合伙企业的退伙形式。

2. 退伙的效力

退伙的效力即退伙所引起的法律后果。合伙人退伙，势必要引起合伙企业财产的清理、计算与退还，这是关系到退伙人与其他合伙人重大财产关系的事项，所以法律做出了严密的规范：

（1）合伙人退伙的，其他合伙人应当与该退伙人对合伙财产进行结算；

（2）其他合伙人与该退伙人应当以退伙时的合伙企业财产状况为准，进行结算；

（3）在结算的基础上，按照合伙协议约定或退伙时由全体合伙人决定，可以退还货币，也可退还实物；

（4）退伙时有未了结的合伙企业事务的，待了结后进行结算。

退伙人对其退伙前已发生的合伙企业债务，与其他合伙人共同承担连带责任。合伙人退伙时，合伙企业财产少于合伙企业债务的，退伙人应当按照合伙协议约定的比例分担合伙企业的亏损；如果在合伙协议中未约定分担比例的，退伙人则与其他合伙人平均分担亏损。

第四节　个人独资企业法

一、个人独资企业法概述

（一）个人独资企业的概念

个人独资企业是指依照个人独资企业法在中国境内设立的，由一个自然人投资，财产为投资人个人所有，投资人以其个人财产对企业债务承担无限责任的经营实体。

（二）个人独资企业法的概念

个人独资企业法是调整个人独资企业经济关系的法律规范的总称。1999 年 8 月 30日，第九届全国人民代表大会常务委员会第十一次会议通过了《中华人民共和国个人独资企业法》（以下简称《个人独资企业法》），自 2000 年 1 月 1 日起施行。

二、个人独资企业的设立

（一）个人独资企业的设立条件

设立个人独资企业，应当具备下列条件：（1）投资人为一个自然人，且只能是中国公民。投资人应当具有完全民事行为能力。（2）有合法的企业名称。（3）有投资人申报的出资。（4）有固定的生产经营场所和必要的生产经营条件（5）有必要的从业人员。

（二）个人独资企业的设立程序

申请设立个人独资企业，应当由投资人或者其委托的代理人向个人独资企业所在地的登记机关提出设立申请。

登记机关应当在收到设立申请文件之日起 15 日内，对符合个人独资企业法规定条件的予以登记，发给营业执照；不符合个人独资企业法规定条件的，不予登记，并发给企业登记驳回通知书。个人独资企业的营业执照签发日期，为个人独资企业成立日期。

三、个人独资企业的事务管理

个人独资企业投资人可以自行管理企业事务，也可以委托或者聘用其他具有民事行为能力的人负责企业的事务管理。投资人委托或者聘用他人管理个人独资企业的事务，应当与受托人或者被聘用的人签订书面合同，合同应订明委托的具体内容、授予的权利范围等。受托人或者被聘用的人员应当履行诚信、勤勉的义务，按照与投资人签订的合同负责个人独资企业的事务管理。

投资人对受托人或者被聘用的人员职权的限制，不得对抗善意第三人。受托人或者被聘用的人员超出投资人的限制与善意第三人的有关业务交往应为有效。

四、个人独资企业的权利和义务

个人独资企业可以依法申请贷款，取得土地使用权，并享有法律、行政法规规定的其他权利。任何单位和个人不得违反法律、行政法规的规定，以任何方式强制个人独资企业提供财力、物力、人力；对于违法强制提供财力、物力、人力的行为，个人独资企业有权拒绝。

个人独资企业应当依法设置会计账簿，进行会计核算。个人独资企业招用职工的，应当依法与职工签订劳动合同，保障职工的劳动安全，按时、足额发放职工工资。个人独资企业应当按照国家规定参加社会保险，为职工缴纳社会保险费。

第五节　公司法

一、公司法概述

（一）公司的概念

公司是依照公司法在中国境内设立的、以营利为目的的企业法人。它是适应市场经济社会化大生产的需要而形成的一种企业组织形式。

（二）公司的种类

公司可以从不同角度划分其类型。我国《公司法》仅规定了有限责任公司和股份有限公司两种形式。

此外，我国《公司法》根据一公司对另一公司的控制与依附关系不同，将公司分为母公司和子公司；根据公司的管辖系统不同，将公司分为总公司和分公司。

（三）公司法的概念

公司法是指规定各种公司的设立、组织、活动和解散以及其对内对外关系的法律规范的总称。

公司法有广义和狭义之分。狭义的公司法，是指经国家立法机关制定、并以公司法名称命名的单项法律，如我国 1993 年 12 月 29 日颁布的《中华人民共和国公司法》（以下简称《公司法》）。广义的公司法是指除《公司法》之外，还包括其他法律、法规中有关公司的法律规定。

二、有限责任公司

（一）有限责任公司的概念

有限责任公司又称有限公司，是指股东以出资额为限对公司承担责任，公司以其全部资产对其债务承担责任的公司。

（二）有限责任公司的设立

有限责任公司的设立，应当具备下列条件：

1. 股东符合法定人数

有限责任公司有 50 个以下股东共同出资设立；国家授权投资的机构或者国家授权的部门可以单独投资设立国有独资的有限责任公司。

2. 股东共同制订公司章程

有限责任公司设立时，由全体股东共同制订公司章程，并在章程上签名、盖章。公司章程应当载明：

(1) 公司名称和住所；

(2) 公司经营范围；

(3) 公司注册资本；

(4) 股东姓名或名称；

(5) 股东权利和义务；

(6) 股东出资方式和出资额；

(7) 股东转让出资条件；

(8) 公司机构以及其产生办法、职权、议事规则；

(9) 公司法定代表人；

(10) 公司解散事由与清算办法；

(11) 股东认为需要规定的其他事项。

3. 有公司名称，建立符合有限责任公司要求的组织机构

公司名称必须标明有限责任公司的字样，必须符合有关法律、行政法规的规定。公司须建立与法律规定相一致的组织机构。

4. 有固定的生产经营场所和必要的生产经营条件

公司要有符合法律。法规规定的生产经营场所和与生产经营规模相适应的生产经营设备、设施及从业人员。

(三) 有限责任公司的组织机构

1. 股东会

(1) 股东会的性质和职权

有限责任公司的股东会由全体股东组成。股东会是公司的权力机构。它行使下列职权：第一，决定公司的经营方针和投资计划；第二，选举和更换非由职工代表担任的董事、监事，决定有关董事、监事的报酬事项；第三，审议批准董事会的报告；第四，审议批准监事会或者监事的报告；第五，审议批准公司的年度财务预算方案、决算方案；第六，审议批准公司的利润分配方案和弥补亏损方案；第七，对公司增加或者减少注册资本作出决议；第八，对发行公司债券作出决议；第九，对公司合并、分立、解散、清算或者变更公司形式作出决议；第十，修改公司章程；第十一，公司章程规定的其他职权。对前述所列事项股东以书面形式一致表示同意的，可以不召开股东会会议，直接做出决定，并由全体股东在决定文件上签名、盖章。

(2) 股东会会议和议事规则

股东会会议分为定期会议和临时会议。定期会议应当按照公司章程的规定按时召开。代表1/10以上表决权的股东、1/3 以上的董事，监事会找个设监事会的公司的监事可以提议召开临时会议。股东会的首次会议由出资最多的股东召集和主持。除首次会议外，有限

责任公司设立董事会的，股东会会议由董事会召集，董事长主持；董事长因特殊原因不能履行职务时，由董事长指定副董事长或者其他董事主持。股东会会议由股东按照出资比例行使表决权。股东会对公司增加或者减少注册资本、合并、分立、解散或者变更公司形式作出的决议，以及修改公司章程的决议，必须经代表 2/3 以上表决权的股东通过。

2. 董事会、执行董事和经理

(1) 董事会的性质和组成

董事会是由股东会选举产生的董事组成的业务执行机关，其成员为 3~13 人。两个以上的国有企业或其他两个以上的国有投资主体投资设立的有限责任公司，其董事会成员中应当有职工代表。董事会设董事长 1 人，可以设副董事长人。董事长、副董事长的产生办法由公司章程规定。

(2) 董事会的职权和董事的任期

法律规定，董事会对股东会负责，行使下列职权：①召集股东会会议，并向股东会报告工作；②执行股东会的决议；③决定公司的经营计划和投资方案；④制订公司的年度财务预算方案、决算方案；⑤制订公司的利润分配方案和弥补亏损方案；⑥制订公司增加或者减少注册资本以及发行公司债券的方案；⑦制订公司合并、分立、解散或者变更公司形式的方案；⑧决定公司内部管理机构的设置；⑨决定聘任或者解聘公司经理及其报酬事项，并根据经理的提名决定聘任或者解聘公司副经理、财务负责人及其报酬事项；⑩制定公司的基本管理制度；⑪公司章程规定的其他职权。

董事任期由公司章程规定，但每届任期不得超过 3 年。董事任期届满，连选可以连任。

(3) 董事会会议

董事会会议由董事长召集和主持，董事长因特殊原因不能履行职务时，由董事长指定副董事长或者其他董事召集和主持。1/3 以上的董事可提议召开董事会会议。董事会的议事方式和表决程序，除公司法有规定外，由公司章程规定。

(4) 执行董事和经理

有限责任公司股东人数较少和规模较小的，可设 1 名执行董事，不设董事会。执行董事为公司的法定代表人。执行董事的职权，应当参照《公司法》第 46 条对董事会职权的规定，由公司章程规定。

经理由董事会聘任或者解聘。公司依法不设董事会而设一名执行董事的，执行董事可以兼任公司经理。经理对董事会负责，并列席董事会会议。经理依法行使下列职权：①主持公司的生产经营管理工作，组织实施董事会决议；②组织实施公司年度经营计划和投资方案；③拟订公司内部管理机构设置方案；④拟订公司的基本管理制度；⑤制订公司的具体规章；⑥提请聘任或者解聘公司副经理、财务负责人；⑦聘任或者解聘除应由董事会聘任或者解聘以外的管理人员；⑧公司章程和董事会授予的其他职权。

3. 有限责任公司的监事会或监事

(1) 监事会或监事的设立和监事会的组成

有限责任公司经营规模较大的，设立监事会，其成员不得少于 3 人。监事会应在其组成人员中推选 1 名召集人。监事会由股东代表和适当比例的公司职工代表组成。公司股东人数较少和规模较小的，可设 1~2 名监事。董事、经理及财务负责人不得兼任监事。

（2）监事会或监事的职权和监事的任期

监事会或监事依法行使下列职权：第一，检查公司财务；第二，对董事、高级管理人员执行公司职务的行为进行监督，对违反法律、行政法规、公司章程或者股东会决议的董事、高级管理人员提出罢免的建议；第三，当董事、高级管理人员的行为损害公司的利益时，要求董事、高级管理人员予以纠正；第四，提议召开临时股东会会议，在董事会不履行本法规定的召集和主持股东会会议职责时召集和主持股东会会议；第五，向股东会会议提出提案；第六，依照本法第一百五十一条的规定，对董事、高级管理人员提起诉讼；第七，公司章程规定的其他职权。

监事可以列席董事会会议。监事的任期每届为 3 年。监事任期届满，连选可以连任。

4. 董事、监事、经理的任职资格和义务

（1）董事、监事、经理任职资格的限制

公司的董事、监事、经理均是公司机构的主要人员，有必要对这些人员的任职资格加以限制。为此，公司法规定，下列人员不得担任公司的董事、监事和经理：

① 无民事行为能力或者限制民事行为能力；

② 因犯有贪污、贿赂、侵占财产、挪用财产罪或者破坏社会主义经济秩序罪，被判处刑罚，执行期满未逾 5 年，或者因犯罪被剥夺政治权利，执行期满未逾 5 年；

③ 担任破产清算的公司、企业的董事或者厂长、经理，并对该公司、企业的破产负有个人责任的，自该公司、企业破产清算完结之日起未逾 3 年；

④ 担任因违法被吊销营业执照的公司、企业的法定代表人，并负有个人责任的，自该公司、企业被吊销营业执照之日起未逾 3 年；

⑤ 个人所负数额较大的债务到期未清偿。

除此之外，法律还规定国家公务员不得兼任公司的董事、监事、经理。

（2）董事、监事、经理的义务

公司的董事、监事、经理在依法行使职权时，应承担如下义务：

① 遵守公司章程，忠实履行职务，维护公司利益，不得利用在公司的地位和职权为自己谋取私利。

② 不得收受贿赂或者其他非法收入，侵占公司的财产。

③ 不得任意动用公司的资产。董事、经理不得挪用公司资金或者将公司资金借贷给他人；不得将公司资产以其个人名义或者其他个人名义开立账户存储；不得以公司资产为本公司的股东或者其他个人债务提供担保。

④ 不得自营或者为他人经营与其所任职公司同类的营业或者从事损害本公司利益的活动；从事上述营业或者活动的，所得收入归公司所有。除公司章程规定或者股东会同意外，不得同本公司订立合同或者进行交易。

⑤ 除依照法律规定或者经股东会同意外，不得泄露公司秘密。

凡是董事、监事、经理执行公司职务时违反法律、行政法规或者公司章程的规定，给公司造成损害的，应当承担赔偿责任。

（四）国有独资公司

1. 国有独资公司的概念和特点

国有独资公司是指国家单独出资、由国务院或者地方人民政府授权本级人民政府国有资产监督管理机构履行出资人职责的有限责任公司。

2. 国有独资公司的组织机构

国有独资公司章程由国有资产监督管理机构制定，或者由董事会制订报国有资产监督管理机构批准。

国有独资公司不设股东会，由国有资产监督管理机构行使股东会职权。国有资产监督管理机构可以授权公司董事会行使股东会的部分职权，决定公司的重大事项，但公司的合并、分立、解散、增加或者减少注册资本和发行公司债券，必须由国有资产监督管理机构决定；其中，重要的国有独资公司合并、分立、解散、申请破产的，应当由国有资产监督管理机构审核后，报本级人民政府批准。前诉所称重要的国有独资公司，按照国务院的规定确定。

国有独资公司设董事会，依照《公司法》第46条、第66条的规定行使职权。董事每届任期不得超过三年。董事会成员中应当有公司职工代表。董事会成员由国有资产监督管理机构委派；但是，董事会成员中的职工代表由公司职工代表大会选举产生。董事会设董事长一人，可以设副董事长。董事长、副董事长由国有资产监督管理机构从董事会成员中指定。

国有独资公司设经理，由董事会聘任或者解聘。经理依照《公司法》第四十九条规定行使职权。经国有资产监督管理机构同意，董事会成员可以兼任经理。

国有独资公司的董事长、副董事长、董事、高级管理人员，未经国有资产监督管理机构同意，不得在其他有限责任公司、股份有限公司或者其他经济组织兼职。

国有独资公司监事会成员不得少于五人，其中职工代表的比例不得低于三分之一，具体比例由公司章程规定。

监事会成员由国有资产监督管理机构委派；但是，监事会成员中的职工代表由公司职工代表大会选举产生。监事会主席由国有资产监督管理机构从监事会成员中指定。

监事会行使《公司法》第五十三条第（一）项至第（三）项规定的职权和国务院规定的其他职权。

三、股份有限公司

（一）股份有限公司的概念

股份有限公司，是指由一定人数的股东组成，公司全部资本分为等额股份，股东以其所认购股份为限对公司承担责任，公司以其全部资产对公司债务承担责任的公司。

（二）股份有限公司的设立

1. 设立的概念

股份有限公司的设立分为发起设立和募集设立。发起设立是指由发起人认购公司的全部股份而设立公司的方式。募集设立是指发起人认购公司应发行股份的一部分，其余部分进行募集而设立公司的方式。股份有限公司发起人，是指按照《公司法》规定，制订公司章程，积极筹办公司事务，认购其应认购股份，并在公司章程上签名、盖章的人。

2. 设立的条件

股份有限公司的设立应当具备下列条件：

（1）发起人符合法定人数

发起人应当在 2 人以上，200 人以下。发起人可以是自然人，也可以是法人；其中有过半数的人应在中国境内有住所。

（2）股份发行、筹办事项符合法律规定

发起人向社会公开募集股份时，须经国务院证券管理部门批准，公告招股说明书，制作认股书，并应当由依法设立的证券经营机构承销。

（3）发起人制订公司章程，并经创立大会通过

股份有限公司章程应当依《公司法》第 81 条规定载明有关事项。募集设立的股份有限公司，发行股份的股款缴足后，发起人应当在 30 日内主持召开公司创立大会，并应当在 15 日前将会议日期通知各认股人或者予以公告。

（4）有公司名称，建立符合股份有限公司要求的组织机构

公司名称必须标明股份有限公司的字样，必须符合有关法律、行政法规的规定。公司须建立与法律规定相一致的组织机构。

（5）有固定的生产经营场所和必要的生产经营条件

公司要有符合法律、法规规定的生产经营场所和与生产经营规模相适应的生产经营设备、设施及从业人员。

（三）股份有限公司的组织机构

1. 股东大会

（1）股东大会的性质和职权

股东大会由股份有限公司股东组成，它是公司的权力机构。股东大会依照《公司法》第 37 条规定行使职权。

（2）股东大会会议和议事规则

股东大会应当每年召开一次年会。有下列情形之一的，应当在两个月内召开临时股东大会：

① 董事人数不足法定的人数或公司章程所定人数的 2/3 时；

② 公司未弥补的亏损达股本总额 1/3 时；

③ 持公司股份 10％以上的股东请求时；

④ 董事会认为必要时；

⑤ 监事会提议召开时。

股东大会由董事会负责召集，由董事长主持。董事长因特殊原因不能履行职务时，由董事长指定的副董事长或者其他董事主持。

股东出席股东大会，所持每一股份有一个表决权。股东大会作出决议，必须经出席会议的股东所持表决权的半数以上通过。股东大会对公司合并、分立或者解散公司做出的决议以及修改公司章程的决议，必须经出席股东大会的股东所持表决权的 2/3 以上通过。

2. 董事会和经理

（1）董事会的性质和组成

董事会为公司经营决策和业务执行机构，其成员为 5～19 人。董事会设董事长 1 人，可设副董事长 1～2 人。董事长和副董事长由董事会以全体董事的过半数选举产生。董事长为公司法定代表人。

（2）董事会、董事长的职权和董事的任期

董事会对股东大会负责，依《公司法》第 46 条的规定行使职权。

董事长依法具有下列职权：第一，主持股东大会和召集、主持董事会会议；第二，检查董事会决议的实施情况；第三，签署公司股票、公司债券。副董事长协助董事长工作，董事长不能履行职权时，由董事长指定的副董事长代行其职权。公司根据需要，可由董事会授权董事长在董事会闭会期间，行使董事会的部分职权。

董事任期由公司章程规定，但每届任期不得超过 3 年。董事任期届满，连选可以连任。

（3）董事会会议

董事会会议分定期会议和临时会议。定期会议每年至少召开两次，每次会议应当于会议召开 10 日以前通知全体董事。临时会议可以另定召集董事的通知方式和时限。董事会会议应由 1/2 以上董事出席方可举行。董事会做出决议，必须经全体董事的过半数通过。董事会应当对会议所议事项的决定做成会议记录，董事应当对董事会的决议承担责任。

（4）经理

公司经理，由董事会聘任或解聘，也可由董事会决定由董事兼任经理。经理对董事会负责，列席董事会会议，并依《公司法》第 49 条的规定行使职权。

3. 监事会

（1）监事会的性质和组成

股份有限公司监事会，是公司业务活动的监督机构。其成员不得少于 3 人，并在其中推选出 1 名召集人。监事会由股东代表和适当比例的公司职工代表组成，具体比例由公司章程规定。职工代表由公司职工民主选举产生。董事、经理及财务负责人不得兼任监事。

（2）监事会的职权及监事的任期

监事会依《公司法》第 53 条的规定行使职权。监事可列席董事会会议。监事的任期每届为 3 年。监事任期届满，连选可以连任。

（四）股份有限公司的股份发行和转让

1. 股份发行

股份有限公司的股份是以股票形式表现的、体现股东权利和义务的、公司资本的组成部分。股票是股份有限公司签发的，证明股东所持股份的凭证。

股份的发行是指股份有限公司或者设立中的股份有限公司为了筹集公司资本，出售和分配股份的法律行为。它分为设立发行和新股发行。股份的发行的原则为公开、公平、公正，同股同权，同股同利。同次发行的股票，每股的发行条件和价格应当相同。

股票的发行价格可以按票面金额，也可以超过票面金额，但不得低于票面金额。以超过票面金额为股票发行价格的，须经国务院证券管理部门批准。以超过票面金额发行股票所得溢价款列入公司资本公积金。股票的发行形式，采用纸面形式或者国务院证券管理部门规定的其他形式。公司向发起人、国家授权投资的机构、法人发行股票，应当为记名股票。公司对社会公众发行的股票，可为记名股票也可为无记名股票。

发行新股应当符合下列条件：

（1）前一次发行的股份已经募足，并且间隔 1 年以上；

（2）公司在最近 3 年内连续盈利，并可向股东支付股利；

（3）公司在最近 3 年内财务会计文件无虚假记载；

（4）公司预期利润率可达同期银行存款利率。

属于高新技术的股份有限公司发行新股的条件，由国务院另行规定。

2. 股份的转让

股份转让是指股份有限公司的股份持有人依法自愿将自己的股份转让给他人，使他人取得股份成为股东的法律行为。股东转让其股份，必须在依法设立的证券交易场所进行。记名股票由股东以背书方式或者法律、行政法规规定的方式进行转让，转让后由公司将受让人的姓名或名称及住所记载于股东名册。无记名股票的转让由股东在依法设立的证券交易场所将股票交付给受让人后即发生转让的效力。

发起人持有的本公司股份，自公司成立之日起 3 年内不得转让。公司董事、监事、经理应当向公司申报所持有的本公司的股份，并在任职期间内不得转让。

（五）上市公司

1. 上市公司含义

上市公司是指所发行的股票经国务院或者国务院授权的证券管理部门批准在证券交易所上市交易的股份有限公司。

2. 申请公司股票上市的条件

公司申请其股票上市的法定条件：

（1）股票经国务院证券管理部门批准已向社会公开发行。

（2）公司股本总额不少于人民币 5000 万元。

（3）开业时间在 3 年以上，最近 3 年连续盈利；原国有企业依法改建而设立的，或者《公司法》实施后新组建成立，其主要发起人为国有大中型企业的，可连续计算。

（4）持有股票面值达人民币 1000 元以上的股东人数不少于 1000 人，向社会公开发行的股份达公司股份总数的 25％以上；公司股本总额超过人民币 4 亿元的，其向社会公开发行股份的比例为 15％以上。

（5）公司在最近 3 年内无重大违法行为，财务会计报告无虚假记载。

（6）国务院规定的其他条件。

属于高新技术的股份有限公司，申请股票上市的条件，由国务院另行规定。

四、公司债券与公司财务、会计

（一）公司债券

1. 公司债券的概念和特征

公司债券是指公司依照法定程序发行的、约定在一定期限还本付息的有价证券。它具有如下法律特征：

（1）公司债券是公司依法向不特定主体发行的。

（2）公司债券是一种有价证券。

（3）公司债券在约定期限内还本付息。

2. 公司债券的种类

以公司债券上是否载明公司债券持有人的姓名或名称为标准，可将其分为记名公司债券和无记名公司债券。以公司债券是否可转换成股票为批准，将其分为可转换公司债券和不可转换公司债券。

3. 发行公司债券的条件与限制

股份有限公司、国有独资公司和两个以上国有企业或者其他两个以上国有投资主体投资设立的有限责任公司，为筹集生产经营资金，可发行公司债券。发行公司债券必须具备下列条件：

（1）股份有限公司的净资产额不低于人民币 3000 万元，有限责任公司的净资产额不低于人民币 6000 万元。

（2）累计债券总额不超过公司净资产的 40%。

（3）最近 3 年平均可分配利润足以支付公司债券 1 年的利息。

（4）筹集的资金投向符合国家产业政策。

（5）债券的利率不得超过国务院限定的利率水平。

（6）国务院规定的其他条件。

发行公司债券筹集的资金，必须用于审批机关批准的用途，不得用于弥补亏损和非生产性开支。

法律规定，公司有下列情形之一的，不得再次发行公司债券：

（1）前一次发行的公司债券尚未募足的。

（2）对已发行的公司债券或者其债务有违约或者延迟支付本息的事实，且仍处于继续状态的。

（二）公司财务、会计

1. 公司财务会计报告

公司的财务会计报告，是指由公司的业务执行部门按照国家规定，在每一法定期间内制作的、反映公司财务会计状况和经营成果的书面文件。它主要有资产负债表、损益表、财务状况变动表和附属明细表等组成，并由公司的业务执行部门在每一个会计年度终了时进行制作。

2. 公司的公积金、公益金及股利分配

（1）公积金

公积金是指公司为了增强自身的财产能力，扩大公司的经营规模和经营范围，弥补公司将来的亏损，依照法律、公司章程和股东大会或股东会的决议，从公司的营业利润或者其他收入中提取的一种储备金。公积金分为法定公积金与任意公积金。

法定公积金，是指法律强制公司必须从其利润和其他收入中提取一定比例的公积金。根据来源不同，分为法定盈余公积金和资本公积金。法定盈余公积金，是指依法从公司的税后利润中提取的储备基金。资本公积金，是指依法从公司利润以外的其他收入中提取的储备基金。任意公积金是指根据公司章程或者股东大会或股东会决议，从公司税后利润中提取的公积金。

（2）公益金

公益金，指从公司的税后利润中提取的用于本公司职工的集体福利基金。公益金也有法定公益金和任意公益金之分。前者是公司依法必须提取的资金；后者是公司可以自行确定是否提取的资金。

（3）股利分配

股利是指依照法律或公司章程的规定，以一定的数额和方式分配给股东的盈余。法律规定，公司的利润只有在弥补亏损、提取法定公积金和法定公益金、提取任意公积金之后，才能向股东分配股利。

五、公司的合并、分立、终止

（一）公司的合并与分立

1. 公司的合并与分立的概念和种类

公司的合并，是指依法定程序将两个以上的公司变为一个公司的法律行为。它分为吸收合并和新设合并两种。吸收合并指公司接纳一个以上的公司加入本公司，加入方解散，接纳方存续的合并形式。新设合并指两个以上的公司合并生成一个新公司，原合并各方解散的合并形式。

公司的分立，是指一个公司将其全部财产和经营业务分别归两个以上公司的法律行为。它分为新设分立和派生分立。新设分立是指原公司不存在，其全部财产和经营业务分别归属于两个以上新设公司的分立形式。派生分立是指原公司存在，在原公司的基础上，以其公司的部分财产和经营业务归属于另一新设公司的分立形式。

2. 公司的合并与分立的程序

公司的合并与分立主要有以下步骤：

（1）股东会或者股东大会做出决议，并经国务院授权的部门或省级人民政府批准；

（2）签订合并协议，编制资产负债表及财产清单；

（3）通知并公告债权人，清偿债务或提供相应担保；

（4）进行合并与分立登记。

3. 公司的合并与分立的效力

合并或分立后不继续存在的公司无须经过清算程序，法人资格自动消灭；继续存在的公司发生变更的效力；新产生的公司发生设立效力。公司合并或分立前的权利、义务，全部由合并或分立后存续公司或新设公司承继。

（二）公司组织形式变更

公司组织形式变更是指不中断公司的经营，将某种类型的公司变为他种类型公司的行为。法律规定，有限责任公司可以变为股份有限公司。有限责任公司依法变为股份有限公司的，原有限责任公司的债权、债务由变更后的股份有限公司承继。

（三）公司的终止

公司的终止是指公司法人的消灭。它表现为公司的破产或解散。除了公司合并与分立的解散外，其他原因引起的公司终止都需要经过清算程序。

1. 公司的破产

公司的破产是指公司不能清偿到期债务的一种事实上和法律上的状态。

2. 公司的解散

公司的解散是指对成立的公司，因公司章程或法律规定的事由出现，依法使公司法人资格消灭的法律行为。

公司具有下列情形之一，可以解散：

（1）公司章程规定的营业期限届满或者公司章程规定的其他解散事由出现时；

（2）股东会或股东大会决议解散；

（3）国家授权的投资机构或国家授权的部门决定国有独资公司解散；

（4）公司合并或分立需要解散的；

（5）公司违反法律、行政法规被依法责令关闭的。

3. 公司的清算

公司的清算是指终结解散公司法律关系、消灭解散公司法人资格的程序。清算分为一般性清算和破产清算。我国《公司法》只对一般性清算做了规定，其主要内容是：

（1）成立清算组，公司由股东大会或股东会决议解散的，应在 15 日内成立清算组；

（2）公告、通知债权人，清算组应当自成立之日起 10 日内通知债权人，并于 60 日内在报纸上至少公告三次；

（3）清理债权债务，分配公司财产；

（4）制作清算文件，注销登记并公告，清算结束后，清算组应当制作清算报告等文件，经公司股东大会或股东会或主管机关确认后，报送登记机关，申请注销公司登记，并公告公司终止。

第六节　企业法律制度案例

案例 1

上诉人（一审原告）：××集团有限公司（以下简称：甲公司）

被上诉人（一审被告）：四川××高速公路有限公司（以下简称：乙公司）、××基建发展有限公司（以下简称：丙公司）、资阳市人民政府、中电建四川渝蓉高速公路有限公司、中电建路桥集团重庆高速公路建设发展有限公司、中电建路桥集团有限公司、中国电力建设股份有限公司、资阳市交通运输局

一、基本案情

2009 年 3 月 17 日，丙公司与甲公司就成安渝高速公路四川段项目 BOT 投资人投标事项签订《合作协议书》，约定丙公司应甲公司要求与中洲公司组成投标联合体进行投标，中洲公司配合丙公司参与项目投标，但不对项目进行投资，也不以组建项目公司等任何形式参与项目，由丙公司与甲公司共同投资本项目。在同政府签订投资协议或取得本项目的 BOT 特许经营权后，丙公司与甲公司按法律及特许经营权合同约定在高速公路经营所在地组建项目公司，登记股东为丙公司和中洲公司，项目公司注册资金全部由丙公司与甲公司负责出资。项目公司登记的股权结构为：丙公司持 60%，中洲公司持 40%，此股权结构是为配合投标等工作的顺利进行而设定的，双方确认项目公司中实际股权比例为：丙公司持 74%、甲公司持 26%。如取得政府同意，项目公司登记为丙公司全资下属子公司，则甲公司的 26% 的股权含在丙公司名下，在政府同意或本项目建成通车时，丙公司将项目公司的 26% 股份变更登记至甲公司名下。2009 年 4 月，丙公司与中洲公司组成的联合体中标该项目。2009 年 6 月 15 日，丙公司与中洲公司组建的项目公司乙公司在资阳市注册设立。2009 年 9 月 10 日，成都、资阳两市政府作为甲方、乙公司作为项目公司签订《特许权协议》。2009 年 10 月 15 日，成都、资阳两市政府发出批复同意中洲公司将其持

有的乙公司全部股权转让给丙公司。截至目前，乙公司工商登记股东为丙公司。

2011年6月15日至2015年2月16日，甲公司向丙公司支付15.94亿元。银行转账凭证的"用途"一栏注明"投资款"或"乙项目投资款"，丙公司为此向甲公司出具了系列《股东缴付出资款收据》，载明：收到甲公司支付的、用于缴付乙公司股东出资的款项。丙公司将其收到的上述款项转入了乙公司，乙公司出具了《股东缴付出资款确认书》。

2015年1月6日，甲公司在《华西都市报》上发布《严正声明》，称：我公司与丙公司在乙公司成立之前就存在事实上的合作关系，我公司履行的股东出资义务已经丙公司和乙公司的书面认可，因此，我公司作为实际投资人依法拥有乙公司部分股权，享有法定的股东权利，特别是股权转让的优先受让权。

2016年1月19日，资阳、成都两市政府向乙公司发出《关于终止的通知书》称：因乙公司违约行为，解除《特许权协议》并收回项目特许权。

2016年2月2日，甲公司就其与丙公司之间的合作协议纠纷向深圳仲裁委员会申请仲裁。请求确认甲公司与丙公司签署的《合作协议书》合法有效，并确认甲公司对乙公司及截至2016年1月19日乙高速公路四川段已完工工程享有投资总额共计为15.94亿元的投资权益。深圳仲裁委员会审理后予以确认。

2016年10月20日，甲公司向乙公司、丙公司、资阳市政府、中电建渝蓉公司、中电建重庆公司、中电建集团公司、中电建股份公司发出通知称：由于丙公司资本金不到位、转移侵占项目建设资金等违法违约行为，2016年1月19日政府终止了《特许权协议》，收回项目公司特许经营权，导致《合作协议书》预期目的无法实现。自本函发出之日起，我公司正式解除《合作协议书》及其全部衍生法律文件。项目公司及丙公司应于收函之日起7日内向我公司返还全部投资款及资金占用利息。其余处置了我公司投资本项目形成的用益物权或者承接了该用益物权，却未支付合理对价或未作出合理补偿的相关各方，应当对我公司上述投资款本息承担连带补偿（或清偿）责任。

而后，甲公司向四川省高级人民法院提起诉讼，请求判令乙公司立即向甲公司返还对成安渝项目的投资款本金15.94亿元及利息。

二、案件审理

一审法院审理后认为，根据既有的法律规定，结合查明的案件事实，甲公司关于乙公司应返还投资款及相应利息的诉请主张不能成立，理由如下：

首先，甲公司为乙公司股东，其投入公司款项为股权性出资而非对公司的债权。甲公司与丙公司签订的《合作协议书》的合法有效性已经深圳仲裁委员会生效仲裁裁决确认，对双方均具有法律约束力。根据《合作协议书》约定内容，能够反映在项目公司设立之前，双方已就共同出资组建项目公司以及公司股权结构、各自出资比例等事宜形成合意，中洲公司虽登记为项目公司股东，但不实际出资和享有股东权益，只是协助配合丙公司和甲公司完成成安渝项目工程的投标工作，甲公司以隐名股东身份出资并享有相应的股东权益。协议履行过程中，经项目业主方资阳、成都两市政府批准同意，乙公司变更登记为丙公司全资子公司，根据约定，甲公司享有的项目公司26%的股权则由丙公司代持。甲公司通过丙公司转入项目公司的款项15.94亿元，用途均载明为"投资款"，项目公司成立后，甲公司又持续委派工作人员担任公司高管，表明甲公司已按约定履行出资义务并以股东身份参与公司的经营管理，实际行使了股东权利。丙公司、乙公司出具的收款收据、出资款确认书以及甲公司与丙公司之间的往来函件等证据，反映甲公司的股东身份及履行出资义务的事实亦得到公司及其他股东的确认。甲公司在与丙公司因合作协议申请仲裁裁决一案中，请求确认其对乙公司享有投资权益且在对外发布的公开声明中声称其为乙公司股东，表明其自身也认可对乙公司存在出资行为从而享有公司股东身份。因此，基于前述分析，能够认定甲公司为乙公司股东，其投入的 15.94 亿元款项性质为股权出资。甲公司关于其出资为对公司形成的债权，事实与法律依据不足，不能成立。

甲公司主张，根据合作协议约定，在政府同意或项目建成通车之时，其对乙公司的出资才由债权转变为股权。根据《合作协议书》的约定，"政府同意或本项目建成通车时"是双方约定的丙公司将其代持的甲公司 26% 的股权变更登记至甲公司名下，即甲公司隐名股东身份显名化的条件，并非是甲公司取得股东身份以及投入资金由债权形态转化为股权出资的时间节点。协议中关于"无论变更登记前还是变更登记后，乙方均需按本协议约定履行股东义务"的约定清楚表明双方一致认可工商变更登记不作为认定甲公司是否取得股东身份的依据，甲公司自协议签订之日即为乙公司股东，其投入乙公司资金为股权出资而非其他任何形式的债权性资金。甲公司认为其投资为出资债权的主张，与事实不符，不能成立。

甲公司不服一审判决，向最高人民法院上诉，最高人民法院经审理认为一审判决认定事实清楚，适用法律正确，应予维持。

三、案例评析

公司以资本为信用，股东不得抽逃出资是公司法的一项基本制度和原则，《公司法》第三十五条对此作了明确规定。股东向公司出资后，出资财产即形成公司法人财产，构成公司法人人格的物质基础。股东从公司抽回出资，会减少公司资本，动摇公司独立法人地位，侵害公司、其他股东和公司债权人的利益，因而为法律所禁止。本案中，甲公司系乙公司股东，其转入乙公司款项性质为股权出资款，该款项进入乙公司账户后，即成为乙公司法人财产，不得随意抽回。

案例 2

原告：郑州××实业集团有限公司（以下简称：甲公司）

被告：河南××置业有限公司（以下简称：乙公司）、朱某、王某

一、基本案情

甲公司于 1998 年 5 月 19 日经郑州市工商行政管理局注册登记成立，法定代表人为朱某，经营范围是房地产开发经营及配套服务。截至 2007 年 12 月 22 日，甲公司的股权结构为：华丰公司持股 70%，王某持股 30%。朱某与王某系夫妻关系，朱某是王某委派到甲公司的董事。朱某管理甲公司的重要资料以及公司公章、法人章、财务专用章等重要印鉴。

朱某任甲公司法定代表人期间，未经股东会或者董事会同意，自 2011 年 6 月 8 日起至 2013 年 4 月 2 日止，分 7 次将甲公司资金 29528.55 万元转入乙公司账户。乙公司于 2000 年 6 月 26 日注册成立，2013 年 4 月 3 日前，朱某持有新城公司 92.5% 的股份，是该公司的实际控制人。

二、案件审理

人民法院认为，朱某和王某在控制经营甲公司期间，未经公司股东会或董事会同意，擅自将公司 29528.55 万元款项转入其实际控制的乙公司进行房地产开发，并一直向公司大股东华丰公司隐瞒真实情况，被发现后经甲公司多次催要，拒不返还，故意侵权明显，违反《公司法》第一百四十八条第一款第一项、第三项、第五项及第二款规定，依法应当承担返还资金并赔偿损失的责任。

三、案例评析

本案所涉及法律问题主要是关于公司董事、高级管理人员的限制，《公司法》第一百四十八列举了八种董事、高级管理人员不得从事的行为，包括挪用公司资金、将公司资金以其个人名义或者以其他个人名义开立账户存储、将公司资金借贷给他人或者以公司财产为他人提供担保、与本公司订立合同或者进行交易、自营或者为他人经营与所任职公司同类的业务等行为，董事、高级管理人员违反上述规定所得的收入应当归公司所有，给公司造成损失的，应当承担赔偿责任。

第十四章　劳动法律制度

第一节　劳动法概述

一、劳动法概念及调整对象

劳动法的概念是调整一定范围的劳动关系和与其有密切联系的其他关系的法律规范总和。除了包括第八届全国人民代表大会第八次会议于 1994 年 7 月 5 日通过的《中华人民共和国劳动法》（以下简称《劳动法》）中的法律规范之外，还包括其他各种规范性文件中有关调整一定范围的劳动关系和与其有密切联系的其他关系的法律规范。

《劳动法》的调整对象是一定范围的劳动关系和与其有密切联系的其他关系。劳动法调整的劳动关系是指劳动者与用人单位之间在实现劳动过程中发生的社会关系。劳动关系是基于劳动合同，在实现劳动过程中发生的既具有人身关系、经济关系，又具有平等性和从属性的社会关系。与劳动关系密切联系的其他社会关系表现为因管理劳动力、执行社会保险、组织工会和工作活动、处理劳动争议以及监督劳动法律法规的执行等而发生的社会关系。

二、劳动法的适用范围

《劳动法》第 2 条规定："在中华人民共和国境内的企业、个体经济组织（以下统称用人单位）和与之形成劳动关系的劳动者，适用本法。国家机关、事业组织、社会团体和与之建立劳动合同关系的劳动者，依照本法执行。"但国家机关、事业单位、社会团体和劳动者之间不是建立劳动合同，而是通过其他形式形成劳动关系的，不适用劳动法调整。

三、劳动法的作用

建立《劳动法》的目的总的来说是："保护劳动者的合法权益，调整劳动关系，建立和维护适应社会主义市场经济的劳动制度，促进经济发展和社会进步。"我国《劳动法》第 1 条明确指出了这一点。

《劳动法》的作用主要体现在如下几个方面：

（一）劳动法保障劳动者的合法权益

在社会主义制度下，劳动者是国家的主人，劳动者享有广泛的权利。如劳动者有劳动的权利、休息的权利、获得物质帮助的权利，有按照劳动的数量和质量取得劳动报酬的权利，享有劳动保护的权利，以及参加民主管理和组织工会的权利等。这些都是劳动者的切身利益，直接关系到劳动者的物质和文化生活水平的提高。我国宪法对于保护劳动者的劳动权益作了大量规定，《劳动法》建立起保护劳动者合法权益的完善的法律机制，使党和国家的劳动政策具体化。通过《劳动法》的贯彻，能够切实保证劳动者这些合法权益不受侵犯。

（二）调整劳动关系

劳动关系包括全民所有制劳动关系、集体所有制劳动关系、私营企业的劳动关系、外商投资企业劳动关系、个体经营组织劳动关系和联营单位的劳动关系等，而其中非社会主义性质的劳动关系又具有雇佣劳动的性质。劳动法调整用人单位和劳动者之间的权利义务关系，使用人单位和劳动者自行协调或利用一系列法律协调机制协调劳动关系，形成稳定、和谐的劳动关系。

（三）加强现代企业制度的建立，促进生产力的发展

社会主义市场经济要求现代企业有合格的劳动者并节约使用劳动力，增强市场竞争能力。企业劳动组织要最佳结合劳动力与生产资料。劳动法的规定保护了用人单位的劳动权利。例如，《劳动法》规定："劳动者应当完成劳动任务，提高职业技能，执行劳动安全卫生规程，遵守劳动纪律和职业道德。"此外，用人单位还有自主用人权、工资分配自主权和非过失性裁减职工等项权利。这些制度对于完善企业劳动组织，不断提高劳动生产率和经济效益有着重要作用，并积极地促进生产力的发展。

（四）促进社会安定团结

在各项生产和经济活动中，领导和群众之间、企业行政和职工之间，难免发生这样或那样的矛盾和隔阂。劳动者和用人单位之间一旦发生劳动权利和劳动义务争执，劳动法中有关处理劳动争议程序的规定，能够保障劳动争议获得正确、及时地解决，增强企业内部以及整个社会的安定团结，为社会主义现代化建设创造良好的环境。

四、劳动法的基本原则

《劳动法》的基本原则贯穿、体现在劳动法制度和法律规范之中的指导思想和基本准则。我国劳动法的基本原则如下：

（一）促进就业的原则

根据我国宪法的规定，国家促进就业被确立为劳动法的一项基本原则，劳动法必须认真贯彻实施这一原则。《劳动法》进一步对宪法作了明确、具体的规定："国家通过促进经济发展，创造就业条件，扩大就业机会"，"国家鼓励企业、事业组织、社会团体在法律、行政法规规定的范围内兴办产业或者拓展经营，增加就业。国家支持劳动者自愿组织起来就业和从事个体经营实现就业"，"地方各级人民政府应当采取措施，发展多种类型的职业介绍机构，提供就业服务"等。

（二）公民享有平等的就业机会权和选择职业的自主权的原则

劳动权是公民的一项最基本的权利，我国宪法明确规定"公民有劳动的权利"。劳动权分为就业权和择业权。劳动法基本原则之一就是体现公民享有平等的就业机会权和选择职业的自主权的原则。

在社会主义市场经济条件下，公民与用人单位是劳动市场中平等的两个主体，双方在相互选择，协商一致的基础上，订立劳动合同产生劳动关系。就公民来说具有平等的就业机会权，选择职业的自主权；劳动者有续订或不续订劳动合同权和再次选择职业的自主权。

（三）保护劳动者合法权益的原则。

《劳动法》中明确规定："劳动者享有平等就业和选择职业的权利、取得劳动报酬的权利、休息休假的权利、获得劳动安全卫生保护的权利、接受职业技能培训的权利、享受社会保险和福利的权利、提请劳动争议处理的权利以及法律规定的其他劳动权利。"《劳动

法》从政治、经济、文化和人身的各方面内容保护劳动者权益，涉及劳动者从求职、就业、失业、转业，直到退休的全过程；涉及对劳动者的职业训练、劳动报酬、社会保险、劳动安全卫生保护等诸多环节。

第二节　劳动合同

一、劳动合同的概念

劳动合同又称劳动契约，是指劳动者与用人单位之间为确立劳动关系，依法协商达成的双方权利和义务的书面协议。劳动法规定：建立劳动关系应当订立劳动合同，并应当遵循平等自愿、协商一致的原则，不得违反法律、行政法规的规定。

二、劳动合同的订立

（一）劳动合同订立的含义

劳动合同的订立，是指劳动者与用人单位之间为建立劳动关系，依法就双方的权利义务协商一致，设立劳动合同关系的法律行为。

（二）劳动合同订立的原则

1. 合法的原则

依法订立劳动合同，必须符合三项要求：

（1）当事人必须具备合法的资格；

（2）劳动合同内容合法；

（3）订立劳动合同的程序和形式，必须符合法律、法规的规定。

2. 平等自愿、协商一致的原则

平等，是指当事人双方的法律地位平等，双方当事人都以平等的身份订立劳动合同。自愿，是指订立劳动合同完全出于当事人自己的意志，任何一方不得将自己的意志强加给对方，也不允许第三者进行非法干预。协商一致，是指当事人双方在充分表达自己意思的基础上，经过平等协商，取得一致意见，签订劳动合同。

3. 遵守订立劳动合同程序的原则

订立劳动合同的程序，是指劳动者与用人单位订立劳动合同所应遵循的先后有序的行为规范。在目前国家没有制定专门的规范订立劳动合同的程序以前，应当按照合同法原理阐明的一般程序法则进行，即分为要约和承诺两个基本阶段。

（三）订立劳动合同的要求

订立劳动合同一般应符合下列要求：

1. 当事人具有合法的资格

根据劳动法的规定，劳动合同当事人一方是年满 16 周岁、初中毕业以上文化程度、身体健康、自愿将自己的劳动能力提供用人单位使用的劳动者，包括在我国境内、具备上述条件的中国公民、外国人和无国籍人；当事人另一方是依法批准成立或核准登记、具有用人权利能力、实行劳动合同制度的企业、个体经济组织、国家机关、事业组织、社会团体等用人单位。

2. 劳动合同内容合法

　　劳动合同的内容，是指劳动合同双方当事人协商达成的劳动权利义务的具体规定。它表现为合同条款，各项条款必须符合法律、行政法规的规定。《劳动法》第19条规定："劳动合同应当以书面形式订立，并具备以下条款：（一）劳动合同期限；（二）工作内容；（三）劳动保护和劳动条件；（四）劳动报酬；（五）劳动纪律；（六）劳动合同终止的条件；（七）违反劳动合同的责任。劳动合同除前款规定的必要条款外，当事人可以协商约定其他内容。"

　　3. 劳动合同形式合法

　　劳动合同形式，是指订立劳动合同的方式。劳动合同的形式分为书面和口头两种。当事人采用口头形式订立劳动合同，灵活，简便，但不便于履行和监督、检查，特别是发生劳动争议后，往往因口述无凭而难于处理。采用书面形式订立劳动合同，严肃、慎重、明确、肯定、有据，以便于履行和监督。

　　4. 订立劳动合同的程序合法

　　用人单位与劳动者签订劳动合同时，劳动合同可以由用人单位拟定，也可以由双方当事人共同拟定，但劳动合同必须经双方当事人协商一致后才能签订，职工被迫签订的劳动合同或未经协商一致签订的劳动合同为无效劳动合同。

　　（四）劳动合同的效力

　　1. 劳动合同的成立和生效

　　劳动合同成立是双方当事人意思表示一致，设立劳动合同关系。但是，劳动合同成立，并不意味着劳动合同一定生效。劳动合同生效，是指劳动合同具有法律效力的起始时间。劳动合同依法成立，即具有法律效力，对双方当事人都具有约束力。因此，依法订立的劳动合同，其生效时间始于合同签订之日。劳动合同订立后，需要签证或公证的，其生效时间始于签证或公证之日。

　　2. 劳动合同的无效

　　无效的劳动合同，是指当事人违反法律、行政法规的规定，订立的不具有法律效力的劳动合同。它虽然是当事人双方协商订立的，但因违反法律行政法规的规定，因此，国家不予承认，法律不予保护。无效的劳动合同，从订立的时候起，就没有法律约束力。

　　无效劳动合同确认权，是指确认劳动合同为无效的权力。无效劳动合同确认权，归国家规定的专门机构。《劳动法》第18条第3款规定："劳动合同的无效，由劳动争议仲裁委员会或者人民法院确认。"劳动合同无效，不能由合同双方当事人决定。

　　劳动合同被确认为无效，合同规定的双方当事人的权利义务关系自然终止，终止履行合同，尚未履行的不得履行。

　　（五）劳动合同鉴证

　　劳动合同鉴证，是指劳动行政部门依法审查、证明劳动合同真实性、合法性的一项行政监督、服务措施。实行劳动合同鉴证制度，对于纠正无效和违法合同，加强劳动合同管理，保证合同严格履行，维护劳动合同当事人双方的合法权益，都有重要作用。劳动行政部门是劳动合同的鉴证机关。劳动合同鉴证的具体工作由合同签订地或履行地的劳动行政部门承办。

三、劳动合同的履行

　　（一）劳动合同履行的含义

　　劳动合同履行，是指双方当事人按照劳动合同规定的条件，履行自己所应承担义务的行为。《劳动法》第 17 条第 2 款规定:"劳动合同依法订立即具有法律约束力,当事人必须履行劳动合同规定的义务。"劳动合同的履行,并不是当事人一方所能完成的,必须由当事人双方共同完成。只有当事人双方各自履行自己所应承担的义务,才能保证劳动合同履行。

（二）履行劳动合同的原则

根据劳动法律关系的特点,履行劳动合同应当遵循以下几项原则:

1. 亲自履行的原则

亲自履行,是指劳动合同当事人自己履行劳动合同规定的义务的行为。劳动法律关系是劳动者与用人单位依法形成的权利义务关系。劳动者提供劳动力,用人单位使用劳动者提供的劳动力,劳动者与用人单位提供的生产资料相结合,这就决定了劳动合同双方当事人享有的权利必须亲自行使而不得转让,义务必须亲自履行而不得代行或转移。因此,劳动合同双方当事人必须亲自履行劳动合同规定的义务。

2. 权利义务相统一的原则

劳动合同双方当事人互为权利、义务主体,其权利义务是在劳动过程中实现。这就决定当事人权利、义务具有不可分割的统一性。不能只享受权利而不履行义务,也不能只尽义务而不享受权利。劳动合同当事人双方互有请求权,以保证劳动合同规定的双方权利义务得以实现。因此,当事人双方必须按照权利义务相统一的原则履行劳动合同。

3. 全面履行的原则

劳动合同规定的各项条款,是有其内在联系的、不能割裂的统一整体。当事人任何一方不得分割履行某些条款规定的义务或者不按合同约定履行。当事人双方必须按合同约定的时间、地点和方式,全面履行劳动合同规定的各项义务。只有当事人双方全面履行自己的义务,才能保证劳动合同得以全部履行。

4. 协作履行的原则

协作履行,是指当事人双方相互协作,共同完成劳动合同规定的任务。协作履行原则是根据劳动合同客体特征提出的。劳动法律关系客体是劳动行为,而劳动行为是在运用劳动能力、实现劳动过程中发生的行为,只有当事人双方协作才能完成劳动合同规定的任务。因此,协作履行是履行劳动合同的必然要求。

（三）劳动合同的履行行为

劳动合同履行行为,是指劳动合同当事人履行劳动合同的行为。按照合同履行程度,劳动合同履行行为分为完全履行、不完全履行、不履行、单方不履行四种情况。凡是当事人双方按照劳动合同规定的条件,各自完成自己所应承担的义务,就称为劳动合同完全履行。如果双方当事人任何一方只完成劳动合同规定的一部分义务,就称为劳动合同不完全履行或部分不履行。劳动合同的不履行,是指当事人双方都未按劳动合同规定履行自己所应承担义务的行为。如果当事人一方履行了劳动合同规定的自己所应承担的义务,而另一方没有履行劳动合同规定自己所应承担的义务,就称为劳动合同的单方不履行。当事人不履行或不完全履行劳动合同,属于违约行为,应当承担违约责任。但是,劳动者涉嫌违法犯罪被有关机关收容审查、拘留或逮捕的,用人单位在劳动者被限制人身自由期间,可与其暂时停止劳动合同的履行。暂时停止履行劳动合同期间,用人单位不承担劳动合同规定的相应义务。劳动者经证明被错误限制人身自由的,暂时停止履行劳动合同期间劳动者的损失,可由其依据《国家赔偿法》要求有关部门赔偿。

四、劳动合同的变更

（一）劳动合同变更的含义

劳动合同变更，是指当事人双方对依法成立、尚未履行的劳动条款所作的修改或增减。劳动合同的变更，只限于劳动合同条款内容的变更，不包括当事人的变更。

劳动合同的变更，是因发生一定的法律事实而对依法成立的劳动合同，在劳动法律、法规允许的范围内变更。

（二）劳动合同变更的条件

劳动合同依法订立后，当事人双方必须全面履行合同规定的义务，任何一方不得擅自变更劳动合同。但是，在履行合同过程中，由于主、客观情况发生变化，也可以变更劳动合同。

根据劳动法律、法规的有关规定和变更劳动合同的实践，允许变更劳动合同的条件是：

1. 订立劳动合同时所依据的法律、法规已经修改或者废止；

2. 用人单位转产或者调整生产任务、改变工作任务；

3. 用人单位严重亏损或者发生自然灾害，确实无法履行劳动合同规定的义务；

4. 当事人双方协商同意；

5. 法律允许的其他情况。

在劳动合同没有变更的情况下，用人单位不得安排职工从事合同规定以外的工作，但下列情况除外：

1. 发生事故或遇灾害，需要及时抢修或救灾；

2. 因工作需要而临时调动工作；

3. 发生短期停工；

4. 法律允许的其他情况。

（三）劳动合同变更的程序

变更劳动合同，应当遵循平等自愿、协商一致的原则，不得违反法律、行政法规的规定。

劳动合同变更的程序，一般分为以下三个步骤：

1. 及时提出变更合同的要求

当事人一方要求变更劳动合同时，应及时向对方提出变更合同的要求，说明变更合同的理由、内容、条件以及请求对方答复的期限等项内容。

2. 按期作出答复

当事人一方对另一方提出变更合同的要求，应在对方规定的期限内作出答复，可以表示同意，也可以提出不同意见，另行协商，还可以表示不同意。

3. 双方达成书面协议

当事人双方就变更劳动合同的内容经过协商，取得一致意见，应当达成变更劳动合同的书面协议，载明变更的具体内容、变更的生效日期，经双方签字盖章生效。当然，在某种情况下，当事人双方也可以口头达成变更劳动合同的协议，不过应尽可能以书面形式达成变更劳动合同的协议。

劳动合同部分内容变更后，其他内容可以维持原劳动合同的规定，也可以作相应的修改。

五、劳动合同的解除

（一）劳动合同解除的含义

劳动合同的解除，是指当事人双方提前终止劳动合同的法律效力，解除双方的权利义务关系。它是在劳动合同订立后，尚未全部履行以前，由于某种原因导致劳动合同一方或双方当事人提前消灭劳动关系的法律行为。

（二）劳动合同解除的分类

劳动合同解除分为法定解除和协商解除两种。法定解除，是指因发生法律、法规或劳动合同规定的情况，提前终止劳动合同后的法律效力。协商解除，是指当事人双方因某种原因，协商同意提前终止劳动合同的法律效力。

（三）劳动合同解除与劳动合同订立和变更的关系

劳动合同解除与劳动合同的订立或变更不同。订立或变更劳动合同是当事人双方的法律行为，必须经双方协商一致才能成立；劳动合同解除可以是双方的法律行为，也可以是单方的法律行为，即可以由当事人双方协商一致而解除劳动合同，也可以由当事人一方依法提出解除劳动合同。

六、劳动合同的终止

劳动合同终止，是指终止劳动合同的法律效力。劳动合同订立后，双方当事人不得随意终止劳动合同。只有法律规定或当事人约定的情况出现，当事人才能终止劳动合同。凡有下列情形之一的，劳动合同即行终止。

1. 劳动合同期限届满

定期劳动合同在其有效期限届满时，除依法续订合同和其他依法可延期的情况外，即行终止。

2. 约定终止条件出现

双方当事人约定的劳动合同终止条件出现，劳动合同即行终止。

3. 合同目的实现

以完成一定工作为期限的劳动合同，在约定的工作完成时，劳动合同即行终止。

4. 劳动者退休或者死亡

劳动者因达到退休年龄或完全丧失劳动能力而办理退休手续，劳动合同即告终止。劳动者死亡，劳动合同自行终止。

5. 用人单位消灭

用人单位依法被宣告破产、被兼并、解散、关闭或撤销，劳动合同随之终止。

七、违反劳动合同的责任

违反劳动合同的责任，是指当事人由于自己的过错造成劳动合同的不履行或不适当履行所应承担相应的经济的、行政的或刑事的责任。追究当事人违反劳动合同的责任，必须同时具备因果关系的两项必要条件：一是当事人有不履行或不适当履行劳动合同的行为；二是当事人本身有过错。当事人不履行或不适当履行劳动合同，是由于自己的过错造成的。如果当事人有不履行或不适当履行劳动合同的行为，但不是由于自己的过错造成的，则不应追究当事人违反劳动合同的责任。追究当事人违反劳动合同的责任，应当根据其过错情节轻重、后果严重程度和责任大小以及态度好坏，确定当事人所应承担的相应责任。

（一）用人单位承担的责任

用人单位违反劳动法律、行政法规和劳动合同的规定，应当分别不同情况，承担相应的责任：

1. 由于用人单位的原因订立的无效劳动合同，给劳动者造成损害的，应当承担赔偿责任。

2. 用人单位违反《劳动法》规定的条件解除劳动合同或者故意拖延不订立劳动合同的，由劳动行政部门责令改正；给劳动者造成损害的，应当承担赔偿责任。

3. 用人单位克扣或者无故拖欠劳动者工资的，以及拒不支付劳动者延长工作时间工资报酬的，除在规定的时间内全额支付劳动者工资报酬外，还需加发相当于工资报酬25％的经济补偿金。

4. 用人单位支付劳动者的工资报酬低于当地最低工资标准的，要在补足低于标准部分的同时，另外支付相当于低于部分25％的经济补偿。

5. 危害劳动者身体健康，造成职业病、致伤致残的，应按国家规定的条件给予医疗并保证其享受其他保险待遇。

6. 用人单位招用未解除劳动合同的劳动者，给原用人单对造成经济损失的，该用人单位应当依法承担连带赔偿责任。

7. 对于滥用职权，侵犯劳动者合法权益的，或者打击陷害劳动者的，应当分别给予行政处分，追究刑事责任。

（二）劳动者承担的责任

1. 劳动者违反《劳动法》规定的条件解除劳动合同或者明反劳动合同中约定的保密事项，给用人单位造成经济损失的，当依法承担赔偿责任。

2. 对于违反劳动纪律达到一定程度的，应当分别情况给行政处分或经济处罚。

3. 违法行为情节严重，触犯刑律的，由司法机关依法追究刑事责任。

第三节　劳动保护

一、劳动保护的概念

劳动保护是国家为了劳动者在生产过程中的安全与健康而采取的各项保护措施，是保证职工肌体不受伤害，保持和提高劳动者持久的劳动能力的组织和技术措施的总称。我国劳动立法的劳动保护内容主要包括有关劳动保护的防护措施（生产安全和卫生方面的粉质技术性措施）和有关劳动保护的行政性管理措施。

二、劳动保护的主要内容

（一）安全及劳动卫生规程

安全技术规程是国家为了防止和消除在生产过程中的伤亡事故，保障劳动者安全和减轻繁重的体力劳动而规定的各种法律规范。它不仅指技术措施，还包括组织措施。不同行业的生产单位，由于生产特点、劳动条件不同，需要解决的安全技术问题也不相同。国家制定的安全技术规程，只能对一些比较突出、带有普遍性的问题，作出基本要求。

劳动卫生规程指国家为了改善劳动条件，保护职工在生产过程中的健康，防止、消除职业病和职业中毒而规定的各种法律规范。它包括技术、组织和医疗预防措施的规定，我国《工厂安全卫生规程》（已废止）就有关安全卫生方面的问题提出了一般要求，但由于工厂安全卫生方面的问题很多，以后又针对某些特殊的工业卫生问题，陆续制定了一些专门的法规。如《关于防止厂矿企业中矽尘危害的决定》　《工业企业设计卫生标准》（GBZ1—2010）《关于加强防尘防毒工作的决定》等。

安全及劳动卫生规程主要内容如下：

1. 用人单位必须建立、健全劳动安全卫生制度，严格执行国家劳动安全卫生规程和标准，对劳动者进行劳动安全卫生教育，防止劳动过程中的事故，减少职业危害。

2. 劳动安全卫生设施必须符合国家规定的标准。新建、改建、扩建工程的劳动安全卫生设施必须与主体工程同时设计、同时施工、同时投入生产和使用。

3. 用人单位必须为劳动者提供符合国家规定的劳动安全卫生条件和必要的劳动防护用品，对从事有职业危害作业的劳动者应当定期进行健康检查。

4. 从事特种作业的劳动者必须经过专门培训并取得特种作业资格。

5. 劳动者在劳动过程中必须严格遵守安全操作规程。劳动者对用人单位管理人员违章指挥、强令冒险作业，有权拒绝执行；对危害生命安全和身体健康的行为，有权提出批评、检举和控告。

6. 国家建立伤亡事故和职业病统计报告和处理制度。县级以上各级人民政府劳动行政部门、有关部门和用人单位应当依法对劳动者在劳动过程中发生的伤亡事故和劳动者的职业病状况，进行统计、报告和处理。

（二）女工和未成年工特殊保护

女工与未成年工的特殊保护在各国劳动法及劳动保护工作中是一个重要的组成部分。对女工与未成年工的劳动给予特殊保护的主要原因，是由女工和未成年工本身特点所决定的。妇女在生理上与男子有不同的特点和差别，妇女有月经、怀孕、生育、哺乳等生理特点。如果在劳动中对妇女的这些特点不研究、不保护，使其从事劳动强度过大或有毒害劳动，就会损伤女工的生理机能，不仅会影响女职工本身的安全和健康，而且还会影响到下一代的正常发育。未成年工是我国劳动法律制度规定的年满16周岁、但未满18周岁的工人。由于他们正在长身体，发育尚未完全定型，因此，在劳动过程中也必须给予特殊保护。在我国对女工和未成年工实行特殊保护，是我国劳动立法的一项重要内容，充分体现了社会主义制度的优越性。

女工和未成年工特殊保护主要内容如下：

1. 根据妇女生理特点组织劳动就业，实行男女同工同酬。

2. 禁止安排女职工从事矿山井下、国家规定的第四级体力劳动强度的劳动和其他禁忌从事的劳动。

3. 不得安排女职工在经期从事高处、低温、冷水作业和国家规定的第三级体力劳动强度的劳动。

4. 不得安排女职工在怀孕期间从事国家规定的第三级体力劳动强度的劳动和孕期禁

忌从事的劳动。对怀孕七个月以上的女职工，不得安排其延长工作时间和夜班劳动。

5. 女职工生育享受不少于 90 天的产假。

6. 不得安排女职工在哺乳未满一周岁的婴儿期间从事国家规定的第三级体力劳动强度的劳动和哺乳期禁忌从事的其他劳动，不得安排其延长工作时间和夜班劳动。

7. 不得安排未成年工从事矿山井下、有毒有害、国家规定的第四级体力劳动强度的劳动和其他禁忌从事的劳动。

8. 用人单位应当对未成年工定期进行健康检查。

第四节　劳动纪律

一、劳动纪律的概念

劳动纪律是劳动者在共同劳动中所必须遵守的劳动规则，是企业组织集体劳动保证生产秩序和工作秩序正常进行的必要条件，是组织和发扬职工群众劳动积极性和生产主动性的最有力武器。

二、劳动纪律的作用

社会主义劳动纪律它反映了社会主义文明生产和科学管理的要求，体现了国家、集体和劳动者个人的根本利益的一致性，对于建设社会主义物质文明和精神文明都有重要作用。

（一）稳定社会秩序，巩固国家政权

劳动纪律是维护正常的生产经营秩序和工作秩序的重要保证。同时也是关系到国家的长治久安，关系到社会主义现代化建设的进程以及最终实现的大问题。

（二）提高劳动生产率的必要条件

劳动纪律要求每个劳动者在生产和工作中能够自觉地服从组织的分配和调动，遵守劳动时间，充分利用工时，节约单位产品的劳动消耗，保证产品质量，提高产品的合格率，严格遵守和执行各项劳动法规，保证安全生产和文明生产，同时爱护保护机器设备，降低原材料和能源消耗和产品的成本。劳动者都能够自觉地遵守劳动纪律，就能保证上述要求的实现，就能够提高工作和生产效率。

（三）劳动纪律是加强企业科学管理、实现文明生产的重要保证

现代化大生产分工细密、专业化强、技术性高、连续生产、协作环节多、劳动风险大，需要加强科学管理，要求每个劳动者严格遵守劳动纪律。劳动纪律是现代化大生产客观规律的要求和反映。实行现代企业制度，加强企业科学管理，就是要按照客观规律办事，严格劳动纪律，使现代化大生产有组织、有计划地进行。同时，严格劳动纪律也是实现文明生产的重要保证。我国社会主义企业文明生产的重要标志是，具有现代文化、技术、修养的劳动者在良好的劳动环境中有组织、有秩序、安全地进行生产。社会主义劳动纪律体现了文明生产的精神和要求。严明的劳动纪律，有助于提高职工队伍素质，实现文明生产。

（四）正确指导职工进行生产，调动劳动积极性的有力武器

执行劳动纪律，能激发起职工群众劳动热情，促进生产的发展。工业企业要通过不断地整顿劳动纪律，教育广大职工加强遵纪守法观念，人人争做遵守劳动纪律的模范，把职工的积极性主动性充分调动起来具有重要意义。

三、劳动纪律的奖惩制度

（一）奖励制度

奖励制度是对劳动者在劳动过程中的优秀职业行为给予精神褒奖和物质鼓励的一种劳动法律制度。劳动者有如下表现的，应当给予奖励：

1. 在完成生产任务或工作任务、提高产品质量节约国家资财和能源等方面，做出显著成绩的；

2. 在生产、科研、工艺设计、产品设计、改善劳动条件等方面，在发明、技术改进或者提出合理化建议，取得重大成果或者显著成绩的；

3. 在改进企业经营管理，提高经济效益方面做出显著成绩；对国家贡献较大的；

4. 保护公共财产，防止或者挽救事故有功，使国家和人民利益免受重大损失的；

5. 同坏人坏事作斗争，对维护正常的生产秩序和工作秩序，维护社会治安，有显著功绩的；

6. 维护财经纪律，抵制歪风邪气，事迹突出的；

7. 一贯忠于职守，积极负责，廉洁奉公，舍己为人，事迹突出的；

8. 其他应当给予奖励的。

（二）惩罚制度

惩罚制度是对劳动者在劳动过程中的违纪、违法行为实行惩戒的一种劳动法律制度。

1. 有如下情节违反劳动纪律的人，根据其所犯错误的情节轻重给予批评、教育或者处罚。

（1）有下列行为之一的职工应分别情况给予批评教育和处分

① 违反劳动纪律，经常迟到、早退、旷工、消极怠工、没在完成生产任务或者工作任务的；

② 无正当理由不服从工作分配和调动、指挥，或者无理取闹，聚众闹事，打架斗殴，影响生产秩序、工作秩序和社会秩序的；

③ 玩忽职守，违反技术操作规程和安全规程，或者违章指挥，造成事故，使人民生命、财产遭受损失的；

④ 工作不负责任，经常产生废品，损坏设备工具，浪费原材料、能源，造成经济损失的；

⑤ 滥用职权，违反政策法令，违反财经纪律；偷税漏税，截留上缴利润，滥发奖金，挥霍国家资财，损公肥私，使国家和企业在经济上遭受损失的；

⑥ 有贪污盗窃、投机倒把、走私贩私、行贿受贿、敲诈勒索以及其他违法乱纪行为的；

⑦ 犯有其他严重错误的。

（2）惩罚方式。对违法、违纪行为的惩罚方式有三种

① 行政处分，又称纪律处分或纪律制裁。它是指用人单位或有关国家机关按照行政隶属关系，对所属劳动者的违纪、违法行为所给予的纪律制裁。行政处分包括：警告、记过、记大过、降级、撤职、留用察看、开除。

② 经济处罚。它是对违反劳动纪律的劳动者给予的经济制裁。采用经济处罚手段，

强制受处分者付出一定的现金或减少其经济收入，可以促使其从关心个人经济利益方面接受教训，改正错误，有利于加强劳动纪律。

③ 刑事制裁。劳动者违纪、违法行为情节严重，使人民生命和国家、用人单位财产遭受重大损失，构成犯罪，应负刑事责任，由司法机关依据我国刑法规定对其进行惩处。

第五节 劳动法律制度案例

案例

上诉人（原审被告）：长春××房地产开发有限公司（以下简称：甲公司）

被上诉人（原审原告）：曹某

一、基本案情

2017 年 8 月 1 日至 2018 年 5 月 8 日，曹某在甲公司工作，担任人事经理职务，2017 年 8 月 8 日双方签订书面劳动合同，合同期限至 2020 年 7 月 31 日，试用期间实际发放工资为 6210.19 元/月，转正期间实际发放平均工资为 7050.43 元/月，合同约定实行标准工时工作制，曹某在工作期间，每周上班六天，没有安排串休，而且在法定节假日期间加班没有支付任何加班费，同时单位未足额为曹某缴纳社会保险，曹某于 2018 年 5 月 8 日提出辞职，并向劳动人事争议仲裁委员会申请仲裁，仲裁委不予受理，曹某对仲裁不服起诉至人民法院，要求与甲公司解除劳动合同关系并支付加班费、经济补偿金。

二、案件审理

一审法院认为，曹某与甲公司双方建立的劳动关系合法有效，应当受到法律保护。因甲公司按照试用期 3700 元、转正后 4800 元为缴费基数给曹某缴纳社会保险，而曹某试用期间实际发放工资远远高于缴费基数，甲公司未足额为曹某缴纳社会保险费用违反法律的强制性规定，根据《劳动合同法》第三十八条："用人单位有下列情形之一的，劳动者可以解除劳动合同：……（三）未依法为劳动者缴纳社会保险费的"和第四十六条："有下列情形之一的，用人单位应当向劳动者支付经济补偿：（一）劳动者依照本法第三十八条规定解除劳动合同的……"规定，曹某要求与甲公司解除劳动合同关系并支付经济补偿金的请求符合法律规定，应予支持。因曹某在转正期间法定节假日加班 5 天，调休了 2 天，故应保护曹某转正期间法定节假日 3 天的加班费，根据《劳动法》第四十四条规定："有下列情形之一的，用人单位应当按照下列标准支付高于劳动者正常工作时间工资的工资报酬：……（二）休息日安排劳动者工作又不能安排补休的，支付不低于工资的百分之二百的工资报酬；（三）法定休假日安排劳动者工作的，支付不低于工资的百分之三百的工资报酬"，甲公司应支付曹某法定节假日加班费 324.16 元×3 天×300%＝2917.44 元。曹某在试用期间休息日加班 14 天，调休了 2 天，转正期间休息日加班 29 天，调休了 9 天，故应保护曹德亮试用期间休息日 12 天及转正期间休息日 20 天的加班费，即 6210.19 元÷21.75 天×12 天×200%＋324.16 元×20 天×200%＝19819.02 元。甲公司不服一审判决向上级法院上诉，二审法院经审查判决驳回上诉，维持原判。

三、案例评析

根据《劳动合同法》的规定，用人单位如果存在未按照劳动合同约定提供劳动保护或者劳动条件、未及时足额支付劳动报酬、未依法为劳动者缴纳社会保险费、规章制度违反法律法规的规定而损害劳动者权益等情形的，劳动者可以解除劳动合同。如果用人单位以暴力、威胁或者非法限制人身自由的手段强迫劳动者劳动的，或者用人单位违章指挥、强令冒险作业危及劳动者人身安全的，劳动者可以立即解除劳动合同，不需事先告知用人单位。

　　关于加班费的问题，《劳动法》第四十四条的规定："安排劳动者延长工作时间的，支付不低于工资的百分之一百五十的工资报酬；休息日安排劳动者工作又不能安排补休的，支付不低于工资的百分之二百的工资报酬；法定休假日安排劳动者工作的，支付不低于工资的百分之三百的工资报酬。"

第十五章　工程建设其他法律制度

第一节　税收法律制度

一、税收法律制度概述

1. 税收的概念与特征。税收是国家为了实现其职能的需要，凭借政治权力，依照法律规定的程序对满足法定课税要件的人所征收的货币或实物。税收具有三个基本特征：法定性；强制性；无偿性。

2. 税法的概念与体系。税法是调整税收关系的法律规范的总称。税法由税收体制法、税收征纳实体法、税收征纳程序法等子部门法所组成。其中，税收征纳实体法主要包括商品税法、所得税法、财产税法和行为税法。商品税法主要包括增值税法、消费税法、营业税法和关税法等。所得税法主要包括企业所得税法、外商投资企业和外国企业所得法、个人所得税法和农业税法等。财产税主要包括资源税法、房产税法、土地税法、契税法和车船税法等。行为税法主要包括印花税法、筵席税法和屠宰税法等。

二、税收法律制度的基本内容

(一)《中华人民共和国增值税暂行条例》

增值税是以商品和劳务在流通各环节的增加值为征税对象的一种税。其特点是税源广、税收中性和避免重复征税。增值税法的基本内容包括以下几点：

1. 增值税的纳税人。增值税的纳税人为在中华人民共和国境内销售货物或者提供加工、修理修配劳务以及进口货物的单位和个人。增值税的纳税人分为一般纳税人和小规模纳税人。

2. 增值税的征税对象。增值税征税对象为纳税人在中国境内销售的货物或者提供的加工、修理修配劳务以及进口的货物。

3. 增值税的税基。增值税税基为销售货物或者提供加工、修理修配劳务以及进口货物的增值额。

4. 增值税的税率。增值税一般纳税人税率分为基本税率（17%）、低税率（11%、6%）和零税率（0%）。

纳税人销售货物、劳务、有形动产租赁服务或者进口货物，除另有规定外，税率为17%。

纳税人销售交通运输、邮政、基础电信、建筑、不动产租赁服务，销售不动产，转让土地使用权，销售或者进口下列货物，税率为11%：（1）粮食等农产品、食用植物油、食用盐；（2）自来水、暖气、冷气、热水、煤气、石油液化气、天然气、二甲醚、沼气、居民用煤炭制品；（3）图书、报纸、杂志、音像制品、电子出版物；（4）饲料、化肥、农药、农机、农膜；（5）国务院规定的其他货物。

纳税人销售服务、无形资产，除另有规定外，税率为6％。

纳税人出口货物，税率为零；但是，国务院另有规定的除外。

境内单位和个人跨境销售国务院规定范围内的服务、无形资产，税率为零。

税率的调整，由国务院决定。

纳税人提供加工、修理修配劳务，税率为16％。

增值税小规模纳税人销售货物或提供应税劳务，适用3％的征收率。

5. 增值税的税收减免。下列项目免征增值税：农业生产者销售的自产农业产品；避孕药品和用具；古旧图书；直接用于科学研究、科学试验和教学的进口仪器、设备；外国政府、国际组织无偿援助的进口物资和设备；由残疾人组织直接进口供残疾人专用的物品。

纳税人销售额未达到财政部规定的增值税起征点的，免征增值税。

（二）《中华人民共和国消费税暂行条例》

消费税是以特定消费品的流转额为征税对象的一种税。消费税法的基本内容包括以下几点：

1. 消费税的纳税人。消费税的纳税人为在中国境内生产、委托加工和进口法律规定的消费品的单位和个人。

2. 消费税的征税对象。消费税的征税对象为应税消费品，具体包括：烟；酒及酒精；化妆品；护肤护发品；贵重首饰；鞭炮、焰火；汽油；柴油；汽车轮胎；摩托车；小汽车；烟；酒及酒精；化妆品；贵重首饰及珠宝玉石；鞭炮、焰火；成品油；汽车轮胎；摩托车；小汽车；高尔夫球及球具；高档手表；游艇；木制一次性筷子；实木地板。

3. 消费税的税基。消费税的税基为销售额或销售数量。销售额为纳税人销售应税消费品向购买方收取的全部价款和价外费用。

4. 消费税的税率。消费税实行从价定率或者从量定额的办法计算应纳税额，按不同消费品分别采用比例税率和定额税率。

纳税人兼营不同税率的应税消费品，应当分别核算不同税率应税消费品的销售额、销售数量。未分别核算销售额、销售数量，或者将不同税率的应税消费品组成成套消费品销售的，从高适用税率。

5. 消费税的税收减免。对纳税人出口应税消费品，免征消费税；国务院另有规定的除外。

6. 营业税的税收减免。下列项目免征营业税：托儿所、幼儿园、养老院、残疾人福利机构提供的育养服务，婚姻介绍，殡葬服务；残疾人员个人提供的劳务；医院、诊所和其他医疗机构提供的医疗服务；学校和其他教育机构提供的教育劳务，学生勤工俭学提供的劳务；农业机耕、排灌、病虫害防治、植保、农牧保险以及相关技术培训业务，家禽、牲畜、水生动物的配种和疾病防治；纪念馆、博物馆、文化馆、美术馆、展览馆、书画院、图书馆、文物保护单位举办文化活动的门票收入，宗教场所举办文化、宗教活动的门票收入。

纳税人营业额未达到财政部规定的营业税起征点的，免征营业税。

（三）企业所得税法

企业所得税是以企业在一定期间内的纯所得为征税对象的一种税。企业所得税的基本内容包括以下几点：

1. 企业所得税的纳税人。企业所得税的纳税人为在中国境内从事生产、经营并实行独立经济核算的企业或者其他组织，外商投资企业和外国企业除外。

2. 企业所得税的征税对象。企业所得税的征税对象为应税所得，具体包括：销售货物收入；提供劳务收入；转让财产收入；股息、红利等权益性投资收益；利息收入；租金收入；特许权使用费收入；接受捐赠收入；其他收入。

3. 企业所得税税基为企业每一纳税年度的收入总额，减除不征税收入、免税收入、各项扣除以及允许弥补的以前年度亏损后的余额，为应纳税所得额。

4. 企业所得税的税率。企业所得税税率为 25%。

5. 企业所得税的税收减免。对下列企业所得税纳税人，实行税收优惠政策：民族自治地方的企业，需要照顾和鼓励的，经省级人民政府批准，可以实行定期减税或者免税；法律、行政法规和国务院有关规定给予减税或者免税的企业；依照规定执行。

纳税人发生年度亏损的，可以用下一纳税年度的所得弥补；下一纳税年度的所得不足弥补的，可以逐年延续弥补，但是延续弥补期最长不得超过 5 年。

纳税人来源于中国境外的所得，已在境外缴纳的所得税税款，准予在汇总纳税时，从其应纳税额中扣除，但是扣除额不得超过其境外所得依照我国法律规定计算的应纳税额。

（四）个人所得税法

个人所得税是以个人的所得为征税对象的一种税。个人所得税法的基本内容包括以下几点：

1. 个人所得税的纳税人：在中国境内有住所，或者无住所而一个纳税年度内在中国境内居住累计满 138 天的个人，为居民个人。居民个人从中国境内和境外取得的所得，依照本法规定缴纳个人所得税。在中国境内无住所又不居住，或者无住所而一个纳税年度内在中国境内居住累计不满 183 天的个人，为非居民个人。非居民个人从中国境内取得的所得，依照《个人所得税法》规定缴纳个人所得税。

2. 个人所得税的纳税对象：个人所得税的征税对象为应税所得，具体包括：工资、薪金所得；劳务报酬所得；稿酬所得；特许权使用费所得；经营所得；利息、股息、红利所得；财产租赁所得；财产转让所得；偶然所得。

3. 个人所得税的税率：综合所得，适用 3%～45% 的超额累进税率；经营所得，适用 5%～35% 的超额累进税率；利息、股息、红利所得，财产租赁所得，财产转让所得和偶然所得，适用比例税率，税率为 20%。

4. 下列各项个人所得，免征个人所得税：省级人民政府、国务院部委和中国人民解放军军以上单位，以及外国组织、国际组织颁发的科学、教育、技术、文化、卫生、体育、环境保护等方面的奖金；国债和国家发行的金融债券利息；按照国家统一规定发给的补贴、津贴；福利费、抚恤金、救济金；保险赔款；军人的转业费、复员费、退役金；按照国家统一规定发给干部、职工的安家费、退职费、基本养老金或者退休费、离休费、离休生活补助费；依照有关法律规定应予免税的各国驻华使馆、领事馆的外交代表、领事官员和其他人员的所得；中国政府参加的国际公约、签订的协议中规定免税的所得；国务院规定的其他免税所得。前诉第十项免税规定，由国务院报全国人民代表大会常务委员会备案。

5. 有下列情形之一的，可以减征个人所得税，具体幅度和期限，由省、自治区、直辖市人民政府规定，并报同级人民代表大会常务委员会备案：残疾、孤老人员和烈属的所得；因自然灾害遭受重大损失的。国务院可以规定其他减税情形，报全国人民代表大会常务委员会备案。

6. 居民个人从中国境外取得的所得，可以从其应纳税额中抵免已在境外缴纳的个人所得税税额，但抵免额不得超过该纳税人境外所得依照《个人所得税法》规定计算的应纳税额。

三、税收法律责任

法律责任是税收法律关系的主体因违反税收法律规范所应承担的不利法律后果。税收法律责任制度包括法律责任的主体、违法行为类型和法律责任的形式等制度。

（一）税收法律责任的主体

税收法律责任的主体包括税收法律关系中的所有主体，主要包括纳税人、扣缴义务人、征税机关及其工作人员、其他具有法定义务的主体。

（二）税收法律责任的违法行为类型

1. 纳税人的违法行为类型。纳税人的税收违法行为主要包括违反税收征收管理制度的行为、偷税行为、欠税行为、抗税行为、骗取出口退税行为和其他违法行为。

2. 纳税人伪造、变造、隐匿、擅自销毁账簿、记账凭证，或者在账簿上多列支出或者不列、少列收入，或者经税务机关通知申报而拒不申报或者进行虚假的纳税申报，不缴或者少缴应纳税款的，是偷税。以暴力、威胁方法拒不缴纳税款的，是抗税。纳税人、扣缴义务人在规定期限内不缴或者少缴应纳或者应解缴的税款的，是欠税。

3. 扣缴义务人的违法行为类型。扣缴义务人的违法行为类型主要包括违反税收征收管理制度的行为、偷税行为、欠税行为和其他违法行为。

4. 征税机关及其工作人员的税收违法行为。征税机关及其工作人员的税收违法行为主要包括违反税收征收管理制度的行为、徇私舞弊行为、渎职行为、滥用职权行为等。

5. 其他主体的违法行为。其他主体的违法行为如纳税人、扣缴义务人的开户银行或者其他金融机构拒绝接受税务机关依法检查纳税人、扣缴义务人存款账户，或者拒绝执行税务机关作出的冻结存款或者扣缴税款的决定，或者在接到税务机关的书面通知后帮助纳税人、扣缴义务人转移存款。

6. 法律责任的形式。法律责任的形式一般包括经济责任、行政责任和刑事责任。

经济责任主要包括加收滞纳金和赔偿损失。

行政责任主要包括行政处罚和行政处分。前者主要是针对纳税人和扣缴义务人的，主要包括责令限期改正，责令缴纳税款；采取税收保全措施和税收强制执行措施；罚款；吊销税务登记证，收回税务机关发给的票证，吊销营业执照等。行政处分是针对税务机关的工作人员的，主要包括警告、记过、记大过、降级、撤职和开除。

刑事责任形式主要包括罚金、拘役、有期徒刑、无期徒刑和死刑。

（三）主要违法行为的法律责任

纳税人未按照规定期限缴纳税款的，扣缴义务人未按照规定期限解缴税款的，税务机关除责令限期缴纳外，从滞纳税款之日起，按日加收滞纳税款万分之五的滞纳金。

纳税人有下列行为之一的，由税务机关责令限期改正，可以处 2000 元以下的罚款，情节严重的，处 2000 元以上 1 万元以下的罚款：未按照规定的期限申报办理税务登记、变更或者注销登记的；未按照规定设置、保管账簿或者保管记账凭证和有关资料的；未按照规定将财务、会计制度或者财务、会计处理办法和会计核算软件报送税务机关备查的；未按照规定将其全部银行账号向税务机关报告的；未按照规定安装、使用税控装置，或者损毁或者擅自改动税控装置的。

对纳税人偷税的，由税务机关追缴其不缴或者少缴的税款、滞纳金，并处不缴或者少缴的税款 50% 以上 5 倍以下的罚款；偷税数额占应纳税额的 10% 以上不满 30%，或者因偷税被税务机关给予二次行政处罚又偷税的，处 3 年以下有期徒刑或者拘役，并处偷税数额 1 倍以上 5 倍以下罚金；偷税数额占应纳税额的 30% 以上，处 3 年以上 7 年以下有期徒刑，并处偷税数额 1 倍以上 5 倍以下罚金。

纳税人欠缴应纳税款，采取转移或者隐匿财产的手段，妨碍税务机关追缴欠缴的税款的，由税务机关追缴欠缴的税款、滞纳金，并处欠缴税款 50% 以上 5 倍以下的罚款；欠缴税款数额在 1 万元以上不满 10 万元的，处 3 年以下有期徒刑或者拘役，并处或者单处欠缴税款 1 倍以上 5 倍以下罚金；数额在 10 万元以上的，处 3 年以上 7 年以下有期徒刑，并处欠缴税款 1 倍以上 5 倍以下罚金。

以暴力、威胁方法拒不缴纳税款的，除由税务机关追缴其拒缴的税款、滞纳金外，处 3 年以下有期徒刑或者拘役，并处拒缴税款 1 倍以上 5 倍以下罚金；情节严重的，处 3 年以上 7 年以下有期徒刑，并处拒缴税款 1 倍以上 5 倍以下罚金。情节轻微，未构成犯罪的，由税务机关追缴其拒缴的税款、滞纳金，并处拒缴税款 1 倍以上 5 倍以下罚款。

纳税人、扣缴义务人的开户银行或者其他金融机构拒绝接受税务机关依法检查纳税人、扣缴义务人存款账户，或者拒绝执行税务机关作出的冻结存款或者扣缴税款的决定，或者在接到税务机关的书面通知后帮助纳税人、扣缴义务人转移存款，造成税款流失的，由税务机关处 10 万元以上 50 万元以下的罚款，对直接负责的主管人员和其他直接责任人员处 1000 元以上 1 万元以下的罚款。

税务机关违反规定擅自改变税收征收管理范围和税款入库预算级次的，责令限期改正，对直接负责的主管人员和其他直接责任人员依法给予降级或者撤职的行政处分。

未经税务机关依法委托征收税款的，责令退还收取的财物，依法给予行政处分或行政处罚；致使他人合法权益受到损失的，依法承担赔偿责任；构成犯罪的，依法追究刑事责任。

税务人员利用职务上的便利，收受或索取纳税人、扣缴义务人财物或者谋取其他不正当利益，构成犯罪的，依法追究刑事责任。不构成犯罪的，依法给予行政处分。

税务人员徇私舞弊或者玩忽职守，不征或者少征应征税款，致使国家税收遭受重大损失，构成犯罪的，依法追究刑事责任；尚不构成犯罪的，依法给予行政处分。

违反法律、行政法规的规定，擅自作主开征、停征或者减税、免税、退税、补税以及其他同税收法律、行政法规相抵触的决定的，除依照本法规定撤销其擅自作出的决定外，补征应征未征税款，退还不应征收而征收的税款，并由上级机关追究直接负责的主管人员和其他直接责任人员的行政责任。构成犯罪的，依法追究刑事责任。

（四）追究法律责任的主体和期限

追究法律责任的主体主要包括征税机关和人民法院。行政处罚，罚款额在 2000 元以下的，可以由税务所决定。违反税收法律、行政法规应当给予行政处罚行为，在 5 年内未被发现的，不再给予行政处罚。

第二节 反不正当竞争法律制度

一、正当竞争法概述

（一）反不正当竞争法概念

反不正当竞争法是调整在制止不正当竞争行为过程中发生的社会关系的法律规范的总称，包括规定不正当竞争行为的种类、对不正当竞争行为的监督检查以及对不正当竞争行为的法律制裁等。

（二）反不正当竞争法调整对象

经营者在市场交易中，应当遵循自愿、平等、公平、诚实信用的原则，遵守公认的商业道德。经营者是指从事商品经营或者营利性服务（以下所称商品包括服务）的法人、其他经济组织和个人。

各级人民政府应当采取措施，制止不正当竞争行为，为公平竞争创造良好的环境和条件。县级以上人民政府工商行政管理部门对不正当竞争行为进行监督检查；法律、行政法规规定由其他部门监督检查的依照其规定。

国家鼓励、支持和保护一切组织和个人对不正当竞争行为进行社会监督。国家机关工作人员不得支持，包庇不正当竞争行为。

二、不正当竞争行为的种类

1. 经营者不得采用下列不正当手段从事市场交易，损害竞争对手：

（1）假冒他人的注册商标；

（2）擅自使用知名商品特有的名称、包装、装潢，或者使用与知名商品近似的名称、包装、装潢，造成和他人的知名商品相混淆，使购买者误认为是该知名商品；

（3）擅自使用他人的企业名称或者姓名，使人误认为是他人的商品；

（4）在商品上伪造或者冒用认证标志、名优标志等质量标志，伪造产地，对商品质量作引人误解的虚假表示。

2. 公用企业或者其他依法具有独占地位的经营者，不得限定他人购买其指定的经营者的商品，以排挤其他经营者的公平竞争。

3. 政府及其所属部门不得滥用行政权力，限定他人购买其指定的经营者的商品，限制其他经营者正当的经营活动。政府及其所属部门不得滥用行政权力，限制外地商品进入本地市场，或者本地商品流向外地市场。

4. 经营者不得采用财物或者其他手段进行贿赂以销售或者购买商品。在账外暗中给予对方单位或者个人回扣的，以行贿论处；对方单位或者个人在账外暗中收受回扣的，以受贿论处。经营者销售或者购买商品，可以以明示方式给对方折扣，可以给中间人佣金。经营者给对方折扣、给中间人佣金的，必须如实入账。接受折扣、佣金的经营者必须如实入账。

5. 经营者不得利用广告或者其他方法，对商品的质量、制作成分、性能、用途、生产者、有效期限、产地等作引人误解的虚假宣传。广告的经营者不得在明知或者应知的情况下，代理、设计、制作、发布虚假广告。

6. 经营者不得采用下列手段侵犯商业秘密：

（1）偷窃、利诱、胁迫或者其他不正当手段获取权利人的商业秘密；

（2）披露、使用或者允许他人使用以前项手段获取权利人的商业秘密；

（3）违反约定或者违反权利人有关保守商业秘密的要求，披露、使用或者允许他人使用其所掌握的商业秘密。第三人明知或者应知前款所列违法行为，获取、使用或者披露他人的商业秘密，视为商业秘密。

7. 经营者不得以排挤对手为目的，以低于成本的价格销售商品。有下列情形之一的，不属于不正当行为：

（1）销售鲜活商品；

（2）处理有效期限即将到期的商品或者其他积压的商品；

（3）季节性降价；

（4）因清偿债务、转产、歇业降价销售商品。

8. 经营者销售商品，不得违背购买者的意愿搭售商品或者附加其他不合理的条件。

9. 经营者不得从事下列有奖销售：

（1）采用谎称有奖或者故意让内定人员中奖的欺骗方式进行有奖销售；

（2）利用有奖销售的手段推销质次价高的商品；

（3）抽奖式的有奖销售，最高奖的金额不超过5000元。

10. 经营者不得捏造、散布虚伪事实，损害竞争对手的商业信誉、商品声誉。

11. 投标者不得串通投标，抬高标价或者压低标价。投标者和招标者不得相互勾结，以排挤竞争对手的公平竞争。

三、对不正当竞争行为的监督检查

1. 县级以上监督检查部门对不正当竞争行为，可以进行监督检查。

2. 监督检查部门在监督检查不正当竞争行为时，有权行使下列职权：

（1）按照规定程序询问被检查的经营者、利害关系人、证明人，并要求提供证明材料或者与不 正当竞争行为有关的其他资料；

（2）查询、复制与不正当竞争行为有关的协议、账册、单据、文件、记录、业务函电和其他资料；

（3）检查与不正当竞争行为有关的财物，必要时可以责令被检查的经营者说明该商品的来源和数量，暂停销售，听候检查，不得转移、隐匿、销毁财物。

3. 监督检查部门工作人员监督检查不正当竞争行为时，应当出示检查证件。

4. 监督检查部门在监督检查不正当竞争行为时，被检查的经营者、利害关系人和证明人，应当如实提供有关资料或者情况。

四、法律责任

1. 经营者违反规定，给被侵害的经营者造成损害的，应当承担损害赔偿责任。被侵害的经营者的损失难以计算的，赔偿额为侵权期间因侵权所获得的利润，并应当承担被侵害的经营者因调查该经营者侵害其合法权益的不正当竞争行为所支付的合理费用。被侵害的经营者的合法权益受到不正当竞争行为损害的，可以向人民法院提起诉讼。

2. 经营者假冒他人的注册商标，擅自使用他人的企业名称或者姓名，伪造或者冒用认证标志、名优标志等质量标志，伪造产地，对商品质量作引人误解的虚假表示的，依照《中华人民共和国商标法》《中华人民共和国产品质量法》的规定处罚。经营者擅自使用知名商品特有的名称、包装、装潢，或者使用与知名商品近似的名称、包装、装潢，造成和他人的知名商品相混淆，使购买者误认为是该知名商品的，监督检查部门应当责令停止违法行为，没收违法所得，可以根据情节处以违法所得一倍以上三倍以下罚款；情节严重的，可以吊销营业执照；销售伪劣商品，构成犯罪的，依法追究刑事责任。

3. 经营者采用财物或者其他手段进行贿赂以销售或者购买商品，构成犯罪的，依法追究刑事责任；不构成犯罪的，监督检查部门可以根据情节处以 1 万元以上 20 万元以下的罚款，有违法所得的，予以没收。

4. 公用企业或者其他具有独占地位的经营者限定他人购买其指定的经营者的商品，以排挤其他经营者的公平竞争的，省级或者设区的市的监督检查部门应当责令停止违法行为，可以根据情节处以 5 万元以上 20 万元以下的罚款。被指定的经营者借此销售质次价高商品或者滥收费用的，监督检查部应当没收违法所得，可以根据情节处以违法所得一倍以上三倍以下的罚款。

5. 经营者利用广告或者其他方法，对商品作引人误解的虚假宣传的，监督检查部门应当责令停止违法行为，消除影响，可以根据情节处以 1 万元以上 20 万元以下的罚款。广告的经营者，在明知或者应知的情况下，代理、设计、制作、发布虚假广告的，监督检查部门应当责令停止专法行为，没收违法所得，并依法处以罚款。

6. 侵犯商业秘密的，监督检查部门应当责令停止违法行为，可以根据情节处以 1 万元以上 20 万元以下的罚款。

7. 经营者违反规定进行有奖销售的，监督检查部门应当责令停止违法行为，可以根据情节处以 1 万元以上 10 万元以下的罚款。

8. 投标者串通投标，抬高标价或者压低标价；投标者和招标者相互勾结，以排挤竞争对手的公平竞争的，其中标无效。监督检查部门可以根据情节处以 1 万元以上 20 万元以下的罚款。

9. 经营者有违反被责令暂停销售，转移、隐匿、销毁与不正当竞争行为有关的财物的行为的，监督检查部门可以根据情节处以被销售、转移、隐匿、销毁财物的价款的一倍以上三倍以下的罚款。

10. 当事人对监督检查部门作出的处罚决定不服的，可以自收到处罚决定之日起 15 日内向上一级主管机关申请复议；对复议决定不服的，可以自收到复议决定书之日起 15 日内向人民法院提起诉讼；也可以直接向人民法院提起诉讼。

11. 政府及其所属部门违反规定，限定他人购买其指定的经营者的商品，限制其他经营者正当的经营活动，或者限制商品在地区之间正常流通的，由上级机关责令其改正；情节严重的，由同级或者上级机关对直接责任人员给予行政处分。被指定的经营者借此销售质次价高商品或者滥收费用的，监督检查部门应当没收违法所得，可以根据情节处以违法所得一倍以上三倍以下的罚款。

12. 监督检查不正当竞争行为的国家机关工作人员滥用职权、玩忽职守，构成犯罪的，依法追究刑事责任；不构成犯罪的，给予行政处分。

13. 监督检查不正当竞争行为的国家机关工作人员徇私舞弊，对明知有违反本法规定构成犯罪的经营者故意包庇不使他受追诉的，依法追究刑事责任。

第三节　消费者权益保护法律制度

一、消费者权益保护法调整对象

消费者为生活消费需要购买、使用商品或者接受服务，其权益受《消费者权益保护法》（以下简称《本法》）保护；本法未作规定的，受其他有关法律、法规保护。

经营者为消费者提供其生产、销售的商品或者提供服务，应当遵守本法；本法未作规定的，应当遵守其他有关法律、法规。

经营者与消费者进行交易，应当遵循自愿、平等、公平、诚实信用的原则。

国家保护消费者的合法权益不受侵害。国家采取措施，保障消费者依法行使权利，维护消费者的合法权益。

保护消费者的合法权益是全社会的共同责任。国家鼓励、支持一切组织和个人对损害消费者合法权益的行为进行社会监督。大众传播媒介应当做好维护消费者合法权益的宣传，对损害消费者合法权益的行为进行舆论监督。

二、消费者的权利

1. 消费者在购买、使用商品和接受服务时享有人身、财产安全不受损害的权利。消费者有权要求经营者提供的商品和服务，符合保障人身、财产安全的要求。

2. 消费者享有知悉其购买、使用的商品或者接受的服务的真实情况的权利。消费者有权根据商品或者服务的不同情况，要求经营者提供商品的价格、产地、生产者、用途、性能、规格、等级、主要成分、生产日期、有效期限、检验合格证明、使用方法说明书、售后服务，或者服务的内容、规格、费用等有关情况。

3. 消费者享有自主选择商品或者服务的权利。消费者有权自主选择提供商品或者服务的经营者，自主选择商品品种或者服务方式，自主决定购买或者不购买任何一种商品、接受或者不接受任何一项服务。消费者在自主选择商品或者服务时，有权进行比较、鉴别和挑选。

4. 消费者享有公平交易的权利。消费者在购买商品或者接受服务时，有权获得质量保障、价格合理、计量正确等公平交易条件，有权拒绝经营者的强制交易行为。

5. 消费者因购买、使用商品或者接受服务受到人身、财产损害的，享有依法获得赔偿的权利。

6. 消费者享有依法成立维护自身合法权益的社会团体的权利。

7. 消费者享有获得有关消费和消费者权益保护方面的知识的权利。消费者应当努力掌握所需商品或者服务的知识和使用技能，正确使用商品，提高自我保护意识。

8. 消费者在购买、使用商品和接受服务时，享有其人格尊严、民族风俗习惯得到尊重的权利。

9. 消费者享有对商品和服务以及保护消费者权益工作进行监督的权利。

消费者有权检举、控告侵害消费者权益的行为和国家机关及其工作人员在保护消费者权益工作中的违法失职行为，有权对保护消费者权益工作提出批评、建议。

三、经营者的义务

1. 经营者向消费者提供商品或者服务，应当依照《中华人民共和国产品质量法》和其他有关法律、法规的规定履行义务。经营者和消费者有约定的，应当按照约定履行义务，但双方的约定不得违背法律、法规的规定。

2. 经营者应当听取消费者对其提供的商品或者服务的意见，接受消费者的监督。

3. 经营者应当保证其提供的商品或者服务符合保障人身、财产安全的要求。对可能危及人身、财产安全的商品和服务，应当向消费者作出真实的说明和明确的警示，并说明和标明正确使用商品或者接受服务的方法以及防止危害发生的方法。

经营者发现其提供的商品或者服务存在严重缺陷，即使正确使用商品或者接受服务仍然可能对人身、财产安全造成危害的，应当立即向有关行政部门报告和告知消费者，并采取防止危害发生的措施。

4. 经营者应当向消费者提供有关商品或者服务的真实信息，不得作引人误解的虚假宣传。经营者对消费者就其提供的商品或者服务的质量和使用方法等问题提出的询问，应当作出真实、明确的答复。商店提供商品应当明码标价。

5. 经营者应当标明其真实名称和标记。租赁他人柜台或者场地的经营者，应当标明其真实名称和标记。

6. 经营者提供商品或者服务，应当按照国家有关规定或者商业惯例向消费者出具购货凭证或者服务单据；消费者索要购货凭证或者服务单据的，经营者必须出具。

7. 经营者应当保证在正常使用商品或者接受服务的情况下其提供的商品或者服务应当具有的质量、性能、用途和有效期限；但消费者在购买该商品或者接受该服务前已经知道其存在瑕疵的除外。经营者以广告、产品说明、实物样品或者其他方式表明商品或者服务的质量状况的，应当保证其提供的商品或者服务的实际质量与表明的质量状况相符。

8. 经营者提供商品或者服务，按照国家规定或者与消费者的约定，承担包修、包换、包退或者其他责任的，应当按照国家规定或者约定履行，不得故意拖延或者无理拒绝。

9. 经营者不得以格式合同、通知、声明、店堂告示等方式作出对消费者不公平、不合理的规定，或者减轻、免除其损害消费者合法权益应当承担的民事责任。格式合同、通知、声明、店堂告示等含有前款所列内容的，其内容无效。

10. 经营者不得对消费者进行侮辱、诽谤，不得搜查消费者的身体及其携带的物品，不得侵犯消费者的人身自由。

四、国家对消费者合法权益的保护

1. 国家制定有关消费者权益的法律、法规和政策时，应当听取消费者的意见和要求。

2. 各级人民政府应当加强领导，组织、协调、督促有关行政部门做好保护消费者合法权益的工作。各级人民政府应当加强监督，预防危害消费者人身、财产安全行为的发生，及时制止危害消费者人身、财产安全的行为。

3. 各级人民政府工商行政管理部门和其他有关行政部门应当依照法律、法规的规定，在各自的职责范围内，采取措施，保护消费者的合法权益。有关行政部门应当听取消费者及其社会团体对经营者交易行为、商品和服务质量问题的意见，及时调查处理。

4. 有关国家机关应当依照法律、法规的规定，惩处经营者在提供商品和服务中侵害消费者合法权益的违法犯罪行为。

5. 人民法院应当采取措施，方便消费者提起诉讼。对符合《中华人民共和国民事诉讼法》起诉条件的消费者权益争议，必须受理，及时审理。

五、消费者组织

1. 消费者协会和其他消费者组织是依法成立的对商品和服务进行社会监督的保护消费者合法权益的社会团体。

2. 消费者协会履行下列职能：

（1）向消费者提供消费信息和咨询服务；

（2）参与有关行政部门对商品和服务的监督、检查；

（3）就有关消费者合法权益的问题，向有关行政部门反映、查询，提出建议；

（4）受理消费者的投诉，并对投诉事项进行调查、调解；

（5）投诉事项涉及商品和服务质量问题的，可以提请鉴定部门鉴定，鉴定部门应当告知鉴定结论；

（6）就损害消费者合法权益的行为，支持受损害的消费者提起诉讼；

（7）对损害消费者合法权益的行为，通过大众传播媒介予以揭露、批评。各级人民政府对消费者协会履行职能应当予以支持。

3. 消费者组织不得从事商品经营和营利性服务，不得以牟利为目的向社会推荐商品和服务。

六、争议的解决

1. 消费者和经营者发生消费者权益争议的，可以通过下列途径解决：

（1）与经营者协商和解；

（2）请求消费者协会调解；

（3）向有关行政部门申诉；

（4）根据与经营者达成的仲裁协议提请仲裁机构仲裁；

（5）向人民法院提起诉讼。

2. 消费者在购买、使用商品时，其合法权益受到损害的，可以向销售者要求赔偿。销售者赔偿后，属于生产者的责任或者属于向销售者提供商品的其他销售者的责任的，销售者有权向生产者或者其他销售者追偿。消费者或者其他受害人因商品缺陷造成人身、财产损害的，可以向销售者要求赔偿，也可以向生产者要求赔偿。属于生产者责任的，销售者赔偿后，有权向生产者追偿。属于销售者责任的，生产者赔偿后，有权向销售者追偿。消费者在接受服务时，其合法权益受到损害的，可以向服务者要求赔偿。

3. 消费者在购买、使用商品或者接受服务时，其合法权益受到损害，因原企业分立、合并的，可以向变更后承受其权利义务的企业要求赔偿。

4. 使用他人营业执照的违法经营者提供商品或者服务，损害消费者合法权益的，消费者可以向其要求赔偿，也可以向营业执照的持有人要求赔偿。

5. 消费者在展销会、租赁柜台购买商品或者接受服务，其合法权益受到损害的，可以向销售者或者服务者要求赔偿。展销会结束或者柜台租赁期满后，也可以向展销会的举办者、柜台的出租者要求赔偿。展销会的举办者、柜台的出租者赔偿后，有权向销售者或者服务者追偿。

6. 消费者因经营者利用虚假广告提供商品或者服务，其合法权益受到损害的，可以向经营者要求赔偿。广告的经营者发布虚假广告的，消费者可以请求行政主管部门予以惩处。广告的经营者不能提供经营者的真实名称、地址的，应当承担赔偿责任。

七、法律责任

1. 经营者提供商品或者服务有下列情形之一的，除本法另有规定外，应当依照其他有关法律、法规的规定，承担民事责任：

（1）商品存在缺陷的；

（2）不具备商品应当具备的使用性能而出售时未作说明的；

（3）不符合在商品或者其包装上注明采用的商品标准的；

（4）不符合商品说明、实物样品等方式表明的质量状况的；

（5）生产国家明令淘汰的商品或者销售失效、变质的商品的；

（6）销售的商品数量不足的；

（7）服务的内容和费用违反约定的；

（8）对消费者提出的修理、重作、更换、退货、补足商品数量、退还货款和服务费用或者赔偿损失的要求，故意拖延或者无理拒绝的；

（9）法律、法规规定的其他损害消费者权益的情形。

2. 经营者提供商品或者服务，造成消费者或者其他受害人人身伤害的，应当支付医疗费、治疗期间的护理费、因误工减少的收入等费用，造成残疾的，还应当支付残疾者生活自助费、生活补助费、残疾赔偿金以及由其扶养的人所必需的生活费等费用；构成犯罪的，依法追究刑事责任。

3. 经营者提供商品或者服务，造成消费者或者其他受害人死亡的，应当支付丧葬费、死亡赔偿金以及由死者生前扶养的人所必需的生活费等费用；构成犯罪的，依法追究刑事责任。

4. 经营者违反规定，侵害消费者的人格尊严或者侵犯消费者人身自由的，应当停止侵害、恢复名誉、消除影响、赔礼道歉，并赔偿损失。

5. 经营者提供商品或者服务，造成消费者财产损害的，应当按照消费者的要求，以修理、重作、更换、退货、补足商品数量、退还货款和服务费用或者赔偿损失等方式承担民事责任。消费者与经营者另有约定的，按照约定履行。

6. 对国家规定或者经营者与消费者约定包修、包换、包退的商品，经营者应当负责修理、更换或者退货。在保修期内两次修理仍不能正常使用的，经营者应当负责更换或者退货。对包修、包换、包退的大件商品，消费者要求经营者修理、更换、退货的、经营者应当承担运输等合理费用。

7. 经营者以邮购方式提供商品的，应当按照约定提供。未按照约定提供的，应当按照消费者的要求履行约定或者退回货款；并应当承担消费者必须支付的合理费用。

8. 经营者以预收款方式提供商品或者服务的，应当按照约定提供。未按照约定提供的，应当按照消费者的要求履行约定或者退回预付款；并应当承担预付款的利息、消费者必须支付的合理费用。

9. 依法经有关行政部门认定为不合格的商品，消费者要求退货的，经营者应当负责退货。

10. 经营者提供商品或者服务有欺诈行为的，应当按照消费者的要求增加赔偿其受到的损失，增加赔偿的金额为消费者购买商品的价款或者接受服务的费用的一倍。

11. 经营者有下列情形之一，除承担相应的民事责任外，其他有关法律、法规对处罚机关和处罚方式有规定的，依照法律、法规的规定执行；法律、法规未作规定的，由工商行政管理部门或者其他有关行政部门责令改正，可以根据情节单处或者并处警告、没收违法所得、处以违法所得一倍以上十倍以下的罚款，没有违法所得的，处以五十万元以下的罚款；情节严重的，责令停业整顿、吊销营业执照：

（1）提供的商品或者服务不符合保障人身、财产安全要求的；

（2）在商品中掺杂、掺假，以假充真，以次充好，或者以不合格商品冒充合格商品的；

（3）生产国家明令淘汰的商品或者销售失效、变质的商品的；

（4）伪造商品的产地，伪造或者冒用他人的厂名、厂址，篡改生产日期，伪造或者冒用认证标志等质量标志的；

（5）销售的商品应当检验、检疫而未检验、检疫或者伪造检验、检疫结果的；

（6）对商品或者服务作虚假或者引人误解的宣传的；

（7）拒绝或者拖延有关行政部门责令对缺陷商品或者服务采取停止销售、警示、召回、无害化处理、销毁、停止生产或者服务等措施的；

（8）对消费者提出的修理、重作、更换、退货、补足商品数量、退还货款和服务费用或者赔偿损失的要求，故意拖延或者无理拒绝的；

（9）侵害消费者人格尊严、侵犯消费者人身自由或者侵害消费者个人信息依法得到保护的权利的；

（10）法律、法规规定的对损害消费者权益应当予以处罚的其他情形。

经营者有前款规定情形的，除依照法律、法规规定予以处罚外，处罚机关应当记入信用档案，向社会公布。

12. 经营者对行政处罚决定不服的，可以自收到处罚决定之日起15日内向上一级机关申请复议，对复议决定不服的，可以自收到复议决定书之日起15日内向人民法院提起诉讼；也可以直接向人民法院提起诉讼。

13. 以暴力、威胁等方法阻碍有关行政部门工作人员依法执行职务的，依法追究刑事责任；拒绝、阻碍有关行政部门工作人员依法执行职务，未使用暴力、威胁方法的，由公安机关依照《中华人民共和国治安管理处罚条例》的规定处罚。

14. 国家机关工作人员玩忽职守或者包庇经营者侵害消费者合法权益的行为的，由其所在单位或者上级机关给予行政处分；情节严重，构成犯罪的，依法追究刑事责任。

八、其他规定

农民购买、使用直接用于农业生产的生产资料，参照本法执行。

第四节   城市房地产管理法

一、房地产开发的概念

房地产开发，一般是对土地和地上建筑物进行的投资开发建设活动。在我国，依照《中华人民共和国城市房地产管理法》的规定，房地产开发是指在依法取得土地使用权的国有土地上进行基础设施、房屋建设的行为。

二、房地产开发项目管理

城市房地产管理法对此作出以下几方面规定：

1. 执行城市规划

房地产开发必须严格执行城市规划。按照经济效益、社会效益、环境效益相统一的原则，实行全面规划、合理布局、综合开发、配套建设。我国的城市规划分为总体规划和详细规划，其中详细规划又分为控制性详细规划和修建性详细规划。对房地产开发项目产生直接法律约束力的是详细规划。

2. 房地产开发的用途与期限

以出让方式取得土地使用权进行房地产开发的，必须按照土地使用权出让合同约定的土地用途、动工开发期限开发土地。超过出让合同约定的动工开发日期满1年未动工开发的，可以征收相当于土地使用权出让金20％以下的土地闲置费；满2年未动工开发的，可以无偿收回土地使用权。但是，因不可抗力或者政府、政府有关部门的行为或者动工开发必需的前期工作造成动工开发迟延的除外。

上述立法的目的有两个：一为禁止出让土地使用权人在房地产开发中擅自改变土地用途，侵犯国家利益，扰乱房地产市场秩序；二为禁止或限制出让土地使用权人闲置土地，造成土地资源的浪费。

3. 房地产开发的安全性要求

房地产开发项目的设计、施工，必须符合国家的有关标准和规范；房地产开发项目竣工，经验收合格后，方可交付使用。上述立法的目的系为保障房地产开发过程及产品的安全性，使房地产开发企业在追求经济效益的同时，兼顾社会效益和环境效益。取得竣工验收合格证亦是申请取得房屋所有权的一个重要条件。

4. 房地产开发中的联建

依法取得的土地使用权，可以将其作价入股，与他人合资合作开发房地产。这在实践中往往被称为"联建"。在我国，联建涉及的法律问题较为复杂，特别是合作开发房地产，常易引发纠纷。

三、房地产开发企业管理

房地产开发企业也即房地产开发商或发展商，按照城市房地产管理法的规定，是以营利为目的，从事房地产开发和经营的企业。

1. 房地产开发企业的分类

按房地产开发业务在企业经营范围中地位的不同，可将房地产开发企业分为房地产开发专营企业、兼营企业和项目公司。

2. 房地产开发企业的设立条件

设立房地产开发企业，应当具备下列条件：

(1) 有自己的名称和组织机构。

(2) 有固定的经营场所。

(3) 有符合国务院规定的注册资本。

(4) 有足够的专业技术人员。

(5) 法律、行政法规规定的其他条件。

3. 房地产开发企业的设立程序

设立房地产开发企业应经过以下程序：

(1) 应当向工商行政管理部门申请设立登记，工商行政管理部门对不符合上述条件的，不予登记。

(2) 房地产开发企业在领取营业执照后的 1 个月内，应当到登记所在地的县级以上地方人民政府规定的部门备案。

上述规定主要为协调企业设立中，一般行政管理（工商行政管理）与特殊行政管理（房地产开发行业管理）的关系。

4. 房地产开发企业的注册资本与投资总额

房地产开发是一项需要巨额资金投入的经营活动，如果房地产开发企业的注册资本过低而投资总额过大，势必造成其投资风险巨大，给投资者、其他经营者及消费者带来巨大风险隐患。因此，城市房地产管理法规定："房地产开发企业的注册资本与投资总额的比例应当符合国家有关规定。"

5. 房地产开发的分期投资额与项目规模

有些房地产开发项目由房地产开发企业分期开发，这时若分期投资额过小而分期项目规模过大，也将给其自身和他人带来巨大风险隐患，往往不能保证开发项目顺利完成。因此，城市房地产管理法规定："房地产开发企业分期开发房地产的，分期投资额应当与项目规模相适应，并按照土地使用权出让合同的约定，按期投入资金，用于项目建设。"

第五节　工程建设其他法律制度案例

案例 1

上诉人（原审被告）：浏阳××置业有限公司（以下简称：甲公司）

被上诉人（原审原告）：陈某

一、基本案情

2011 年 3 月 30 日，陈某与甲公司签订《商品房买卖合同》，约定陈某在甲公司购买房屋一套。合同第九条约定，甲公司应在 2012 年 6 月 30 日前，依照国家和地方政府的有关规定，将验收合格的商品房交付陈某使用。陈某于房屋建成后去往其所购的商品房处，发现其所购的 1101 号房与隔壁的 1102 号房入户门有冲突，两户的入户门均向外打开，但两户入户门相隔太近且朝向有冲突，致使两户的入户门无法同时打开，给通行造成极大不便。陈某曾就此事与甲公司协商，而甲公司认为，陈某所购商品房房门的位置和朝向是依商品房的消防设计需要，甲公司没有违约行为，双方并未协商好此事。陈某与甲公司因此酿成纠纷，陈某于 2014 年 1 月 23 日以甲公司延期交房及房屋设计存在重大缺陷等为由，向一审法院提起诉讼。

二、案件审理

一审法院认为：当事人一方有违约行为致使不能实现合同目的，对方当事人可以解除合同。根据《消费者权益保护法》第八条之规定，作为消费者的陈某有知悉其购买的商品房真实情况的权利。而陈某在与甲公司签订合同时，甲公司并未告知其所购买的 1101 号房与隔壁的 1102 号房入户门有冲突，致使陈某入户门难以自如开启，此房屋设计上的缺陷导致陈某入住后通行不便，无法正常居住和使用该房屋。倘若甲公司提前告知陈某此房屋设计存在该缺陷，陈某则有可能不购买该户型的房屋，甚至可能不与甲公司签订商品房买卖合同。另外，陈某作为普通消费者，在购买房屋时难以预料其所购房屋存在如此缺陷。待房屋建成后，陈某发现此缺陷，与甲公司多次协商，却被告知陈某所购房屋的入户门因消防需要而无法整改。综上，应当认定甲公司提供的房屋存在重大缺陷，根据《消费者权益保护法》第四十八条第一款第一项之规定，甲公司应当承担民事责任。陈某所购的 1101 号商品房是一套普通住宅，系陈某因基本生活所需而购置的居所，该居所应当具备正常出入的用途，而甲公司所售房屋因设计问题而无法满足陈某正常出入房屋这一基本目的，故应认定甲公司在设计房屋时存在违约行为，导致陈某的合同目的不能实现。因此，陈某认为甲公司所售房屋存在严重缺陷而无法正常使用，要求与甲公司解除合同的诉讼请求，一审法院予以支持，判决解除《商品房买卖合同》并要求甲公司返还已付返款及利息。甲公司不服提起上诉，二审法院经审查判决驳回上诉维持原判。

三、案例评析

《消费者权益保护法》第八条规定："消费者享有知悉其购买、使用的商品或者接受的服务的真实情况的权利。"本案中，甲公司因未提前告知陈某所购买的房屋存在两户入户门无法同时打开的情况且无法整改，侵犯了消费者的知悉权，导致合同目的无法实现，被判令解除合同。本案提示相关企业应当依照法律法规的规定，充分尊重并保障消费者的合法权益。

案例 2

上诉人（原审被告）：江西省××房屋建筑公司（以下简称：甲公司）

被上诉人（原审原告）：海南省地方税务局第三稽查局

一、基本案情

2008 年 12 月 3 日，甲公司与临高县交通运输局签订合同，承包临高县 2008 年农村公路通畅工程第三标段的施工工程。2009 年 1 月 21 日至 2010 年 2 月 4 日，甲公司开具

12 张税务机关代开统一发票给临高县交通运输局，付款方名称为临高县交通局，收款方名称为甲公司。临高县地方税务局在 2012 年建安发票专项检查中发现上述 12 张发票均为假发票，遂将案件移送海南地税第三稽查局立案稽查。2013 年 7 月 3 日，海南地税第三稽查局作出 5 号处理决定，认定甲公司未按税法规定缴纳营业税、城建税、教育费附加及企业所得税，决定甲公司应补缴营业税、城建税、教育费附加、企业所得税、滞纳金。2013 年 10 月 9 日，海南地税第三稽查局作出 12 号处罚决定，决定对甲公司少缴纳的营业税、城建税、企业所得税，处以罚款。甲公司不服，于 2014 年 1 月 9 日向一审法院提起行政诉讼。2014 年 8 月 20 日，一审法院作出行政判决，撤销了 12 号处罚决定。海南地税第三稽查局不服向二审法院提起上诉。2015 年 1 月 13 日，二审法院作出行政判决，维持上述判决。2015 年 3 月 9 日，海南地税第三稽查局作出决定，撤销 5 号处理决定和 12 号处罚决定，并已送达甲公司。2015 年 3 月 31 日，海南地税第三稽查局针对甲公司开具的 1 张假发票，作出〔2015〕5 号处理决定，决定甲公司应缴纳营业税、城建税、教育费附加、企业所得税并加收滞纳金。2015 年 5 月 7 日，海南地税第三稽查局作出〔2015〕4 号处罚决定，决定对甲公司 2009 年不进行纳税申报少缴的营业税、城建税、企业所得税，处以少缴税款百分之五十的罚款。该张假发票的《税收通用完税证》，经临高县地方税务局鉴定，不在该局领用票段范围，即为假的完税凭证。甲公司不服海南地税第三稽查局作出的〔2015〕5 号处理决定和〔2015〕4 号处罚决定，于 2015 年 6 月 9 日向一审法院提起行政诉讼。

另外，临高县人民法院于 2012 年 8 月 10 日作出刑事判决，认定王某在任税收管理员期间，开具 65 张假发票（其中以甲公司名义开具给临高县交通运输局的假发票有 14 张），将收取的税款占为己有，构成贪污罪。经核实，本案所涉假发票，并不包含在王某以甲公司名义开具给临高县交通运输局的 14 张假发票中，也就不包含在 63 号刑事判决认定的 65 张假发票范围内。

二、案件审理

一审法院认为：海南地税第三稽查局作出的〔2013〕12 号处罚决定，是针对甲公司开具的 12 张假发票作出的处罚，该处罚决定及〔2013〕5 号处理决定均已被撤销，且自被撤销之日起就失去法律效力，即相当于海南地税第三稽查局没有对甲公司作出处理与处罚。海南地税第三稽查局经重新核实，针对本案所涉的 1 张假发票甲公司少缴税款的行为，作出〔2015〕5 号处理决定和〔2015〕4 号处罚决定，不能认为是重复作出行政处罚，没有违反《行政处罚法》第二十四条关于"对当事人的同一个违法行为，不得给予两次以上罚款的行政处罚"的规定。

甲公司不服，向上级法院上诉，二审法院审理后认为海南地税第三稽查局作出的〔2013〕12 号处罚决定虽已就涉案假发票少缴纳税款行为对甲公司作出了处罚，但是该处罚决定已被海南地税第三稽查局自行撤销，该处罚决定自被撤销之日起即失去法律效力，且甲公司亦没有就该处罚决定履行过相关义务。因此，海南地税第三稽查局经重新核实，针对涉案假发票就甲公司少缴税款的行为作出〔2015〕4 号处罚决定，不属于重复作出行政处罚。其次，根据案件查明的事实，本案所涉假发票并不在王某贪污税款被处以刑事处罚所涉及的假发票范围内，因此不能认为王某的行为被刑事处罚则甲公司就本案所涉假发票少缴税款行为已被行政处罚过。

三、案例评析

《行政处罚法》第二十四条规定："对当事人的同一个违法行为，不得给予两次以上罚款的行政处罚。"此为行政法中的"一事不再罚"原则，即针对违法行为人的同一个违法行为，不得以同一事实和同一依据，给予两次或者两次以上的处罚。一事不再罚作为行政处罚的原则，目的在于防止重复处罚，体现过罚相当的法律原则，以保护行政相对人的合法权益。在本案中，海南地税第三稽查局虽针对假发票两次作出处罚决定，但其依据不同事实，不属于违反一事不再罚原则。

第十六章　工程建设争议解决制度

第一节　主张权利的基本制度

一、工程建设保护权利的基本方式

（一）工程建设权利的存在形式

在工程建设活动中，其权利可以归结为以下三大类：

1. 基于工程建设活动本身而形成的权利

这些权利包括：工程建设主体的独立经营权，即依法独立享有的物资采购权、产品销售权、产品定价权、劳动用工权等；经营中的承包发包权，即依法将其所属部门或项目采取承包经营的权利；工程建设主体资产处分权，即依法在保证资产保值、增值的基础上处分其资产的权利；工程建设从业人员的基本权利，即劳动权、休息权、获取报酬权、履行职责不受干涉的权利等。

2. 基于市场而形成的权利

这些权利包括：在采购和销售过程中形成的合同权利；在生产经营过程中形成的工业产权；在市场竞争中形成的反不正当竞争权；在联营过程中形成的其他权利。

3. 国家管理过程中形成的权利

这些权利包括：拒绝摊派的权利；要求国家机关保护合法权利不受非法侵犯的权利；对国家公职人员违法犯罪行为控告的权利；对国家行政机关、司法机关的处分、处罚申诉、上诉的权利。

（二）工程建设保护权利的基本方法

针对以上权利的存在形式，工程建设保护自身权利的方式也是多种多样的。一般地，当依法经营时，其权利也能顺利地实现，但在许多时候，权利受到了侵犯，这就带来了如何保护自身合法权益的问题了。

当一个工程建设主体的自身权利受到侵犯时，保护权利的基本方式有：调解、协商、仲裁、诉讼等。

二、工程建设权利保护的非诉讼方式

（一）和解

和解是指建设工程争议当事人在自愿友好的基础上，互相沟通、互相谅解，从而解决争议的一种方式。

建设工程发生争议时，当事人为了维护自身的利益，应首先考虑通过和解方式解决争议。事实上，在工程建设过程中，绝大多数争议都可以通过和解解决。建设工程争议和解方式有以下特点：

1. 简便易行，能经济、及时地解决争议。

2. 争议的解决依靠当事人的妥协与让步，没有第三方的介入，有利于维护合同双方的友好合作关系，使合同能更好地得到履行。

3. 和解协议不具有强制执行的效力，和解协议的执行依靠当事人的自觉履行。

（二）调解

调解，是指建设工程当事人对法律规定或者合同约定的权利、义务发生争议，第三人依据一定的道德和法律规范，通过摆事实、讲道理，促使双方互相作出适当的让步，平息争端，自愿达成协议，以求解决建设工程争议的方法。这里讲的调解是狭义的调解，不包括诉讼和仲裁程序中在审判庭和仲裁庭主持下的调解。

建设工程争议调解方式有以下特点：

1. 有第三者介入作为调解人，调解人的身份没有限制，但以双方都信任者为佳。

2. 它能够较经济、较及时地解决争议。

3. 有利于消除合同当事人的对立情绪，维护双方的长期合作关系。

4. 调解协议不具有强制执行的效力，和解协议的执行依靠当事人的自觉履行。

（三）仲裁

仲裁，亦称"公断"，是当事人双方在争议发生前或争议发生后达成协议，自愿将争议交给第三者，由第三者在事实上作出判断，在权利义务上作出裁决的一种解决争议的方式。这种争议解决方式必须是自愿的，因此必须有仲裁协议。如果当事人之间有仲裁协议，争议发生后又无法通过和解和调解解决，则应及时将争议提交仲裁机构仲裁。

建设工程争议仲裁解决方式有以下特点：

1. 体现当事人的意思自治。这种意思自治不仅体现在仲裁的受理应当以仲裁协议为前提，还体现在仲裁的整个过程，许多内容都可以由当事人自主确定。

2. 专业性。由于各仲裁机构的仲裁员都是由各方面的专业人士组成，当事人完全可以选择熟悉争议领域的专业人士担任仲裁员。

3. 保密性。保密和不公开审理是仲裁制度的重要特点，除当事人、代理人，以及需要时的证人和鉴定人外，其他人员不得出席和旁听仲裁开庭审理，仲裁庭和当事人不得向外界透露案件的任何实体及程序问题。

4. 裁决的终局性。仲裁裁决作出后是终局的，对当事人具有约束力。

5. 执行的强制性。仲裁裁决具有强制执行的法律效力，当事人可以向人民法院申请强制执行。由于中国是《承认及执行外国仲裁裁决公约》的缔约国，中国的涉外仲裁裁决可以在世界上100多个公约成员国得到承认和执行。

三、工程建设权利保护的诉讼方式

（一）诉讼的概念

诉讼，是指建设工程当事人依法请求人民法院行使审判权，审理双方之间发生的争议，作出有国家强制保证实现其合法权益、从而解决争议的审判活动。合同双方当事人如果未约定仲裁协议，则只能以诉讼作为解决争议的最终方式。

（二）诉讼的特点

建设工程争议诉讼解决方式有以下特点：

1. 程序和实体判决严格依法。与其他解决争议的方式相比，诉讼的程序和实体判决都应当严格依法进行。

2. 当事人在诉讼中对抗的平等性。诉讼当事人在实体和程序上的地位平等。原告起诉，被告可以反诉；原告提出诉讼请求，被告可以反驳诉讼请求。

3. 二审终审制。建设工程争议当事人如果不服第一审人民法院判决，可以上诉至第二审人民法院。建设工程争议经过两级人民法院审理，即告终结。

4. 执行的强制性。诉讼判决具有强制执行的法律效力，当事人可以向人民法院申请强制执行。

四、与诉讼相关联的制度

（一）诉讼参加人制度

在民事诉讼、经济诉讼和行政诉讼中，诉讼参加人是指因形成权利义务关系争议，诉讼结果与其产生利害关系的参加人。它包括：

1. 原告和被告。也称当事人，是指民事或行政上的权利义务关系发生争议，以自己的名义进行诉讼，并受人民法院裁判拘束的利害关系人。其中，原告是指认为自己权利受到侵犯而向人民法院提出诉讼请求的当事人；被告是指受到原告指控侵犯其合法权益，而被人民法院通知应诉的当事人。当事人可以是公民、法人、组织和国家机关。在行政诉讼中，被告只能是国家行政机关或组织。

2. 共同诉讼人。是指当事人一方或双方为二人以上的诉讼。如原告方为二人以上的，称为共同原告；如被告方为二人以上的，称为共同被告。共同诉讼分为必要的共同诉讼和普通的共同诉讼两种。必要的共同诉讼是指当事人一方或双方为二人以上，有共同的诉讼标的或者因作出同一具体行政行为而产生的共同诉讼。普通的共同诉讼是指当事人一方或双方为二人以上，因诉讼标的属于同一种类或因同样具体行政行为而形成的诉讼。

3. 第三人。是指对他人之间的诉讼标的享有请求权或者案件处理结果与其有直接利害关系，因而参加到他人已开始的诉讼中，以维护自己的合法权益的人。

除此之外，共同诉讼的代表人、诉讼代理人也属于诉讼参加人。

（二）诉讼代理制度

在我国的诉讼制度中，诉讼代理制度是一个重要的制度，刑事诉讼中的自诉人、被害人、附带民事诉讼的原告人、被告人，以及民事诉讼和行政诉讼中的当事人、第三人都可以委托代理人参加诉讼，维护自身的合法权益。我们重点介绍两种特殊的代理。

1. 诉讼代表人

（1）诉讼代表人的概念。诉讼代表人是指在群体诉讼中，代表众多的当事人进行诉讼的人。群体诉讼的主要特点是：一是一方或双方当事人人数众多，一般都在 10 人以上，因此不可能使每个成员都参加诉讼，而只能由其中的一人或数人作为代表参加诉讼；二是诉讼群体成员之间有着共同的诉讼利益，代表人能够代表其他人进行诉讼；三是法院判决不仅对代表人发生法律效力，而且对未参加诉讼的群体成员也发生效力。所以说，诉讼代表人是一种特殊的代理人，他一方面代表着整个诉讼群体实施诉讼行为；另一方面诉讼结果不仅影响被代表的其他人的利益。从实践看，群体诉讼多发生于职工与企业之间、企业与国家行政机关之间，房地产开发企业与动迁户之间的争议中。

（2）诉讼代表人的种类

　　根据《中华人民共和国民事诉讼法》的规定，群体诉讼代表人可分为人数确定的代表人和人数不确定的代表人。

　　1) 人数确定的代表人。是指在诉讼时，诉讼群体的人数已经明确，由该群体推选出的诉讼代表人。这类代表人的人数一般应为 2～5 人，每位代表人还可以委托代理人 1～2人。人数确定的代表人可以由全部当事人共同推选，也可以由部分当事人自己推选自己的代表人。当代表人产生后，由其代表当事人全体，行使诉讼权利，履行诉讼义务，其所实施的诉讼行为视为全体当事人的诉讼行为，对所代表的全体当事人发生法律效力。但是，代表人变更、放弃诉讼请求，或者承认对方当事人的诉讼请求，进行和解等，必须经被代表的当事人同意。

　　2) 人数不确定的代表人。是指在起诉时，当事人群体的人数尚未确定时而选出的代表人。这类代表人的产生可以由已在人民法院登记的群体当事人中推选产生，也可以由人民法院与参加登记的群体当事人一起商定代表人。协商不成的，由人民法院在登记的当事人中指定代表人。人数不确定的代表人的其他权利义务与人数确定的代表人相同。

　　2. 律师代理诉讼制度

　　律师代理诉讼制度是指在民事、经济、刑事诉讼中，律师接受委托担任代理人或辩护人，在代理权限内代理诉讼，以维护委托人的合法权益，保证国家法律正确实施的诉讼制度。律师代理制度主要由《中华人民共和国律师法》等有关法律、法规组成。律师代理诉讼的范围主要是民事、经济和行政诉讼的一审、二审和再审程序，他们可以是法人（包括中国法人和外国法人）、自然人（包括中国公民、外国人和无国籍人）以及具有诉讼主体资格的其他组织。委托可以是当事人（诉讼中的原告和被告）、第三人、共同诉讼人、诉讼代表人、法定代理人、法定代表人或其他组织的负责人。

　　律师代理之所以是一种特殊的代理，就在于律师在诉讼活动中享有普通代理人没有的权利，即查阅案件、调查案情和搜集证据。但是，律师在作为行政诉讼被告人的代理人时，因行政诉讼的特殊性，律师的权利受到了法律的限制；一是没有起诉权和反诉权，因为行政诉讼的被告只能是行政机关，而且行政行为在起诉前已经执行。所以，作为行政机关的代理人，律师无权起诉和反诉原告；二是收集证据的权利受到限制，因为行政机关作出决定本身就必须依据事实和法律。如果行政决定缺乏证据或证据不足，进入行政诉讼后，行政机关和律师不得自行向原告和证人收集证据；三是没有和解权，在行政诉讼中，当事人对行政法律关系的权利和义务是基于法律、法规形成的，因而当事人无权自由处分，双方都不得随意放弃权利或相互免除义务。

　　在律师代理诉讼中，需要注意的是委托人的授权范围。根据授权内容的不同，律师代理权可以分为一般授权和特别授权。一般授权主要包括代理起诉、应诉，提供有关证据，发表综合性代理词，参加法院与当事人的谈话、调解的诉讼活动，进行一般性辩论等。特别授权是指必须由委托人明确表态，授权代理人可以对委托的实体权利作出决定的授权。特别授权包括承认、放弃或变更诉讼请求，进行和解，提起反诉或者上诉等。

　　此外，律师在代理过程中，经委托人同意，律师还可以将委托事项转委托给其他律师代理，或者根据案情需要经与委托人协商变更代理事项。

　　（三）合议制度

　　我国诉讼中审判组织主要采取独任制和合议制。

1. 独任制

独任制是指由审判员一人审理案件的制度。这只适用于第一审的刑事诉讼和民事诉讼的简易程序。对于行政诉讼、二审和发回重审程序以及依照审判监督程序提起的再审均不能适用独任制，而必须适用合议制度。

2. 合议制

合议制是指由数名审判员和陪审员集体审判的制度。基层人民法院和中级人民法院在审判第一审案件时由审判员 3 人或者由审判员和人民陪审员共 3 人组成合议庭进行。高级人民法院和最高人民法院审理第一审案件时由审判员 3～7 人或者由审判员和人民陪审员 3～7 人组成合议庭进行。人民法院在审理二审案件时只能由审判员 3～5 人组成合议庭。合议庭人数必须是单数。

合议庭的组成人员只能是经过合法程序任命的本法院审判员、助理审判员和人民陪审员。合议庭由人民法院院长或者庭长指定审判员一人担任审判长。院长或者庭长参加审判案件时，自己担任审判长。

合议庭在庭审结束后，应当对案件进行评议，并制作评议笔录。评议时合议庭每个成员都有平等的发言权，最终按多数人的意见作出决定。遇有疑难、复杂、重大的案件，合议庭认为难以作出决定的，可提交院长决定提交审判委员会讨论决定。

（四）回避制度

回避制度是指在诉讼过程中，同案件有某种利害关系的审判人员及其他人员不得参与本案审理等活动的诉讼制度。回避制度的核心目的就是为了保证案件的公正审理。

回避主要适用的对象是法庭的组成人员、鉴定人、翻译人、勘验人以及刑事诉讼中的检察人员和侦察人员。

回避的理由：一是本案的当事人或当事人、诉讼代理人的近亲属；二是与本案的处理结果有利害关系；三是与本案的当事人有其他关系，可能影响案件的公证审理。如与案件的当事人有特殊的亲密或仇隙；担任过本案的证人、鉴定人、辩护人或代理人；曾违反规定会见当事人及其代理人或者接受过当事人及其委托的人请客送礼的等。

回避的提出应当在法庭开始审理时。应当回避的人员自己主动提出回避要求的是自行回避；由当事人或其代理人对有关人员提出回避要求的为申请回避。回避申请提出后，应当由人民法院院长、人民检察院检察长或公安机关负责人决定应否回避。对该决定，申请回避的可以在接到决定时申请复议一次。

被申请回避的人员在人民法院作出是否回避的决定前，应暂停参与本案的工作，但遇有紧急需要的除外。对于法院驳回回避申请，当事人要求复议的，复议期间，被申请回避的人员不得停止参与本案的工作。

（五）期间制度

1. 期间的概念

期间是指司法机关、诉讼当事人及其他参与人进行或完成某种诉讼行为的期限。法律规定期间的意义就在于有利于诉讼活动的顺利进行，保证当事人和其他诉讼参与人行使诉讼权利，维护法律的严肃性和权威性。

2. 期间的种类

（1）法定期间。是指由法律明确规定的期间，法定期间内实施的诉讼行为具有法律效力。司法机关不得依当事人的申请或依职权予以变更。如民事判决必须在送达后 15 日内可以提出上诉，15 日内不提出上诉的，判决方可生效。

（2）指定期间。是指司法机关根据审理案件的具体情况和需要，依职权决定当事人及其他诉讼参与人实施某种诉讼行为的期间。指定期间可以根据具体情况撤销原决定的期间而重新指定，也可以作适当的延长或缩短。

3. 期间的计算

期间以时、日、月、年计算。在计算期间时应注意：一是期间开始的时和日不计算在期间内，以日计算的各种期间均从次日起计算。二是期间届满的最后一日是节假日的，以节假日后的第一日为期间届满日期。三是期间不包括邮件在路途上的时间，诉讼文书在期满前交邮的，不算过期。四是当事人在法定期间内因正当事由未能完成诉讼行为时，可以在障碍消除后 10 日内向人民法院申请期间顺延，把当事人因障碍而耽误的期间补足。

（六）送达制度

1. 送达的概念

送达是指司法机关依照法定的方式和程序将诉讼文书送交给当事人和其他诉讼参与人的行为。

2. 送达的方式

《中华人民共和国民事诉讼法》规定了六种送达方式：

（1）直接送达。是指人民法院直接将法律文书送交当事人的送达方式。这是最常见的送达方式。直接送达时，受送达人是公民的，由本人签收；本人不在的，交与其同住的成年家属签收。受送达人是法人或其他组织的，由法定代表人或组织负责人或负责收件的人签收。受送达人有诉讼代理人的，也可以由诉讼代理人签收；受送达人已向司法机关指定代收人的，应送交代收人签收。在送达回证上签收的日期为送达日期。

（2）留置送达。是指受送达人拒绝签收送达文书时，送达人依法将送达文书留在受送达人住所的送达方式。需要注意的是：一是留置送达时需要有关见证人签字盖章，并记载拒收事由和日期。如果见证人不愿签名盖章的，应当记明情况。二是留置送达不适用于民事、经济调解书。

（3）委托送达。是指司法机关送达法律文书有困难时而委托其他有关司法机关代为送达的方式。办理委托送达应当有委托单位出具的委托函。送达日期为受送达人在送达回证上的签字日期。

（4）邮寄送达。是指司法机关直接送达有困难的情况下，通过邮局将诉讼文书用挂号信邮寄给送达人的送达方式。邮寄送达以挂号信回执上的日期为送达日期。

（5）转交送达。是指司法机关将诉讼文书交受送达人所在机关、单位代收后转交受送达人的送达方式。这种方式只适用于三种情况：一是受送达人是军人的，通过其所在部队团以上单位的政治机关转交；二是受送达人是被监禁的，通过其所在的监所或劳改单位转交；三是受送达人是被采取强制性教育措施的，通过其所在强制性教育机构转交。

（6）公告送达。是指司法机关在受送达人下落不明或采取其他方式无法送达时，采取的一种以公告形式送达的方式。公告送达可以在法院的公告栏、受送达人原所在地张贴公告，也可以在报纸上刊登公告。公告在发出 60 日后即视为送达。

3. 送达产生的法律后果

送达后产生的法律后果，在程序上视为诉讼行为已经实施。如，经传票传唤，当事人无正当理由拒不到庭的，是原告，按撤诉处理；是被告，则法院可以按缺席判决。在实体上，则可以实现权利。如判决书送达后，当事人不上诉的，则应当执行判决。

（七）管辖制度

管辖是指司法机关在直接受理案件方面和在审判第一审案件方面的职权分工。在民事诉讼和行政诉讼中即指审判管辖。审判管辖中又包括级别管辖和地域管辖。

1. 级别管辖

级别管辖是指各级人民法院在审判第一审案件上的职责分工。详细规定见下表。

各级人民法院审判第一审案件级别管辖表

	民事案件	行政案件
基层法院	普通的民事案件	普通的行政案件
中级人民法院	1. 重大涉外案件； 2. 在本辖区有重大影响的案件； 3. 最高人民法院确定由中级人民法院管辖的案件	1. 对国务院部门或者县级以上地方人民政府所作的行政行为提起诉讼的案件； 2. 海关处理的案件； 3. 本辖区内重大、复杂的案件； 4. 其他法律规定由中级人民法院管辖的案件
高级人民法院	本辖区有重大影响的案件	本辖区内重大、复杂的案件
最高人民法院	1. 在全国有重大影响的案件； 2. 认为应由本院审理的案件	全国范围内重大、复杂的案件

2. 地域管辖

地域管辖是指同级人民法院在审判第一审案件时的职责分工。

（1）民事、经济案件的地域管辖

民事案件的地域管辖分为普通地域管辖和特殊地域管辖两类。

1）普通地域管辖。普通的民事案件采取原告就被告的原则确定管辖，即由被告所在地法院管辖。所谓被告所在地是指公民的户籍所在地，经常居住地，法人的住所地、主要营业地或主要办事机构所在地、注册登记地等。

2）特殊管辖。我国民事诉讼法及其相关法规规定了民事、经济诉讼的特殊管辖。

① 关于合同争议案件的管辖。a. 因合同争议提起的诉讼由被告住所地或者合同履行地法院管辖。b. 因保险合同争议提起的诉讼，由被告住所地或者保险标的物所在地法院管辖。c. 因票据争议提起的诉讼，由票据支付地或者被告住所地法院管辖。d. 因运输合同争议提起的诉讼，由运输的始发地、目的地和被告人所在地法院管辖。

② 关于侵权案件的管辖。a. 因侵权行为提起的诉讼，由侵权行为地或被告住所地法院管辖。b. 因产品质量造成的损害赔偿诉讼，由产品制造地、销售地、侵权行为地和被告住所地法院管辖。c. 侵犯名誉权的案件，由侵权行为地和被告住所地法院管辖。d. 因运输事故发生的损害赔偿诉讼，由事故发生地、运输工具最先到达地或被告住所地法院管辖。

③关于专利侵权案件的管辖。a. 因侵犯专利权行为提起的诉讼，由侵权行为地或者被告住所地人民法院管辖。侵权行为地包括：被诉侵犯发明、实用新型专利权的产品的制

造、使用、许诺销售、销售、进口等行为的实施地；专利方法使用行为的实施地，依照该专利方法直接获得的产品的使用、许诺销售、销售、进口等行为的实施地；外观设计专利产品的制造、许诺销售、销售、进口等行为的实施地；假冒他人专利的行为实施地。上述侵权行为的侵权结果发生地。b. 原告仅对侵权产品制造者提起诉讼，未起诉销售者，侵权产品制造地与销售地不一致的，制造地人民法院有管辖权；以制造者与销售者为共同被告起诉的，销售地人民法院有管辖权。

销售者是制造者分支机构，原告在销售地起诉侵权产品制造者制造、销售行为的，销售地人民法院有管辖权。

④ 协议管辖。是指合同双方当事人在争议发生前或发生后，采用书面的形式选择解决争议的管辖法院。在适用协议管辖时应注意：一是协议管辖只能确定一审法院，而且只能确定一个法院。二是协议管辖只能涉及合同争议和涉外财产争议，而且不能变更专属管辖。三是协议管辖仅限于选择原告或被告所在地、合同签订地、履行地、标的物所在地的法院，对于选择与合同没有关系法院的协议是无效的。四是管辖协议虽然可以在事前签订也可以在事后达成，但均必须采取书面形式达成协议。

（2）行政案件的地域管辖

我国行政诉讼法规定，行政诉讼案件，由最初作出具体行政行为的行政机关所在地法院管辖；经复议的案件，复议机关改变原具体行政行为的，也可以由复议机关所在地法院管辖。对限制人身自由的行政强制措施不服提起的诉讼，由被告所在地或者原告所在地法院管辖。

（3）专属管辖

1）专属管辖的概念

专属管辖是指法律规定的某些案件必须由特定的法院管辖，其他法院无权管辖，当事人也不得协议变更专属管辖。

2）专属管辖的情形

①与铁路运输有关的合同争议和侵权争议，由铁路运输法院管辖。因水上运输合同争议和海事损害争议提起的诉讼，我国有管辖权的，由海事法院管辖。

②法律规定的其他专属管辖还有：a. 因不动产争议提起的诉讼，由不动产争议所在地法院管辖；b. 因港口作业中发生争议提起的诉讼，由港口所在地法院管辖。

（4）管辖中特殊情况的处理

1）共同管辖

共同管辖是指两个以上法院都有管辖权的管辖。此时，由最先立案的法院管辖。

2）指定管辖

指定管辖是指上级法院依照法律规定，指定其辖区内的下级法院对某一具体案件行使管辖权。这主要包括三种情况：

a. 有管辖权的法院因特殊原因不能行使管辖权的；b. 两个均有管辖权的法院发生争议而协商不成的；c. 接受移送的法院认为移送的案件依法不属于本院管辖的。

3）移送管辖

a. 案件的移送。是指人民法院受理案件后，发现本院对该案没有管辖权，而将案件移送给有管辖权的法院受理。

　　b. 管辖区的转移。是指由上级人民法院决定或者同意，把案件的管辖权由下级法院转移给上级法院，或者由上级法院转移给下级法院审理。

　　（八）两审终审制度

　　两审终审制度是指人民法院的一审判决送达后，不能立即生效，而必须给被告人、当事人上诉的期限，在上诉期内，被告人、当事人不上诉，检察机关也未抗诉的，一审判决方可生效。一旦被告人、当事人上诉，或者检察机关抗诉，则一审判决不能生效，而必须由作出一审判决的上级人民法院进行二审。二审判决一经作出后立即生效。

　　需要注意的是：一是被告人、当事人对一审判决上诉理由不论是否正确，只要是在上诉期间内提出的，都必须进入二审程序。二是上诉期间有严格的规定，在刑事诉讼中，对法院判决不服的上诉期为送达后十日，对裁定不服上诉期为送达后五日，检察机关对刑事判决或裁定提出抗诉的为送达后的五日。在民事、经济和行政诉讼中，对法院判决不服的为送达后十五日，对法院裁定不服的为送达后十日。三是被告人、当事人的上诉状即可以交给一审法院，也可以交给有管辖权的二审法院。但在民事、经济诉讼中，上诉时必须缴纳上诉费。四是上诉时，应当提交上诉状。

　　二审法院对上诉或抗诉案件必须组成合议庭进行审理，对一审判决正确的，应裁定驳回上诉或抗诉，维持原判；对一审判决错误的，应当依法改判；对一审判决认定事实不清、证据不足的，应当裁定撤销原判决，发回重审，或者查清事实后直接改判。

　　此外，对已生效的判决，被告人或当事人仍可向作出判决的人民法院或其上级人民法院提出申诉，依法请求对案件重新审理，即进行再审。只是再审时必须提出足够的理由，而且不影响已生效判决的执行。

　　（九）公开审判制度

　　公开审判制度是指人民法院在审理各类案件时应当向当事人和社会公开。它包括，向当事人公开定案的证据，允许公民旁听审理情况，判决向社会公开。但是，涉及个人隐私的案件、涉及国家及有关组织秘密的案件和未成年人犯罪的刑事案件不能公开审理。对于不公开审理的案件也应当公开宣判。

　　（十）或裁或审制度

　　或裁或审制度是指在处理与合同相当的争议过程中所使用的一种特殊的制度。"审"即指人民法院的审判活动；"裁"即指仲裁机构的仲裁活动。所以，"或裁或审"的完整含义是指，在处理合同争议时，当事人有权按照自己的意志选择审判方式或选择仲裁方式来解决问题。但是，不论选择哪一种方式，只能选择其一，不可全选。

　　仲裁方式具有快速、简捷，一裁终局，便于采用的特点。国际上对于合同争议一般都通过仲裁方式解决。我国《民事诉讼法》和《仲裁法》也将这一在实践中行之有效的制度规范下来。

　　在运用或裁或审制度中需要注意：

　　1. 使用仲裁方式必须具有一定的前提条件，即合同双方当事人具有仲裁协议，如果双方当事人没有仲裁协议，则不能使用仲裁方式；

　　2. 仲裁要求一裁终局，即裁决后发生法律效力，当事人之间没有上诉、申诉、复议的权利；

　　3. 裁决可以通过人民法院予以撤销。当仲裁协议无效或仲裁活动违反《仲裁法》的有关规定时，一方面当事人可以向人民法院申请撤销裁决，并可直接向人民法院起诉。

第二节　工程建设主张权利适用的基本程序法

一、民事诉讼法

（一）民事诉讼法概念

1. 民事诉讼的概念

民事诉讼是指人民法院和一切诉讼参与人，在审理民事案件过程中所进行的各种诉讼活动，以及由此产生的各种诉讼关系的总和。诉讼参与人，包括原告，被告，第三人，证人，鉴定人，勘验人等。

2. 民事诉讼法的概念

民事诉讼法就是规定人民法院和一切诉讼参与人，在审理民事案件过程中所进行的各种诉讼活动，以及由此产生的各种诉讼关系的法律规范的总和。它的适用范围包括：

（1）地域效力。即在中国领域内，包括我国的领土、领水和领空，以及领土的延伸范围内进行民事诉讼活动，均应遵从本法。

（2）对人的效力。包括中国公民、法人和其他组织；居住在中国领域内的外国人、无国籍人，以及外国企业和组织；申请在我国进行民事诉讼的外国人、无国籍人以及外国企业和组织。

（3）时间效力。《中华人民共和国民事诉讼法》（以下简称《民事诉讼法》）于1991年4月9日生效，《中华人民共和国民事诉讼法（试行）》同时废止。《中华人民共和国民事诉讼法》没有溯及力。

（二）民事诉讼法特有的原则

1. 当事人诉讼权利平等原则

我国《民事诉讼法》第8条规定"民事诉讼当事人有平等的诉讼权利。人民法院审理民事案件，应当保障和便利当事人行使诉讼权利，对当事人在适用法律上一律平等"。该法第5条款又规定："外国人、无国籍人、外国企业和组织在人民法院起诉、应诉，同中华人民共和国公民、法人和其他组织有同等的诉讼权利、义务"。这就表明，该项原则，既适用于中国人，也适用外国人。当然，如果外国法院对中国公民的民事诉讼权利加以限制的，人民法院对该国公民实行对等原则，同样加以限制。

2. 调解原则

人民法院审理民事案件，对于能够调解的案件，应采用调解方式结案；调解应当自愿、合法；调解贯穿于审判过程的始终；对于调解不成的，不能只调不决，应当及时判决。

3. 辩论原则

辩论原则是指双方当事人可以采取书面或口头的形式，提出有利于自己的事实和理由，相互辩驳，以维护自己的民事实体权利的原则。该原则是民诉活动的一项重要民主原则，认真贯彻该原则，对保护当事人的诉讼权利，准确认定案情，都是十分重要的。

4. 处分原则

《民事诉讼法（2017）》第 13 条规定："民事诉讼应当遵循诚实信用原则，当事人有权在法律规定的范围内处分自己的民事权利和诉讼权利"。根据这一原则，当事人对自己享有的民事权利和诉讼权利，可以行使，也可放弃；诉讼当事人可以委托代理人，也可以不委托代理人；可以对法院的判决提出上诉，也可以不上诉。但当事人在处分这些权利时，不能违背法律的规定。这种有限制的处分权，对保护当事人处分的自由和防止某些人滥用处分权，损害国家、集体和他人的合法权益都很有必要。

5. 人民检察院对民事审判活动实行法律监督

《民事诉讼法（2017）》第 14 条规定："人民检察院有权对民事审判活动实行法律监督"。根据这一规定，人民检察院有权对民事审判活动进行监督。其监督的方式，为对法院已经生效的判决、裁定，如有认定事实的主要证据不足的，适用法律有错误的等情况，按审判监督程序提出抗诉。

6. 支持起诉的原则

《民事诉讼法》第 15 条规定："机关、社会团体、企业事业单位对损害国家、集体或个人民事权益的行为，可以支持受损害的单位或个人向人民法院起诉"。根据这一规定，只要当事人的行为侵犯了国家、社会、团体、企事业单位都可以支持起诉，但个人无权支持起诉。这种支持起诉的规定可以调动社会力量，同违法行为作斗争，促进社会的精神文明建设。

（三）民事诉讼的受案范围

《民事诉讼法》第 3 条规定："人民法院受理公民之间、法人之间、其他组织之间以及他们相互之间因财产关系和人身关系提起的民事诉讼，适用本法的规定"。根据这一规定，人民法院对民事案件的主管范围只能是财产关系发生争议的案件和人身关系发生争议的案件，具体来说主要有三种：

1. 民法、婚姻法、继承法等民事实体法调整的财产关系和人身关系发生争议的案件。

2. 经济法调整的财产关系与发生争议的案件，广义上也属于民事案件，也适用《民事诉讼法》的程序。

3. 劳动法调整的劳动关系所产生的，并且依照劳动法的规定，由人民法院依照民事诉讼法规定的程序审理的案件。

（四）起诉与答辩

1. 起诉

（1）起诉的概念

起诉是指原告向人民法院提起诉讼，请求司法保护的诉讼行为。

（2）起诉的条件

1）原告是与本案有直接利害关系的公民、法人和其他组织；

2）有明确的被告；

3）有具体的诉讼请求、事实和理由；

4）属于人民法院受理民事诉讼的范围和受诉人民法院管辖。

（3）起诉的方式

1）书面形式。《民事诉讼法》第 120 条 1 款规定，起诉应向人民法院递交起诉状。由此可见，我国《民事诉讼法》规定的起诉形式是以书面为原则的。

2）口头形式。虽然起诉以书面为原则，但当事人书写起诉状有困难的，也可口头起诉，由人民法院记入笔录，并告知对方当事人。可见，我国起诉的形式是以书面起诉为主，口头形式为例外。

（4）起诉书的内容

根据《民事诉讼法（2017）》第121条规定，起诉状应当记明下列事项：

1）原告的姓名、性别、年龄、民族、职业、工作单位和住所，法人或其他经济组织的名称、住所和法定代表人或主要负责人的姓名、职务；

2）被告的姓名、性别、工作单位、住所等信息，法人或者其他组织的名称、住所等信息；

3）诉讼请求和所根据的事实与理由；

4）证据和证据来源，证人姓名和住所。

2. 答辩

人民法院对原告的起诉情况进行审查后，认为符合条件的，即立案，并于立案之日起5日内将起诉状副本发送到被告，被告在收到之日起15日内提出答辩状。被告不提出答辩状的，不影响人民法院的审理。

（1）答辩的概念

答辩是针对原告的起诉状而对其予以承认、辩驳、拒绝的诉讼行为。

（2）答辩的形式

1）书面形式。即以书面形式向法院提交的答辩状。

2）口头形式。答辩人在开庭前未以书面形式提交答辩状，开庭时以口头方式进行的答辩。

（3）答辩状的内容

针对原告、上诉人诉状中的主张和理由进行辩解，并阐明自己对案件的主张和理由。即揭示对方当事人法律行为的错误之处，对方诉状中陈述的事实和依据中的不实之处；提出相反的事实和证据说明自己法律行为的合法性；列举有关法律规定，论证自己主张的正确性，以便请求人民法院予以司法保护。

（五）财产保全与先予执行

1. 财产保全

财产保全，是指人民法院在案件受理前或诉讼过程中对当事人的财产或争议的标的物所采取的一种强制措施。财产保全有如下几种：

（1）诉前财产保全

是指在起诉前人民法院根据利害关系人的申请，对被申请人的有关财产采取的强制措施。采取诉前保全，须符合下列条件：

1）必须是紧急情况，不立即采取财产保全将会使申请人的合法权益受到难以弥补的损害。

2）必须由利害关系人向财产所在地、被申请人住所地或者对案件有管辖权的人民法院提出申请，法院可依职权主动采取财产保全措施。

3）申请人必须提供担保，否则，法院驳回申请。

（2）诉讼财产保全

是指人民法院在诉讼过程中，为保证将来生效判决的顺利执行，对当事人的财产或争议的标的物采取的强制措施。采取诉讼财产保全应符合下列条件：

1）案件须具有给付内容的。

2）必须是由当事人一方的行为（如出卖、转移、隐匿标的物的行为）或其他行为，使判决不能执行或难以执行。

在诉讼过程中提出申请。必要时，法院也可依权作出。

申请人提供担保。

财产保全的对象及范围，仅限于请求的范围或与本案有关的财物，而不能对当事人的人身采取措施。限于请求的范围，是指保全财产的价值与诉讼请求的数额基本相同。与本案有关的财物，是指本案的标的物或与本案标的物有关联的其他财物。

财产保全的措施有查封、扣押、冻结或法律规定的其他方法。法院规定的其他方法，按最高人民法院的有关司法解释，应当包括：对债务人到期应得的收益，可以采取财产保全措施，限制其支取，通知有关单位协助执行。债务人的财产不能满足保全请求，但对第三人有到期债权的，人民法院可以依债权人的申请裁定该第三人不得对本债务人清偿；该第三人要求偿付的，由法院提存财物或价款。

财产保全无论是诉讼前的还是诉讼财产保全，都应作出书面裁定。财产保全裁定，具有如下效力：

（1）时间效力。裁定送达当事人立即发生效力，当事人必须按照裁定的内容执行。当事人对裁定内容不服的，可以申请复议一次，但复议期间，不停止财产保全裁定的执行。作出生效判决前，执行完毕就失去效力。诉前财产保全裁定，利害关系人在法定时间（30日内）不起诉，人民法院决定撤销保全时，财产保全裁定即失去效力。

（2）对当事人和利害关系人的拘束力。当事人和利害关系人在接到人民法院的财产保全裁定后，就必须依照裁定的内容执行，并根据民事诉讼法决定，提供担保。利害关系人申请人在法定期间内提起诉讼。

（3）对有关单位和个人的拘束力。财产保全裁定虽不是终审裁定，但法律效力与终审裁定一样，对有关单位和个人都有同等的效力。有关单位或个人在接到财产保全裁定的协助执行通知书后，必须及时按裁定中指定的保全措施协助执行。

（4）对人民法院的效力。人民法院作出财产保全裁定后即开始执行。执行后，诉前财产保全裁定执行后，申请人在法定期间不起诉的。人民法院应当撤销保全，将财产恢复到保全前的状态，保存变卖价款的，交还被申请人；被申请人或被执行人提供担保的，撤销对物品的查封、扣押等措施，解冻银行存款。

2. 先予执行

先予执行是指人民法院对某些民事案件作出判决前，为了解决权利人的生活或生产经营急需，裁定义务人履行一定义务的诉讼措施。

（1）先予执行的条件

1）当事人之间权利义务关系明确，不先予执行将严重影响申请人的生活或生产经营。

2）申请人有履行能力。

3）人民法院应当在受理案件后终审判决作出前采取。

（2）适用先予执行的范围

根据《民事诉讼法》的规定，对下列三类案件可以书面裁定先予执行：

1）追索赡养费、抚养费、抚育费、抚恤金、医疗费用的案件；

2）追索劳动报酬的案件；

3）因情况紧急需要先予执行的案件。

（3）先予执行的程序

1）申请。先予执行根据当事人的申请而开始，人民法院不能主动采取先予执行措施。

2）责令提供担保。人民法院应据案件具体情况来决定是否要求申请人提供担保。如果认为有必要让申请人提供担保，可以责令其提供；不提供的，驳回申请。

3）裁定。人民法院对当事人先予执行的申请，经审查认为符合法定条件的，应当及时作出先予执行的裁定。裁定一经送达当事人，即发生法律效力，当事人不服的，可申请复议。

4）错误的补救。人民法院裁定先予执行后，经过审理，判决申请人败诉的，申请人应返还因先予执行所取得的利益。拒不返还的，由法院强制执行，被申请人因先予执行遭受损失的，还应赔偿被申请人的损失。

（六）强制措施

1. 强制措施的概念

强制措施是对妨碍民事诉讼的强制措施的简称，它是指人民法院在民事诉讼中，对有妨害民事诉讼行为的人采用的一种强制措施。

2. 妨害民事诉讼的行为

（1）必须到庭的被告，经过两次传票传唤，无正当理由拒不到庭的。

（2）诉讼参与人或其他人在诉讼中有下列行为：

1）伪造、隐藏、毁灭证据。

2）以暴力、威胁、贿买方法阻止证人作证或指使、贿买、胁迫他人作伪证。

3）隐藏、转移、变卖、毁损已被查封、扣押的财产或已被清点并责令其保管的财产，转移已被冻结的财产的。

4）拒不履行人民法院已经发生法律效力的判决裁定的。

5）对司法人员、诉讼参与人、证人、翻译人员、鉴定人、勘验人、协助执行的人进行侮辱、诽谤诬陷、殴打或打击报复的。

6）以暴力威胁或其他方法阻碍司法工作人员执行职务的。

（3）有义务协助执行的单位和个人有下列行为之一的，人民法院可以予以处罚、拘留：

1）有关单位拒绝或者妨碍人民法院调查取证的；

2）有关单位接到人民法院协助执行通知书后，拒不协助查询、扣押、冻结、划拨、变价财产的；

3）有关单位接到人民法院协助执行通知书后，拒不协助扣留被执行人的收入、办理有关财产权证照转移手续、转交有关票证、证照或者其他财产的；

4）其他拒绝协助执行的。

3. 强制措施的种类

（1）拘留

拘留是对法律规定必须到庭听审的被告人，所采取的一种特别的传讯方法，其目的在于强制被告人到庭参加诉讼。

（2）训诫

训诫是指人民法院对妨碍民事诉讼行为较为轻微的人，以国家名义对其进行公开的谴责。这种强制方式主要以批评、警告为形式，指出当事人违法的事实和错误，教育其不得再作出妨碍民事诉讼的行为。

（3）责令退出法庭

责令退出法庭是指人民法院对违反法庭规则，妨碍民事诉讼但情节较轻的人，责令他们退出法庭，反思自己的错误。

（4）罚款

罚款是指人民法院对于妨害民事诉讼的人，在一定条件下，强令其按照法律规定，限期缴纳一定数额的罚款。罚款的数额因个人和法人、非法人单位不同而不同。对个人的罚款金额为人民币十万元以下，对单位的罚款金额为人民币五万元以上一百万元以下。

（5）拘留

拘留是人民法院为了制止严重妨碍和扰乱民事诉讼程序的人继续进行违法活动，在紧急情况下。限制其人身自由的一种强制性手段。期限为 15 天以下。拘留和罚款可并用。

（七）民事诉讼的主要程序

1. 普通程序

（1）普通程序的概念

普通程序是指人民法院审理第一审民事案件通常适用的程序。普通程序是第一审程序中最基本的程序，是整个民事审判程序的基础。

（2）起诉与受理

见本章有关内容。

（3）审理前的准备

1）向当事人发送起诉状、答辩状副本。人民法院应于立案后 5 日内将起诉状副本发送被告，被告在收到起诉状副本之日起 15 日内提出答辩，人民法院应于收到答辩状之日起 5 日内将答辩状副本发送原告。

2）告知当事人的诉讼权利和义务。当事人享有的诉讼权利有：委托诉讼代理人，申请回避，收集提出证据，进行辩论，请求调解，提起上诉，申请执行。当事人可以查阅本案的有关资料，并可以复制本案的有关资料和法律文书。双方当事人可以自行和解。原告可以放弃或变更诉讼请求，被告人可以承认或反驳诉讼请求，有权提起反诉等。当事人应承担的诉讼义务有：当事人必须依法行使诉讼权利，遵守诉讼程序，履行发生法律效力的判决裁定和调解协议。

3）审阅诉讼材料，调查收集证据。人民法院受案后，应由承办人员认真审阅诉讼材料，进一步了解案情。同时受诉人民法院既可以派人直接调查收集证据，也可以委托外地人民法院调查，两者具有同等的效力。当然，进行调查研究，收集证据工作，应以直接调查为原则，委托调查为补充。

4）更换和追加当事人。人民法院受案后，如发现起诉人或应诉人不合格，应将不合格的当事人更换成合格的当事人。在审理前的准备阶段，人民法院如发现必须共同进行诉讼的当事人没有参加诉讼，应通知其参加诉讼。当事人也可以向人民法院申请追加。

（4）开庭审理

开庭审理是指人民法院在当事人和其他诉讼参与人参加下，对案件进行实体审理的诉讼活动过程。主要有以下几个步骤：

1）准备开庭。即由书记员查明当事人和其他诉讼参与人是否到庭，宣布法庭纪律，由审判长核对当事人，宣布开庭并公布法庭组成人员。

2）法庭调查阶段。其顺序为：①当事人陈述。②证人出庭作证。③出示书证、物证和视听资料。④宣读鉴定结论。⑤宣读勘验笔录，在法庭调查阶段，当事人可以在法庭上提出新的证据，也可以要求法庭重新调查证据。如审判员认为案情已经查清，即可终结法庭调查，转入法庭辩论阶段。

3）法庭辩论。其顺序为：①原告及其诉讼代理人发言。②被告及其诉讼代理人答辩。③第三人及其诉讼代理人发言或答辩。④相互辩论。法庭辩论终结后，由审判长按原告、被告、第三人的先后顺序征得各方面最后意见。

4）法庭调解。法庭辩论终结后，应依法作出判决。但判决前能够调解的，还可进行调解。

5）合议庭评论。法庭辩论结束后，调解又没达成协议的，合议庭成员退庭进行评议。评议是秘密进行的。

6）宣判。合议庭评议完毕后应制作判决书，宣告判决公开进行。宣告判决时，须告知当事人上诉的权利、上诉期限和上诉法庭。

人民法院适用普通程序审理的案件，应在立案之日起6个月内审结，有特殊情况需延长的，由本院院长批准，可延长6个月；还需要延长的，报请上级人民法院批准。

2. 第二审程序

（1）第二审程序的概念

第二审程序又叫终审程序，是指民事诉讼当事人不服地方各级人民法院未生效的第一审裁判，在法定期限内向上级人民法院提起上诉，上一级人民法院对案件进行审理所适用的程序。

（2）上诉的提起和受理

1）上诉的条件。①主体。即是第一审程序中的原告、被告、共同诉讼人、诉讼代表人、有无独立请求的第三人。②客体。即上诉的对象，即为依法上诉的判决和裁定。③上诉期限。即须在法定的上诉期限内提起。对判决不服，提起上诉的时间为15天；对裁定不服，提起上诉的期限为10天；④要递交上诉状上诉应提交上诉状，当事人口头表示上诉的，也应在上诉期补交上诉状。上诉状的内容包括：当事人的姓名；法人的名称及其法定代表人的姓名，或其他组织的名称及其他主要负责人的姓名；原审人民法院名称、案件的编号和案由；上诉的请求和理由。

2）上诉的受理。上级人民法院接到上诉状后，认为符合法定条件的，应当立案审理。人民法院受理上诉案件的程序是：①当事人向原审人民法院提起上诉的，上诉状由原审人民法院审查。原审人民法院收到上诉状，在5日内将上诉状副本送达对方当事人，对方当事人应在收到之日起15日内提出答辩状。人民法院应在收到答辩状之日起5日内，将副本送达上诉人。对方当事人不提出答辩状的，不影响人民法院审理。原审人民法院收到上诉状、答辩状，应在 5 日内连同全部卷宗和证据，报送第二审人民法院。②当事人直接向第二审人民法院上诉的，第二审人民法院应在 5 日内将上诉状移交原审人民法院。原审人民法院接到上级人民法院移交当事人的上诉状，应认真审查上诉，积极作好准备工作，尽快按上诉程序报送上级人民法院审理。③上诉的撤回。上诉人在第二审人民法院受理上诉后，到第二审作出终审判决以前，认为上诉理由不充分，或接受了第一审人民法院的裁判，而向第二审人民法院申请，要求撤回上诉，这种行为，称为上诉的撤回。可见，上诉撤回的时间，须在第二审人民法院宣判以前。如在宣判以后，终审裁判发生法律效力，上诉人的撤回权利消失，不再允许撤回上诉。

（3）对上诉案件的裁判

1）维持原判。即原判认定事实清楚，适用法律正确的，判决驳回上诉，维持原判。

2）改判。如原判决适用法律错误的，依法改判；或原判决认定事实错误或原判决认定事实不清，证据不足，裁定撤销原判，发回原审人民法院重审，或查清事实后改判。

3）发回重审。即原判决违反法定程序，可能影响案件正确判决的，裁定撤销原判决，发回原审人民法院重审。

3. 审判监督程序

（1）审判监督程序的概念

审判监督程序即再审程序，是指由有审判监督权的法定机关和人员提起，或由当事人申请，由人民法院对发生法律效力的判决、裁定、调解书再次审理的程序。

（2）审判监督程序的提起

1）人民法院提起再审的程序。人民法院提起再审，须为判决、裁定已经发生法律效力，必须是判决裁定确有错误。其程序为：①各级人民法院院长对本院作出的已生效的判决、裁定确有错误，认为需要再审的，应当提交审判委员会讨论决定。②最高人民法院对地方各级人民法院已生效的判决、裁定，上级人民法院对下级人民法院已生效的判决、裁定，发现确有错误的，有权提审或指令下级人民法院再审。再审的裁定中同时写明中止原判决、裁定的执行。

2）当事人申请再审。当事人申请不一定导致审判监督程序，只有在同时符合下列条件的前提下，才由人民法院依法决定再审：①只有当事人才有提出申请的权利。如果当事人为无诉讼行为能力的人，可由其法定代理人代为申请。②当事人对已经发生法律效力的判决、裁定，认为有错误的，可以向上一级人民法院申请再审；当事人一方人数众多或者当事人双方为公民的案件，也可以向原审人民法院申请再审。③当事人申请再审，应当在判决、裁定发生法律效力后六个月内提出。④有新的证据，足以推翻原判决、裁定的；或原判决、裁定认定事实的主要证据不足的；或原判决、裁定适用法律确有错误的；或人民法院违反法定程序，可能影响案件正确判决、裁定的；或审判人员在审理该案件时有贪污受贿、徇私舞弊，枉法裁判行为的。当事人的申请应以书面形式提出，指明判决、裁定、调解书中的错误，并提供申请理由和证据事实。人民法院经对当事人的申请审查后，认为不符合申请条件的，驳回申请；确认符合申请条件的，由院长提交审判委员会决定是否再审；确认需要补正或补充判决的，由原审人民法院依法进行补正判决或补充判决。

3）人民检察院抗诉。是指人民检察院对人民法院发生法律效力的判决、裁定，发现有提起抗诉的法定情形，提请人民法院对案件重新审理。最高人民检察院对各级人民法院已经发生法律效力的判决、裁定，发现有下列情形之一的，应当按照审判监督程序提出抗诉：①原判决裁定认定事实的主要证据不足的；②原判决、裁定适用法律确有错误的；③人民法院违反法定程序，可能影响案件正确判决、裁定的；④审判人员在审理该案件时有贪污受贿、徇私舞弊、枉法裁判行为的。

4. 执行程序

（1）执行程序的概念

执行程序，是指保证具有执行效力的法律文书得以实施的程序。

（2）执行根据

执行根据是当事人申请执行，人民法院移交执行以及人民法院采取强制措施的依据。执行根据是执行程序发生的基础，没有执行根据，当事人不能向人民法院申请执行，人民法院也不得采取强制措施，执行根据主要有：

1）人民法院作出的民事判决书和调解书。

2）人民法院作出的先予执行的裁定、执行回转的裁定以及承认并协助执行外国判决、裁定或裁决的裁定。

3）人民法院作出的要求债务人履行债务的支付命令。

4）人民法院作出的具有给付内容的刑事判决、裁定书。

5）仲裁机关作出的裁决和调解书。

6）公证机关作出的依法赋予强制执行效力的公证债权文书。

7）我国行政机关作出的法律明确规定由人民法院执行的行政决定。

（3）执行案件的管辖

1）人民法院制作的具有财产内容的民事判决、裁定、调解书和刑事判决、裁定中的财产部分，由第一审人民法院执行。

2）法律规定由人民法院执行的其他法律文书，由被执行人住所地或被执行的财产所在地人民法院执行。

3）法律规定两个以上人民法院都有执行管辖权的，由最先接受申请的人民法院执行。

（4）执行程序的发生

1）申请执行。人民法院作出的判决、裁定等法律文书，当事人必须履行。如果不履行，另一方可向有管辖权的人民法院申请执行。申请执行应提交申请执行书，并附作为执行根据的法律文书。申请执行，还须遵守民诉法规的申请执行期限。申请执行的期间为二年。申请执行时效的中止、中断，适用法律有关诉讼时效中止、中断的规定。从法律文书规定履行期限的最后一日起计算，如是分期履行的，从规定的每次履行期限的最后一日起计算本次应履行的义务的申请执行期限。

2）移交执行。即人民法院的裁判生效后，由审判该案的审判人员将案件直接交付执行人员，随即开始执行程序。提交执行的案件有三类：①判决、裁定具有交付赡养费、抚养费、医药费等内容的案件；②具有财产执行内容的刑事判决书；③审判人员认为涉及国家、集体或公民重大利益的案件。

3）委托执行。指有管辖权的人民法院遇到特殊情况，依法将应由本院执行的案件送交有关的人民法院代为执行。我国《民事诉讼法（2017）》第229条规定，被执行人或者被执行的财产在外地的，可以委托当地人民法院代为执行。受委托人民法院收到委托函件后，必须在十五日内开始执行，不得拒绝。执行完毕后，应当将执行结果及时函复委托人民法院；在三十日内如果还未执行完毕，也应当将执行情况函告委托人民法院。受委托人民法院自收到委托函件之日起十五日内不执行的，委托人民法院可以请求受委托人民法院的上级人民法院指令受委托人民法院执行。

（5）执行措施

1）查封、冻结、划拨被执行人的存款；

2）扣留、提取被执行人的收入；

3）查封、扣押、拍卖、变卖被执行人的财产；

4）对被执行人及其住所或财产隐匿地进行搜查；

5）强制被执行人交付法律文书指定的财物或票证；

6）强制被执行人迁出房屋或退出土地；

7）强制被执行人履行法律文书指定的行为；

8）办理财产权证照转移手续；

9）强制被执行人支付迟延履行期间的债务利息或迟延履行金；

10）债权人可以随时请求人民法院执行。

除此之外，还有三种执行措施：

1）申请参与分配。被执行人为公民或其他组织，在执行程序开始后，被执行人的其他已经取得执行根据或已经起诉的债权人发现被执行人的财产不能清偿所有债权的，可以向法院申请参与分配。

2）执行第三人到期债权。被执行人不能清偿债务，但第三人享有到期债权的，人民法院可以依申请执行人的申请，通知该第三人向申请执行人履行债务，该第三人对债务没有异议但又在通知指定的期限内不履行的，人民法院可以强制执行。

3）通过公告、登报等方式为对方恢复名誉、消除影响。

（6）执行中止和终结

1）执行中止。即在执行过程中，因发生特殊情况，需要暂时停止执行程序。有下列情况之一的，人民法院应裁定中止执行。①申请人表示可以延期执行的。②案外人对执行标的提出确有理由的异议的。③作为一方当事人的公民死亡，需要等待继承人继承权利或承担义务的。④作为一方当事人的法人或其他组织终止，尚未确定权利义务承受人的。⑤人民法院认为应当中止执行的其他情形。中止的情形消失后，恢复执行。

2）执行终结。即在执行过程中，由于出现某些特殊情况，执行工作无法继续进行或没有必要继续进行时，结束执行程序。有下列情况之一的，人民法院应当裁定终结执行。①申请人撤销申请的。②据以执行的法律文书被撤销的。③作为被执行人的公民死亡，无遗产可供执行，又无义务承担人的。④追索赡养费、抚养费、抚育费案件的权利人死亡的。⑤作为被执行人的公民因生活困难无力偿还借款，无收入来源，又丧失劳动能力的。⑥人民法院认为应当终结执行的其他情形。

（八）几个特殊的民事程序

1. 督促程序

（1）督促程序的概念

督促程序是指人民法院根据债权人要求债务人给付金钱或有价证券的申请，向债务人发出有条件的支付命令，若债务人逾期不履行，人民法院则可强制执行所适用的程序。

（2）适用督促程序的要件

1）债权人必须提出请求，且申请内容只能是关于给付金钱或有价证券；

2）债权人与债务人没有其他债务争议；

3）支付令能够送达债务人的。

在具备上述条件后，债权人可以向有管辖权的人民法院提出申请。否则人民法院不予受理。

（3）支付令申请的受理

1）债权人提出申请后，人民法院应在5日内通知债权人是否受理；

2）对申请的审查和发布支付令。人民法院受理申请后，经审查债权人提供的事实、证据，对债权、债务关系明确、合法的，应在受理之日起15日内向债务人发出支付令；申请不成立的，裁定予以驳回。该裁定不得上诉。

（4）支付令的异议和效力

支付令异议，是指债务人对人民法院发出的支付声明不服。支付令异议应由债务人自收到支付令之日起15日内提出，人民法院收到债务人提出的书面异议后，经审查，异议成立的，应当裁定终结督促程序，支付令自行失效。支付令失效的，转入诉讼程序，但申请支付令的一方当事人不同意提起诉讼的除外。

如果债务人自收到支付令之日起15日内不提出异议又不履行支付令的，债权人可以申请人民法院予以执行。支付令与生效的判决具有同等法律效力。

2. 公示催告程序

（1）公示催告程序的概念

公示催告程序，是指人民法院根据当事人的申请，以公示的方式催告不明的利害关系人，在法定期间内申报债权，逾期无人申报，就作出除权判决所适用的诉讼程序。

（2）适用公示催告程序的要件

1）申请公告催告的，必须是可以背书转让的票据或法律规定的其他事项；

2）申请人必须依法拥有申请权；

3）必须是因票据遗失、被盗或灭失，相对人无法确定的；

4）申请人必须向人民法院提交申请书。

（3）对公示催告申请的受理和处理

1）申请的受理。当事人申请公示催告时，须向人民法院提交申请书。申请书应写明票面金额、发票人、持票人、背书人等票据主要内容及申请的理由和根据的事实。人民法院在接到申请后，经审查，认为符合条件的，应作出受理的裁定，如决定不予受理，就以裁定的形式驳回，并说明理由。

2）公示催告。人民法院决定受理申请，应同时通知支付人停止支付，并在三日内发出公告，催促利害关系人申报权利。公示催告期间，由人民法院根据情况决定，但不得少于两个月。支付人收到人民法院停止支付的通知，应当停止支付，至公示催告程序终结。在公示催告期间，转让票据权利的行为无效。

3）公示催告程序的终结。①利害关系人应在公示催告期间向人民法院申报。人民法院收到利害关系人的申报后，应裁定终结公告催告程序，并通知申请人和支付人。②如果在法定期间内没有人申报的，申请人应享有票据上的权利。人民法院应判决票据无效，并予以公告，公示催告程序终结。

（4）提起诉讼

1）利害关系人在公示催告期间向人民法院申报权利，申请人或申报人可以向人民法院起诉。

2）利害关系人因正当理由不能在判决前向人民法院申报的，自知道或应当知道判决公告之日起一年内，可向作出判决的人民法院提起诉讼。

二、行政诉讼法

（一）行政诉讼

1. 行政诉讼的概念

行政诉讼是指公民、法人或其他组织认为行政机关的具体行政行为侵犯其合法权益，在法定期限内，依法向人民法院起诉，并由人民法院依法审理裁决的活动。行政诉讼包含五个要件：

1）原告是行政管理相对人，即公民、法人和其他组织；

2）被告是行使国家管理职权的行政机关即做出具体行政行为的行政机关；

3）原告起诉的原因是其认为行政机关的具体行政行为侵犯了自己的合法权益；

4）必须是法律、法规明文规定当事人可以向人民法院起诉的行政案件；

5）必须在法定的期限内向有管辖权的人民法院起诉。

2. 行政诉讼法的概念

行政诉讼法是指调整人民法院、当事人和其他诉讼参与人在审理案件过程中所发生的行政诉讼关系的法律规范的总称。《中华人民共和国行政诉讼法》（以下简称《行政诉讼法》）于1990年10月1日生效。

（二）行政诉讼的受案范围

1. 人民法院受理的案件

《行政诉讼法》第12条规定，人民法院受理公民、法人或者其他组织提起的下列诉讼：

（1）对行政拘留、暂扣或者吊销许可证和执照、责令停产停业、没收违法所得、没收非法财物、罚款、警告等行政处罚不服的；

（2）对限制人身自由或者对财产的查封、扣押、冻结等行政强制措施和行政强制执行不服的；

（3）申请行政许可，行政机关拒绝或者在法定期限内不予答复，或者对行政机关作出的有关行政许可的其他决定不服的；

（4）对行政机关作出的关于确认土地、矿藏、水流、森林、山岭、草原、荒地、滩涂、海域等自然资源的所有权或者使用权的决定不服的；

（5）对征收、征用决定及其补偿决定不服的；

（6）申请行政机关履行保护人身权、财产权等合法权益的法定职责，行政机关拒绝履行或者不予答复的；

（7）认为行政机关侵犯其经营自主权或者农村土地承包经营权、农村土地经营权的；

（8）认为行政机关滥用行政权力排除或者限制竞争的；

（9）认为行政机关违法集资、摊派费用或者违法要求履行其他义务的；

（10）认为行政机关没有依法支付抚恤金、最低生活保障待遇或者社会保险待遇的；

（11）认为行政机关不依法履行、未按照约定履行或者违法变更、解除政府特许经营协议、土地房屋征收补偿协议等协议的；

（12）认为行政机关侵犯其他人身权、财产权等合法权益的。

除前款规定外，人民法院受理法律、法规规定可以提起诉讼的其他行政案件。

2. 人民法院不受理的案件

《行政诉讼法》第 13 条规定："人民法院不受理公民、法人或其他组织对下列事项提起的诉讼：

（1）国防、外交等国家行为；

（2）行政法规、规章或行政机关制定、发布的具有普遍约束力的决定、命令；

（3）行政机关对行政机关工作人员的奖惩、任免等决定；

（4）法律规定由行政机关最终裁决的具体行政行为。"

（三）行政诉讼的起诉与受理

1. 起诉

（1）起诉的条件

《行政诉讼法》第 41 条规定："提起诉讼应当符合下列条件：

1）原告是符合本法第二十五条规定的公民、法人或其他组织；

2）有明确的被告；

3）有明确的诉讼请求和事实根据；

4）属于人民法院受案范围和受诉人民法院管辖。"

（2）起诉的期限

行政诉讼必须在法定期限内提起，这也是提起行政诉讼的条件之一。我国《行政诉讼法》在第 45 条、第 46 条及《行政复议法》第 31 条对此做出了明确规定。

1）公民、法人或其他经济组织向行政机关申请复议的，复议机关应在收到申请书之日起 60 日内做出决定，法律规定少于 60 日的除外。申请人不服复议决定的，可以在收到复议决定书之日起 15 日内向人民法院提起诉讼。复议机关逾期不做出决定的，申请人可以在复议期满之日起 15 日内向人民法院提起诉讼。法律另有规定的除外。

2）公民、法人或其他经济组织直接向人民法院提起诉讼，应当自知道或者应当知道作出行政行为之日起六个月内提出。法律另有规定的除外。

2. 受理

受理是人民法院对原告的起诉进行审查，认为符合规定条件的，决定立案审理的诉讼行为。我国《行政诉讼法》第 51 条规定："人民法院在接到起诉状时对符合本法规定的起诉条件的，应当登记立案。

对当场不能判定是否符合本法规定的起诉条件的，应当接收起诉状，出具注明收到日期的书面凭证，并在七日内决定是否立案。不符合起诉条件的，作出不予立案的裁定。裁定书应当载明不予立案的理由。原告对裁定不服的，可以提起上诉。

起诉状内容欠缺或者有其他错误的，应当给予指导和释明，并一次性告知当事人需要补正的内容。不得未经指导和释明即以起诉不符合条件为由不接收起诉状。

对于不接收起诉状、接收起诉状后不出具书面凭证，以及不一次性告知当事人需要补正的起诉状内容的，当事人可以向上级人民法院投诉，上级人民法院应当责令改正，并对直接负责的主管人员和其他直接责任人员依法给予处分。"

（四）行政诉讼的主要程序

1. 第一审程序

（1）人民法院应当在立案之日起 5 日内，将起诉状副本发送被告。被告应当在收到起诉状副本之日起 15 日内向人民法院提交做出具体行政行为的有关材料，并提出答辩状。人民法院应当在收到答辩状之日起 5 日内，将答辩状副本发送原告。被告不提出答辩状的，不影响人民法院审理。

（2）诉讼期间，不停止具体行政行为的执行。但有下列情形之一的，停止具体行政行为的执行。①被告认为需要停止执行的；②原告申请停止执行，人民法院认为该具体行政行为的执行会造成难以弥补的损失，并且停止执行不损害社会公共利益，裁定停止执行；③人民法院认为该行政行为的执行会给国家利益、社会公共利益造成重大损害的；④法律、法规规定停止执行的。当事人对停止执行或者不停止执行的裁定不服，可以申请复议一次。

（3）人民法院审理行政案件，不适用调解，行政赔偿、补偿以及行政机关行使法律、法规规定的自由裁量权的案件可以调解。

（4）人民法院对行政案件宣告判决或裁定前，原告申请撤诉的，或被告改变其所作的具体行政行为，原告同意并申请撤诉的，是否准许，由人民法院裁定。人民法院裁定准许原告撤诉，原告再起诉的，人民法院不予受理。

（5）一审的审限为 6 个月。有特殊情况需要延长的，由高级人民法院批准，高级人民法院审理第一审案件需要延长的，由最高人民法院批准。

2. 第二审程序

（1）行政机关在第二审程序中不得改变其原具体行政行为。如果对方当事人因行政机关改变其具体行政行为而申请撤诉的，人民法院不予批准。

（2）二审审限为 3 个月，自收到上诉状之日起算。如有特殊情况需要延长的，由高级人民法院批准。高级人民法院审理上诉案件需要延长的，由最高人民法院批准。

（3）人民法院对上诉案件的处理。《行政诉讼法（2017）》第 89 条规定，人民法院审理上诉案件，按照下列情形，分别处理：

①原判决、裁定认定事实清楚，适用法律、法规正确的，判决或者裁定驳回上诉，维持原判决、裁定；②原判决、裁定认定事实错误或者适用法律、法规错误的，依法改判、撤销或者变更；③原判决认定基本事实不清、证据不足的，发回原审人民法院重审，或者查清事实后改判；④原判决遗漏当事人或者违法缺席判决等严重违反法定程序的，裁定撤销原判决，发回原审人民法院重审。原审人民法院对发回重审的案件作出判决后，当事人提起上诉的，第二审人民法院不得再次发回重审。人民法院审理上诉案件，需要改变原审判决的，应当同时对被诉行政行为作出判决。

3. 审判监督程序

（1）当事人对已经发生法律效力的判决、裁定，认为确有错误的，可以向上一级人民法院提出申诉，但判决、裁定不停止执行。

（2）各级人民法院院长对本院已经发生法律效力的判决、裁定，发现有本法第九十一条规定情形之一，或者发现调解违反自愿原则或者调解书内容违法，认为需要再审的，应当提交审判委员会讨论决定。最高人民法院对地方各级人民法院已经发生法律效力的判决、裁定，上级人民法院对下级人民法院已经发生法律效力的判决、裁定，发现有本法第九十一条规定情形之一，或者发现调解违反自愿原则或者调解书内容违法的，有权提审或者指令下级人民法院再审。

三、仲裁法

（一）仲裁

1. 仲裁的概念

仲裁是争议双方在争议发生前或争议发生后达成协议，自愿将争议交给第三者作出裁决，双方有义务执行的一种解决争议的办法。

首先，仲裁的发生是以双方当事人自愿为前提。这种自愿，体现在仲裁协议中。仲裁协议，可以在争议发生前达成，也可以在争议发生后达成。

其次，仲裁的客体是当事人之间发生的一定范围的争议。这些争议大体包括：经济争议、劳动争议、对外经贸争议、海事争议等。

再次，仲裁须有三方活动主体。即双方当事人和第三方（仲裁组织）。仲裁组织以当事人双方自愿为基础进行裁决。

最后，裁决具有强制性。当事人一旦选择了仲裁解决争议，仲裁者所作的裁决对双方都有约束力，双方都要认真履行，否则，权利人可以向法院申请强制执行。

2. 仲裁的种类

（1）国内仲裁和涉外仲裁

这是根据当事人是否具有涉外因素划分的。国内仲裁一般只涉及国内经贸方面的争议。涉外仲裁是指具有涉外因素的仲裁。

（2）普通仲裁和特殊仲裁

这是根据仲裁机构和争议的性质不同划分的。普通仲裁是指由非官方仲裁机构对民事、商事争议所进行的仲裁。包括大多数国家的国内民商事仲裁和国际贸易与海事仲裁。特殊仲裁则是指由官方机构依据行政权力而不是依据仲裁协议所进行的仲裁，它是由国家行政机关所实施的仲裁，如我国过去的经济合同仲裁法。

3. 仲裁法

（1）仲裁法的概念

仲裁法是国家制定和确认的关于仲裁制度的法律规范的总和。其基本内容包括仲裁协议、仲裁组织、仲裁程序、仲裁裁决及执行等。

（2）仲裁法的适用范围

1）对人的效力。仲裁法对平等主体的公民、法人和其他组织之间适用。

2）空间效力。仲裁法适用于中国领域内的平等主体之间发生的合同争议和其他财产权益争议。

3）时间效力。《中华人民共和国仲裁法》（以下简称《仲裁法》于 1995 年 9 月 1 日起施行）。

（二）仲裁的范围

仲裁的范围是指哪些争议可以申请仲裁，解决可仲裁性的问题。

1. 确定仲裁范围的原则

我国《仲裁法》中对仲裁范围的确定，是基于下列原则制定的：

（1）发生争议的双方应当属于平等主体的当事人；

（2）仲裁的事项，应是当事人有权处分的；

（3）从我国法律规定和国际做法看，仲裁范围主要是合同争议，也包括一些非合同的经济争议。

因此，我国《仲裁法》在第2条规定："平等主体的公民、法人和其他组织之间发生的合同争议和其他财产权益争议，可以仲裁。"

2. 不能仲裁的情形

根据我国《仲裁法》第3条的规定："下列争议不能仲裁：

（1）婚姻、收养、监护、抚养、继承争议；

（2）依法应当由行政机关处理的行政争议。"

3. 关于仲裁范围的几点说明

（1）劳动争议仲裁和农业承包合同争议仲裁的问题

由于劳动争议不同于一般经济争议，劳动争议的仲裁有自己的特点，因此，劳动争议仲裁由法律另行规定。农业承包合同争议面广量大，涉及广大农民的切身利益，在仲裁机构设立、仲裁程序上有其特点，因此，依照《仲裁法》第77条规定，农业承包合同争议的仲裁另行规定。

（2）企业承包合同仲裁问题

1988年国务院颁布了《全民所有制工业企业承包经营责任制暂行条例》，于1990年、2011年两次修订，其中对企业承包合同争议规定了由工商行政管理局的经济合同仲裁委员会仲裁。《仲裁法》中没有明确规定企业承包合同争议的仲裁问题。

（三）仲裁协议

1. 仲裁协议的概念

根据《仲裁法》第16条规定："仲裁协议包括合同订立的仲裁条款。和以其他书面方式在争议发生前或者争议发生后达成的请求仲裁的协议。"从这一规定可以看出，仲裁协议具有以下的特点。

（1）仲裁协议是合同双方商定的通过仲裁方式解决争议的协议。其内容规定的是关于仲裁的事项。

（2）仲裁协议必须以书面形式存在，口头形式不能成为仲裁协议。仲裁协议的形式可以有两种：一种是在订立的合同中规定的仲裁条款；另一种是双方另行达成的独立于合同之外的仲裁协议。不论哪一种形式，都具有同样的法律效力。

（3）仲裁协议订立的时间可以在合同争议发生之前，也可以在合同争议发生之后。协议确立的时间与经济合同没有必然的联系，订立时间的先后也不影响仲裁协议的效力。

（4）仲裁协议是双方当事人申请仲裁的前提。没有有效的仲裁协议，仲裁机构不予受理仲裁申请。

2. 仲裁协议的内容

根据《仲裁法》第 16 条第 2 款的规定："仲裁协议应包括下列内容：①请求仲裁的意思表示；②仲裁事项；③选定的仲裁委员会。"

3. 仲裁协议的效力

仲裁协议一经作出即发生法律效力。除非双方当事人同意解除仲裁协议，否则必须通过仲裁的方式解决争议，任何一方都不得向人民法院起诉。

但是，仲裁协议同其他合同一样，当其内容违反有关法律规定时，也可以被仲裁机构或人民法院裁定为无效。根据《仲裁法》第 17 条规定："有下列情形之一的，仲裁协议无效：约定仲裁事项超出法律规定的仲裁范围的；无民事行为能力人或者限制民事行为能力人订立的仲裁协议；一方采取胁迫手段，迫使对方订立仲裁协议的。"

在掌握仲裁协议的效力时，还应当注意以下几个问题：

仲裁协议对仲裁事项或仲裁委员会没有约定或者约定不明确的，当事人可以补充协议；达不成补充协议的，仲裁协议无效。

仲裁协议独立存在，合同的变更、解除终止或者无效，不影响仲裁协议的效力。

当事人对仲裁协议效力提出异议的，可以请求仲裁委员会作出决定或者请求人民法院作出裁定。如对仲裁协议的效力，一方请求仲裁委员会决定，另一方请求人民法院裁定的，则由人民法院裁定。

当事人对仲裁协议的效力提出异议，应当在仲裁庭首次出庭前提出。

（四）仲裁的主要程序

仲裁程序，是指当事人提出仲裁申请直至仲裁庭作出裁决的程序。根据我国《仲裁法》第四章的规定，仲裁程序主要有申请和受理、仲裁庭的组成、开庭和裁决。

1. 申请和受理

（1）申请仲裁的条件

当事人申请仲裁应符合下列条件：

1）有仲裁协议；

2）有具体的仲裁请求和事实、理由；

3）属于仲裁委员会的受理范围。

（2）受理

仲裁委员会收到仲裁申请书之日起 5 日内，认为符合受理条件的，应当受理，并通知当事人；认为不符合受理条件的，应书面通知当事人不予受理，并说明理由。

（3）送达法律文书

仲裁委员会受理仲裁申请后，应在仲裁规则规定的期限内将仲裁规则和仲裁员名册送达申请人，并将仲裁申请书副本和仲裁规则、仲裁员名册送达被申请人。

被申请人收到仲裁申请书后，应在仲裁规则规定的期限内向仲裁委员会提交答辩书。仲裁委员会收到答辩书后，应在仲裁规则规定的期限内将答辩书副本送达申请人。被申请人未提交答辩书的，不影响仲裁程序的进行。

（4）有仲裁协议但一方起诉时的处理

《仲裁法》26 条规定，双方当事人有仲裁协议但一方却向法院起诉的情形作了明确规定。即"当事人达成仲裁协议，一方向人民法院起诉未声明有仲裁协议，人民法院受理后，另一方在首次开庭前递交仲裁协议的，人民法院应当驳回起诉，但仲裁协议无效的除外；另一方在首次开庭前未对人民法院受理该案提出异议的，视为放弃仲裁协议，人民法院应当继续审理。"

（5）财产保全

仲裁中的财产保全，是指法院根据仲裁委员会提交的当事人的申请，就被申请人的财产作出临时性的强制措施，包括查封、扣押、冻结、责令提供担保或法律规定的其他方法，以保障当事人的合法权益不受损失，保证将来作出的裁决能够得到实现。

财产保全因国内仲裁和涉外仲裁不同，因而在选择法院上也有所不同。国内仲裁的财产保全申请，一般提交基层人民法院裁定。涉外仲裁财产保全申请，则应提交被申请人住所地或财产所在地的中级人民法院裁定。

根据《仲裁法》28条规定，当事人申请财产保全的，仲裁委员会应当将当事人的申请依民事诉讼法的有关规定提交人民法院。申请有错误的，申请人应当赔偿被申请人因财产保全所遭受的损失。

2. 仲裁庭的组成

（1）仲裁庭的种类

1）合议仲裁庭，即由3名仲裁员组成的仲裁庭。

2）独任仲裁庭，即由1名仲裁员组成的仲裁庭。

（2）仲裁庭的组成

1）合议仲裁庭的组成。当事人约定组成合议仲裁庭的，应当各自选定或各自委托仲裁委员会主任指定一名仲裁员，第三名仲裁员由当事人共同选定或共同委托仲裁委员会主任指定。第三名仲裁是首席仲裁员。

2）独任仲裁庭的组成。当事人约定由一名仲裁员成立的独任仲裁庭的，应当由当事人共同选定或共同委托仲裁委员会主任指定仲裁员。

仲裁庭组成后，仲裁委员会应将仲裁庭的组成情况书面通知当事人。

（3）仲裁员的回避

1）仲裁员回避的种类。仲裁员的回避可以有主动回避和申请回避两种情形，如果当事人提出回避申请的，应当说明理由，并在首次开庭前提出。如果回避事由是在首次开庭后知道的，可以在最后一次开庭终结前提出。

2）仲裁员回避的原因。我国《仲裁法》第34条作出明确规定，即仲裁员有下列情形之一的，必须回避，当事人有权提出回避申请：①是本案当事人或当事人、代理人的近亲属；②与本案有利害关系；③与本案当事人、代理人有其他关系，可能影响公正仲裁的；④私自会见当事人、代理人，或接受当事人、代理人的请客送礼的。

3）仲裁员回避的决定权。仲裁员是否回避，由仲裁委员会主任决定；仲裁委员会主任担任仲裁员时，由仲裁委员会集体决定。

4）仲裁员的重新确定。仲裁员因回避或其他原因不能履行职责的，应依照《仲裁法》的规定重新选定或指定仲裁员；因回避而重新选定或指定仲裁员后，当事人可以请求已进行的仲裁程序重新进行，是否准许，由仲裁庭决定；仲裁庭也可以自行决定已进行的仲裁程序是否重新进行。

3. 开庭和裁决

在开庭和裁决中，仅介绍不公开仲裁、举证责任、和解协议、调解和裁决四个问题。

（1）不公开仲裁

我国《仲裁法》规定，仲裁应当开庭进行，但不公开进行。当事人协议公开的，可以公开进行，但涉及国家秘密的除外。

所谓仲裁不公开进行，包括申请与受理仲裁的情况不公开报道、仲裁开庭不允许旁听、裁决不向社会公布等。该项规定，是仲裁制度的一项特点，也是国际商事仲裁的惯例。正是由于其不公开，使得当事人能放心地将争议提交仲裁，一方面尽快将争议了结；另一方面也不影响自己的商业信誉，并尽可能地不损害双方的合作关系，因而人们往往在实践中多选择仲裁而不是诉讼。

（2）举证责任

《仲裁法》第43条1款规定："当事人应当对自己的主张提供证据。"这是因为提供证据是确认当事人权利的前提，也是在仲裁过程中当事人应尽的义务。申请人提出仲裁或请求，那么他就有责任举证加以证明，被申请人提出答辩，反驳申请人的请求，也需要提供证据来证明其反驳是有根据的。因此，仲裁法规定的当事人应当对自己的主张提供证据，贯彻的正是"谁主张，谁举证"的原则。

在强调当事人举证责任的同时，《仲裁法》第43条2款规定："仲裁庭认为有必要收集的证据，可以自行收集。"如某些事实尚不清楚，当事人自己举出的证据又不清楚，仲裁庭则可自行收集证据。这对争议的解决很有必要。

另外，在仲裁时，在证据可能灭失或以后难以取得的情况下，当事人可申请证据保全。

（3）和解协议

和解是指争议的双方当事人以口头或书面的方式直接交涉以解决争议的一种方式，它是在没有仲裁庭介入，由当事人自己协商解决争议的一种方法。

和解达成协议的，当事人既可以请求仲裁庭根据和解协议作出判决书，也可撤回仲裁申请。如果一方或双方达成和解协议撤回了仲裁申请后，又反悔或没有履行和解协议的，可以根据仲裁协议重新申请仲裁。

（4）调解和裁决

《仲裁法》第51条1款规定："仲裁庭在作出裁决前，可以先行调解。当事人自愿调解的，仲裁庭应当调解。调解不成的，应当及时作出裁决。"

1）调解的概念。是指当事人在自愿的基础上，在仲裁庭主持下，查明事实，分清是非，通过仲裁庭的工作，促使双方当事人互谅互让，达成协议解决争议。

2）调解与和解的不同。主要区别在于有无仲裁庭的介入，有无仲裁庭做双方当事人的工作。后者则没有仲裁庭的介入，也无仲裁庭做双方当事人的工作。

3）调解应坚持的原则。自愿原则，即如有一方不同意调解，则应裁决。合法原则，即调解须在查明事实，分清是非、公平合理、实事求是的前提下进行。调解不是裁决前的必经程序。

4）调解书及其效力。如果调解达成协议的，仲裁庭应当制作调解书。调解书应当写明仲裁请求和当事人协议的结果。调解书由仲裁员签名，加盖仲裁委员会印章，送达双方当事人。调解书与裁决书具有同等法律效力。如果当事人在签收调解书前反悔的（调解书经双方当事人签收后生效），仲裁庭应当及时作出裁决。

　　5）裁决及裁决书。裁决应当按照仲裁员的意见作出，仲裁庭不能形成多数意见时，裁决应当按照首席仲裁员的意见作出。裁决书应当写明仲裁请求、争议事实、裁决理由、裁决结果、仲裁费用的负担和裁决的日期。当事人协议不愿写明争议事实和裁决理由的，可以不写。裁决书由仲裁员签字，加盖仲裁委员会印章。裁决书自作出 3 日起发生法律效力。

　　（五）申请撤销裁决

　　实行或审或裁的制度后，法院对仲裁可能不加以干预，但需要一定的监督。申请撤销裁决便是法院实行监督的一种方法。

　　1. 裁决被撤销的原因

　　根据《仲裁法》58 条的规定："当事人提出证据证明裁决有下列情形之一的，可以向仲裁委员会所在地的中级人民法院申请撤销裁决：

　　（1）没有仲裁协议的；

　　（2）裁决的事项不属于仲裁协议的范围或仲裁委员会无权仲裁的；

　　（3）仲裁庭的组成或仲裁的程序违反法定程序的；

　　（4）裁决所根据的证据是伪造的；

　　（5）对方当事人隐瞒了足以影响公正裁决的证据的；

　　（6）仲裁员在仲裁该案时有索贿受贿、徇私舞弊、枉法裁决行为的。

　　人民法院经组成合议庭审查核实裁决有前款规定情形之一的，应当裁定撤销。人民法院认定该裁定违背社会公共利益的，应当裁定撤销。"

　　2. 申请撤销裁决的时效

　　我国《仲裁法》第 59 条规定："当事人申请撤销裁决的，应当自收到裁决书之日起 6 个月内提出。"

　　3. 我国《仲裁法》第 60 条规定："人民法院应当在受理撤销裁决申请之日起 2 个月内作出撤销裁决或驳回申请的裁定。"

　　（六）裁决的执行

　　1. 裁决的执行

　　由于仲裁基本上是基于当事人的意愿进行的，特别是在是否采用仲裁方式解决争议，以及由谁来公断争议这两个关键性问题上都遵循了当事人的约定。因而，在仲裁的调解书和裁决书作出后，绝大多数当事人都能自觉履行义务。但也出现有些当事人不履行义务的情况。如果一方当事人不履行裁决，另一方当事人可以依照民事诉讼法的有关规定向人民法院申请执行，受申请的人民法院应当予以执行。

　　2. 不予执行制度

　　对国内仲裁不予执行的规定

　　根据《民事诉讼法》第 237 条规定："被申请人提出证据证明仲裁裁决有下列情形之一的，经人民法院组成合议庭审查核实，裁定不予执行：

　　1）当事人合同中没有订有仲裁条款或事后没有达成书面仲裁协议的；

　　2）裁决的事项不属于仲裁协议的范围或仲裁机构无权仲裁的；

　　3）仲裁庭的组成形式或仲裁的程序违反法定程序的；

　　4）裁决所根据的证据是伪造的；

　　5）对方当事人向仲裁机构隐瞒了足以影响公正裁决的证据；

　　6）仲裁员在仲裁该案时有贪污受贿、徇私舞弊、枉法裁决行为的。"

　　3. 涉外仲裁裁决不予执行的规定

　　《民事诉讼法》第 274 条规定："对中华人民共和国涉外仲裁机构作出的裁决，被申请人提出证据证明仲裁裁决有下列情形之一的，经人民法院组成合议庭审查核实，裁定不予执行：

　　（1）当事人在合同中没有订有仲裁条款事后没有达成书面仲裁协议的；

　　（2）被申请人没有得到指定仲裁员或进行仲裁程序的通知，或由于其他不属于被申请人负责的原因未能陈述意见的；

　　（3）仲裁庭的组成或仲裁的程序与仲裁规则不符的；

　　（4）裁决的事项不属于仲裁协议的范围或仲裁机构无权仲裁的。"

　　4. 不予执行或撤销裁决的后果

　　法院裁定不予执行或撤销裁决后，当事人之间的争议如何处理？原仲裁协议是否有效？对此，《仲裁法》第 9 条 2 款规定："裁决被人民法院依法裁定撤销或者不予执行的，当事人就该争议可以根据双方重新达成的仲裁协议申请仲裁，也可以向人民法院起诉。"由此可见，在裁决不予执行或被撤销后，原仲裁协议失效，当事人不能按照原仲裁协议申请仲裁。但为了解决争议，当事人可以按照重新达成的仲裁协议申请仲裁，也可以向人民法院提起诉讼。

第三节　工程建设活动中的证据

一、证据概述

　　（一）证据的概念

　　证据是指能够证明案件事实的一切材料。在工程建设主体维护自身权利的过程中，根本的目的就是要明确对方的责任和自身的权利，减轻自己的责任和减少、甚至消除对方的权利。但这一切都必须依法进行。因为我国的法律都明确规定了哪一种行为应当承担什么样的后果，所以，确定自己和对方实施了什么样的行为，形成一个什么样的案件事实，便成了保护权利的核心问题。不论是在诉讼中，还是在仲裁、调解、谈判中，案件事实都是确定权利和责任的核心问题。然而，一个行为或一项事实要依靠什么来判断其是否存在呢？依靠的就是证据。因此，证据是工程建设主体维护权利的基础。

　　在实践中，工程建设主体的合法权利不能得到及时、有效的保证和实现，直接的问题就反映在了不能提供充分的、明确自己权利的证据上。

　　（二）证据的种类

　　根据我国刑事诉讼法、民事诉讼法和行政诉讼法的规定，可以作为证据使用的材料有以下七种：

　　1. 书证。是指以其文字或数字记载的内容起证明作用的书面文书和其他载体。如合同文本、财务账册、欠据、收据、往来信函以及确定有关权利的判决书、法律文件等。

2. 物证。是指以其存在、存放的地点、外部特征及物质特性来证明案件事实真相的证据。如购销过程中封存的样品，被损坏的机械、设备，有质量问题的产品等。

3. 证人证言。是指知道、了解事实真相的人所提供的证词，或向司法机关所作的陈诉。

4. 视听材料。是指能够证明案件真实情况的音像资料。如录音带、录像带等。

5. 被告人供述和有关当事人陈诉。它包括：犯罪嫌疑人、被告人向司法机关所作的承认犯罪并交代犯罪事实的陈诉或否认犯罪或具有从轻、减轻、免除处罚的辩解、申诉。被害人、当事人就案件事实向司法机关所作的陈述。

6. 鉴定结论。是指专业人员就案件有关情况向司法机关提供的专门性的书面鉴定意见。如，损伤鉴定、痕迹鉴定、质量责任鉴定，等等。

7. 勘验、检验笔录。是指司法人员或行政执法人员对与案件有关的现场、物品、人身等进行勘察、试验、实验或检查的文字记载。这项证据也具有专门性。

（三）证据的特点

作为可以证明案件事实的证据，必须具备三个特点：

1. 真实性。即证据必须符合客观实际情况，能够用来证明真实情况。虚假的材料是不能用来作为证据使用的。

2. 联系性。也称相关性，是指各个证据之间相互能够印证，共同证明事实。它一方面要求每一个证据都与整个事实或其中的一部分有密切的联系，可以反映事实的内容；另一方面还要求各个证据之间相互衔接、相互印证，形成完整的证据体系。比如甲乙方各自所持两个合同文本，其内容不同时，则任何一个合同文本都不能直接作为证据使用。只有在用其他证据排除其中一个 合同文本后，另一个合同文本才能作为证据使用。

3. 合法性。只有依据合法的形式和手段取得的材料才能作为证据使用。采用非法的手段，如刑讯逼供、欺诈等形式取得的证据都是无效的证据。

二、工程建设活动中证据的特殊性

工程建设主体的权利主要产生在工程建设活动中，所以在工程建设活动中如何维护自身的权利至关重要，充分地认识建设活动中的证据则也显得尤为突出了。在工程建设活动中，也存在着诉讼中常使用的七种证据，只是工程建设活动中的证据，有它自己的特点。

（一）体系庞杂

由于工程建设活动本身是一个庞大的系统工程，环节较多，涉及的权利在各个方面都存在着，所以需要的证据也是一个庞杂的体系。如有以合同、签证、财务账目为代表的书证，以建筑原材料为代表的物证，以管理人员、中介人员、监督人员为代表的证人证言，以技术鉴定为代表的鉴定结论，以现场调查为代表的勘验检查笔录，以现场录像、照相为代表的视听证据等等。

（二）内容繁多

由于建设工程涉及方方面面的问题，这就决定了工程建设活动中的证据所反映的内容也是繁杂的，它包括：工程承发包方面的证据，施工组织与管理方面的证据，原材料采购方面的证据，涉及国家行政监督方面的证据，工程结算证据等等。

（三）证据易逝、难以获取

由于施工中隐蔽工程多、工期长等原因，往往造成了其中的证据被湮没，获取证据的难度明显增加。

（四）专业性强

工程建设专业是一个独立的专业，其中又涉及多方面的专业知识，加之现场复杂、环节多变等因素，对于工程建设活动中的证据往往靠普通的勘查检验或技术鉴定难以得出真实的结论。这就需要组织较强的专业技术人员进行收集证据的活动。

除此之外，就我国而言，涉及工程建设活动的法律法规繁多且易变化，这也带来了工程建设活动中证据收集时目的不易明确、证据运用时矛盾较多等困难。

三、证据的收集和保全

（一）证据的收集和保全的含义

从狭义上讲，证据的收集单指司法机关在办案过程中，围绕案件事实收集证据的活动。但民事诉讼法把举证责任归为主张权利的当事人以后，证据的收集就不仅仅是司法机关的工作了，它还包括当事人自己在具体工作中为维护自身的合法权益而收集的有关证明材料。这就是广义的证据收集。

在现实的生活中，有许多证据是不易收集的。或者由于其自身的因素，或者由于人为的因素，这些证据往往一闪即逝，不注意保管证据，在真正需要它的时候，便后悔莫及了。从广义上讲，证据保全就是司法机关即企事业单位和公民个人，为了维护合法权益、查明案件事实，对容易灭失或难以取得的证据所采取的固定、保护措施。它包括对书证的拍照、复制，对物证的勘验、绘图、拍照、录像和保存。对证人证言的笔录、文书、录音等措施，等等。

（二）工程建设主体收集和保全证据的原则

就工程建设主体而言，在收集和保全证据过程中，必须明确一个指导思想，即其在生产经营过程中收集和保全证据不仅仅是为了打官司。因为工程建设主体的权利涉及了诸多方面的行为，收集和保全各种证据的核心目的就是要维护自身的合法权益。不论是通过谈判、调解，还是通过仲裁、诉讼，都要依靠事实和法律来处理问题。所以收集和保全证据，如同协商、诉讼一样，仅仅是维护自身权益、实现权利的手段而已。在实践中，许多工程建设主体为了强调合作，往往碍于情面或因为其他的人为因素，对该索取的证据不予索取，对该保全的不予保全，结果让对方钻了空子，造成不该赔偿的赔偿，应该实现的权利没有实现。

（三）工程建设主体收集和保全证据的方法

在工程建设活动中，收集和保全证据的最佳方法就是加强管理，建立、健全文书流转制度，及时、全面、准确记载有关情况。最重要的有：

1. 加强以合同为代表的文书档案管理

（1）要加强合同文本管理。在合同订立中坚持签订合法有效的合同，对无效的合同既不能签订也不能执行；合同订立时不仅要明确合同的主要内容，对具体操作细节也应当予以明确；对难以确定的内容，应当在合同中载明以双方代表临时确认的签字为依据。

（2）要在执行合同过程中，对变更的内容也应坚持依法变更，全面细腻的原则。

（3）要注意保存与业务相关的往来信函、电报、文书，不能业务刚刚结束，就将其销毁、扔掉。

（4）要建立业务档案，将涉及具体业务的相关资料集中分类归档，定期销毁。

（5）对采取以合同方式授权代理的合同，一定要在合同标的或项目名称中详细载明标的内容及授权范围；或者在合同中注明该合同在使用中必须以授权方式或含有授权内容的介绍信同时使用方能生效。

（6）要加强单位公章、法定代表人名章和合同专用章的管理，不能乱扔、乱放，随便授之以人。

2. 加强以收支票据为代表的财务管理

对于每一项收支必须要有完整的账目记录，详细记载资金来源及使用目的，资金取向及用途，并附之以有关票据，特别是对于暂付、暂借等款项，绝不能简单地凭所谓的信誉或感情用事而不是收据或欠据。

3. 加强施工中的证据固定工作

对施工的进度情况、停工原因、租赁设备的使用情况，应当坚持日记制度，而且每一项日记都应坚持甲乙双方代表签字。对施工中发现的质量问题应当及时进行现场拍照，必要时可及时聘请有关技术监督部门迅速作出技术鉴定和勘验检查笔录，或者将有关情况详细记录在日记中，并由甲乙双方签字。

（四）工程建设主体在收集和保全证据时需要注意的几个问题

1. 对重要的文件、书证，要注意留有备份，以防止遗失。

2. 对遗失的有关文件、书证要根据情况分别处理：对可能涉及对方不承认的情况时，要注意保密，防止对方篡改有关证据或否认事实而侵犯自身的权利；在可能的情况下，应从对方重新复制、索取有关文件，或找到有关知情人及时回忆，形成书面证言予以保留；对涉及隐蔽工程，现场已遭破坏等情况时，应及时聘请有关专业人员重新勘验，确定原因。

3. 对涉及的重要知情人，要记载清楚其下落、联系方式，以便随时请其出证。

4. 在开始诉讼时，对于那些对自己有利而对方不愿提供的证据，要及时请求法院采取强制性的证据保全措施。

四、证据的运用

（一）证据的运用的概念

证据的运用就是为了要形成事实以用来维护自身的权利。运用证据在各种保护权利的方式中，都可能碰到。由于运用证据的方式是相同的，在此我们完整地介绍诉讼中的运用证据。

（二）举证责任

举证责任是指司法机关、行政机关及当事人为证明案件事实而向人民法院提供的责任。我国法律规定，负有举证责任的人不能提供足够证据来证明案件事实时，则其所阐述的事实不能被法庭所认可，当然其权利也不可能得到保护了。

在刑事诉讼中，检察机关负有举证责任。它负责对犯罪嫌疑人的犯罪事实提供证据。对犯罪嫌疑人的辩解，它必须提出肯定或否定的证据。

在民事和经济诉讼中，主张权利者负有举证责任。原告人在起诉时必须提供其权利受到侵犯的证据；被告人在答辩时或提出反诉时也必须提供自己不应承担责任或对方应当承担责任的证据。

在行政诉讼中，作为被告人的行政机关负有举证责任。它必须提供作出具体行政行为时所依据的事实和法律文件等有关证据。

（三）运用证据的基本原则

工程建设主体在运用证据时，首先要注意的是，案件事实与客观事实往往存在着一定的误差。这主要是由于法律规定得较为笼统，客观事实又较为复杂等原因造成的。所以，运用证据的核心目的就是排除或削减对方的权利，形成对自己有利的案件事实。这样，在运用证据时，就必须结合具体案情和涉及该案的有关法律，充分地利用各种证据对案件定性提出意见。

在使用证据时，必须紧紧围绕着证据的三个特点进行，即提供的证据应当是真实的，不能提供伪证；提供的证据应当全面，能够互相印证，而不是相互矛盾；提供的证据必须是经合法手段取得的。其中，证据的联系性尤为重要。

具体使用证据时，则应提供出涉及案件客观事实的证据，事实与对方的关系，事实与自己的关系等证据，将其组合成一个证据体系来证明事实，明确责任。比如，若要起诉对方产品质量不合格给乙方造成损失而请求赔偿时，则首先应提供购货证据，如购销合同、协议、付款凭证，以证明产品从对方处购买或系对方生产的。其次应提供产品质量瑕疵的证据，如产品和损坏部位的照片、录像带，被封存的损坏的产品，关于质量问题的技术鉴定结论等；第三，应提供造成损失情况的证据，如产品的购价证明、对现场破坏情况的照片、录像带，恢复原状时的支付明细，对造成人身伤亡时的医疗证明，延误工期的施工日记，等等。

（四）运用证据时需要注意的几个问题

由于在民事、经济和行政诉讼中，往往要互相质证，各自提供有利于自己的证据，因此经常出现双方之间证据的矛盾，此时需要注意以下几点问题：

1. 要设法否定对方的证据效力，使对方的证据不能够作为证据使用。一是注意对方的证据是否是伪证；二是注意对方所提供的证据之间是否存在矛盾，相互间能否印证；三是注意对方的主要证据能否证明完整的事实，对于各具体情节间的联系，是否存在着漏洞；四是注意对方所提供的证据是否是通过合法手段取得的，有无法律效力。

2. 证人证言带有较大的主观性，视听证据具有模糊、不准确的一面，鉴定结论、勘查记录也有疏漏的时候。针对这些情况，结合具体案情，当发现自己的权利因错误的证据而受到侵犯时，可以采取请证人出庭，当庭质证，对视听证据请求鉴定真伪，要求重新鉴定或重新勘验等。

3. 在认定事实时，应将双方的证据同时考虑，以去伪存真，特别是要注意对方提供的对自己有利的证据，将其结合到自己的证据体系中。

4. 与此按相关的他案事实，或有关政策、法规往往也可以成为此案的证据。如因甲方违约造成了乙方对丙方的违约，则丙方向乙方主张权利的诉讼文书就成为乙方向甲方索赔的证据之一。再如，国家有关具体法规和政策的调整，也可以成为违约方免责的证据。

第四节　工程建设争议解决制度案例

案例 1

申请人：××建筑集团公司

被申请人：××跨国集团

一、基本案情

××跨国集团作为业主与作为承包商××建筑集团公司订立了一份施工总承包合同，就业主投资的某室内装修工程作了约定。该室内装修工程总承包面积 9954 ㎡，以原报价单为基础，双方确认合同总价款为 6771435 美元。在施工过程中发生设计变更所引起的工程费用在工程决算中予以调整。装修工程完工后，承包商应提前通知业主并与业主指定的设计师及管理人员进行验收，经验收合格后由业主委任的设计师、管理人员签发验收证明书。如验收中发现施工安装质量部分未全达到合同规定的技术要求但又不影响使用的，由承包商提出书面承诺在保修期内按合同规定的技术要求加以改善后，业主发给承包商工程验收证明书。业主在合同生效后两个星期内付给承包商合同总价 30％作预付款。半年保修期满后，业主付还承包商合同总价 5％的工程保修金。合同签订后，乙方开始装修工程的施工。但装修完成后，双方因拖欠装修工程款的争议协商未果，乙方依合同约定争议条款向中国国际经济贸易仲裁委员会深圳分会申请仲裁，请求裁决甲方偿付工程尾款 110000 万美元、工程保修金 283777 万美元及两项欠款利息。

在仲裁庭审理期间，被申请人的主要答辩意见是：由于工程质量问题，双方曾口头协商不再付给申请人 5％保修金，此外的工程款早已全部支付。装修工程进行到最后，经双方协商确定最后付款额为 5651443 美元。因被申请人通过申请人将 43044077 美元转交香港某公司用来购买装修材料，而该香港公司的法定代表人与申请人的法定代表人都是同一个人，被申请人有理由认为，该笔款项实际上是由申请人收取了，故应冲抵工程款，且余额应返还被申请人。对于申请人提交的工程竣工验收证书，被申请人提出没有其公章、未经总经理签字，是申请人单方面制造的。

二、案件审理

仲裁庭审理查明：关于工程总价款问题，双方认可曾共同签字确认合同总价款由原来 6771435 美元降为 5610099 美元，申请人交给被申请人的工程预（结）算表中，就增加工程及签证分项列价，标明新增工程价为 56636 美元。被申请人代表对部分单价做修改并注明"实际数量及价格合理，应按我们改后之单价结算，实际为 52057 美元"。仲裁庭由此认定工程总价款为 5662156 美元。

关于工程验收问题，申请人在装修工程完工后，即会同被申请人指定的设计师及管理人员进行验收，并且设计师及管理人员向申请人签发了"工程竣工验收证书"。由此仲裁庭认为被申请人有关验收证书异议不成立。

关于 5％保修金问题，在工程竣工后的保修期内，申请人按照被申请人在验收证书中所列的保修项目做了全面整改，被申请人对整改项目也有签字认可。仲裁庭认为，被申请人主张无事实依据，应按合同约定支付申请人 5％保修金及利息。关于工程尾款问题，根据被申请人已付数额，认定尚欠尾款为 110000 美元。对于多支付的 430440 美元，被申请人称双方均同意转交给某香港公司作为被申请人装修酒店购买装修材料的定金，被申请人同时承认申请人已将该定金汇给某香港公司。仲裁庭认为，香港公司和申请人是两个不同法人，被申请人不能以该两公司的法定代表人系同一人为由，而认为是申请人收取了定金，也不能以香港公司未履约为由，认为定金抵偿了工程款。最后仲裁委员会裁决被申请人偿付申请人工程尾款 110000 美元、保修金 283777 美元及两款相应利息。

三、案例评析

诉讼与仲裁，是解决合同争议的两个基本法律途径。仲裁一般以不公开审理为原则，有着很好的保密性，对当事人今后的商业机会影响较小。同时仲裁实行一裁终局制，有利于迅速解决纠纷，并且由于时间上的快捷性，费用相应节省，无须多级审级收费，故仲裁收费总体来说要比诉讼低一些。相对诉讼而言，建筑企业可优先考虑通过仲裁解决拖欠工程款等工程合同纠纷。此外，由于仲裁员通常是具有行业背景的专家，在解决复杂的专业问题上更有权威，因此仲裁结果更能符合实际。

选择仲裁解决工程合同纠纷，应在合同中事先约定或在发生争议后各方对通过仲裁解决达成一致，这是仲裁协议成立的法律要件之一。我国一些直辖市、省、自治区人民政府所在地及其他设区的市设有仲裁委员会，受理国内仲裁案件。中国国际经济贸易仲裁委员会和中国海事仲裁委员会是我国两个常设涉外仲裁机构，前者受理涉及中国法人、自然人、其他经济组织利用外国的、国际组织的或中国香港、澳门特别行政区、中国台湾地区的资金、技术或服务进行项目融资、招标投标、工程建设等活动的争议以及其他涉外争议，后者受理的是涉外海事争议。

案例 2

上诉人（原审被告）：射阳县住房和城乡建设局

被上诉人（原审原告）：射阳县××房地产开发有限公司（以下简称：甲公司）

一、基本案情

1999 年 7 月，澳门华宇集团公司经引荐，意欲在射阳县朝阳街百货公司宿舍区地段，投资建设一座占地面积 31800 平方米、建筑面积 25000 平方米，集商业、文化、餐饮、休闲为一体的"太阳城"建设项目。射阳县人民政府为促使该项目早日建成，给予澳门华宇集团公司土地价格优惠、减免有关费用、提供最好服务等一系列优惠措施，并明确表明按澳方要求改变原设计方案，同意在工区河上盖板建房，建筑面积也增加近 5000 平方米。后因澳门华宇集团公司的投资资金未能按期到账，射阳县人民政府终止了与其签订的关于"太阳城"项目的所有合同。为加快"太阳城"建设步伐，射阳县建设局和射阳县国土管理局于 2000 年 2 月 29 日联合发出公告，以公开议标方式重新确定开发单位，后通过竞标，甲公司获得了太阳城工程开发建设资格。2000 年 3 月 17 日，甲公司与射阳县国土管理局签订《国有土地使用权出让合同》，明确该地块的使用年限为 40 年，并按批准的总体规划建设该项目。在批准的总平面图上包含有工区河上的 700 平方米门市房，时任射阳县人民政府办公室副主任吉某在该总平面图上签署"经与建设局协调，并请示刘县长，同意按此图施工。"2000 年 4 月，甲公司开始在射阳县城太阳城工区河上建设长约 140 米，宽约 5 米，共约 700 平方米的活动板房。2000 年 10 月 7 日，甲公司就该活动板房申领了临时建设工程规划许可证，并分别于 2002 年 12 月 4 日、2004 年 12 月 1 日、2006 年 12 月 18 日、2010 年 3 月 3 日进行了换证，之后未申请办理换证手续，该证有效期至 2012 年 3 月 2 日。2015 年 9 月 16 日，射阳住建局认为甲公司所建该活动板房超过批准期限未拆除的行为违法，并进行了立案查处，随后进行了调查核实与现场勘查并核实甲公司领取临时建设工程规划许可证情况。2015 年 11 月 16 日，射阳住建局作出射建决字〔2015〕第 458 号《责令限期拆除决定书》。当日，射阳住建局向甲公司进行了邮寄送达，并将决定的主要内容以公告形式张贴。甲公司不服，于 2016 年 5 月 11 日提交诉状，向法院提起行政诉讼。

另外，因百货公司地段拆迁改造时，射阳县百货大楼有限责任公司的部分仓库及二排宿舍在拆迁范围内。经射阳县人民政府召集有关部门协调，工区河封盖后，该公司获得工区河上最北侧四间活动板房，其他板房先后被甲公司按几十万元至上百万元不等的价格出售，协议签订时，甲公司向购买户提供了政府审批的房屋建设规划总图、县长批示和县建设局、水利局的各项批建手续。目前上述房屋均处于正常经营状态。

二、案件审理

建湖县人民法院经审理认为，射阳县住建局认定甲公司建设的涉案活动板房为临时建设而作出被诉限期拆除决定书，既要有事实根据与法律依据，也要符合法定程序，亦要合理、恰当。

但是，射阳县住建局作出被诉限期拆除决定存在以下问题：

1. 限期拆除决定程序不当。《江苏省行政程序规定》第四十六条第一款规定："行政机关在行政执法过程中应当依法及时告知当事人、利害关系人相关的执法事实、理由、依据、法定权利和义务。"射阳住建局在行政程序中，明知涉案房屋中的四间已被射阳县政府拆迁安置协调时分配给射阳县百货大楼有限责任公司、其余房屋已被出售等情况，却没有听取射阳县百货大楼有限责任公司及实际购房人的意见，没有依法保障其基本的陈述、申辩权，程序显属不当。

2. 限期拆除决定明显失当。根据案件查明的事实，在射阳住建局和射阳县国土资源管理局联合发出招标公告后，甲公司经公开竞标，获得涉案太阳城项目的开发经营资格；甲公司基于对射阳住建局招标公告的内容以及对射阳县人民政府作出的在招商建设太阳城项目时准许"在工区河上搭板建房"承诺的信赖，进行了资金投入和工程建设，其所建成的涉案活动板房中，四间按射阳县政府协调意见分配给百货公司，其他均已销售。购买户基于对射阳县政府及射阳住建局承诺的信赖，认同甲公司出售时提供的县长批示、房屋建设规划总图、批建手续等材料，购买房屋并支付对价后，获得房屋并实际经营多年。射阳住建局在作出被诉限期拆除行政决定时，理应结合甲公司经射阳县政府及规划部门批准后，于 2000 年即已建成案涉房屋以及该房屋已被出售等情况，考量相对人的合理利益，尽可能保证行政行为的稳定性和预期性。然而，射阳住建局既未考虑案涉房屋的历史因素及被众多经营户经营的客观现状，也未善其应尽职能，考虑如何保障众多购房户的实际权益，其在未与甲公司磋商如何解决或减少购房户利益损失的情况下，径行作出责令甲公司七日内自行拆除的处理决定，显属不当。综上，经建湖县人民法院审判委员会讨论决定，依照《中华人民共和国行政诉讼法》第七十条第一款第（三）、（六）项之规定，判决如下：

1. 撤销射阳县住房和城乡建设局于 2015 年 11 月 16 日作出的射建决字〔2015〕第 458 号《责令限期拆除决定书》。

2. 案件受理费 50 元，由被告射阳县住房和城乡建设局负担。

射阳住建局不服一审判决，以建湖县人民法院的行政判决认定事实错误、使用法律不当为由向江苏省盐城市中级人民法院提起上诉，请求二审法院撤销原审判决，发回重审或依法改判。

江苏省盐城市中级人民法院作为第二审人民法院，审理认为：上诉人射阳住建局作出涉案限期拆除决定时未依法保障利害关系人的陈述、申辩权，一审法院认定上诉人作出行政决定时程序不当，该认定并无不当；对行政行为的司法审查既包括合法性审查，也包括合理性审查。射阳住建局只是简单地适用有关临时建设期限届满的法律法规，未综合考量现实情况及历史因素，径行作出责令被上诉人七日内自行拆除的行政决定，一审法院据此认定该行政决定明显不当并判决撤销，并无不妥。综上，原审判决认定事实清楚，法律适用正确，程序合法。依照《中华人民共和国行政诉讼法》第八十九条第一款第（一）项之规定，判决如下：驳回上诉，维持原判。二审案件受理费 50 元，由上诉人射阳县住房和城乡建设局负担。

三、案例评析

人民法院审查行政行为除了要在形式上符合法律法规的强制性规定，同时还要审查考量该行为是否明显违反法律、法规的立法目的和精神，是否存在不适当地损害了社会和他人利益的情形等不合理因素。本案中射阳住建局在作出限期拆除决定时，未能综合考量项目遗留的历史问题及现实因素，做出了损害社会和他人利益的行政行为，违反了行政法合理合法、程序正当的基本原则，人民法院撤销相关行政行为，适用法律正确，程序合法。

第十七章　建设法律责任

第一节　法律责任概述

一、法律责任的概念

（一）法律责任的概念

法律责任也称违法责任，是指自然人、法人或国家公职人员因违反法律而应依照法律承担的法律后果。

（二）法律责任的特征

1. 法律责任具有法定性

法律责任的法定性主要表现了法律的强制性，即违反法律时就必然要受到法律的制裁，它是国家强制力在法律规范中的一个具体体现。

2. 引起法律责任的原因是法律关系的主体违反了法律

法律关系主体违反法律不仅包括没有履行法定义务，而且还包括超越法定权利。任何违反法定的义务或超越法定权利的行为，都是对法律秩序的破坏，因而必然要受到国家强制力的修正或制裁。

3. 法律责任的大小同违反法律义务的程度相适应

违反法律义务的内容多、程度深，法律责任就大，相反，违反法律义务少、程度浅，法律责任就小。

4. 法律责任须由专门的国家机关和部门来认定

法律责任是根据法律的规定而让违法者承担一定的责任，是法律适用的一个组成部分。因此，它必须由专门的国家机关或部门来认定，无权的单位和个人是不能确定法律责任的。

二、法律责任的构成要件

通常，有违法行为就要承担法律责任，受到法律制裁。但是，并不是每一个违法行为都能引起法律责任，只有符合一定条件的违法行为才能引起法律责任。这种能够引起法律责任的各种条件的总和称之为法律责任的构成要件。法律责任的构成要件有两种：一类是一般构成要件，即只要具备了这些条件就可以引起法律责任，法律无需明确规定这些条件；另一类是特殊要件，即只有具备法律规定的要件时，才能构成法律责任。特殊要件必须有法律的明确规定。

（一）一般构成要件

法律责任的一般构成要件由以下四个条件构成，它们之间互为联系、互为作用，缺一不可。

1. 有损害事实发生

损害事实就是违法行为对法律所保护的社会关系和社会秩序造成的侵害。这种损害事实首先具有客观性，即已经存在，没有存在损害事实，则不构成法律责任。其次，损害事实不同于损害结果。损害结果是违法行为对行为指向的对象所造成的实际损害。由此可见，有些违法行为尽管没有损害结果，但是已经侵犯了一定的社会关系或社会秩序，因而也要承担法律责任，如犯罪的预备、未遂、中止等。

2. 存在违法行为

法律规范中规定法律责任的目的就在于让国家的政治生活和社会生活符合统治阶级的意志，以国家强制力来树立法律的威严，制裁违法，减少犯罪。如果没有违法行为，就无需承担法律责任，而且合法的行为还要受到法律的保护。所以，只要行为没有违法，尽管造成了一定的损害结果，也不承担法律责任。如正当防卫、紧急避险和执行职务的行为，就不承担法律责任。

3. 违法行为与损害事实之间有因果关系

违法行为与损害事实之间的因果关系，指的是违法行为与损害事实之间存在着客观的、必然的因果关系。就是说，一定损害事实是该违法行为所引起的必然结果，该违法行为正是引起损害事实的原因。

4. 违法者主观上有过错

所谓过错，是指行为人对其行为及由此引起的损害事实所抱的主观态度，包括故意和过失。如果行为在主观上既没有故意也没有过失，则行为人对损害结果不必承担法律责任。如企业在施工中遇到严重的暴风雨，造成停工，从而延误了工期，在这种情况下，停工行为和延误工期造成损失的结果并非出自施工者的故意和过失，而属于不可抗力，因而不应承担法律责任。

（二）特殊构成要件

特殊构成要件是指由法律特殊规定的法律责任的构成要件，它们不是有机地结合在一起的，而是分别同一般要件构成法律责任。

1. 特殊主体

在一般构成要件中对违法者即承担责任的主体没有特殊规定，只有具备了相应的行为能力即可成为责任主体。而特殊主体则不同。它是指法律规定违法者必须具备一定的身份和职务时才能承担法律责任。主要指刑事责任中的职务犯罪，如贪污、受贿等，以及行政责任中的职务违法，如徇私舞弊、以权谋私等。不具备这一条件时，则不承担这类责任。

2. 特殊结果

在一般构成要件中，只要有损害事实的发生就要承担相应的法律责任，而在特殊结果中则要求后果严重、损失重大，否则不能构成法律责任。如质量监督人员对工程的质量监督工作粗心大意、不负责任，致使应当发现的隐患而没有发现，造成严重的质量事故，那么他就要承担玩忽职守的法律责任。

3. 无过错责任

一般构成要件都要求违法者主观上必须有过错，但许多民事责任的构成要件则不要求行为者主观上是否有过错，只要有损害事实的发生，那么，受益人就要承担一定的法律责任。这种责任，主要反映了法律责任的补偿性，而不具有法律制裁意义。

4. 转承责任

一般构成要件都是要求实施违法行为者承担法律责任，但在民法和行政法中，有些法律责任则要求与违法者有一定关系的第三人来承担。如未成年人将他人打伤的侵权赔偿责任，应由未成年人的监护人来承担。

三、法律责任的种类

依照行为违法的不同和违法者承担法律责任的方式的不同，法律责任可分为民事责任、行政责任、经济责任、刑事责任和违宪责任。这里，仅介绍前四种。

1. 民事责任

民事责任是指按照民法规定，民事主体违反民事义务时所应承担的法律责任。以产生责任的法律基础为标准，民事责任可分为违约责任和侵权责任。违约责任是指行为人不履行合同义务而承担的责任。侵权责任是指行为人侵犯国家、集体和公民的财产权利以及侵犯法人名称权和自然人的人身权时所应承担的责任。承担民事责任的方式有：停止侵害、排除妨碍、消除危险、返还财产、恢复原状、修理、更换、重作、赔偿损失、支付违约金、消除影响、恢复名誉、赔礼道歉等。

2. 行政责任

行政责任是指因违反法律和法规而必须承担的法律责任。它包括两种情况：一种是公民和法人因违反行政管理法律、法规的行为而应承担的行政责任；另一种是国家工作人员因违反政纪或在执行职务时违反行政法规的行为。与此相适应的行政责任的承担方式分为两类：一类是行政处罚，即由国家行政机关或授权的企事业单位、社会团体，对公民和法人违反行政管理法律和法规的行为所实施的制裁，主要有警告、罚款、拘留、没收、停止营业等。另一类是行政处分，即由国家机关、企事业单位对其工作人员违反行政法规或政纪的行为所实施的制裁，主要有警告、记过、记大过、降职、降薪、撤职、留用察看、开除等。

3. 经济责任

经济责任是指经济法律关系主体因违反经济法律和法规而应承担的法律责任。由于经济法律关系包含了行政、民事法律关系的内容，因此，其法律责任的承担方式主要是行政责任和民事责任的承担方式，如果违反经济法律关系的行为触犯了刑法的规定，那么，必须承担刑事责任。

4. 刑事责任

刑事责任是指犯罪主体因违反刑法的规定，实施了犯罪行为时所应承担的法律责任。刑事责任是法律责任中最强烈的一种，其承担方式是刑事处罚。刑事处罚有两种；一种是主刑，包括管制、拘役、有期徒刑、无期徒刑和死刑。另一种是附加刑，包括罚金、没收财产和剥夺政治权利。有些刑事责任可以根据犯罪的具体情况而免除刑事处罚。对免除刑事处罚的罪犯，有关部门可以根据法律的规定使其承担其他种类法律责任，如对贪污犯可以给予开除公职的行政处分等。

第二节　工程建设常见法律责任

一、工程建设民事责任

1. 民事责任概念

民事责任是指按照民法规定，民事主体违反民事义务时所应承担的法律责任。

2. 民事责任分类

（1）违约责任是指行为人不履行合同义务而承担的责任。

（2）侵权责任是指行为人侵犯国家、集体和公民的财产权利以及侵犯法人名称权和自然人的人身权时所应承担的责任。

3. 承担民事责任的方式

（1）停止侵害

当侵权行为人实施的侵权行为仍然处于继续状态时，受害人可以依法要求法院责令加害人停止侵害人身或财产权的行为。停止侵害可以及时制止侵权行为，防止侵害后果的继续扩大。

（2）排除妨碍

当侵权行为人实施的侵权行为使受害人的财产权利、人身权利无法正常行使时，受害人有权请求排除妨碍。

（3）消除危险

当行为人的行为对他人的人身财产安全造成了威胁，或存在对他人人身、财产造成损害的危险时，处于危险中的人有权要求行为人采取措施消除危险。

（4）返还财产

当侵权行为人没有合法依据，将他人财产据为己有时，受害人有权要求其返还财产。返还财产是物的追及权的表现形式，根据民法理论，无论物权标的物辗转于何人之手，其所有人均可要求物的占有人进行返还。

（5）恢复原状

恢复原状是指侵权行为致使他人的财产遭到损坏或形状改变，受害人有权要求加害人对受损财产进行修复或采取其他措施，使其回复到原来状态。

（6）赔偿损失

当侵权行为人给他人造成财产或人身损害时，应当给予赔偿。所谓赔偿，就是以金钱方式对受害人遭受的损失进行弥补。一般而言包括对财产损失的赔偿，对人身损害的赔偿以及精神损害的赔偿。

1）对财产损失的赔偿。侵权行为人侵犯他人财产权的，首先应返还原物，原物如果损坏但能修复的要尽量修复，修复后导致价值减少的应给予经济补偿，如果既不能返还原物，又不能恢复原状的，就应考虑进行赔偿损失。

2）对人身损害的赔偿。侵害公民身体造成伤害的，应当赔偿医疗费、因误工减少收入、残废者生活补助费等费用；造成死亡的，并应当支付丧葬费、死者生前抚养的人必要的生活费等费用。

3）精神损害的赔偿。所谓精神损害，是指民事主体依法享有的人格权和身份权受到不法侵害，遭受到的精神上的痛苦。对精神损害以金钱的方式给予赔偿可以对受害者以经济上的补偿、精神上的抚慰。精神损害赔偿的内容除要求侵权人承担停止侵害、恢复名誉、消除影响、赔礼道歉等民事责任外，受害人还可要求侵权人赔偿相应的精神损害抚慰金。精神抚慰金的方式包括：致人残疾的，为残疾赔偿金；致人死亡的，为死亡赔偿金；以及其他损害情形的精神抚慰金。

（7）消除影响、恢复名誉

1）公民的姓名权、肖像权。名誉权、荣誉权受到侵害的，有权要求恢复名誉，消除影响；

2）法人的名称权、名誉权、荣誉权受到侵害的，也可要求恢复名誉、消除影响。

3）消除影响，是指行为人因为其侵权行为在一定范围内对受害人的人格权造成了不良影响，应该予以消除。

4）恢复名誉，是指侵权行为人因其侵权行为导致被害人人格评价降低的，应该使受害人的人格利益恢复至未受侵害前的状态。

（8）赔礼道歉

1）赔礼道歉是指侵权行为人通过向受害人承认错误、表达歉意、请求原谅的方式以弥补受害人心理上的创伤。

2）赔礼道歉适用于对公民的姓名权、肖像权、名誉权、荣誉权的侵害及对法人的名称权、名誉权、荣誉权的侵害。

4. 违反建筑市场管理法律、法规责任认定与处理

（1）连带责任

建筑施工企业转让，出借资质证书或者以其他方式允许他人以本企业的名义承揽工程的，对承揽工程不符合规定的质量标准造成的损失、建筑施工企业与使用本企业名义的单位或者个人承担连带赔偿责任。

（2）损害赔偿责任

涉及主体或承重结构变动的装修工程擅自施工的，给他人造成损失的，应当承担补偿损失的责任。

（3）因相邻关系引起的民事责任

1）施工现场对毗邻建筑物、构筑物和特殊环境可能造成损害的，建筑施工企业应当采取安全防护措施。否则，对方有权要求排除危险，由此造成损失的，建筑施工单位应当赔偿。

2）建筑施工企业应当保护施工现场的地下管线。否则有关方面有权要求停止侵害；造成损失的，建筑施工单位应当赔偿。

3）施工现场因噪声，振动等妨碍周围邻人生产、生活的，他人有权要求建筑施工单位采取控制措施。对由此造成损害的，建筑施工单位应当赔偿。

（4）职务侵权责任

负责颁发建筑工程施工许可证的部门及其工作人员，对不符合施工条件的建筑工程颁发许可证的，负责工程质量监督检查或竣工验收部门及其工作人员，对不合格的建筑工程出具合格文件或按合格工程验收的。如造成损失，由该部门承担相应的赔偿责任。

5. 违反建设工程质量管理法律、法规责任认定与处理

（1）连带责任

1）承包单位转包工程或者违法分包，造成工程不符合工程质量标准的损失由承包单位与接受转包和分包的单位承担连带赔偿责任。

2）工程监理单位与建设单位或施工企业串通，弄虚作假，降低工程质量造成损失，由工程监理单位、建设单位或施工企业承担连带赔偿责任。

（2）损害赔偿责任

1）建筑设计单位不按照建筑工程质量、安全标准进行设计，造成损失的，承担赔偿责任。

2）建筑企业在施工中偷工减料的，使用不合格建筑材料、建筑构配件和设备的，或者不按工程设计图纸或施工技术标准施工的行为，造成工程质量不符合规定的质量标准的，首先是返工、修理，如果造成损失的，还应当赔偿因此造成的损失。

（3）质量责任

1）在建筑物的合理使用寿命内，因建筑质量不合格受到损害、受害方有权依据实际情况向施工单位、设计单位、建设单位、监理单位要求赔偿。

2）在建设工程保修期内出现屋顶、墙面渗漏、开裂等质量问题，有关方面应当承担维修和赔偿责任。但因意外事件而出现的问题，有关方面不承担责任。

二、工程建设行政责任

1. 行政责任概念

行政责任是指因违反法律和法规而必须承担的法律责任。

2. 行政责任分类

（1）公民和法人因违反行政管理法律、法规的行为而应承担的行政责任；

（2）国家工作人员因违反政纪或在执行职务时违反行政法规的行为。

3. 行政责任的承担方式

（1）行政处罚。即由国家行政机关或授权的企事业单位、社会团体，对公民和法人违反行政管理法律和法规的行为所实施的制裁，主要有警告、罚款、拘留、没收、停止营业等。

（2）行政处分。即由国家机关、企事业单位对其工作人员违反行政法规或政纪的行为所实施的制裁，主要有警告、记过、记大过、降职、降薪、撤职、留用察看、开除等。

4. 违反建筑市场管理法律、法规责任认定与处理

（1）建设单位未取得施工许可证或者开工报告未经批准擅自施工的，责令停止施工，限期改正，处工程合同价款百分之一以上百分之二以下罚款。

（2）建设单位将工程发包给不具有相应资质条件的承包单位的，或者将建筑工程肢解分包的，责令改正，处以 50 万以上 100 万以下的罚款，超越本单位资质等级承揽工程的，责令停止违法行为，处以罚款，可以责令停业整顿，降低资质等级；情节严重的。吊销资质证书；有违法所得的，予以没收。未取得资质证书的，予以取缔，并处罚款；有违法所得的，予以没收。以欺骗手段取得资质证书的，吊销资质证书，处以罚款。

（3）勘察、设计、施工、监理单位超越本单位资质等级承揽工程的，责令停止违法行

为，对勘察、设计、施工、监理单位处以合同约定的勘察费、设计费或者监理酬金 1 倍以上 2 倍以下的罚款。对施工单位处以工程合同价款 2% 以上 4% 以下的罚款，可以责令停业，降低资质等级；情节严重的，吊销资质证书；有违法所得的，予以没收。未取得资质证书承揽工程的，予以取缔，处以罚款；以欺骗手段取得资质证书承揽工程的，吊销资质证书，处以罚款。

（4）勘察、设计、施工、工程单位允许其他单位或个人以本单位名义承揽工程的，责令改正，没收违法所得，对勘察、设计单位和工程监理单位处合同约定的勘察费、设计费和监理酬金 1 倍以上 2 倍以下的罚款；对施工单位处工程合同价款 2% 以上 4% 以下的罚款；可以责令停业整顿，降低资质等级；情节严重的，吊销资质证书。

（5）承包单位将承包的工程转包的，或者违反法律规定进行分包的，责令改正，没收违法所得，并处罚款，对勘察设计单位，处合同约定的勘察费、设计费 25% 以上 50% 以下的罚款；对施工单位处工程合同价款 0.5% 以上 1% 以下的罚款；可以责令停业整顿，降低资质等级；情节严重的，吊销资质证书。

（6）在工程发包与承包中索贿、受贿、行贿构成犯罪的，分别处以罚款，没收贿赂的财物，对直接负责的主管人员和其他直接责任人员给予处分。对行贿的单位除依照上述的规定处罚外，可以责令停业整顿，降低资质等级或者吊销资质证书。

（7）违反法律规定，涉及建筑主体或者承重结构变动的装修工程擅自施工的，责令改正，处以罚款。

5. 违反建设工程质量管理法律、法规责任认定与处理

（1）勘察单位未按照工程建设强制性标准进行勘察的；设计单位未根据勘察成果文件进行工程设计的；设计单位指定建筑材料、建筑构配件的生产厂、供应商的；设计单位未按照工程建设强制性标准进行设计的，责令其改正，并处 10 万元以上 30 万元以下罚款，造成工程质量事故的，责令停止整顿，降低资质等级；情节严重的，吊销资质证书。

（2）工程监理单位与建设单位或者建筑施工企业串通，弄虚作假、降低工程质量的；或者将不合格的建设工程、建筑材料、建筑构配件和设备按照合格签字的，责令改正，处 50 万以上 100 万以下的罚款，降低资质等级或者吊销资质证书；有违法所得的，予以没收。工程监理单位转让监理业务的，责令改正，没收违法所得，可以责令停止整顿，降低资质等级；情节严重的，吊销资质证书。工程监理单位与监理工程的施工承包单位以及建筑材料、建筑构配件和设备供应单位有隶属关系或者其他利害关系而承担该项建设工程的监理业务的，责令改正，处 5 万元以上 10 万元以下的罚款，降低资质等级或者吊销资质证书；有违法所得的，予以没收。

（3）建设单位违反规定，要求建筑设计单位或者建筑施工企业违反建筑工程质量、安全标准，降低工程质量的，责令改正，可以处 20 万以上 50 万以下的罚款。

（4）施工单位在施工中偷工减料的，使用不合格的建筑材料、建筑构配件和设备的，或者有其他不按照工程设计图纸或者施工技术标准施工的行为的，责令改正，处以合同价款 2% 以上 4% 以下的罚款；情节严重的，责令停业整顿，降低资质等级或者吊销资质证书。施工单位未对建筑材料、建筑构配件、设备和商品混凝土进行检验，或者未对设计结构安全的试块、试件以及有关材料取样监测的，责令改正，处 10 万元以上 20 万元以下的罚款，情节严重的，则令停业整顿，降低资质等级或者吊销资质证书。

（5）建筑施工企业违反规定，不履行保修义务或者拖延履行保修义务的，责令改正，可以处以 10 万以上 20 万以下的罚款。

（6）设计建筑主体或承重结构变动的装修工程，没有设计方案擅自施工的，责令改正，处 50 万元以上 100 万元以下的罚款；房屋建筑使用者在装修过程中擅自变动房屋建筑主体和承重结构的，责令改正，处 5 万元以上 10 万元以下的罚款。

（7）发生重大质量事故隐瞒不报、谎报或者拖延报告期限的，对直接负责的主管人员和其他责任人员依法给予行政处分。

（8）注册建筑师、注册结构工程师、监理工程师等注册执业人员因过错造成质量事故的，责令停止执业 1 年；造成重大质量事故的，吊销执业资格证书，5 年以内不予注册，情节特别恶劣的，终身不予注册。

（9）建设、勘察、设计、施工、工程监理单位的工作人员因调动工作、退休等原因离开该单位后，被发现在该单位工作期间违反国家有关建设工程质量管理规定，造成重大工程质量事故的，仍应当依法追究法律责任。

6. 违反建设工程安全管理法律、法规责任认定与处理

（1）对造成重大事故承担直接责任的建设单位，由其上级主管部门或当地建设行政主管部门，根据调查组的建议，令其限期改善工程建设技术安全措施，并依据有关法规予以处罚。

（2）建筑设计单位不按照建筑工程质量、安全标准进行设计的，责令改正，处以罚款；造成工程质量事故的，责令停业整顿，降低资质等级或者吊销资质证书，没收违法所得，并处罚款；造成损失的，承担赔偿责任。

（3）建筑施工企业安全生产规章制度不落实或者违章指挥、违章作业的；不按照建筑安全生产技术标准施工或者构配件生产，存在着严重事故隐患或者发生伤亡事故的；不按照规定提取和使用安全技术措施费，安全技术措施不落实，连续发生伤亡事故的；连续发生同类伤亡事故或者伤亡事故连年超标，或者发生重大死亡事故的；对发生重大伤亡事故抢救不力，致使伤亡人数增多的；对于伤亡事故隐匿不报或者故意拖延不报的，由县级以上人民政府建设行政主管部门分别给予警告、通报批评、责令限期改正、限期不准承包工程或者停产整顿、降低企业资质等级的处罚。

（4）负责行政审批的政府部门或者机构对不符合法律、法规和规章规定的安全条件予以批准的，不对取得批准的单位和个人实施严格监督检查，或者发现其不再具备安全条件而不立即撤销原批准的，对发现或者举报的未依法取得批准而擅自从事有关活动的，不予查封、取缔、不依法给予行政处罚，工商行政管理部门不予吊销营业执照的，对部门或者机构的正职负责人，根据情节轻重，给予降级、撤职直至开除公职的行政处分。

（5）市（地、州）、县（市、区）人民政府依照规定应当履行职责而未履行，或者未按照规定的职责和程序履行，本地区发生特大安全事故的，对政府主要领导人，根据情节轻重，给予降级或者撤职的行政处分。

（6）发生特大安全事故，社会影响特别恶劣或者性质特别严重的，由国务院对负有领导责任的省长、自治区主席、直辖市市长和国务院有关部门正职负责人给予行政处分。

三、工程建设刑事责任

1. 刑事责任概念

刑事责任是指犯罪主体因违反刑法的规定，实施了犯罪行为时所应承担的法律责任。

2. 刑事责任的承担方式

（1）刑事责任的承担方式是刑事处罚。刑事处罚有两种

1）主刑，包括管制、拘役、有期徒刑、无期徒刑和死刑。

2）附加刑，包括罚金、没收财产和剥夺政治权利。

（2）有些刑事责任可以根据犯罪的具体情况而免除刑事处罚。对免除刑事处罚的罪犯，有关部门可以根据法律的规定使其承担其他种类法律责任，如对贪污犯可以给予开除公职的行政处分等。

3. 在城乡规划实施过程中引起刑事责任的行为

（1）由于违法建设行为而造成严重危害，威胁居民生命安全，使国家财产遭受重大损失，情节严重，已经构成违法的。

（2）以暴力、威胁方法阻挠城市规划管理人员依法执行公务，造成城乡规划实施受到严重影响，国家财产受到重大损失的直接责任人员，情节严重，已经构成犯罪的。

（3）由于城市规划行政主管部门的工作人员玩忽职守、滥用职权、徇私舞弊使国家、集体和公民个人财产遭受重大损失，情节严重，构成犯罪的。

（4）在城市规划实施过程中，由于违法建设行为而造成严重危害，威胁居民生命安全，使国家财产遭受重大损失，已经构成犯罪的，对于有关责任人员要追究刑事责任。

4. 违反建筑市场管理法律、法规责任认定与处理

（1）在工程发包与承包中索贿、受贿、行贿，情节严重的，分别依照《刑法》第163条、第164条、第385条、第386条和第390条的规定追究受贿罪和行贿罪的刑事责任，可以判处5年以下有期徒刑或者拘役；数额巨大或特别巨大的，可以处5年以上有期徒刑直至死刑，并可没收财产。

（2）对不具备相应资质等级条件的单位颁发该等级资质证书的；对不符合施工条件的建筑工程颁发施工许可证的；对不合格的建筑工程出具质量合格文件或者按合格工程验收的；政府及其所属部门的工作人员指定发包单位将招标发包的工程发包给指定的承包单位的，依照《刑法》第397条追究滥用职权罪、玩忽职守罪或者徇私舞弊罪的刑事责任。其中，滥用职权或者玩忽职守致使公共财产、国家和人民利益遭受重大损失的，处3年以下有期徒刑或者拘役；情节特别严重的，处3年以上7年以下有期徒刑。徇私舞弊致使公共财产、国家和人民利益遭受重大损失的，处5年以上10年以下有期徒刑。

5. 违反建设工程质量管理法律、法规责任认定与处理

工程监理单位与建设单位、施工单位串通，弄虚作假、降低工程质量的；建设单位要求建筑设计单位或施工企业违反建筑工程质量、安全标准，降低工程质量的；建筑设计单位不按照建筑质量、安全标准进行设计的；建筑施工企业在施工中偷工减料、使用不合格的建筑材料、建筑构配件和设备的，或者其他不按工程设计图纸或者施工技术标准施工的；涉及建筑主体或承重结构变动的装修工程擅自施工的；用欺骗手段取得资质证书的，发生重大质量、安全事故的，追究其建筑工程安全事故罪的刑事责任，依照《刑法》第

137 条的规定："对直接责任人员处五年以下有期徒刑或者拘役，并处罚金；后果特制严重的，处 5 年以上 10 年以下有期徒刑，并处罚金"。

6. 违反建设工程安全管理法律、法规责任认定与处理

（1）工程设计单位不按照建筑工程质量、安全标准进行设计的，构成犯罪的，依法追究刑事责任。

（2）工程施工企业对事故隐患不采取措施，致使发生重大事故，造成劳动者生命和财产损失的，追究刑事责任。工程施工企业强令劳动者违章冒险作业，发生重大伤亡事故，造成严重后果的，对责任人员依法追究刑事责任。工程施工企业安全生产规章制度不落实或者违章指挥、违章作业的；不按照建筑安全生产技术标准施工或者构配件生产，存在着严重事故隐患或者发生伤亡事故的；不按照规定提取和使用安全技术措施费，安全技术措施不落实，连续发生伤亡事故的；连续发生同类伤亡事故或者伤亡事故连年超标，或者发生重大死亡事故的；对发生重大伤亡事故抢救不力，致使伤亡人数增多的；对于伤亡事故隐匿不报或者故意拖延不报的，构成犯罪的；由司法机关依法追究刑事责任。

（3）负责行政审批的政府部门或者机构与当事人勾结串通的，构成受贿罪、玩忽职守罪或者其他罪的，依法追究刑事责任。负责行政审批的政府部门或者机构、负责安全监督管理的政府有关部门，未依照规定履行职责，发生特大安全事故的，对部门或者机构的正职负责人，根据情节轻重，给予撤职或者开除公职的行政处分；构成玩忽职守罪或者其他罪的，依法追究刑事责任。

（4）市（地、州）、县（市、区）人民政府依照规定应当履行职责而未履行，或者未按照规定的职责和程序履行，本地区发生特大安全事故的，对政府主要领导人，构成玩忽职守罪的，依法追究刑事责任。

7. 工程建设活动中常见的刑事犯罪

（1）重大责任事故罪。

1）重大责任事故罪是指工厂、矿山、林场、建筑企业或其他企业、事业单位的职工，由于不服管理，违反规章制度，或者强令工人违章冒险作业，因而发生重大伤亡事故或者造成其他严重后果，危害公共安全的行为。

2）重大责任事故罪属过失犯罪，犯本罪的，处 3 年以下有期徒刑或者拘役；情节特别恶劣的，处 3 年以上 7 年以下有期徒刑。

（2）重大劳动安全事故罪

1）重大劳动安全事故罪是指工厂、矿山、林场、建筑企业或其他企业、事业单位的劳动安全设施不符合国家规定，经有关部门或者单位职工提出后，其直接责任人员对事故隐患仍不采取措施，因而发生重大伤亡事故或者造成其他严重后果，危害公共安全的行为。

2）重大劳动安全事故罪属过失犯罪，犯本罪的，处 3 年以下有期徒刑或者拘役；情节特别恶劣的，处 3 年以上 7 年以下有期徒刑。

（3）工程重大安全事故罪

1）工程重大安全事故罪是指建设单位、设计单位、施工单位、工程监理单位违反国家规定，降低工程质量标准，造成重大安全事故，危害公共安全行为。

2）犯本罪的，处 5 年以下有期徒刑或者拘役，并处罚金；后果特别严重的，处 5

以上 10 年以下有期徒刑，并处罚金。

（4）公司、企业人员受贿罪

1）公司、企业人员受贿罪是指公司、企业的工作人员利用职务上的便利，索取他人财物或者非法收受他人财物，为他人谋取利益，数额较大的行为。

2）公司、企业人员受贿罪是故意犯罪，犯本罪，数额较大的，处 5 年以下有期徒刑或者拘役；数额巨大的，处 5 年以上有期徒刑，可以并处没收财产。

（5）向公司、企业人员行贿罪

1）向公司、企业人员行贿罪是指为谋取不正当利益，给予公司、企业的工作人员以财物，数额较大的行为。

2）向公司、企业人员行贿罪是故意犯罪，犯本罪，数额较大的，处 3 年以下有期徒刑或者拘役；数额巨大的，处 3 年以上 10 年以下有期徒刑，可以并处罚金。单位犯本罪的，实行双罚制，即对单位判处罚金，并对其直接负责的主管人员或其他责任人员作出相应处罚。

（6）贪污罪

1）贪污罪是指国家工作人员利用职务上的便利，侵吞、窃取、骗取或者以其他手段非法占有公共财物的行为。

2）贪污罪是故意犯罪，犯本罪，数额较大的，处 5 年以下有期徒刑或者拘役；数额巨大的，处 5 年以上有期徒刑，可以并处没收财产。

（7）介绍贿赂罪

1）介绍贿赂罪，是指向国家工作人员介绍贿赂，情节严重的行为。

2）介绍贿赂罪是故意犯罪，犯本罪的，处 3 年以下有期徒刑或者拘役。介绍贿赂人在被追诉前主动交代介绍贿赂行为的，可以减轻处罚或者免除处罚。

（8）单位行贿罪

1）单位行贿罪，是指公司、企业、事业单位、机关、团体为谋取不正当利益而行贿，或者违反国家规定，给予国家工作人员以回扣、手续费，情节严重的行为。

2）单位行贿罪是故意犯罪，犯本罪的，对单位判处罚金，并对其直接负责的主管人员和其他直接责任人员，处 5 年以下有期徒刑或者拘役，并处罚金。

（9）签订、履行合同失职罪

1）国家机关工作人员签订、履行合同失职被骗罪，是指国家机关工作人员在签订、履行合同过程中，因严重不负责任被诈骗，致使国家利益遭受重大损失的行为。

2）国家机关工作人员签订、履行合同失职被骗罪是过失犯罪，犯本罪的，处 3 年以下有期徒刑或者拘役；致使国家利益遭受特别巨大损失的，处 3 年以上 7 年以下有期徒刑。

（10）非法低价出让国有土地使用权罪

1）非法低价出让国有土地使用权罪，是指国家机关工作人员徇私舞弊，违反土地管理法规，非法低价出让国有土地使用权，情节严重的行为。

2）非法低价出让国有土地使用权是故意犯罪，犯本罪的，处 3 年以下有期徒刑或者拘役；致使国家或者集体利益遭受特别重大损失的，处 3 年以上 7 年以下有期徒刑。

（11）强迫劳动罪

1）强迫劳动罪，是指以暴力威胁或限制人身自由的方法强迫他人劳动的。

2）强迫劳动罪是故意犯罪，单位犯罪的，实行双罚制，对单位判处罚金，并对其直接负责的主管人员和其他直接责任人员，处3年以下有期徒刑或者拘役；并处罚金。情节严重的，处三年以上十年以下有期徒刑，并处罚金。

（12）挪用公款罪

1）挪用公款罪，是指国家工作人员利用职务上的便利，挪用公款归个人使用，进行非法活动的，或者挪用公款数额较大、进行营利活动的，或者挪用公款数额较大、超过3个月未还的行为。

2）挪用公款罪是故意犯罪，犯本罪的，处3年以下有期徒刑或者拘役；情节严重的，处3年以上10年以下有期徒刑。

（13）污染环境罪

1）是指违反国家规定，排放、倾倒或者处置有放射性的废物、含传染病病原体的废物、有毒物质或者其他有害物质，严重污染环境的。

2）污染环境罪是故意犯罪，犯本罪的，处3年以下有期徒刑或者拘役，并处或者单处罚金；后果特别严重的，处3年以上7年以下有期徒刑，并处罚金。单位犯本罪的，对单位判处罚金，对其直接负责的主管人员和其他直接责任人员依照上述规定处罚。

第三节　工程建设法律责任的认定与处理

一、违反《城市规划法》的法律责任

1. 在城市规划区内，未取得建设用地规划许可证而取得建设用地批准文件、占用土地的，批准文件无效，占用的土地由县级以上人民政府责令退回。

2. 在城市规划区内，未取得建设工程规划许可证件或者违反建设工程规划许可证的规定进行建设，严重影响城市规划的，由县级以上人民政府城市规划行政主管部门责令停止建设，限期拆除或者没收违法建筑物、构筑物或者其他设施；影响城市规划，尚可采取改正措施的，由县级以上地方人民政府城市规划行政主管部门责令限期改正，并处罚款。

3. 对未取得建设工程规划许可证件或者违反建设工程规划许可证件的规定进行建设的单位的有关责任人员，可以由其所在单位或者上级主管机关给予行政处分。

4. 当事人对行政处罚决定不服的，可以在接到处罚通知之日起15日内，向作出处罚决定的机关的上一级机关申请复议；对复议决定不服的，可以在接到复议决定之日起15日内，向人民法院起诉。当事人也可以在接到处罚通知之日起15日内，直接向人民法院起诉。当事人逾期不申请复议、也不向人民法院起诉、又不履行处罚决定的，由作出处罚决定的机关申请人民法院强制执行。

5. 城市规划行政主管部门工作人员玩忽职守、滥用职权徇私舞弊的，由其所在单位或者上级主管机关给予行政处分；构成犯罪的，依法追究刑事责任。

二、违反《招标投标法》的法律责任

1. 应该招标而未招标的法律责任

必须进行招标的项目而不招标的，将必须进行招标的项目化整为零或者以其他任何方式规避招标的，责令限期改正，可以处项目合同金额千分之五以上千分之十以下的罚款；对全部或者部分使用国有资金的项目，可以暂停项目执行或者暂停资金拨付；对单位直接负责的主管人员和其他直接责任人员依法给予处分。

2. 招标代理机构法律责任

招标代理机构违反本法规定，泄露应当保密的与招标投标活动有关的情况和资料的，或者与招标人、投标人串通损害国家利益、社会公共利益或者他人合法权益的，处 5 万元以上 25 万元以下的罚款，对单位直接负责的主管人员和其他直接责任人员处单位罚款数额 5% 以上 10% 以下的罚款；有违法所得的，并处没收违法所得；情节严重的，暂停直至取消招标代理资格；构成犯罪的，依法追究刑事责任。给他人造成损失的，依法承担赔偿责任。上述所列行为影响中标结果的，中标无效。

3. 招标人法律责任

（1）招标人以不合理的条件限制或者排斥潜在投标人的，对潜在投标人实行歧视待遇的，强制要求投标人组成联合体共同投标的，或者限制投标人之间竞争的，责令改正，可以处 1 万元以上 5 万元以下的罚款。

（2）依法必须进行招标的项目的招标人向他人透露已获取招标文件的潜在投标人的名称、数量或者可能影响公平竞争的有关招标投标的其他情况的，或者泄露标底的，给予警告，可以并处 1 万元以上 10 万元以下的罚款；对单位直接负责的主管人员和其他直接责任人员依法给予处分；构成犯罪的，依法追究刑事责任。上述所列行为影响中标结果的，中标无效。

（3）依法必须进行招标的项目，招标人违反本法规定，与投标人就投标价格、投标方案等实质性内容进行谈判的，给予警告，对单位直接负责的主管人员和其他直接责任人员依法给予处分。上述所列行为影响中标结果的，中标无效。

（4）招标人在评标委员会依法推荐的中标候选人以外确定中标人的，依法必须进行招标的项目在所有投标被评标委员会否决后自行确定中标人的，中标无效。责令改正，可以处中标项目金额 0.5% 以上 1% 以下的罚款；对单位直接负责的主管人员和其他直接责任人员依法给予处分。

4. 投标人法律责任

（1）投标人相互串通投标或者与招标人串通投标的，投标人以向招标人或者评标委员会成员行贿的手段谋取中标的，中标无效，处中标项目金额 0.5% 以上 1% 以下的罚款，对单位直接负责的主管人员和其他直接责任人员处单位罚款数额 5% 以上 10% 以下的罚款；有违法所得的，并处没收违法所得；情节严重的，取消其 1 年至 2 年内参加依法必须进行招标的项目的投标资格并予以公告，直至由工商行政管理机关吊销营业执照；构成犯罪的，依法追究刑事责任。给他人造成损失的，依法承担赔偿责任。

（2）投标人以他人名义投标或者以其他方式弄虚作假，骗取中标的，中标无效，给招标人造成损失的，依法承担赔偿责任；构成犯罪的，依法追究刑事责任。

依法必须进行招标的项目的投标人有上述所列行为尚未构成犯罪的，处中标项目金额 0.5% 以上 1% 以下的罚款，对单位直接负责的主管人员和其他直接责任人员处单位罚款数额 5% 以上 10% 以下的罚款；有违法所得的，并处没收违法所得；情节严重的，取消其

1～3 年内参加依法必须进行招标的项目的投标资格并予以公告，直至由工商行政管理机关吊销营业执照。

5. 评标委员会法律责任

评标委员会成员收受投标人的财物或者其他好处的，评标委员会成员或者参加评标的有关工作人员向他人透露对投标文件的评审和比较、中标候选人的推荐以及与评标有关的其他情况的，给予警告，没收收受的财物，可以并处 3000 元以上 5 万元以下的罚款，对有所列违法行为的评标委员会成员取消担任评标委员会成员的资格，不得再参加任何依法必须进行招标的项目的评标；构成犯罪的，依法追究刑事责任。

6. 中标人法律责任

（1）中标人将中标项目转让给他人的，将中标项目肢解后分别转让给他人的，违反本法规定将中标项目的部分主体、关键性工作分包给他人的，或者分包人再次分包的，转让、分包无效，处转让、分包项目金额 0.5% 以上 1% 以下的罚款；有违法所得的，并处没收违法所得；可以责令停业整顿；情节严重的，由工商行政管理机关吊销营业执照。

（2）中标人不履行与招标人订立的合同的，履约保证金不予退还，给招标人造成的损失超过履约保证金数额的，还应当对超过部分予以赔偿；没有提交履约保证金的，应当对招标人的损失承担赔偿责任。

（3）中标人不按照与招标人订立的合同履行义务，情节严重的，取消其二年至五年内参加依法必须进行招标的项目的投标资格并予以公告，直至由工商行政管理机关吊销营业执照。

7. 行政处罚

（1）招标人与中标人不按照招标文件和中标人的投标文件订立合同的，或者招标人、中标人订立背离合同实质性内容的协议的，责令改正；可以处中标项目金额 0.5% 以上 1% 以下的罚款。

（2）本章规定的行政处罚，由国务院规定的有关行政监督部门决定。本法已对实施行政处罚的机关作出规定的除外。

8. 行政监督机关法律责任

对招标投标活动依法负有职责的国家机关工作人员徇私舞弊、滥用职权或者玩忽职守，构成犯罪的，依法追究刑事责任；不构成犯罪的，依法给予行政处分。

三、违反《建筑法》的法律责任

1. 建设施工企业法律责任

（1）未取得施工许可证或者开工报告未经批准擅自施工的，责令改正，对不符合开工条件的责令停止施工，可以处以罚款。

（2）超越本单位资质等级承揽工程的，责令停止违法行为，处以罚款，可以责令停业整顿，降低资质等级；情节严重的，吊销资质证书；有违法所得的，予以没收。未取得资质证书承揽工程的，予以取缔，并处罚款；有违法所得的，予以没收。以欺骗手段取得资质证书的，吊销资质证书，处以罚款；构成犯罪的，依法追究刑事责任。

（3）建筑施工企业转让、出借资质证书或者以其他方式允许他人以本企业的名义承揽工程的，责令改正，没收违法所得，并处罚款，可以责令停业整顿，降低资质等级；情节严重的，吊销资质证书。对因该项承揽工程不符合规定的质量标准造成的损失，建筑施工企业与使用本企业名义的单位或者个人承担连带赔偿责任。

2. 工程承包单位法律责任

(1) 承包单位将承包的工程转包的，或者违反本法规定进行分包的，责令改正，没收违法所得，并处罚款，可以责令停业整顿，降低资质等级；情节严重的，吊销资质证书。

承包单位有前款规定的违法行为的，对因转包工程或者违法包的工程不符合规定的质量标准造成的损失，与接受转包或者分包的单位承担连带赔偿责任。

(2) 在工程发包与承包中索贿、受贿、行贿，构成犯罪的，依法追究刑事责任；不构成犯罪的，分别处以罚款、没收贿赂的财物、对直接负责的主管人员和其他直接责任人员给予处分。

对在工程承包中行贿的承包单位，除依照前款规定处罚外，可以责令停业整顿，降低资质等级或者吊销资质证书。

3. 工程监理单位法律责任

工程监理单位与建设单位或者建筑施工企业串通，弄虚作假、降低工程质量的，责令改正，处以罚款，降低资质等级或者吊销资质证书；有违法所得的，予以没收；造成损失的，承担连带赔偿责任；构成犯罪的，依法追究刑事责任。

工程监理单位转让监理业务的，责令改正，没收违法所得，可以责令停业整顿，降低资质等级；情节严重的，吊销资质证书。

4. 建筑施工、设计单位法律责任

(1) 违反本法规定，涉及建筑主体或者承重结构变动的装修工程擅自施工的，责令改正，处以罚款；造成损失的，承担赔偿责任；构成犯罪的，依法追究刑事责任。

(2) 建筑施工企业违反本法规定，对建筑安全事故隐患不采取措施予以消除的，责令改正，可以处以罚款；情节严重的，责令停业整顿，降低资质等级或者吊销资质证书；构成犯罪的，依法追究刑事责任。

建筑施工企业的管理人员违章指挥、强令职工冒险作业，因而发生重大伤亡事故或者造成其他严重后果的，依法追究刑事责任。

(3) 建设单位违反本法规定，要求建筑设计单位或者建筑施工企业违反建筑工程质量、安全标准，降低工程质量的，责令改正，可以处以罚款；构成犯罪的，依法追究刑事责任。

(4) 建筑设计单位不按照建筑工程质量、安全标准进行设计的，责令改正，处以罚款；造成工程质量事故的，责令停业整顿，降低资质等级或者吊销资质证书，没收违法所得，并处罚款；造成损失的，承担赔偿责任；构成犯罪的，依法追究刑事责任。

(5) 建筑施工企业在施工中偷工减料的，使用不合格的建筑材料、建筑构配件和设备的，或者有其他不按照工程设计图纸或者施工技术标准施工的行为的，责令改正，处以罚款；情节严重的，责令停业整顿，降低资质等级或者吊销资质证书；造成建筑工程质量不符合规定的质量标准的，负责返工、修理，并赔偿因此造成的损失；构成犯罪的，依法追究刑事责任。

(6) 建筑施工企业违反本规定，不履行保修义务或者拖延履行保修义务的，责令改正，可以处以罚款，并对在保修期内因屋顶、墙面渗漏、开裂等质量缺陷造成的损失，承担赔偿责任。

5. 处罚

（1）责令停业整顿、降低资质等级和吊销资质证书的行政处罚，由颁发资质证书的机关决定；其他行政处罚，由建设行政主管部门或者有关部门依照法律和国务院规定的职权范围决定。依照本法规定被吊销资质证书的，由工商行政管理部门吊销其营业执照。

（2）对不具备相应资质等级条件的单位颁发该等级资质证书的，由其上级机关责令收回所发的资质证书，对直接负责的主管人员和其他直接人员给予行政处分；构成犯罪的，依法追究刑事责任。

6. 主管部门法律责任

（1）政府及其所属部门的工作人员违反本法规定，限定发包单位将招标发包的工程发包给指定的承包单位的，由上级机关责令改正；构成犯罪的，依法追究刑事责任。

（2）负责颁发建筑工程施工许可证的部门及其工作人员对不符合施工条件的建筑工程颁发施工许可证的，负责工程质量监督检查或者竣工验收的部门及其工作人员对不合格的建筑工程出具质量合格文件或者按合格工程验收的，由上级机关责令改正，对责任人员给予行政处分；构成犯罪的，依法追究刑事责任；造成损失的，由该部门承担相应的赔偿责任。

四、违反《安全生产法》的法律责任

1. 安全生产监督管理部门相关法律责任

（1）负有安全生产监督管理职责的部门的工作人员，有下列行为之一的，给予降级或者撤职的行政处分；构成犯罪的，依照刑法有关规定追究刑事责任：

1）对不符合法定安全生产条件的涉及安全生产的事项予以批准或者验收通过的；

2）发现未依法取得批准、验收的单位擅自从事有关活动或者接到举报后不予取缔或者不依法予以处理的；

3）对已经依法取得批准的单位不履行监督管理职责，发现其不再具备安全生产条件而不撤销原批准或者发现安全生产违法行为不予查处的；

4）在监督检查中发现重大事故隐患，不依法及时处理的。

负有安全生产监督管理职责的部门的工作人员有前款规定以外的滥用职权、玩忽职守、徇私舞弊行为的，依法给予处分；构成犯罪的，依照刑法有关规定追究刑事责任。

（2）负有安全生产监督管理职责的部门，要求被审查、验收的单位购买其指定的安全设备、器材或者其他产品的，在对安全生产事项的审查、验收中收取费用的，由其上级机关或者监察机关责令改正，责令退还收取的费用；情节严重的，对直接负责的主管人员和其他直接责任人员依法给予行政处分。

（3）承担安全评价、认证、检测、检验工作的机构，出具虚假证明，构成犯罪的，依照刑法有关规定追究刑事责任；尚不够刑事处罚的，没收违法所得，违法所得在10万元以上的，并处违法所得2倍以上5倍以下的罚款，没有违法所得或者违法所得不足10万元的，单处或者并处10万元以上20万元以下的罚款，对其直接负责的主管人员和其他直接责任人员处2万元以上5万元以下的罚款；给他人造成损害的，与生产经营单位承担连带赔偿责任，构成犯罪的，依照刑法有关规定追究刑事责任。对有上述违法行为的机构，

撤销其相应资格。

2. 生产经营单位相关法律责任

（1）生产经营单位的决策机构、主要负责人、个人经营的投资人不依照本法规定保证安全生产所必需的资金投入，致使生产经营单位不具备安全生产条件的，责令限期改正，提供必需的资金；逾期未改正的，责令生产经营单位停产停业整顿。

有上述违法行为，导致发生生产安全事故，构成犯罪的，依照刑法有关规定追究刑事责任；尚不够刑事处罚的，对生产经营单位的主要负责人给予撤职处分，对个人经营的投资人处 2 万元以上 20 万元以下的罚款。

（2）生产经营单位的主要负责人未履行本法规定的安全生产管理职责的，责令限期改正；逾期未改正的，处二万元以上五万元以下的罚款，责令生产经营单位停产停业整顿。

生产经营单位的主要负责人有前款违法行为，导致发生生产安全事故的，给予撤职处分；构成犯罪的，依照刑法有关规定追究刑事责任。

生产经营单位的主要负责人依照前款规定受刑事处罚或者撤职处分的，自刑罚执行完毕或者受处分之日起，五年内不得担任任何生产经营单位的主要负责人；对重大、特别重大生产安全事故负有责任的，终身不得担任本行业生产经营单位的主要负责人。

（3）生产经营单位有下列行为之一的，责令限期改正，可以处五万元以下的罚款；逾期未改正的，责令停产停业整顿，并处五万元以上十万元以下的罚款，对其直接负责的主管人员和其他直接责任人员处一万元以上二万元以下的罚款：

1）未按照规定设置安全生产管理机构或者配备安全生产管理人员的；

2）危险物品的生产、经营、储存单位以及矿山、金属冶炼、建筑施工、道路运输单位的主要负责人和安全生产管理人员未按照规定经考核合格的；

3）未按照规定对从业人员、被派遣劳动者、实习学生进行安全生产教育和培训，或者未按照规定如实告知有关的安全生产事项的；

4）未如实记录安全生产教育和培训情况的；

5）未将事故隐患排查治理情况如实记录或者未向从业人员通报的；

6）未按照规定制定生产安全事故应急救援预案或者未定期组织演练的；

7）特种作业人员未按照规定经专门的安全作业培训并取得相应资格，上岗作业的。

（4）生产经营单位有下列行为之一的，责令停止建设或者停产停业整顿，限期改正；逾期未改正的，处五十万元以上一百万元以下的罚款，对其直接负责的主管人员和其他直接责任人员处二万元以上五万元以下的罚款；构成犯罪的，依照刑法有关规定追究刑事责任：

1）未按照规定对矿山、金属冶炼建设项目或者用于生产、储存、装卸危险物品的建设项目进行安全评价的；

2）矿山、金属冶炼建设项目或者用于生产、储存、装卸危险物品的建设项目没有安全设施设计或者安全设施设计未按照规定报经有关部门审查同意的；

3）矿山、金属冶炼建设项目或者用于生产、储存、装卸危险物品的建设项目的施工单位未按照批准的安全设施设计施工的；

4）矿山、金属冶炼建设项目或者用于生产、储存危险物品的建设项目竣工投入生产或者使用前，安全设施未经验收合格的。

（5）未经依法批准，擅自生产、经营、运输、储存、使用危险物品或者处置废弃危险物品的，依照有关危险物品安全管理的法律、行政法规的规定予以处罚；构成犯罪的，依照刑法有关规定追究刑事责任。

（6）生产经营单位有下列行为之一的，责令限期改正，可以处十万元以下的罚款；逾期未改正的，责令停产停业整顿，并处十万元以上二十万元以下的罚款，对其直接负责的主管人员和其他直接责任人员处二万元以上五万元以下的罚款；构成犯罪的，依照刑法有关规定追究刑事责任：

1）生产、经营、运输、储存、使用危险物品或者处置废弃危险物品，未建立专门安全管理制度、未采取可靠的安全措施的；

2）对重大危险源未登记建档，或者未进行评估、监控，或者未制定应急预案的；

3）进行爆破、吊装以及国务院安全生产监督管理部门会同国务院有关部门规定的其他危险作业，未安排专门人员进行现场安全管理的；

4）未建立事故隐患排查治理制度的。

（7）生产经营单位将生产经营项目、场所、设备发包或者出租给不具备安全生产条件或者相应资质的单位或者个人的，责令限期改正，没收违法所得；违法所得十万元以上的，并处违法所得二倍以上五倍以下的罚款；没有违法所得或者违法所得不足十万元的，单处或者并处十万元以上二十万元以下的罚款；对其直接负责的主管人员和其他直接责任人员处一万元以上二万元以下的罚款；导致发生生产安全事故给他人造成损害的，与承包方、承租方承担连带赔偿责任。

生产经营单位未与承包单位、承租单位签订专门的安全生产管理协议或者未在承包合同、租赁合同中明确各自的安全生产管理职责，或者未对承包单位、承租单位的安全生产统一协调、管理的，责令限期改正，可以处五万元以下的罚款，对其直接负责的主管人员和其他直接责任人员可以处一万元以下的罚款；逾期未改正的，责令停产停业整顿。

（8）两个以上生产经营单位在同一作业区域内进行可能危及对方安全生产的生产经营活动，未签订安全生产管理协议或者未指定专职安全生产管理人员进行安全检查与协调的，责令限期改正，可以处五万元以下的罚款，对其直接负责的主管人员和其他直接责任人员可以处一万元以下的罚款；逾期未改正的，责令停产停业。

（9）生产经营单位有下列行为之一的，责令限期改正，可以处五万元以下的罚款，对其直接负责的主管人员和其他直接责任人员可以处一万元以下的罚款；逾期未改正的，责令停产停业整顿；构成犯罪的，依照刑法有关规定追究刑事责任：

1）生产、经营、储存、使用危险物品的车间、商店、仓库与员工宿舍在同一座建筑内，或者与员工宿舍的距离不符合安全要求的；

2）生产经营场所和员工宿舍未设有符合紧急疏散需要、标志明显、保持畅通的出口，或者锁闭、封堵生产经营场所或者员工宿舍出口的。

（10）生产经营单位与从业人员订立协议，免除或者减轻其对从业人员因生产安全事故伤亡依法应承担的责任的，该协议无效；对生产经营单位的主要负责人、个人经营的投资人处 2 万元以上 10 万元以下的罚款。

（11）生产经营单位的从业人员不服从管理，违反安全生产规章制度或者操作规程的，由生产经营单位给予批评教育，依照有关规章制度给予处分；构成犯罪的，依照刑法有关规定追究刑事责任。

（12）生产经营单位的主要负责人在本单位发生生产安全事故时，不立即组织抢救或者在事故调查处理期间擅离职守或者逃匿的，给予降级、撤职的处分，并由安全生产监督管理部门处上一年年收入百分之六十至百分之一百的罚款；对逃匿的处十五日以下拘留；构成犯罪的，依照刑法有关规定追究刑事责任。

生产经营单位的主要负责人对生产安全事故隐瞒不报、谎报或者迟报的，依照前款规定处罚。

（13）有关地方人民政府、负有安全生产监督管理职责的部门，对生产安全事故隐瞒不报、谎报或者拖延不报的，对直接负责的主管人员和其他直接责任人员依法给予行政处分；构成犯罪的，依照刑法有关规定追究刑事责任。

（14）生产经营单位不具备本法和其他有关法律、行政法规和国家标准或者行业标准规定的安全生产条件，经停产停业整顿仍不具备安全生产条件的，予以关闭；有关部门应当依法吊销其有关证照。

（15）本法规定的行政处罚，由安全生产监督管理部门和其他负有安全生产监督管理职责的部门按照职责分工决定。予以关闭的行政处罚由负有安全生产监督管理职责的部门报请县级以上人民政府按照国务院规定的权限决定；给予拘留的行政处罚由公安机关依照治安管理处罚法的规定决定。

（16）生产经营单位发生生产安全事故造成人员伤亡、他人财产损失的，应当依法承担赔偿责任；拒不承担或者其负责人逃匿的，由人民法院依法强制执行。

生产安全事故的责任人未依法承担赔偿责任，经人民法院依法采取执行措施后，仍不能对受害人给予足额赔偿的，应当继续履行赔偿义务；受害人发现责任人有其他财产的，可以随时请求人民法院执行。

五、违反《质量管理条例》的法律责任

1. 建设单位法律责任

（1）建设单位将建设工程发包给不具有相应资质等级的勘察、设计、施工单位或者委托给不具有相应资质等级的工程监理单位的，责令改正，处 50 万元以上 100 万元以下的罚款。

（2）建设单位将建设工程肢解发包的，责令改正，处工程合同价款 0.5% 以上 1% 以下的罚款；对全部或者部分使用国有资金的项目，并可以暂停项目执行或者暂停资金拨付。

（3）建设单位有下列行为之一的，责令改正，处 20 万元以上 50 万元以下的罚款：

1）迫使承包方以低于成本的价格竞标的；

2）任意压缩合理工期的；

3）明示或者暗示设计单位或者施工单位违反工程建设强制性标准，降低工程质量的；

4）施工图设计文件未经审查或者审查不合格，擅自施工的；

5）建设项目必须实行工程监理而未实行工程监理的；

6）未按照国家规定办理工程质量监督手续的；

7）明示或者暗示施工单位使用不合格的建筑材料、建筑构配件和设备的；

8）未按照国家规定将竣工验收报告、有关认可文件或者准许使用文件报送备案的。

（4）建设单位未取得施工许可证或者开工报告未经批准，擅自施工的，责令停止施工，限期改正，处工程合同价款1%以上2%以下的罚款。

（5）建设单位有下列行为之一的，责令改正，处工程合同价款2%以上4%以下的罚款；造成损失的，依法承担赔偿责任：

1）未组织竣工验收，擅自交付使用的；

2）验收不合格，擅自交付使用的；

3）对不合格的建设工程按照合格工程验收的。

2. 勘察、设计、施工、工程监理单位法律责任

（1）勘察、设计、施工、工程监理单位超越本单位资质等级承揽工程的，责令停止违法行为，对勘察、设计单位或者工程监理单位处合同约定的勘察费、设计费或者监理酬金1倍以上2倍以下的罚款；对施工单位处工程合同价款2%以上4%以下的罚款，可以责令停业整顿，降低资质等级；情节严重的，吊销资质证书；有违法所得的，予以没收。

未取得资质证书承揽工程的，予以取缔，依照上述规定处以罚款；有违法所得的，予以没收。

以欺骗手段取得资质证书承揽工程的，吊销资质证书，依照本条第一款规定处以罚款；有违法所得的，予以没收。

（2）勘察、设计、施工、工程监理单位允许其他单位或者个人以本单位名义承揽工程的，责令改正，没收违法所得，对勘察、设计单位和工程监理单位处合同约定的勘察费、设计费和监理酬金1倍以上2倍以下的罚款；对施工单位处工程合同价款2%以上4%以下的罚款；可以责令停业整顿，降低资质等级；情节严重的，吊销资质证书。

（3）承包单位将承包的工程转包或者违法分包的，责令改正，没收违法所得，对勘察、设计单位处合同约定的勘察费、设计费25%以上50%以下的罚款；对施工单位处工程合同价款0.5%以上1%以下的罚款；可以责令停业整顿，降低资质等级；情节严重的，吊销资质证书。

工程监理单位转让工程监理业务的，责令改正，没收违法所得，处合同约定的监理酬金25%以上50%以下的罚款；可以责令停业整顿，降低资质等级；情节严重的，吊销资质证书。

（4）违反本条例规定，有下列行为之一的，责令改正，处10万元以上30万元以下的罚款：

1）勘察单位未按照工程建设强制性标准进行勘察的；

2）设计单位未根据勘察成果文件进行工程设计的；

3）设计单位指定建筑材料、建筑构配件的生产厂、供应商的；

4）设计单位未按照工程建设强制性标准进行设计的。

有上述所列行为，造成重大工程质量事故的，责令停业整顿，降低资质等级；情节严重的，吊销资质证书；造成损失的，依法承担赔偿责任。

（5）施工单位在施工中偷工减料的，使用不合格的建筑材料、建筑构配件和设备的，或者有不按照工程设计图纸或者施工技术标准施工的其他行为的，责令改正，处工程合同价款2%以上4%以下的罚款；造成建设工程质量不符合规定的质量标准的，负责返工、

修理，并赔偿因此造成的损失；情节严重的，责令停业整顿，降低资质等级或者吊销资质证书。

（6）施工单位未对建筑材料、建筑构配件、设备和商品混凝土进行检验，或者未对涉及结构安全的试块、试件以及有关材料取样检测的，责令改正，处10万元以上20万元以下的罚款；情节严重的，责令停业整顿，降低资质等级或者吊销资质证书；造成损失的，依法承担赔偿责任。

（7）施工单位不履行保修义务或者拖延履行保修义务的，责令改正，处10万元以上20万元以下的罚款，并对在保修期内因质量缺陷造成的损失承担赔偿责任。

（8）工程监理单位有下列行为之一的，责令改正，处50万元以上100万元以下的罚款，降低资质等级或者吊销资质证，有违法所得的，予以没收；造成损失的，承担连带赔偿责任：

1）与建设单位或者施工单位串通，弄虚作假、降低工程质量的；

2）将不合格的建设工程、建筑材料、建筑构配件和设备按照合格签字的。

（9）工程监理单位与被监理工程的施工承包单位以及建筑材料、建筑构配件和设备供应单位有隶属关系或者其他利害关系承担该项建设工程的监理业务的，责令改正，处5万元以上10万元以下的罚款，降低资质等级或者吊销资质证书；有违法所得的，予以没收。

（10）违反本条例规定，涉及建筑主体或者承重结构变动的装修工程，没有设计方案擅自施工的，责令改正，处50万元以上100万元以下的罚款；房屋建筑使用者在装修过程中擅自变动房屋建筑主体和承重结构的，责令改正，处5万元以上10万元以下的罚款。有上述所列行为，造成损失的，依法承担赔偿责任。

3. 其他相关部门人员法律责任

（1）发生重大工程质量事故隐瞒不报、谎报或者拖延报告期限的，对直接负责的主管人员和其他责任人员依法给予行政处分。

（2）供水、供电、供气、公安消防等部门或者单位明示或者暗示建设单位或者施工单位购买其指定的生产供应单位的建筑材料、建筑构配件和设备的，责令改正。

（3）注册建筑师、注册结构工程师、监理工程师等注册执业人员因过错造成质量事故的，责令停止执业1年；造成重大质量事故的，吊销执业资格证书，5年以内不予注册；情节特别恶劣的，终身不予注册。

（4）建设单位、设计单位、施工单位、工程监理单位违反国家规定，降低工程质量标准，造成重大安全事故，构成犯罪的，对直接责任人员依法追究刑事责任。

（5）国家机关工作人员在建设工程质量监督管理工作中玩忽职守、滥用职权、徇私舞弊，构成犯罪的，依法追究刑事责任；尚不构成犯罪的，依法给予行政处分。

（6）建设、勘察、设计、施工、工程监理单位的工作人员因调动工作、退休等原因离开该单位后，被发现在该单位工作期间违反国家有关建设工程质量管理规定，造成重大工程质量事故的，仍应当依法追究法律责任。

六、违反《勘察设计管理条例》的法律责任

1. 建设单位的违法责任

发包方将工程建设勘察、设计业务发包给不具有相应资质等级的工程建设勘察、设计单位的，责令改正，处以 50 万元以上 100 万元以下的罚款。

2. 勘察、设计单位的违法责任

(1) 非法承揽业务的责任。

建设工程勘察、设计单位有下列情形的，责令停止违法行为，处合同约定的勘察费、设计费 1 倍以上 2 倍以下的罚款，有违法所得的，予以没收；可以责令停业整顿，降低资质等级；情节严重的，吊销资质证书。

未取得资质证书承揽工程的，予以取缔，依照前款规定处以罚款；有违法所得的，予以没收。

以欺骗手段取得资质证书承揽工程的，吊销资质证书，依照本条第一款规定处以罚款；有违法所得的，予以没收。

(2) 非法转包的责任。

工程建设勘察设计单位将所承揽的工程进行转包的，责令改正，没收违法所得，处合同约定的勘察费、设计费 25% 以上 50% 以下的罚款，还可责令其停业整顿、降低其资质等级，情节严重的，吊销其资质证书。

(3) 不按规定进行设计的责任。

对于不按工程建设强制性标准进行勘察、设计的勘察、设计单位；不按勘察成果文件进行设计，或指定建筑材料、建筑构配件生产厂、供应商的设计单位，责令其改正，并处 10 万元以上 30 万元以下的罚款。因上述行为造成工程事故的，责令停业整顿，降低资质等级。情节严重的，吊销资质证书；造成损失的，依法承担赔偿损失。

3. 勘察、设计执业人员的违法责任

未经注册、擅自以注册工程建设勘察、设计人员的名义从事工程建设勘察、设计活动的，责令停止违法行为；已经注册的执业人员和其他专业技术人员，但未受聘于一个工程建设勘察设计单位或同时受聘于两个以上工程建设勘察设计单位从事有关业务活动的，可责令停止执行业务或吊销资格证书。对于上述人员，还要没收其违法所得，处违法所得 2 倍以上 5 倍以下的罚款，给他人造成损失的，依法承担赔偿责任。

4. 国家机关工作人员的违法责任

国家机关工作人员在建设工程勘察、设计活动的监督管理工作中玩忽职守、滥用职权、徇私舞弊，构成犯罪的，依法追究刑事责任；尚不构成犯罪的，依法给予行政处分。

5. 勘察、设计单位法律责任

勘察、设计单位未依据项目批准文件，城乡规划及专业规划，国家规定的建设工程勘察、设计深度要求编制建设工程勘察、设计文件的，责令限期改正；逾期不改正的，处 10 万元以上 30 万元以下的罚款；造成工程质量事故或者环境污染和生态破坏的，责令停业整顿，降低资质等级；情节严重的，吊销资质证书；造成损失的，依法承担赔偿责任。

6. 处罚规定

本条例规定的责令停业整顿、降低资质等级和吊销资质证书、资格证书的行政处罚，由颁发资质证书、资格证书的机关决定；其他行政处罚，由建设行政主管部门或者其他有关部门依据法定职权范围决定。

依照本条例规定被吊销资质证书的，由工商行政管理部门吊销其营业执照。

七、违反《安全生产管理条例》的责任

1. 行政主管部门及其工作人员的责任

县级以上人民政府建设行政主管部门或者其他有关行政管理部门的工作人员，有下列行为之一的，给予降级或者撤职的行政处分；构成犯罪的，依照刑法有关规定追究刑事责任：

（1）对不具备安全生产条件的施工单位颁发资质证书的；

（2）对没有安全施工措施的建设工程颁发施工许可证的；

（3）发现违法行为不予查处的；

（4）不依法履行监督管理职责的其他行为。

2. 建设单位的安全责任

建设单位未提供建设工程安全生产作业环境及安全施工措施所需费用的，责令限期改正；逾期未改正的，责令该建设工程停止施工。

建设单位未将保证安全施工的措施或者拆除工程的有关资料报送有关部门备案的，责令限期改正，给予警告。

建设单位有下列行为之一的，责令限期改正，处 20 万元以上 50 万元以下的罚款；造成重大安全事故，构成犯罪的，对直接责任人员，依照刑法有关规定追究刑事责任；造成损失的，依法承担赔偿责任：

（1）对勘察、设计、施工、工程监理等单位提出不符合安全生产法律、法规和强制性标准规定的要求的；

（2）要求施工单位压缩合同约定的工期的；

（3）将拆除工程发包给不具有相应资质等级的施工单位的。

3. 勘察、设计单位的安全责任

勘察单位、设计单位有下列行为之一的，责令限期改正，处 10 万元以上 30 万元以下的罚款；情节严重的，责令停业整顿，降低资质等级，直至吊销资质证书；造成重大安全事故，构成犯罪的，对直接责任人员依照刑法有关规定追究刑事责任；造成损失的，依法承担赔偿责任：

（1）未按照法律、法规和工程建设强制性标准进行勘察、设计的；

（2）采用新结构、新材料、新工艺的建设工程和特殊结构的建设工程，设计单位未在设计中提出保障施工作业人员安全和预防生产安全事故的措施建议的。

4. 监理单位的安全责任

工程监理单位有下列行为之一的，责令限期改正；逾期未改正的，责令停业整顿，并处 10 万元以上 30 万元以下的罚款；情节严重的，降低资质等级，直至吊销资质证书；造成重大安全事故，构成犯罪的，对直接责任人员，依照刑法有关规定追究刑事责任；造成损失的，依法承担赔偿责任：

（1）未对施工组织设计中的安全技术措施或者专项施工方案进行审查的；

（2）发现安全事故隐患未及时要求施工单位整改或者暂时停止施工的；

（3）施工单位拒不整改或者不停止施工，未及时向有关主管部门报告的；

（4）未依照法律、法规和工程建设强制性标准实施监理的。

5. 注册执业人员的安全责任

注册执业人员未执行法律、法规和工程建设强制性标准的，责令停止执业 3 个月以上 1 年以下；情节严重的，吊销执业资格证书，5 年内不予注册；造成重大安全事故的，终身不予注册；构成犯罪的，依照刑法有关规定追究刑事责任。

6. 物资供应单位的安全责任

为建设工程提供机械设备和配件的单位，未按照安全施工的要求配备齐全有效的保险、限位等安全设施和装置的，责令限期改正，处合同价款 1 倍以上 3 倍以下的罚款；造成损失的，依法承担赔偿责任。

出租单位出租未经安全性能检测或者经检测不合格的机械设备和施工机具及配件的，责令停业整顿，并处 5 万元以上 10 万元以下的罚款；造成损失的，依法承担赔偿责任。

施工起重机械和整体提升脚手架、模板等自升式架设设施安装、拆卸单位有下列行为之一的，责令限期改正，处 5 万元以上 10 万元以下的罚款；情节严重的，责令停业整顿，降低资质等级，直至吊销资质证书；造成损失的，依法承担赔偿责任：

（1）未编制拆装方案、制定安全施工措施的；

（2）未由专业技术人员现场监督的；

（3）未出具自检合格证明或者出具虚假证明的；

（4）未向施工单位进行安全使用说明，办理移交手续的。

施工起重机械和整体提升脚手架、模板等自升式架设设施安装、拆卸单位有前款规定的第（1）项、第（3）项行为，经有关部门或者单位职工提出后，对事故隐患仍不采取措施，因而发生重大伤亡事故或者造成其他严重后果，构成犯罪的，对直接责任人员，依照刑法有关规定追究刑事责任。

7. 施工单位的安全责任

施工单位有下列行为之一的，责令限期改正；逾期未改正的，责令停业整顿，依照《中华人民共和国安全生产法》的有关规定处以罚款；造成重大安全事故，构成犯罪的，对直接责任人员，依照刑法有关规定追究刑事责任：

（1）未设立安全生产管理机构、配备专职安全生产管理人员或者分部分项工程施工时无专职安全生产管理人员现场监督的；

（2）施工单位的主要负责人、项目负责人、专职安全生产管理人员、作业人员或者特种作业人员，未经安全教育培训或者经考核不合格即从事相关工作的；

（3）未在施工现场的危险部位设置明显的安全警示标志，或者未按照国家有关规定在施工现场设置消防通道、消防水源、配备消防设施和灭火器材的；

（4）未向作业人员提供安全防护用具和安全防护服装的；

（5）未按照规定在施工起重机械和整体提升脚手架、模板等自升式架设设施验收合格后登记的；

（6）使用国家明令淘汰、禁止使用的危及施工安全的工艺、设备、材料的。

施工单位挪用列入建设工程概算的安全生产作业环境及安全施工措施所需费用的，责令限期改正，处挪用费用 20％以上 50％以下的罚款；造成损失的，依法承担赔偿责任。

违反本条例的规定，施工单位有下列行为之一的，责令限期改正；逾期未改正的，责令停业整顿，并处 5 万元以上 10 万元以下的罚款；造成重大安全事故，构成犯罪的，对直接责任人员，依照刑法有关规定追究刑事责任：

（1）施工前未对有关安全施工的技术要求作出详细说明的；

（2）未根据不同施工阶段和周围环境及季节、气候的变化，在施工现场采取相应的安全施工措施，或者在城市市区内的建设工程的施工现场未实行封闭围挡的；

（3）在尚未竣工的建筑物内设置员工集体宿舍的；

（4）施工现场临时搭建的建筑物不符合安全使用要求的；

（5）未对因建设工程施工可能造成损害的毗邻建筑物、构筑物和地下管线等采取专项防护措施的。

施工单位有前款规定第（4）项、第（5）项行为，造成损失的，依法承担赔偿责任。

施工单位有下列行为之一的，责令限期改正；逾期未改正的，责令停业整顿，并处10万元以上30万元以下的罚款；情节严重的，降低资质等级，直至吊销资质证书；造成重大安全事故，构成犯罪的，对直接责任人员，依照刑法有关规定追究刑事责任；造成损失的，依法承担赔偿责任：

（1）安全防护用具、机械设备、施工机具及配件在进入施工现场前未经查验或者查验不合格即投入使用的；

（2）使用未经验收或者验收不合格的施工起重机械和整体提升脚手架、模板等自升式架设设施的；

（3）委托不具有相应资质的单位承担施工现场安装、拆卸施工起重机械和整体提升脚手架、模板等自升式架设设施的；

（4）在施工组织设计中未编制安全技术措施、施工现场临时用电方案或者专项施工方案的。

施工单位的主要负责人、项目负责人未履行安全生产管理职责的，责令限期改正；逾期未改正的，责令施工单位停业整顿；造成重大安全事故、重大伤亡事故或者其他严重后果，构成犯罪的，依照刑法有关规定追究刑事责任。

作业人员不服管理、违反规章制度和操作规程冒险作业造成重大伤亡事故或者其他严重后果，构成犯罪的，依照刑法有关规定追究刑事责任。

施工单位的主要负责人、项目负责人有前款违法行为，尚不够刑事处罚的，处2万元以上20万元以下的罚款或者按照管理权限给予撤职处分；自刑罚执行完毕或者受处分之日起，5年内不得担任任何施工单位的主要负责人、项目负责人。

施工单位取得资质证书后，降低安全生产条件的，责令限期改正；经整改仍未达到与其资质等级相适应的安全生产条件的，责令停业整顿，降低其资质等级直至吊销资质证书。

第四节　行政处罚程序

一、行政处罚的实施主体

行政处罚的实施主体是指享有行政处罚权，进行行政处罚行为的组织。行政处罚权作为一项重要的行政管理职权，必须对其实施主体作出严格的规定。根据《中华人民共和国行政处罚法》，行政处罚的实施主体包括以下几类：

（一）行政机关

《行政处罚法》第 15 条规定："行政处罚由具有行政处罚权的行政机关在法定职权范围内实施。"行政机关是行政处罚实施主体中最重要的一类，行政处罚权作为行政管理的重要手段，应当由行政机关行使，但并不是任何行政机关都可以行使处罚权，只有法律、法规和规章明确授权，即依法取得行政处罚权的行政机关才能行使。如《建筑法》第 76 条规定："本法规定的责令停业整顿、降低资质等级和吊销资质证书的行政处罚，由颁发证书的机关决定；其他行政处罚，由建设行政主管部门或者有关部门依照法律和国务院规定的职权范围决定。依照本法规定被吊销资质证书的，由工商行政管理部门吊销其营业执照。"这一规定，将建设管理的行政处罚权赋予了建设行政主管部门及其他有关部门，建设行政主管部门成为实施建设管理处罚的重要主体。

除了由单一的行政机关实施处罚外，《行政处罚法》还规定了有关综合执法机关实施行政处罚的问题。综合执法就是将原来由几个行政机关分别行使管理权力的管理领域统一由一个行政机关合并进行管理，其目的是为了便于精简机构、提高效率、减少职权纠纷。在决定合并的处罚事项上，只要经过国务院或者经国务院授权的省、自治区、直辖市人民政府决定，有关行政机关就取得了独立的行政处罚主体的地位，它可以以自己的名义实施处罚，并独立承担法律后果。

（二）法律、法规授权的组织

根据《行政处罚法》第 17 条的规定："法律、法规授权的具有管理公共事务职能的组织可以在法定授权范围内实施行政处罚。"所以，除行政机关拥有行政处罚权外，经法律、法规授权的组织也可以行使行政处罚权。但是，这些组织要成为实施行政处罚的主体，必须具备一定条件，即必须有法律、法规的明确授权，该组织必须是具有管理公共事务职能的组织。如《中华人民共和国注册建筑师条例》第 29 条规定："以不正当手段取得注册建筑师考试合格资格或者注册建筑师证书的，由全国注册建筑师管理委员会或者省、自治区、直辖市注册建筑师管理委员会取消考试合格资格或者吊销注册建筑师证书；对负有直接责任的主管人员和其他直接责任人员，依法给予行政处分。"在这里，注册建筑师管理委员就是一种由行政法规授权的组织。

（三）受行政机关委托的组织

基于公共管理的需要，行政机关还可以依法将自己拥有的行政处罚权委托给非行政机关组织行使。但受行政机关委托的组织必须具备法定的条件：（1）该组织应属依法成立的管理公共事务的事业组织；（2）具有熟悉有关法律、法规、规章和业务的工作人员；（3）对违法行为需要进行技术检查或者技术鉴定的。

与法律、法规授权的组织不同，受行政机关委托的组织不具有行政主体的地位。其在委托的范围内，不能以自己的名义，而是以委托行政机关名义实施行政处罚，而且不得再委托其他任何组织或者个人实施行政处罚；其实施行政处罚的行为受到委托机关的监督，并由该机关对其行为的后果承担法律责任。

《建设工程质量管理条例》第 46 条规定："建设工程质量监督管理，可以由建设行政主管部门或者其他有关部门委托的建设工程质量监督机构具体实施。"在这里，工程质量监督机构就是受建设行政主管部门委托的组织。

二、行政处罚的管辖和适用

（一）行政处罚的管辖

行政处罚的实施主体解决了行政处罚权由谁行使的问题，但对于一个具体的行政处罚案件应有谁作出处理，是行政处罚管辖所要解决的问题。行政处罚的管辖就是确定对某个行政违法行为由哪一个享有处罚权的主体实施处罚，它解决的是处罚实施的权限分工。

《行政处罚法》第 20 条规定："行政处罚由违法行为发生地的县级以上地方人民政府具有行政处罚权的行政机关管辖。法律、行政法规另有规定的除外。"这一规定确定了行政处罚的管辖原则，明确了有关行政处罚的地域管辖、级别管辖等问题。

1. 地域管辖

在地域管辖上，以由违法行为发生地的行政机关管辖为一般原则，即违法行为发生在何处，就由当地有行政处罚权的行政机关管辖。如果违法行为的发生地与发现地不在同一个地域，或者违法行为发生地与行为人的住所地不在同一个地域，则都应由违法行为发生地的行政机关管辖。

2. 级别管辖

在级别管辖上，由县级以上地方人民政府具有行政处罚权的行政机关管辖，县以下的行政机关无权实施行政处罚。在我国，行政机关的各职能部门的设置大多在县一级，县一级是我国按区域实行管理较为基层的单位，由县一级的职能部门实施行政处罚符合我国的国情。但是，如果法律、行政法规对级别管辖有特别规定的，应按特别规定进行管辖。如《中华人民共和国注册建筑师条例》第 32 条规定："因建筑设计质量不合格发生重大责任事故，造成重大损失的，对该建筑设计负有直接责任的注册建筑师，由县级以上人民政府建设行政主管部门责令停止执行业务；情节严重的，由全国注册建筑师管理委员会或者省、自治区、直辖市注册建筑师管理委员会吊销注册建筑师证书。"

3. 指定管辖

《行政处罚法》还规定了指定管辖，指定管辖主要是针对共同管辖的。共同管辖是指两个或两个以上行政机关对同一违法行为均享有行政处罚权。共同管辖的处理规则一般是由行政机关相互协商或按惯例等方式解决；但当异议无法消除，行政机关就管辖权发生争议时，应当报请它们共同的上一级政府机关来确定管辖。

（二）行政处罚的适用

行政处罚的适用，是行政处罚实施主体对违法案件具体运用行政处罚法规范实施处罚的活动。

1. 应受处罚的构成要件

应受处罚的构成要件，是指某种行为受到行政处罚所必须具备的条件。具体的构成要件是：

（1）必须已经实施了违法行为，违法事实已经客观存在，不能将行为人主观想象或者计划设想当违法行为。

（2）违法行为属于违反行政法律规范的行为，这区别于其他违法行为。

（3）具有责任能力的行政管理相对人。受到行政处罚的相对人是公民、法人和其他组织，其中法人和其他组织应是具有责任能力的责任主体，公民必须达到责任年龄并具备责任能力。

（4）依法应当受到处罚。尽管相对人有违法行为的存在，但因有些违法行为可能尚未达到受处罚的程度，或者因法律有特别规定而不应给予处罚的，行政机关不能对其实施行政处罚。

2. 不予处罚的规定

不予处罚是指行为人虽然实施了违法行为，但由于具有特定的情形，而不给予处罚。《行政处罚法》规定有下列情形之一的不予处罚：

（1）不满 14 周岁的人有违法行为的，不予行政处罚；

（2）精神病人在不能辨认或者不能控制自己行为时有违法行为的，不予行政处罚；

（3）违法行为轻微并及时纠正，没有造成危害后果的，不予行政处罚。

3. 从轻或减轻处罚

从轻处罚，是指在行政处罚的法定种类和法定幅度内，使用较轻的种类或者处罚的下限给予处罚，但不能低于法定处罚幅度的最低限度。减轻处罚，是指在法定处罚幅度的最低限以下给予处罚。根据《行政处罚法》的规定，下列几种情况适用从轻或减轻处罚：

（1）已满 14 周岁不满 18 周岁的人有违法行为的；

（2）主动消除或者减轻违法行为危害后果的；

（3）受他人胁迫有违法行为的；

（4）配合行政机关查处违法行为有立功表现的；

（5）其他依法从轻或者减轻行政处罚的。

4. 行政处罚的追诉时效

所谓行政处罚的追诉时效，是指对违法行为人追究责任，给予行政处罚的有效期限。如果超出这个期限，就不再实施行政处罚。

行政处罚的追诉时效为 2 年。在违法行为发生后 2 年内，未被行政机关发现，在 2 年后，无论何时发现这一违法行为，都不能给予行政处罚。时效的计算，是从违法行为发生之日起计算；如果违法行为有连续或者继续状态的，则从行为终了之日起计算。追诉时效为 2 年，属一般规定，如果法律有特别规定的，依照特别规定。

三、行政处罚决定

为保障和监督建设行政执法机关有效实施行政管理，保护公民、法人和其他组织的合法权益，促进建设行政执法工作程序化、规范化，建设部根据《行政处罚法》发布实施了《建设行政处罚程序暂行规定》（1999 年月 3 日建设部令第 66 号发布）。结合《行政处罚法》和《建设行政处罚程序暂行规定》的有关规定，建设行政处罚程序应遵守如下规定：

（一）一般程序

1. 立案

执法机关依据职权，或者依据当事人的申诉、控告等途径发现违法行为。执法机关对于发现的违法行为，认为应当给予行政处罚的，应当立案，但适用简易程序的除外。立案应填写立案审批表，附上相关材料，报主管领导批准。

2. 调查取证

立案后，执法人员应及时进行调查，收集证据。执法人员调查案件，不得少于二人，并应当出示执法身份证件。执法人员对案件进行调查，应当收集以下证据：书证、物证、证人证言、视听资料、当事人陈述、鉴定结论、勘验笔录和现场笔录。只有查证属实的证据，才能作为处罚的依据。

执法人员询问当事人及证明人，应当个别进行。询问应当制作笔录，笔录经被询问人核对无误后，由被询问人逐页在笔录上签名或盖章。如有差错、遗漏，应当允许补正。

执法人员应当收集、调取与案件有关的原始凭证作为书证。调取原始凭证有困难的，可以复制，但复制件应当标明"经核对与原件无误"，并由出具书证人签名或盖章。调查取证应当有当事人在场，对所提取的物证要开具物品清单，由执法人员和当事人签名或盖章，各执一份。对违法嫌疑物品进行检查时，应当制作现场笔录，并有当事人在场。当事人拒绝到场的，应当在现场笔录中注明。

执法机关查处违法行为过程中，在证据可能灭失或者难以取得的情况下，可以对证据先行登记保存。先行登记保存证据，必须当场清点，开具清单，清单由执法人员和当事人签名或盖章，各执一份。

案件调查终结，执法人员应当出具书面案件调查终结报告。调查终结报告的内容包括：当事人的基本情况、违法事实、处罚依据、处罚建议等。

3. 案件核审

调查终结报告连同案件材料，由执法人员提交执法机关的法制工作机构，由法制工作机构会同有关单位进行书面核审。执法机关的法制工作机构接到执法人员提交的核审材料后，应当登记，并指定具体人员负责核审。案件核审的主要内容包括：

(1) 对案件是否具有管辖权；

(2) 当事人的基本情况是否清楚；

(3) 案件事实是否清楚，证据是否充分；

(4) 定性是否准确；

(5) 适用法律、法规、规章是否正确；

(6) 处罚是否适当；

(7) 程序是否合法。

执法机关的法制工作机构对案件核审后，应提出以下书面意见：

(1) 对事实清楚、证据充分、定性准确、程序合法、处理适当的案件，同意执法人员意见；

(2) 对定性不准、适用法律不当、处罚不当的案件，建议执法人员修改；

(3) 对事实不清、证据不足的案件，建议执法人员补正；

(4) 对程序不合法的案件，建议执法人员纠正；

(5) 对超出管辖权的案件，按有关规定移送。

对执法机关法制工作机构提出的意见，执法人员应予采纳。执法机关法制工作机构与执法人员就有关问题达不成一致意见时，给予较轻处罚的，报请本机关分管负责人决定；给予较重处罚的，报请本机关负责人集体讨论决定或本机关分管负责人召集的办公会议讨论决定。

4. 做出处罚决定

执法机关对当事人作出行政处罚，必须制作行政处罚决定书。行政处罚决定书的内容包括：

（1）当事人的名称或者姓名、地址；

（2）违法的事实和证据；

（3）行政处罚的种类和依据；

（4）行政处罚的履行方式和期限；

（5）不服行政处罚决定，申请行政复议或提起行政诉讼的途径和期限；

（6）作出处罚决定的机关和日期。

行政处罚决定书必须盖有作出处罚机关的印章。行政处罚决定生效后，任何人不得擅自变更或解除。处罚决定确有错误需要变更或修改的，应由原执法机关撤销原处罚决定，重新作出处罚决定。

（二）听证程序

执法机关在作出吊销资质证书、执业资格证书、责令停业整顿（包括属于停业整顿性质的、责令在规定的时限内不得承接新的业务）、责令停止执业业务、没收违法建筑物、构筑物和其他设施以及处以较大数额罚款等行政处罚决定之前，应当告知当事人有要求举行听证的权利。当事人不承担执法机关组织听证的费用。听证规则可以由省、自治区、直辖市建设行政主管部门依据《行政处罚法》的规定制定，但必须遵守如下规定：

（1）当事人要求听证的，应当在执法机关告知后 3 日内提出；

（2）执法机关应当在听证的 7 日前，通知当事人举行听证的时间、地点；

（3）除涉及国家秘密、商业秘密或者个人隐私外，听证公开举行；

（4）听证由执法机关指定的非本案调查人员主持；当事人认为主持人与本案有直接利害关系的，有权申请回避；

（5）当事人可以亲自参加听证，也可以委托 1～2 人代理；

（6）举行听证时，调查人员提出当事人违法的事实、证据和行政处罚建议；当事人进行申辩和质证；

（7）听证应当制作笔录；笔录应当交当事人审核无误后签字或者盖章。

（三）简易程序

违法事实清楚、证据确凿，对公民处以 50 元以下、对法人或者其他组织处以 1000 元以下罚款或者警告的行政处罚，可以当场作出处罚决定。当场作出处罚决定，执法人员应当向当事人出示执法证件，填写预定格式、编有号码的处罚决定书并当场交付当事人。当场作出的行政处罚决定书应当载明当事人的违法行为、处罚依据、罚款数额、时间、地点、执法机关名称，并由执法人员签名或盖章。执法人员当场作出的行政处罚决定，必须报所属行政机关备案。

（四）送达

（1）执法机关送达行政处罚决定书或有关文书，应直接送受送达人。送达必须有送达回执。受送达人应在送达回执上签名或盖章，并注明签收日期。签收日期为送达日期。受送达人拒绝接受行政处罚决定书或有关文书的，送达人应当邀请有关基层组织的代表或其他人到场见证，在送达回执上注明拒收事由和日期，由送达人、见证人签名或盖章，把行政处罚决定书或有关文书留在受送达人处，即视为送达。

（2）不能直接送达或直接送达有困难的，按下列规定送达：受送达人不在的，交其同住的成年家属签收；送达人已向执法机关指定代收人的，由代收人签收；邮寄送达的，以挂号回执上注明的收件日期为送达日期；送达人下落不明的，以公告送达，自公告发布之日起三个月即视为送达。

四、行政处罚的执行

行政处罚执行程序，是指确保行政处罚决定所确定的内容得以实现的程序。行政处罚决定一旦作出，就具有法律效力，当事人应当在行政处罚决定的期限内予以履行。公民、法人或者其他组织对行政机关作出的行政处罚，有权申诉或者检举；行政机关应当认真审查，发现行政处罚有错误的，应当主动改正。当事人对行政处罚决定不服申请行政复议或者提起行政诉讼的，行政处罚不停止执行，法律另有规定的除外。《行政处罚法》关于处罚执行程序的规定，有三项重要内容：

（一）作出罚款决定的行政机关应当与收缴罚款的机构分离

除依照《行政处罚法》的规定可当场收缴的罚款以外，作出行政处罚决定的行政机关及其执法人员不得自行收缴罚款。当事人应当自收到行政处罚决定书之日起 15 日内，到指定的银行缴纳罚款。银行应当收受罚款，并将罚款直接上缴国库。但下列情形之一的，执法人员可以当场收缴罚款：

（1）依法给予 20 元以下的罚款的；

（2）不当场收缴事后难以执行的。

（3）在边远、水上、交通不便地区，执法机关及其执法人员依照《行政处罚法》作出罚款决定后，当事人向指定的银行缴纳罚款确有困难，经当事人提出，执法机关及其执法人员可以当场收缴罚款。

执法机关及其执法人员当场收缴罚款的，必须向当事人出具省、自治区、直辖市财政部门统一制发的罚款收据；不出具财政部门统一制发的罚款收据的，当事人有权拒绝缴纳罚款。

（二）严格实行收支两条线

罚款必须全部上缴财政。执法人员当场收缴的罚款，应当自收缴罚款之日起 2 日内，交至执法机关；在水上当场收缴的罚款，应当自抵岸之日起 2 日内交至执法机关；执法机关应当在 2 日内将罚款缴付指定的银行。

执法机关实施罚款、没收违法所得或者没收非法财物拍卖的款项，必须全部上缴国库，任何行政机关或者个人不得以任何形式截留、私分或者变相私分；财政部门不得以任何形式向作出行政处罚决定的行政机关返还罚款、没收的违法所得或者返还没收非法财物的拍卖款项。

（三）行政处罚的强制执行

当事人逾期不履行行政处罚决定的，作出行政处罚决定的行政机关可以采取下列措施：

（1）到期不缴纳罚款的，每日按罚款数额的 3‰加处罚款；

（2）根据法律规定，将查封、扣押的财物拍卖或者将冻结的存款划拨抵缴罚款；

（3）申请人民法院强制执行。

当事人确有经济困难，需要延期或者分期缴纳罚款的，经当事人申请和行政机关批准，可以暂缓或者分期缴纳。

五、行政处罚的监督管理

《行政处罚法》第 54 条规定："行政机关应当建立健全对行政处罚的监督制度。县级以上人民政府应当加强对行政处罚的监督检查。"据此，《建设行政处罚程序暂行规定》第 33 条规定："执法机关从事行政执法活动，应当自觉接受地方人民政府法制工作部门和上级执法机关法制工作机构的监督管理。"

行政处罚终结后，执法人员应当及时将立案登记表、案件处理批件、证据材料、行政处罚决定书和执行情况记录等材料立卷归档。上级交办的行政处罚案件办理终结后，承办单位应当及时将案件的处理结果向交办单位报告。

执法机关及其执法人员应在法定职权范围内、依法定程序从事执法活动；超越职权范围、违反法定程序所作出的行政处罚无效。

对当场作出的处罚决定，执法人员应当定期将当场处罚决定书向所属执法机关的法制工作机构或指定机构备案；执法机关作出属于听证范围的行政处罚决定之日起 7 日内，应当向上级建设行政主管部门的法制工作机构或有关部门备案。各级建设行政主管部门，要对本行政区域内的执法机关作出的处罚决定的案件进行逐月统计。省、自治区、直辖市建设行政主管部门，应在每年的 2 月底以前，向国务院建设行政主管部门的法制工作机构报送上一年度的执法统计报表和执法工作总结。

上级执法机关发现下级执法机关作出的处罚决定确有错误，可责令其限期纠正。对拒不纠正的，上级机关可以依据职权，作出变更或撤销行政处罚的决定。执法人员玩忽职守、滥用职权、徇私舞弊的，由所在单位或上级机关给予行政处分。

对于无理阻挠、拒绝执法人员依法行使职权，打击报复执法人员的单位或个人，由建设行政主管部门或有关部门视情节轻重，根据有关法律、法规的规定依法追究其责任。

第五节　建设法律责任案例

案例 1

被告人：刘某，商丘市某建设指挥部项目组副组长
被告人：于某，河南省某工程建设监理有限公司总监理
公诉人：商丘市梁园区人民检察院

一、基本案情

2013 年 9 月，某房地产开发公司商丘分公司依据与商丘市梁园区政府的协议，委托河南某建筑安装有限公司为商丘市梁园区高铁安置区修建 500m 的新建北路。2014 年 12 月，该路段经完工验收后，共支付了工程款及各项费用 817.12 万元，一年后又支付 41.92 万元质保金。2017 年 2 月至 5 月该路段相继出现多处严重塌陷形成空洞，致使该道路无法使用，给该处居民造成极大人身安全隐患。被告人刘某在担任该建设指挥部项目组副组长期间，在新建北路完工验收过程中不认真履行自己的职责，给国家造成重大经济损失。经河南某资产有限公司评估施工质量不合格是造成塌陷的主要原因，经评估因施工质

量造成的道路直接经济损失（维修道路费用）为 297.23 万元，实际修复费用为 564912.07 元。河南省某工程建设监理有限公司负责对新建北路建设进行监理，指派本公司监理人员于某任该新建北路工程施工总监理。被告人于某不按规定的施工程序进行监理，违反国家规定，降低工程质量标准，致使新修的新建北路发生严重的下陷坍塌事故，给国家造成直接经济损失 297.23 万元，实际修复费用为 564912.07 元，并给当地居民造成极大的安全隐患。

二、案件审理

2017 年 12 月 1 日，商丘市梁园区人民检察院以商梁检刑诉（2017）585 号起诉书向商丘市梁园区人民法院提起公诉，指控被告人刘某、于某已触犯《中华人民共和国刑法》第三百九十七第一款、第一百三十七条之规定，分别构成玩忽职守罪、重大安全事故罪，请求依法判处。

商丘市梁园区人民法院经审理认为，被告人刘某身为国家机关工作人员在工作中不认真履行职责，致使公共财产、国家和人民利益遭受重大损失，其行为已构成玩忽职守罪。被告人于某作为监理公司总监理工程师，在工作中不严格履行监理职责，造成工程安全事故，是直接负责人员。其行为已构成重大安全事故罪。但考虑到该工程的隐蔽工程质量主要有指挥部委托的具有专业能力的监理公司负责，被告人刘某不具备相应的专业能力，虽构成玩忽职守罪，但犯罪情节轻微，本院对其免予刑事处罚。被告人于某归案后认罪态度较好，确有悔罪表现，适用缓刑不致再危害社会，本院依法对其宣告缓刑。依照《刑法》第三百九十七条第一款、第一百三十七条、第三十七条、第七十二条、第七十三条之规定，判决被告人刘某犯玩忽职守罪，免予刑事处罚；被告人于某犯工程重大安全事故罪，判处有期徒刑三年，缓刑三年。

三、案例评析

关于重大安全事故罪，《刑法》第一百三十七条规定："建设单位、设计单位、施工单位、工程监理单位违反国家规定，降低工程质量标准，造成重大安全事故的，对直接责任人员，处五年以下有期徒刑或者拘役，并处罚金；后果特别严重的，处五年以上十年以下有期徒刑，并处罚金。"

关于玩忽职守罪，《刑法》第三百九十七条规定："国家机关工作人员滥用职权或者玩忽职守，致使公共财产、国家和人民利益遭受重大损失的，处三年以下有期徒刑或者拘役；情节特别严重的，处三年以上七年以下有期徒刑。本法另有规定的，依照规定。"

案例 2

再审申请人（一审被告、二审上诉人）：公主岭市双城堡镇人民政府

被申请人（一审原告、二审被上诉人）：蔡某

被申请人（一审第三人、二审被上诉人）：吉林省××建筑工程有限公司（以下简称：甲公司）

一、基本案情

双城堡镇政府分别与甲公司、蔡某签订了内容相同的《公路施工合同》，实质上系蔡某借用甲公司资质施工，蔡某为实际施工人。案涉工程竣工后，根据双城堡镇政府的申请，四平市公路工程质量监督站对案涉公路进行质量检测和竣工质量检测，出具的项目质

量检测报告载明，工程质量鉴定等级评为合格，蔡某实际施工总里程 19.92 公里、工程造价 8167200 元。因案涉工程已建设施工完毕，蔡某向双城堡镇政府主张参照合同约定支付工程款。但双城堡镇政府以《公路施工合同书》约定双城堡镇政府只承担每公里 5 万元的费用，其余费用由蔡某自行向上级争取，双城堡镇政府至今没有取得本案争议的公路的所有权等原因拒绝付款。

本案一审、二审均判决双城堡镇政府给付蔡某工程款，双城堡镇政府不服一审、二审判决，向最高人民法院申请再审，最高人民法院经审理认为，蔡某借用甲公司资质施工，该行为违反《建筑法》第二十六条之规定，案涉《公路施工合同》均应认定无效。四平市公路工程质量监督站出具的项目质量检测报告可以证明蔡某已完成合同约定的内容。蔡某系案涉工程的实际施工人，案涉工程已建设施工完毕，依法有权参照合同约定主张工程款。

案涉《公路施工合同书》约定部分资金"由蔡某自行向上级争取，镇政府给予全力支持"，但是双方对于如何落实没有明确具体的实施方案，最后也没有付诸实施。双城堡镇政府作为合同的起草者和合同的一方主体，取得蔡某交付的施工成果后，应该承担相应的给付工程款的义务。原审法院综合考量双方当事人的过错程度和本案的实际情况，从公平原则出发，判决双方按照二八比例承担该部分工程款，并无不当。综上，最高人民法院裁定驳回双城堡镇人民政府的再审申请。

二、案例评析

发包人的不规范行为是造成建筑市场混乱的一个主要原因。本案中，发包人分别与出借资质单位、借用资质的个人签订了内容相同的施工合同，实质上系借用资质施工，这种不规范行为应当受到法律的制裁。我国《建筑法》及《建设工程质量管理条例》均明确规定，建设单位应当将工程发包给具有相应资质等级的单位。违反这一强制性规定的交易行为是违法的。本案中，发包人作为合同的起草者和合同的一方主体，取得借用资质的个人交付的施工成果后，应该承担相应的给付工程款的义务。法院综合考量双方当事人的过错程度和本案的实际情况，从公平原则出发，判决借用资质的个人与发包人按照二八比例承担该部分工程款，并无不当。

附　　录
（具体内容详见课件）

一、法律

中华人民共和国刑法
中华人民共和国仲裁法
中华人民共和国铁路法
中华人民共和国消防法
中华人民共和国审计法
中华人民共和国劳动法
中华人民共和国建筑法
中华人民共和国公司法
中华人民共和国合同法
中华人民共和国担保法
中华人民共和国测绘法
中华人民共和国保险法
中华人民共和国标准化法
中华人民共和国民法总则
中华人民共和国合伙企业法
中华人民共和国民事诉讼法
中华人民共和国招标投标法
中华人民共和国行政许可法
中华人民共和国土地管理法
中华人民共和国监察法
中华人民共和国行政处罚法
中华人民共和国城乡规划法
中华人民共和国水土保持法
中华人民共和国安全生产法
中华人民共和国环境保护法
中华人民共和国防震减灾法
中华人民共和国水污染防治法
中华人民共和国个人所得税法
中华人民共和国大气污染防治法
中华人民共和国反不正当竞争法
中华人民共和国个人独资企业法

中华人民共和国环境影响评价法
中华人民共和国税收征收管理法
中华人民共和国城市房地产管理法
中华人民共和国消费者权益保护法
中华人民共和国环境噪声污染防治法
中华人民共和国公路法（1999年修正）
中华人民共和国全民所有制工业企业法
中华人民共和国固体废物污染环境防治法

二、行政法规

工伤保险条例
水库大坝安全管理条例
建设工程质量管理条例
特种设备安全监察条例
地震安全性评价管理条例
建设工程安全生产管理条例
建设项目环境保护管理条例
建设工程勘察设计管理条例
中华人民共和国消费税暂行条例
中华人民共和国增值税暂行条例
中华人民共和国注册建筑师条例
生产安全事故报告和调查处理条例
中华人民共和国标准化法实施条例
使用有毒物品作业场所劳动保护条例
中华人民共和国企业所得税法
民用爆炸物品管理条例
中华人民共和国民用核设施安全监督管理条例
国务院关于特大安全事故行政责任追究的规定
中华人民共和国防治海岸工程建设项目污染损害海洋环境管理条例

三、部门规章

招标公告和公示信息发布管理办法
注册造价工程师管理办法
房地产估价师管理办法
工程建设项目施工招标投标办法
工程建设项目自行招标试行办法
评标委员会和评标方法暂行规定
实施工程建设强制性标准监督规定
注册监理工程师管理规定

评标专家和评标专家库管理暂行办法
中华人民共和国注册建筑师条例实施细则
房屋建筑和市政基础设施工程施工招标投标管理办法

四、规范性文件

建设工程监理规范
中国建筑工程鲁班奖（国家优质工程）评选办法
建设工程项目管理规范
注册造价工程师管理办法
建造师执业资格制度暂行规定
商品住宅装修一次到位实施细则
小城镇（乡）环境规划编制导则
关于放开房地产咨询收费和下放房地产经纪收费管理的通知
关于加强城乡规划监督管理的通知
关于发布工程定额编制管理费的通知
关于加强建设项目工程质量管理的通知
关于加强住宅工程质量管理的若干意见
司法部企业承包经营合同公证程序细则
注册结构工程师执业资格制度暂行规定
关于开展建设工程项目执法监察的意见
关于印发《国土规划编制办法》的通知
关于加强基础设施工程质量管理的通知
关于发布工程建设监理费有关规定的通知
关于工程设计与工程监理有关问题的通知
关于统一印发建设项目选址意见书的通知
关于加强建筑意外伤害保险工作的指导意见
关于加强省域城镇体系规划实施工作的通知
关于严禁政府投资项目使用带资承包方式进行建设的通知
关于进一步加强建筑工程施工许可管理工作的通知
关于工程勘察设计单位改建为企业问题的批复
关于民事、行政诉讼中司法赔偿若干问题的解释
关于工程勘察设计单位体制改革若干意见的通知
关于加强建筑工程室内环境质量管理的若干意见
关于加强外商投资建设项目环境保护管理的通知
关于发布《村镇规划编制办法（试行）》的通知
关于印发《建造师执业资格制度暂行规定》的通知
关于城镇土地使用税若干具体问题的解释和暂行规定
关于《环境保护法》第三十六条规定有关问题的复函
关于印发《建设工程设备监理管理暂行规定》的通知

关于印发《关于控制建设工程造价的若干规定》的通知
关于禁止在工程建设中垄断市场和肢解发包工程的通知
关于印发《小城镇环境规划编制导则（试行）》的通知
关于长江流域河道管理范围内建设项目审查权限的通知
关于批准建设部《城市总体规划审查工作规划》的通知
关于印发《全面深化建筑市场体制改革的意见》的通知
关于做好城市规划工作促进住宅和基础设施建设的通知
《关于进一步整顿和规范建筑市场秩序的意见》的通知
关于进一步做好基层公共文化设施规划和建设工作的通知
关于培育发展工程总承包和工程项目管理企业的指导意见
关于西部大开发中加强建设项目环境保护管理的若干意见
关于印发《注册结构工程师执业资格制度暂行规定》的通知
关于加强中小型建设项目环境保护管理工作有关问题的通知
关于律师从事基本建设大中型项目招标投标法律业务的通知
关于深化工程勘察设计体制改革和加强管理的几点意见的通知
关于统一实行建设用地规划许可证和建设工程规划许可证的通知
关于发布《国家重点风景名胜区规划编制审批管理办法》的通知
关于印发《工程总承包企业资质管理暂行规定（试行）》的通知
关于公布《建设项目环境保护分类管理名录》（第一批）的通知
关于贯彻执行建筑工程勘察设计及施工质量验收规范若干问题的通知
关于颁发《全国工程勘察、设计单位资格认证管理暂行办法》的通知
关于转发国家发展计划委员会《国家重大建设项目稽查办法》的通知
关于印发《提高住宅设计质量和加强住宅设计管理的若干意见》的通知
关于印发《中央直属水库移民遗留问题处理规划实施管理办法》的通知
关于中央级大、中型基本建设项目竣工财务决算签署审核意见问题的函
关于转发深圳市建设局、规划国土局《关于制止不正当压价竞争的通知》
关于印发《关于改进工程建设概预算定额管理工作的若干规定》等的通知
关于认真贯彻《建筑装饰装修管理规定》做好原有房屋安全管理工作的通知
关于建筑企业项目经理资质管理制度向建造师执业资格制度过渡问题的通知
关于对航空、航天、船舶工业总公司所属军工企业免征土地使用税的若干规定

五、管理规范

建设工程监理规范
城市规划收费工日定额
建设工程项目管理规范
房屋建筑工程和市政基础设施工程实行见证取样和送检的规定

六、建设工程合同示范文本

测绘合同

建筑施工物资租赁合同
房屋建筑工程质量保修书
国有土地使用权出让合同
建设工程施工合同示范文本
家庭居室装饰装修工程施工合同
水利水电土建工程施工合同条件
建设工程监理合同示范文本
建设工程造价咨询合同示范文本
业主/咨询工程师标准服务协议书
建设工程勘察合同示范文本（一）
建设工程勘察合同示范文本（二）
建设工程设计合同示范文本（一）
建设工程设计合同示范文本（二）
建设工程施工劳务分包合同示范文本
建设工程施工专业分包合同示范文本

主要参考文献

[1] 何佰洲. 工程建设法规. 北京：中国建筑工业出版社，2011.

[2] 宿辉，何佰洲. 2017 版《建设工程施工合同(示范文本)》(GF—2017—0201)条文注释与应用指南. 北京：中国建筑工业出版社，2018.

[3] 沈德咏.《中华人民共和国民法总则》条文理解与适用. 北京：人民法院出版社，2017.

[4] 韩世远. 合同法总论. 北京：法律出版社，2018.

[5] 杨立新. 侵权责任法. 北京：法律出版社，2018.

[6] 最高人民法院民事审判第一庭. 最高人民法院建设工程施工合同司法解释的理解与适用(重印本). 北京：人民法院出版社，2015.

[7] 最高人民法院民事审判第一庭. 最高人民法院建设工程施工合同司法解释(二)的理解与适用. 北京：人民法院出版社，2019.

[8] 杜万华.《第八次全国法院民事商事审判工作会议(民事部分)纪要》理解与适用. 北京：人民法院出版社，2017.

[9] 人民法院出版社. 最高人民法院司法观点集成(民事卷). 北京：人民法院出版社，2017.

[10] 林鲁海. 建设工程法律服务操作实务：建筑企业的风险防范与效益创造. 北京：北京大学出版社，2012.

[11] 谭敬慧. 建设工程疑难问题与法律实务. 北京：法律出版社，2016.

[12] 周月萍团队. 最高人民法院审理建设工程案件裁判规则解析. 北京：法律出版社，2016.

[13] 高印立. 建设工程施工合同法律实务与解析(第二版). 北京：中国建筑工业出版社，2018.

[14] 贾劲松. 建设工程施工合同案件裁判要点与观点. 北京：法律出版社，2016.

[15] 何红锋. 建设工程合同签订与风险控制. 北京：人民法院出版社，2007.

[16] 中国建设工程法律评论第四工作组. 建设工程优先受偿权. 北京：法律出版社，2017.